プリント形式のリアル過去問で本番の臨場感！

愛知県

東海中学校

2025年春受験用

解答集

本書は，実物をなるべくそのままに，プリント形式で年度ごとに収録しています。
問題用紙を教科別に分けて使うことができるので，本番さながらの演習ができます。

■ 収録内容

・解答集（この冊子です）

書籍ＩＤ番号，この問題集の使い方，最新年度実物データ，リアル過去問の活用，
解答例と解説，ご使用にあたってのお願い・ご注意，お問い合わせ

・2024（令和６）年度 ～ 2019（平成31）年度　学力検査問題

JN132420

○は収録あり

年度	'24	'23	'22	'21	'20	'19
■ 問題収録	○	○	○	○	○	○
■ 解答用紙（算数は書き込み式）	○	○	○	○	○	○
■ 配点						

全教科に解説
があります

注）国語問題文非掲載：2020年度の二

問題文の非掲載につきまして

著作権上の都合により，本書に収録している過去入試問題の本文の一部を掲載しておりません。ご不便をおかけし，誠に申し訳ございません。

本文の一部を掲載できなかったことによる国語の演習不足を補うため，論説文および小説文の演習問題のダウンロード付録があります。弊社ウェブサイトから書籍ＩＤ番号を入力してご利用ください。

なお，問題の量，形式，難易度などの傾向が，実際の入試問題と一致しない場合があります。

教英出版

■　書籍ＩＤ番号

入試に役立つダウンロード付録や学校情報などを随時更新して掲載しています。
教英出版ウェブサイトの「ご購入者様のページ」画面で，書籍ＩＤ番号を入力してご利用ください。

書籍ＩＤ番号　106421

（有効期限：2025年9月30日まで）

【入試に役立つダウンロード付録】
「要点のまとめ(国語／算数)」
「課題作文演習」ほか

■　この問題集の使い方

年度ごとにプリント形式で収録しています。針を外して教科ごとに分けて使用します。①片側，②中央のどちらかでとじてありますので，下図を参考に，問題用紙と解答用紙に分けて準備をしましょう（解答用紙がない場合もあります)。

針を外すときは，けがをしないように十分注意してください。また，針を外すと紛失しやすくなりますので気をつけましょう。

① 片側でとじてあるもの

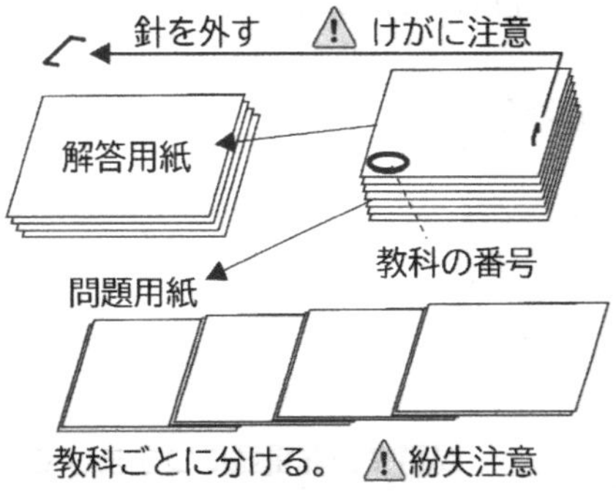

② 中央でとじてあるもの

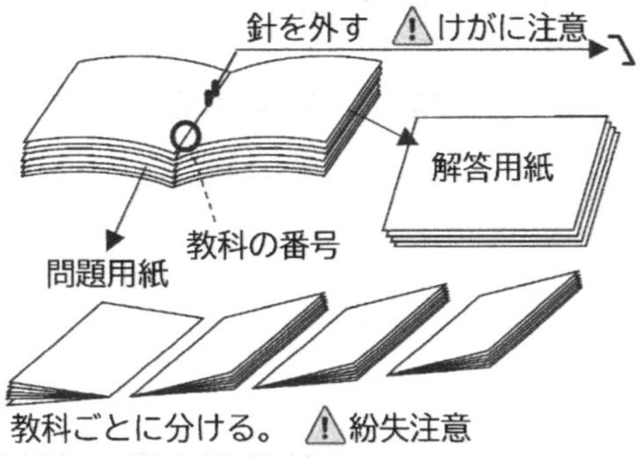

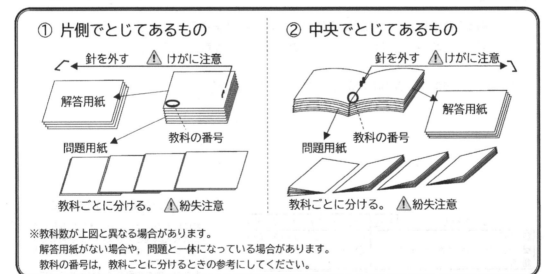

※教科数が上図と異なる場合があります。
　解答用紙がない場合や，問題と一体になっている場合があります。
　教科の番号は，教科ごとに分けるときの参考にしてください。

■　最新年度 実物データ

実物をなるべくそのままに編集していますが，収録の都合上，実際の試験問題とは異なる場合があります。実物のサイズ，様式は右表で確認してください。

問題用紙	Ｂ４片面プリント(算は書込み式)
解答用紙	Ｂ４片面プリント

リアル過去問の活用

～リアル過去問なら入試本番で力を発揮することができる～

本番を体験しよう！

問題用紙の形式（縦向き／横向き），問題の配置や余白など，実物に近い紙面構成なので本番の臨場感が味わえます。まずはパラパラとめくって眺めてみてください。「これが志望校の入試問題なんだ！」と思えば入試に向けて気持ちが高まることでしょう。

入試を知ろう！

同じ教科の過去数年分の問題紙面を並べて，見比べてみましょう。

① 問題の量

毎年同じ大問数か，年によって違うのか，また全体の問題量はどのくらいか知っておきましょう。どのくらいのスピードで解けば時間内に終わるのか，大問ひとつにかけられる時間を計算してみましょう。

② 出題分野

よく出題されている分野とそうでない分野を見つけましょう。同じような問題が過去にも出題されていることに気がつくはずです。

③ 出題順序

得意な分野が毎年同じ大問番号で出題されていると分かれば，本番で取りこぼさないように先回りして解答することができるでしょう。

④ 解答方法

記述式か選択式か（マークシートか），見ておきましょう。記述式なら，単位まで書く必要があるかどうか，文字数はどのくらいかなど，細かいところまでチェックしておきましょう。計算過程を書く必要があるかどうかも重要です。

⑤ 問題の難易度

必ず正解したい基本問題，条件や指示の読み間違いといったケアレスミスに気をつけたい問題，後回しにしたほうがいい問題などをチェックしておきましょう。

問題を解こう！

志望校の入試傾向をつかんだら，問題を何度も解いていきましょう。ほかにも問題文の独特な言いまわしや，その学校独自の答え方を発見できることもあるでしょう。オリンピックや環境問題など，話題になった出来事を毎年出題する学校だと分かれば，日頃のニュースの見かたも変わってきます。

こうして志望校の入試傾向を知り対策を立てることこそが，過去問を解く最大の理由なのです。

実力を知ろう！

過去問を解くにあたって，得点はそれほど重要ではありません。大切なのは，志望校の過去問演習を通して，苦手な教科，苦手な分野を知ることです。苦手な教科，分野が分かったら，教科書や参考書に戻って重点的に学習する時間をつくりましょう。今の自分の実力を知れば，入試本番までの勉強の道すじが見えてきます。

試験に慣れよう！

入試では時間配分も重要です。本番で時間が足りなくなってあわてないように，リアル過去問で実戦演習をして，時間配分や出題パターンに慣れておきましょう。教科ごとに気持ちを切り替える練習もしておきましょう。

心を整えよう！

入試は誰でも緊張するものです。入試前日になったら，演習をやり尽くしたリアル過去問の表紙を眺めてみましょう。問題の内容を見る必要はもうありません。どんな形式だったかな？受験番号や氏名はどこに書くのかな？…ほんの少し見ておくだけでも，志望校の入試に向けて心の準備が整うことでしょう。

そして入試本番では，見慣れた問題紙面が緊張した心を落ち着かせてくれるはずです。

※まれに入試形式を変更する学校もありますが，条件はほかの受験生も同じです。心を整えてあせらずに問題に取りかかりましょう。

2024 解答例 令和6年度　東海中学校

《国　語》

一　①固辞　②至上　③朗報　④除幕　⑤従える　⑥小刻み

二　問１．⒜ウ　⒝きっかけ　⒞エ　問２．共感的な想像力をもって環境へと分け入ること。　問３．オ

問４．人間と環境を分け隔てる理性的思考　問５．イ　問６．ア　問７．腑に落ちる

問８．文学的技巧を駆使して読者の共感的想像力を掻き立て、実感を伴うかたちで水俣病問題を意識化させた点。

問９．〈作文のポイント〉

・最初に自分の主張、立場を明確に決め、その内容に沿って書いていく。

・わかりやすい表現を心がける。自信のない表現や漢字は使わない。

さらにくわしい作文の書き方・作文例はこちら！→https://kyoei-syuppan.net/mobile/files/sakupo.html

問10．１．ウ　２．エ　３．ア

三　問１．しっかり愛されて育ち、揺るがないものが根底にある人物。　問２．ウ　問３．オ　問４．ア

問５．Ａ．恩義に感じている　Ｂ．イ　問６．明日が～なった　問７．パン程度の物で深く感謝せざるを得ない、毎日が不安な子どもが今もいるのだということに思いいたったから。　問８．エ，カ　問９．オ

問10．蒼葉のように教育や愛情に不足を感じ、悲しい思いや不安を抱えている子どもが埋もれてしまわないように、子どもたちのことをよく見て、手を差し伸べることができる教師。

《算　数》

1　⑴1.9　⑵５，143　⑶4224，6424，8624

2　⑴６　⑵100

3　※⑴378　⑵ポンプＡ…32　ポンプＢ…40

4　⑴３：４　⑵24

5　⑴500　⑵$41\frac{2}{3}$

6　⑴360　⑵最も少ない場合…６　最も多い場合…21

7　⑴1275　⑵185　⑶342　⑷８，57

8　$1\frac{2}{3}$

※の求め方は解説を参照してください。

《社　会》

1 問1．①A　②台風　③a．北西の季節　b．越後　④イ　　問2．①Q．霞ヶ浦　R．浜名湖　②P
③青森／秋田　④エ　⑤うなぎ　⑥エ

2 問1．図1…前橋　図2…熊本　　問2．①蚕のまゆ，生糸　②ア　③バス，車掌　④電気洗濯機や電気冷蔵庫が普及したから。　　問3．ブラジル　　問4．火山…浅間　記号…イ　　問5．①1．水銀　2．オ　②国会
問6．S．福岡　T．茨城

3 問1．ウ　　問2．土偶　　問3．エ　　問4．オ　　問5．座の特権を廃止し，市の税を免除した。
問6．酒　　問7．イ　　問8．①木簡　②調

4 問1．E，F　　問2．①D－ろ　②A－は　③C－ろ　④E－ろ　　問3．大老　　問4．宋　　問5．元寇後に御恩として十分な恩賞がもらえなかったから。

5 問1．あ．イギリス　い．満州　う．朝鮮　　問2．アメリカ　　問3．D→A→B→C　　問4．関税自主権がないこと。　　問5．国際連盟からの脱退。　　問6．A　　問7．戦争に必要な金属を集めるため。

6 問1．A．立法　B．主権　C．代表　　問2．①ア　②イ　③ア　　問3．イ，エ　　問4．ウ　　問5．イ

《理　科》

1 (1)二酸化炭素　(2)A．ア　B．イ　C．ウ　D．イ　E．ア　F．エ　G．オ　H．キ　I．ウ　J．イ
K．ウ　L．ケ　(3)1，5，6　(4)養分をたくわえたり，全身に送ったりするはたらき。
(5)便，あせ，はく息 のうち2つ

2 (1)石炭，天然ガス　(2)36　(3)二酸化炭素が増加する。
(4)空気中にふくまれる水蒸気の量の増加。　(5)タービン／電気　(6)生きられる温度のはんいがせまいから。

3 (1)種子を遠くに運んでもらえる。　(2)エ→ア→ウ→イ　(3)風によって遠くに運ばれる。　(4)温度が低い，しつ度が低い，光があたらない などから2つ　(5)種まきに適した気温になる時期は地域によって異なるから。

4 (1)A．ちっ素　B．酸素　(2)①石灰水／ふたをしてふる／白くにごる　②気体検知管を使う。　③ウ

5 (1)A，B，C　(2)C　(3)A　(4)B

6 (1)32　(2)76　(3)84

7 (1)右図　(2)エ　(3)右図　(4)エ　(5)川の上流で雨が降ると，水かさが増えて，水の流れの速さが速くなって危険だから。

7(1)の図

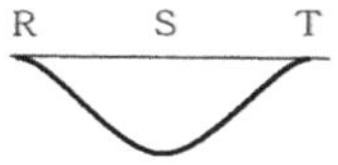

7(3)の図

8 (1)エ．×　オ．－　カ．－　導線①…イ，カ　(2)エ．＋　オ．×　カ．－　導線①…エ，オ　導線②…オ，カ

9 (1)光電池　(2)状きょうに応じて発電方法を選ぶことができる。　(3)コンデンサー
(4)①ＬＥＤ〔別解〕発光ダイオード　②明るく光る，長い時間光る

10 (1)ア．240　イ．933　(2)ウ．232　エ．2600　(3)42.5

《2024 国語 解説》

二 問2 環境と対話するということ。――①のある段落の後半で「他の存在の立場になって考えて」みる、「『共感的な想像力』は～環境へと分け入ることができる」と述べている。

問4 「共感的な想像力」をもって環境側の「意見を求める」ことをしない人たちの考え方である。――④のある段落の最後の一文に「人間と環境を分け隔てる理性的思考」とある。

問5 ――⑤のある段落で「森林伐採の破壊的な進行～森がどう思うかということに想像力が及ばなかったから」「環境問題は～『共感的想像力』の欠如が招いた結果だ」と述べていることから、イが適する。

問6 ――⑥の直前で「問題となっている事象が実感を伴うかたちで意識化される～自分ごととしてとらえられるとき～物語が介在している」と述べていることから、アが適する。

問8 『苦海浄土』は、「環境問題への意識が高まり社会が動いた」きっかけとなった本であり、「文学が環境への想像力を喚起した」例である（══(b)のある段落参照）。これをふまえて、――⑧のある段落で「文学的技巧を駆使して水俣病問題が腑に落ちる世界を仕立てたからこそ～人びとの心を揺さぶり、共感的想像力を掻き立てているのである」と述べている。

問10【1】〔B〕の後ろから2段落目で「対比を基調にする漢文訓読の対句仕立ての文体で表現され～こういう描写を読むと、災害の表現には、漢文や訓読文体がよりふさわしく思える。現実をどれだけ対象化し、言語化して切り取りうるかで表現の質が決まる」と述べていることから、ウが適する。 【2】「意味を成す物語に接してはじめて実感をもって現実と向き合える」ということを述べている〔A〕とは違い、〔B〕では「『方丈記』は阪神大震災であらたなリアリティをもって甦り、東日本大震災の災害は『三代実録』の記録を甦生させた」と述べていることから、エが適する。 【3】〔B〕の最後の段落で「『方丈記』は阪神大震災で～リアリティをもって甦り～過去を描いたテクスト～を範型にして現実に起きた出来事をあてはめ、解読しようとする」と述べていることから、アが適する。

三 問1 「俺、教育も愛情も受けてない」と言う蒼葉が、自分とは根本的に違うと思っている点をおさえる。

問2 「愛情を受けてきた人ってこんなにまぶしいんだって、自分と似てると思ってたことが恥ずかしいよ」と蒼葉が言ったのを聞いて、冴は「わたしが母から愛されていたのは明確な事実で、蒼葉が親の愛を受けていなかったのはなんとなくわかる」と思っている。蒼葉の言いたいことはわかったものの、「だからって」と納得がいかない言い方をしているので、ウのような心情が読みとれる。

問3 蒼葉が「冴ちゃんなんて呼んでるうちに恋に落ちて結婚したら、冴ちゃん不幸になるから」と言っていることから、オ「好きになるな」が適する。「予防線」は、後で失敗したりしないように前もって講じておく手段。

問4 ――④を聞いた冴が「本当に？」と言うと、蒼葉が「似合ってるよ」と言っている。よって、アが適する。

問5A 冴が「蒼葉、そんなに恩に感じてもらうことないのに」「ほら、パンのこととかさ」と言っていることから、自分（と母）がパンを届けて助けたことを蒼葉が「恩に感じて」いるのだと思っていることが読みとれる。

B パンをあげた側が自分で「恩」などと言っていることにためらいを感じたということ。よって、イが適する。

問7 直後で「たかがパンだ。そんなことにここまで感謝せずにはいられない子どもがいるなんて。きっと今も、あの日の蒼葉がどこかにいる～毎日が不安な子どもがいることに～」と思っていることから読みとる。

問8 アの「無理に明るく」、イの「話が進まないことに気をもむ蒼葉」、ウの「話題と関係なくおどける」、オの

「過去をふり返らず」は適さない。

問９　本文の最後で冴が「たかがパン～ここまで感謝せずにはいられない子どもがいる～毎日が不安な子どもがいる～自分以外の大人がやってくれるのを待っていてはどうしようもない」と思い、「甘(あま)えて教えてもらおう。わたし、必死で勉強する」と言っていることに、オが適する。

問10　蒼葉から「岸間さん将来何になる予定？」と聞かれて、冴が「小学三年生の時の蒼葉を思い出す～蒼葉みたいに『教育や愛情を受けていない』と言ってしまう子どもをなくしたい～悲しい思いを抱(かか)える子どもが少しでもいなくなれば～子どもが埋(う)もれてしまわないように手を差(さ)し伸(の)べられる～もっとわたしたちを見てほしい。あの時そう言えなかったわたしは、自分が助けられる立場になりたい」と思っていることなどから読みとる。

《2024　算数　解説》

1　(1)　与式 $=\frac{9}{4}\times\{3-(2\frac{1}{4}-\frac{5}{12})\div\frac{5}{8}\}+1.75=\frac{9}{4}\times\{3-(\frac{27}{12}-\frac{5}{12})\times\frac{8}{5}\}+1.75=\frac{9}{4}\times(3-\frac{11}{6}\times\frac{8}{5})+1.75=$
$\frac{9}{4}\times(\frac{45}{15}-\frac{44}{15})+1.75=\frac{9}{4}\times\frac{1}{15}+1.75=\frac{3}{20}+1.75=0.15+1.75=\mathbf{1.9}$

(2)　**【解き方】最後の１個を作るために残ったひき肉の重さは，予定していた１個分の重さよりも 50－10＝40(ｇ)少なかった。**

最後の１個の前に作ったハンバーグは 40÷10＝４(個)だから，全部で４＋１＝**５**(個)作った。

最初に混ぜた２種類のひき肉について，豚肉(ぶたにく)の割合をもとにてんびん図をかくと右のようになる。ａ：ｂは 600：400＝３：２の逆比の２：３だから，すべて混ぜてできたひき肉のうちの豚肉の割合は，$20+(30-20)\times\frac{2}{2+3}=24$(％)

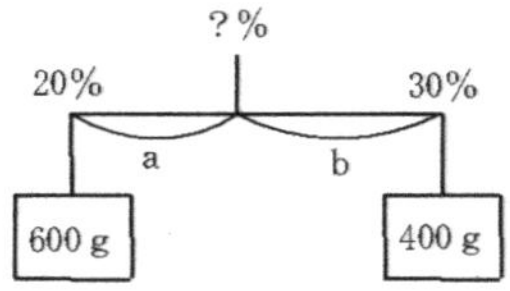

予定していた１個あたりの重さは(600＋400)÷５＝200(ｇ)だから，
最後の１個のために残ったひき肉は，200－40＝160(ｇ)である。
このうち豚肉の重さは $160\times\frac{24}{100}=38.4$(ｇ)だから，牛肉を 50ｇ加えた後の牛肉と豚肉の重さの比は，
(160＋50－38.4)：38.4＝**143：32**

(3)　**【解き方】８でも 11 でも割り切れる数は 88(８と 11 の最小公倍数)の倍数だから，2024 に 88 を足すごとに現れる。また，下２けたが 24 の数は，2024 に 100 を足すごとに現れる。**

88 と 100 の最小公倍数を求めると，右の筆算より，２×２×22×25＝2200 となる。
したがって，求める数は 2024 に 2200 を足すごとに現れるから，2024＋2200＝**4224**，
4224＋2200＝**6424**，6424＋2200＝**8624** である。

```
2 ) 88  100
2 ) 44   50
    22   25
```

2　(1)　三角形ＡＦＥと三角形ＤＨＥは同じ形だから，ＡＦ：ＤＨ＝ＡＥ：ＤＥ＝２：３
ＤＨ＝ＡＦ$\times\frac{3}{2}=4\times\frac{3}{2}=$**６**(㎝)

(2)　**【解き方】ＡＢとＤＣが平行で，ＧＢとＦＣが平行だから，右図の○の角は等しい。したがって，三角形ＡＧＢと三角形ＤＨＣは同じ形で，ＡＢ＝ＤＣだから，合同である。**

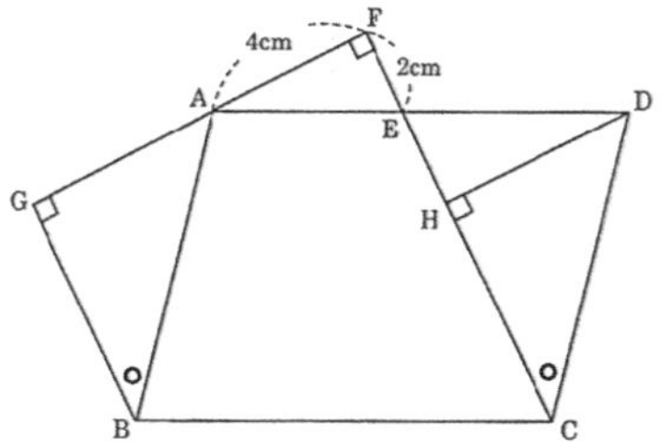

求める面積は，平行四辺形ＡＢＣＤの面積から三角形ＤＨＥの面積を引いて三角形ＡＦＥの面積を足した値(あたい)である。したがって，
求める面積は，平行四辺形ＡＢＣＤの面積から，
(三角形ＤＨＥの面積)－(三角形ＡＦＥの面積)を引いた値と等しい。
(1)より，ＨＥ＝ＦＥ$\times\frac{3}{2}=3$(㎝)だから，

(三角形ＤＨＥの面積)－(三角形ＡＦＥの面積)＝３×６÷２－２×４÷２＝５(㎠)

よって，求める面積は，105－５＝**100(㎠)**

3 (1) **【解き方】ＡとＢで満水にするのにかかる時間の比は，1.25：１＝５：４だから，同じ時間に出る水の量の比は，この逆比の４：５である。**

ＡとＢで４分30秒間水を入れたとき，入った水の全部の量のうち$\frac{4}{4+5}=\frac{4}{9}$はＡから出た水である。

したがって，Ａからは水そうの容積の$\frac{6}{7}\times\frac{4}{9}=\frac{8}{21}$の水が，Ｂからは水そうの容積の$\frac{8}{21}\times\frac{5}{4}=\frac{10}{21}$の水が出た。

さらにＡから２分15秒間水を入れたことで，４分30秒：２分15秒＝２：１より，Ａから水そうの容積の$\frac{8}{21}\times\frac{1}{2}=\frac{4}{21}$の水が出た。よって，あふれた18Ｌの水は，水そうの容積の，$(\frac{8}{21}+\frac{10}{21}+\frac{4}{21})-1=\frac{1}{21}$にあたるから，水そうの容積は，$18\div\frac{1}{21}=$**378(Ｌ)**

(2) (1)より，Ａからは４分30秒間＝$4\frac{1}{2}$分間＝$\frac{9}{2}$分間で，$378\times\frac{8}{21}=144$(Ｌ)の水が出た。

よって，１分間に出る水の量は，Ａが$144\div\frac{9}{2}=$**32(Ｌ)**，Ｂが$32\times\frac{5}{4}=$**40(Ｌ)**である。

4 (1) **【解き方】三角形ＡＧＦと三角形ＡＧＤでは辺ＡＧが共通だから，面積比は底辺をＡＧとしたときの高さの比に等しい。したがって，右図のＦＧ：ＤＨを求める。**

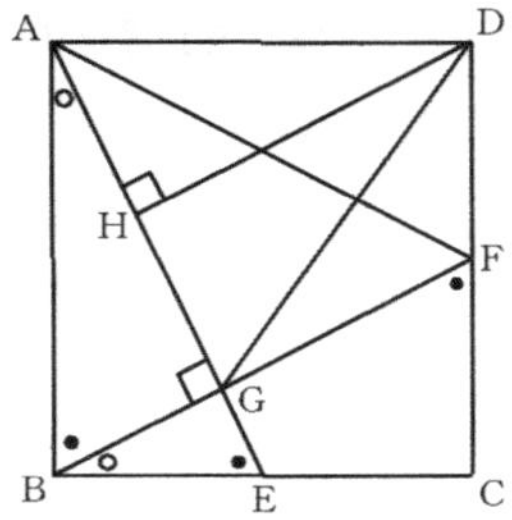

右図で同じ記号をつけた角は大きさが等しく，○＋●＝90°である。

三角形ＡＢＥにおいて，ＢＥ：ＡＢ＝１：２だから，これと同じ形の三角形ＢＣＦ，ＢＧＥ，ＡＧＢにおいても同様である。

したがって，ＥＧ＝①とすると，ＢＧ＝①×２＝②，ＡＧ＝②×２＝④，

ＢＦ＝ＡＥ＝④＋①＝⑤，ＦＧ＝ＢＦ－ＢＧ＝⑤－②＝③

また，角ＨＡＤ＝90°－○＝●となるから，三角形ＤＨＡも三角形ＢＧＥと同じ形であり，対応する辺の比は，ＤＡ：ＢＥ＝２：１となる。これより，ＤＨ＝ＢＧ×２＝④

よって，三角形ＡＧＦと三角形ＡＧＤの面積比は，ＦＧ：ＤＨ＝③：④＝**３：４**

(2) (1)より，ＡＨ＝ＥＧ×２＝②だから，ＧＨ＝④－②＝②である。

よって，三角形ＤＨＡと三角形ＤＨＧは合同だから，ＤＧ＝ＤＡ＝**24㎝**

5 (1) **【解き方】ＡとＢで，同じ量の水を足したときに上がった水面の高さの比を求める。**

Ａの底面積は15×25＝375(㎠)，Ｂの底面積は20×30＝600(㎠)だから，底面積の比は，375：600＝５：８である。

したがって，ＡとＢで，同じ量の水を足したときに上がった水面の高さの比は，５：８の逆比の８：５である。

この比の数の８－５＝３が0.5㎝にあたるから，Ａでは水面が，$0.5\times\frac{8}{3}=\frac{4}{3}$(㎝)上がった。

よって，足した水の量は水そう１つあたり，$375\times\frac{4}{3}=$**500(㎤)**

(2) **【解き方】求める手順は，最初に入っていた水の量(Ａ，Ｂの順)→Ｂの中のおもりの体積→Ｂの水面の高さ→Ａの水面がおもり１個で何㎝上がったか，である。**

Ａに最初に入っていた水の量は，9250－500＝8750(㎤)である。ＡとＢに最初に入っていた水の量の比は，底面積の比と等しく５：８だから，Ａに最初に入っていた水の量は，$8750\times\frac{8}{5}=14000$(㎤)

したがって，Ｂのおもりの体積の合計は，$(14000+500)\times\frac{1}{29}=500$(㎤)だから，おもりを１個Ａに移す前のＢの水面の高さは，$\frac{14500+500}{600}=25$(㎝)である。Ａの水面の高さも25㎝である。

おもりを１個Ａに移すことで，Ａの水面の高さは25㎝の$\frac{226}{225}-1=\frac{1}{225}$(倍)だけ上がったから，$25\times\frac{1}{225}=\frac{1}{9}$(㎝)上がった。よって，おもり１個の体積は，$375\times\frac{1}{9}=\frac{125}{3}=$**$41\frac{2}{3}$(㎤)**

6 (1) **【解き方】3か所を選んだ人は3票ずつ，2か所を選んだ人は2票ずつ，1か所を選んだ人は1票ずつ入れたとすると，票の合計は，141＋191＋145＝477(票)である。**

1か所を選んだ人の票数の合計は，477－2×99－3×9＝252(票)だから，1か所を選んだ人は252人いる。

よって，生徒の人数は，252＋99＋9＝**360**(人)

(2) **【解き方】A，B，Cそれぞれに360÷3＝120(人)が行く。A，B，Cそれぞれに行く人を，行き先の選び方をもとに分けて，表にまとめて考える。**

2か所を選んだ人99人のうち，AとBを選んだのが46人，BとCを選んだのが47人，CとAを選んだのが99－46－47＝6(人)である。1か所を選んだ人が選んだのは，Aが141－(46＋6)－9＝80(人)，Bが191－(46＋47)－9＝89(人)，Cが145－(47＋6)－9＝83(人)である。したがって，右表のようにまとめられる。

行き先	1か所を選んだ人	3か所を選んだ人(9人)	AとBを選んだ人(46人)	BとCを選んだ人(47人)	CとAを選んだ人(6人)
A	80人	㋐	㋑	0人	㋒
B	89人		㋕		0人
C	83人		0人		

㋒に入る数は0～6人に限られるので，Bに行く人の内(うち)訳(わけ)よりもAに行く人の内訳の方が制限が大きいから，㋑の最多人数と最少人数を考える。

㋑が最多となるのは，㋐と㋒が0人のときだから，㋑＝120－80＝40(人)である。このとき，㋕＝46－40＝6(人)であり，残りの空白も条件に合うようにうめられる。

㋑が最少となるのは，㋐＝9人，㋒＝6人のときだから，㋑＝120－80－9－6＝25(人)である。このとき，㋕＝46－25＝21(人)であり，残りの空白も条件に合うようにうめられる。

よって，求める人数は，最も少ない場合が**6**人，最も多い場合が**21**人である。

7 (1) **【解き方】図形の面積は正方形の個数と等しいから，正方形に書かれた数のうち最も大きい数を求める。**

連続する整数が斜(なな)めに並んでいるが，nが偶数のときの{n，1}の数は，右斜め上から左下に向かって数が大きくなっていく並びの一番左端(ひだりはし)の数である。したがって，nが偶数のときの{n，1}の数は，1からnまでの整数の和に等しく，$\frac{(1+n)\times n}{2}$で求められる。

よって，{50，1}の数は$\frac{(1+50)\times 50}{2}$＝1275だから，求める面積は**1275**㎠である。

(2) **【解き方】{6，14}から左斜め下にます目を左端まで進んでいくと，14－1＝13，6＋13＝19より，{19，1}にたどり着く。**

nが奇数のときの{n，1}の数は，右斜め上から左下に向かって数が小さくなっていく並びの一番左端の数である。

19は奇数だから，{19，1}の1つ前の数は{18，1}である。

{18，1}＝$\frac{(1+18)\times 18}{2}$＝171だから，{19，1}＝171＋1＝172なので，{6，14}＝172＋13＝**185**

(3) **【解き方】{17，10}から左斜め下にます目を左端まで進んでいくと，10－1＝9，17＋9＝26より，{26，1}にたどり着く。**

{26，1}＝$\frac{(1+26)\times 26}{2}$＝351だから，{17，10}＝351－9＝**342**

(4) **【解き方】1からnまでの整数の和は$\frac{(1+n)\times n}{2}$だから，この値の2倍は(1＋n)×nであり，連続する2数の積になる。したがって，2024×2＝4048に近くなるような，連続する2数の積を探す。**

4048は，60×60＝3600，70×70＝4900の間にあり，3600により近い。したがって，63×64を計算してみると，63×64＝4032となり，4048に近くなる。63×64＝(1＋63)×63だから，$\frac{(1+63)\times 63}{2}$は$\frac{4032}{2}$＝2016である。

nが奇数のときの{1，n}の数は，1からnまでの整数の和だから，{1，63}＝$\frac{(1+63)\times 63}{2}$＝2016である。

{1，64}はこの次の数だから，2017である。2024は{1，64}から左斜め下に2024－2017＝7進んだところにあるので，１＋７＝８，64－７＝57より，{**8，57**}にある。

8 **【解き方】辺の長さの差があたえられているだけで辺の長さが一切あたえられていないので，補助線を引くことで二等辺三角形や正三角形を作り，同じ長さの辺や辺の長さの比を利用できるようにしたい。ＡＢ＝ＡＣに注目し，三角形ＡＢＥと合同な三角形ＣＡＦを右側にくっつけると，図Ⅰのようになる。**

図Ⅰ

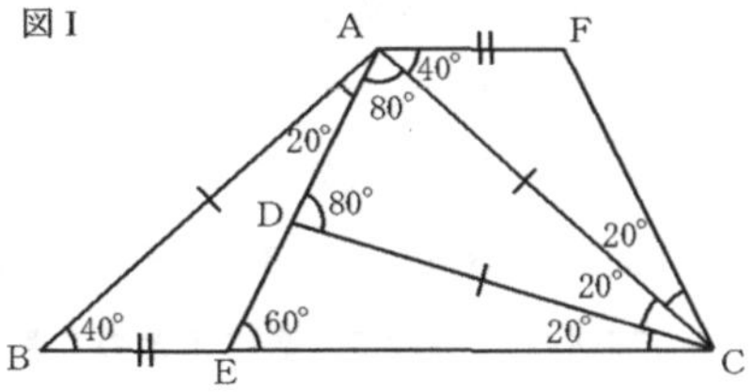

図Ⅰのように角度や等しい辺がわかる。四角形ＡＥＣＦは等脚台形で角ＡＥＣ＝角ＦＣＥ＝60°だから，正三角形を作ることを考え，ＥＡとＣＦを延長させて交わる点をＧとする。三角形ＧＥＣと三角形ＧＡＦは正三角形だから，三角形ＣＡＧは三角形ＣＤＥと合同になるので，図Ⅱのように等しい辺がわかる。

図Ⅱ

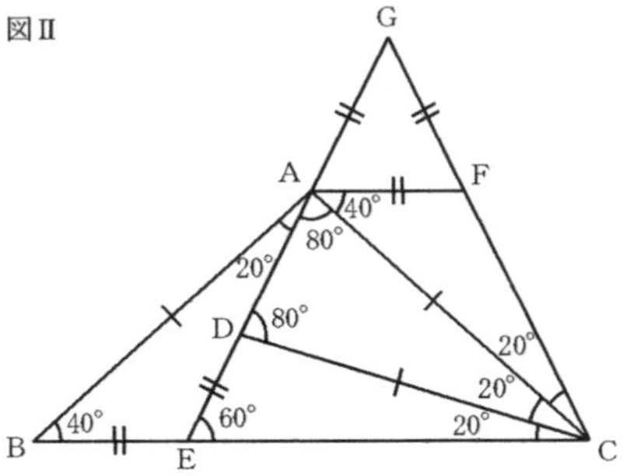

ＡＤ＝ａ，ＢＥ＝ｂとすると，ＥＣ＝ＥＧ＝ａ＋ｂ×２だから，

ＢＣ＝ＢＥ＋ＥＣ＝ｂ＋(ａ＋ｂ×２)＝ａ＋ｂ×３

これがＡＤ＝ａより５㎝長いのだから，ｂ×３＝５より，

$b=\frac{5}{3}=1\frac{2}{3}$(㎝)　　よって，ＢＥ＝**$1\frac{2}{3}$㎝**

《2024　社会　解説》

1 **問１①**　Ａ　　まず，12月と１月の日照時間で区別していく。日照時間が長いアとイは瀬戸内地方のＣまたは太平洋側のＤ，短いウとエは北海道地方のＡまたは日本海側のＢである。北海道の気候と日本海側の気候の大きな違いは梅雨の有無だから，６月の日照時間が短くなるエは日本海側のＢ，あまり短くならないウが北海道地方のＡ。

②　台風　　北海道地方以外は９月に台風の通り道となることが多い。

③　ａ＝北西の季節　ｂ＝越後　　冬の関東平野に吹く乾いた風は「上州からっ風」「筑波おろし」など，地域によってさまざまな名称でよばれる。

④　イ　　やませの影響で，夏の東北地方の太平洋側は，くもりの日が多く日照時間が短くなる。

問２①　Ｑ＝霞ヶ浦　Ｒ＝浜名湖　　霞ヶ浦は面積第２位の湖，浜名湖は海水と淡水が混じった汽水湖である。

②　Ｐ　　Ｐの十和田湖は，火山活動でできたカルデラに水がたまったカルデラ湖である。

③　青森県／秋田県　　十和田湖の位置は右図を参照。

④　エ　　茨城県のれんこん生産量は日本一である。

⑤　うなぎ　　静岡県のうなぎの漁獲量は全国４位である。

⑥　エ　　Ｓの琵琶湖から流れる河川は，滋賀県では瀬田川，京都府では宇治川，大阪府では淀川と呼ばれる。

2 **問１**　図１＝前橋市　図２＝熊本市　　図１は群馬県，図２は熊本県である。

問２①　蚕のまゆ／生糸　　明治時代，ａの富岡市につくられた富岡製糸場である。

②　ア　　大正時代は割合が６割を超えていたが，昭和時代になるとその割合が減っていることから，農業と判断する。

③　バス／車掌　　女性のバスの車掌は，バスガールと呼ばれた。

④　電気冷蔵庫，電気洗濯機，白黒テレビを三種の神器という。電気冷蔵庫や電気洗濯機などの電化製品が普及し

たことで，女性の家事にかかる時間が減った。

問3　ブラジル　　Qは自動車である。

問4　浅間山／イ　　天明の浅間山噴火では，噴煙が成層圏にまで及んだといわれている。群馬県西部の嬬恋村では，冷涼な気候を利用して，夏から秋にかけてのキャベツの生産がさかんである。

問5①　水銀／オ　　水俣病の原因は，工場からの排水に含まれたメチル水銀であった。　②　国会　　内閣が締結した前後に，国会が承認する。

問6　S＝福岡　T＝茨城　　福岡県の北九州市を中心に自動車工業がさかんである。関東地方で特に野菜の栽培がさかんな県は，茨城県，群馬県，千葉県だから，Tは茨城県と判断する。

3　問1　ウ　　約7000年前は縄文時代である。吉野ヶ里遺跡は弥生時代を代表する遺跡である。

問2　土偶　　豊かなめぐみなどをいのる目的で作られたため，女性をかたどった土偶が多く出土している。

問3　エ　　ア．誤り。雪舟がえがいたのは浮世絵ではなく水墨画である。イ．誤り。東求堂は龍安寺のとなりではなく慈照寺の銀閣のとなりにある。ウ．誤り。茶を飲む習慣は，琉球ではなく中国から伝わった。

問4　オ　　桶狭間の戦いのとき，松平元康は今川方についていた。その後，松平元康は織田信長と同盟を結び，長篠の戦いで武田勝頼率いる騎馬隊を破っている。

問6　酒　　「米を原料として」「船で江戸などへ運ばれる」から酒と判断する。江戸時代，樽廻船に載せた灘の清酒などが，南海路を通って江戸に運ばれた。

問7　イ　　X．正しい。東海道・中山道・甲州道中・日光道中・奥州道中は，江戸の日本橋を起点としている。Y．誤り。400～500名に及ぶ朝鮮通信使が通る陸路の沿道や一行の宿所には，異国人を見ようとする民衆が集まったといわれている。

問8①　木簡　　木簡は，荷札，書類，習字の練習などに利用された。

②　調　　調は，地方の特産物を都に納める税である。

4　問1　E，F　　E．ろ→(承久の乱・1221年)→い(御成敗式目・1232年)→は(文永の役・1274年)

F．い(藤原京・694年)→は(大宝律令・701年)→ろ(国分寺建立の詔・741年)

問2①　D－ろ　　保元の乱・平治の乱に連勝した平清盛は，大輪田泊を修築し，日宋貿易で巨大な富を得た。その後，後白河上皇と対立するようになった。　②　A－は　　江戸幕府第3代将軍の徳川家光は，禁教を強化するため，スペイン船の来航を禁止し，日本人の海外への行き来を禁止した。　③　C－ろ　　室町幕府第3代将軍の足利義満は京都の室町に花の御所を築いた。将軍職を辞した後には，倭寇の取り締まりを条件に，明の皇帝から朝貢形式での貿易を許された。その際には，日本国王源道義と名乗っていた。　④　E－ろ　　後鳥羽上皇が当時の執権北条義時に対して兵を挙げると，北条政子は関東の御家人に源頼朝の恩を説いて，結束を促した(承久の乱)。

問3　大老　　江戸時代，大老の井伊直弼は，朝廷の許可を得ずに，日米修好通商条約に調印した。

問4　宋　　宋は960年に趙匡胤が建国した。

問5　元寇は防衛戦であったため，鎌倉幕府は活躍した御家人に対して十分な恩賞を与えることができなかった。

5　問1　あ＝イギリス　い＝満州　う＝朝鮮　　Aとの戦争はロシアとの日露戦争。1902年，ロシアの南下政策をけん制するために，日本はイギリスと日英同盟を結んだ。Bとの戦争は中国との日中戦争。満州事変で満州国が建国され，国際連盟がリットン調査団を派遣して調査した結果，国際連盟の中で日本は孤立し，国際連盟を脱退した。Cとの戦争はアメリカとの太平洋戦争。1941年12月8日，日本軍はハワイの真珠湾にあるアメリカ軍基地を攻撃，イギリス領のマレー半島に上陸し，太平洋戦争が始まった。Dとの戦争は清との日清戦争。

問３　D→A→B→C　　D（日清戦争・1894年）→A（日露戦争・1904年）→B（日中戦争・1937年）→C（太平洋戦争・1941年）

問４　関税自主権がないこと。　　1911年，小村寿太郎外相はアメリカとの間で関税自主権の回復に成功した。

問５　国際連盟において，「満州での日本の権益は認めるが，満州国は独立国と認められず，日本軍は占領地から撤兵するように」との勧告が可決されると，激怒した松岡洋右は席を立ち，国際連盟の脱退を通告した。

問６　A　　与謝野晶子は，日露戦争に出征した弟を案じて，「君死にたまふことなかれ」を発表した。

問７　太平洋戦争では，鉄などの金属が不足したため，金属類回収令が出され，鍋・釜だけでなく，マンホールや金属製のてすり，寺院の梵鐘などまでが集められた。

6　問２　①＝ア　②＝イ　③＝ア　　①25歳以上のすべての男性が選挙権を持つようになったのは普通選挙法が出された1925年。全国水平社は1922年につくられた。八幡製鉄所の操業は1901年，大日本帝国憲法の発布は1889年。②20歳以上の男女が選挙権を持つようになったのは1945年。警察予備隊の発足は1950年，日本国憲法の公布は1946年，サンフランシスコ平和条約の締結は1951年。③選挙権が認められる年齢を18歳に引き下げたのは2015年。裁判員制度の開始は2009年，日中平和友好条約の締結は1978年，元号が昭和から平成にかわったのは1989年。

問３　イ，エ　　市川房枝と平塚らいてうは，新婦人協会を設立し，女性の選挙権を求める運動を展開した。

問４　ウ　　三権の抑制と均衡を保つためのものであって，効率を考えたものではない。

問５　イ　　衆議院議員の任期は４年である。

《2024　理科　解説》

1　⑴　血液中から肺に出ているので，二酸化炭素である。

⑵　血液は，全身→心臓（右心房(しんぼう)→右心室）→肺→心臓（左心房→左心室）→全身へと流れている。　①鼻から取りこんだ空気（酸素）は気管を通って，肺に入ると酸素が血液中に取りこまれる。その後，血液の流れによって全身の各部分に送られる。　②全身の各部分で二酸化炭素を受けとった血液は，心臓を通って，肺に送られる。二酸化炭素は血液中から肺に出されて，気管を通り，鼻から体外に出される。　③口から取りこんだ養分は，食道と胃を通り，小腸で血液中に吸収される。その後，かん臓を通って心臓にもどった後，肺で気体交換をして，心臓を通って全身の各部分へと送られる。　④じん臓では血液中の不要なものをこし出して尿(にょう)をつくる。尿は一時的にぼうこうにためられた後，体外に出される。

⑶　肺から出たすぐ後の血液である血液１と５には酸素が多く含(ふく)まれ，肺にもどる前の血液である血液２と３と４には二酸化炭素が多く含まれる。また，血液６はじん臓に送られる前の血液で，酸素が多く含まれると考えられる。

⑷　（Y）はかん臓と血液中の物質のやりとりである。血液中に含まれる養分が多いとき，かん臓では養分をたくわえ，血液中に含まれる養分が少ないとき，かん臓にたくわえられた養分が血液中に送られる。なお，かん臓でも（肺以外の）他の臓器と同じように，血液中から酸素を受け取り，二酸化炭素を血液中に出している。

⑸　尿，便，あせには液体の水が含まれ，はく息には気体の水（水蒸気）が含まれる。

2　⑵　180000÷5000＝36（倍）

⑶　多くの植物（森林）が燃えることで，二酸化炭素が発生する。また，植物が減ることで，二酸化炭素を吸収して酸素を出すはたらき（光合成）が減ってしまう。

⑹　海は陸よりもあたたまりにくく，冷めにくいので，１日の中での温度差や季節ごとの温度差は陸に比べて小さ

い。そのため，海の生物は陸の生物に比べて，生きられる温度のはんいがせまいから，海水温が高くなる(変化する)と絶滅する可能性が高くなりやすい。

3 ⑴⑶　種子を遠くに運んでもらうことで，生育場所を広げる。

5 ⑵　A×…加熱して水を蒸発させたあとに白い固体が残るのは，食塩水と石灰水の２つである。アンモニア水，塩酸，炭酸水は気体が溶けた水溶液で，加熱して水を蒸発させたあとには何も残らない。　B×…赤色リトマス紙の色を変えないのは中性と酸性の水溶液だから，塩酸(酸性)と食塩水(中性)と炭酸水(酸性)の３つである。

⑶　A○…水素が発生する。　B×…鉄が溶けた塩酸を加熱して水を蒸発させると，うすい黄色の固体が残る。また，アルミニウムが溶けた塩酸を加熱して水を蒸発させると，白い固体が残る。　C×…アルカリ性の水酸化ナトリウム水溶液はアルミニウムを溶かす。

⑷　A×…湯気は水蒸気(気体)が冷やされて小さな水てき(液体)になったものである。なお，気体である水蒸気は目に見えないが，液体である湯気(小さな水てき)は目に見える。　C×…図のように，水が液体に変化しているとき，加熱していても水の温度は上がらない(100℃で一定である)。

6 ⑴　溶ける物質の重さは，溶かす水の重さに比例する。グラフより，40℃の水 100 g にAは約 64 g まで溶かすことができるとわかるから，40℃の水 50 g にAは約 $64\times\frac{50}{100}=32$(g)溶かすことができる。

⑵　グラフより，60℃の水 100 g にAは約 108 g 溶かすことができ，20℃の水 100 にAは約 32 g 溶かすことができる。よって，20℃まで下げると，約 108－32＝76(g)のAが溶けきれなくなって出てくる。

⑶　温度が変わっていないから，蒸発させた水 100 g に溶けていたAが溶けきれなくなって出てくる。グラフより，50℃の水 100 g に溶けるAは約 84 g だから，約 84 g のAが出てくる。

7 ⑴⑵　川の曲がったところでは，水の流れの速さが川の内側(P)より川の外側(Q)の方が速い。そのため，流れの速いQでは地面をけずるはたらき(しん食作用)と石などを運ぶはたらき(運ぱん作用)が大きくなって，川の深さは深くなり，石は大きいものが多くなる。また，川の流れがおそいPでは土や石などを積もらせるはたらき(たい積作用)が大きくなって，川の深さは浅くなり，石は小さいものが多くなる。

⑶⑷　川がまっすぐ流れているところでは，水の流れの速さが川の両側(RとT)より川の中央(S)の方が速い。そのため，RとTよりSの方が深くなり，石は大きいものが多くなる。

8 ⑴　スイッチをイに入れたときプロペラが右に回転したから，Bに電池の＋極をイ側(－極をオ側)にして入れたとわかる。また，スイッチをウに入れたときには，イに入れたときより速く右に回転したから，このときプロペラ側が－極となるように２つの電池が直列につながっているとわかる。よって，Cに電池の－極をカ側にして入れ，BとCに入れた２つの電池が直列につながるようにイとカを導線でつなげばよい。

⑵　スイッチをウに入れたときプロペラが右に回転したから，Cに電池の－極をカ側にして入れ，スイッチをアに入れたときプロペラが左に回転したから，Aに電池の＋極をエ側にして入れているとわかる。これだけだと，電池とプロペラの間がつながっていないから，エとオ，オとカをそれぞれ導線でつなげばよい。

9 ⑵　光があるときにはA(光電池)に光を当てて発電でき，光がないときでもハンドルを回すと発電できる。

⑷②　ＬＥＤは豆電球よりも少ない電力で明るく，長い時間光ることができる。また，熱くならないため安全に使うことができる。

10 ⑴　てこをかたむける(回転させる)はたらき〔おもりの重さ(g)×支点からの距離(cm)〕が左右(時計回りと反時計回り)で等しくなると，水平になる。また，太さが一様な棒の重さは棒の中心にすべてかかると考えることができる。図１のように棒をのせる台に幅があるときは，棒が左にかたむくときと右にかたむくときで支点が変わることに注意する。　ア．棒①がPを支点にして左にかたむくとき，Aが棒①を左にかたむけるはたらきは 500×30＝15000，棒①の重さが棒①を右にかたむけるはたらきは（Pから棒①の中心までの距離が 10 cmだから）300×10＝3000 である。よって，Bが棒①を右にかたむけるはたらきが 15000－3000＝12000 より小さいとき，つまり，Bの重さが 12000÷(30＋20)＝240（g）未満のとき，棒①は左にかたむく。　イ．棒①がQを支点にして右にかたむくとき，Aと棒①の重さが棒①を左にかたむけるはたらきの和は 500×50＋300×10＝28000 である。よって，Bが棒①を右にかたむけるはたらきが 28000 より大きいとき，つまり，Bの重さが 28000÷30＝933.3…→933 g より大きいとき，棒①は右にかたむく。

(2)　棒②の重さは棒②の中心（Cをつるした位置）にかかる。　ウ．(1)より，棒②の支点（支柱）から 90 cmの位置で棒①の右端(みぎはし)を下向きに 240 g より小さい力で押(お)すと，棒①は左にかたむく。よって，Cと棒②の重さの和が棒②を反時計回りに回転させるはたらきが 240×90＝21600 より小さいとき，つまり，Cの重さが 21600÷50－200(棒②の重さ)＝232（g）未満のとき，棒①は左にかたむく。　エ．(1)より，棒①を右にかたむけるはたらきが 28000 より大きいとき，つまり，棒②の左端で棒①の右端から 10 cm（Qから 20 cm）の位置を下向きに 28000÷20＝1400（g）より大きい力で押すと，棒①は右にかたむく。よって，Cと棒②の重さの和が棒②を反時計回りに回転させるはたらきが 1400×100＝140000 より大きいとき，つまり，Cの重さが 140000÷50－200(棒②の重さ)＝2600（g）より大きいとき，棒①は右にかたむく。

(3)　太さが一様でない棒の重さは棒の重心にかかると考えられる。(1)より，Dの重さが 165 g のとき，棒③が棒①の右端を下向きに 240 g の力で押していて，棒①は水平になるとわかる。このとき，棒①が棒③を時計回りに回転させるはたらきは 240×(80－10)＝16800，Dが棒③を反時計回りに回転させるはたらきは 165×40＝6600 だから，棒③の重さが棒③を反時計回りに回転させるはたらきは 16800－6600＝10200 である。棒③の重さは 240 g だから，棒③の重心は支点（支柱）から 10200÷240＝42.5（cm）の位置である。図4のように一点で支えるときは重心の位置を支えればよいから，右端から 42.5 cmの位置を支えると水平になる。

2023 解答例 令和5年度　東海中学校

《国　語》

一　①一葉　②辞去　③来歴　④戸外　⑤勇ん　⑥裁き

二　問1．外側にいる人間が、環境に働きかけるという関係性。　問2．環境問題に対して、解決策の技術や制度を提供する人。　問3．マイバック／マイボトル　問4．オ　問5．環境問題について自分で考えなくなること。　問6．環境を外側から客観的に見ようとしても、内側からの主観的な意見が入ってしまうこと。
問7．個々の土地ごとに異なる風土があるという認識で、多元的な世界観を受け入れること。　問8．ウ
問9．A．エ　B．ア　C．オ

三　問1．a．イ　b．オ　問2．和也のことは考えず、実行委員長として、伝統をくずさずに成功させること。
問3．エ　問4．ウ　問5．無意識　問6．まゆ　問7．エ　問8．同情を理由にするな。
問9．おおぜいのためにだれかが犠牲になる　問10．リーダーとして、がまんしている人のことを考えてこなかったのではないかということ。　問11．感謝　問12．D，F　問13．(例文)友達の直したほうが良い点を、より良い関係を築くために勇気を持って伝えるか、言ったら友達がひどく傷ついて関係がこわれるかもしれないので伝えないでおくかということ。

《算　数》

1　(1)$3\frac{1}{7}$　(2)119　(3)20，75

2　(1)8　(2)7：6　(3)13：14

3　※(1)2288　(2)24

4　(1)45　(2)20

5　(1)21.5　(2)414

6　(1)A…3，5，7　B…1，6，9　C…2，4，8　(2)8　(3)A…8　B…4　C…9

7　(1)40.5　(2)20.25

8　(1)3　(2)14

※の求め方は解説を参照してください。

《社　会》

1 問１．〔１〕オホーツク　〔２〕栽培　問２．【１】青森　【２】静岡　問３．エ　問４．ダムや砂防えん堤がつくられたため。　問５．ク→カ→キ　問６．シ　問７．与那国　問８．隠岐／チ，ツ
問９．A．２尾以上の(30 kg以上の)大型魚のレジャーによる釣り　B．【あ】１つの国の排他的経済水域
【い】広い範囲を回遊する

2 問１．石炭　問２．ア　問３．エネルギー革命で石炭産業が衰退したから。　問４．イ　問５．あ
問６．液化天然ガス　問７．①北九州　②山陽　③博多　④鉄鉱石　⑤a．お　b．あ　⑥【あ】エ　【い】エ

3 問１．米作りは集団で共同作業をするので，指導者が必要だった。　問２．食べ物に困らない様子。
問３．土地　問４．稲荷山　問５．権力

4 問１．唐　問２．遷都　問３．自分の考えや感情を自由に書き表せるようになった。　問４．平清盛
問５．承久の乱　問６．ウ　問７．コロンブス　問８．キリスト教の信者

5 問１．薩摩　問２．武家諸法度　問３．ウ　問４．徳川家光　問５．大名に反抗させないように人質とするため。

6 問１．イ　問２．イ　問３．９，１　問４．兵役　問５．(あ)寺子屋　(い)義務教育
問６．不平等条約の改正

7 問１．ポツダム　問２．持ちこませない　問３．エ→イ→ウ→ア　問４．自分の土地を耕作する
問５．労働組合　問６．法律　問７．裁判官の弾劾

《理　科》

1 (1)食中毒　(2)す／しょうゆ　(3)B．二酸化炭素　E．酸素　(4)C．酸　D．温暖
(5)右図　(6)①食品ロス　②家庭で…食べられる量だけを作る。／野菜のくきや皮など，食べられるところは食べる。などから１つ　食品を買う時…食べられる量だけを買う。／賞味期限の早いものから買う。／事前に冷蔵庫や食品庫にある食品を調べる。などから１つ

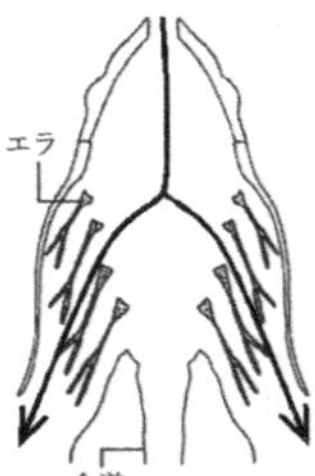

1(5)の図

2 (1)ア　(2)気こう　(3)蒸散　(4)葉緑体　(5)葉にぬったマニュキアをはがし取ることで，葉の型をとって気こうを観察しているから。　(6)エ　(7)葉が水面にういているから。

3 (1)水田がふみあらされること。／鳴き声によるそう音。／ふんによる悪しゅう，洗たく物や自動車のよごれ。などから１つ　(2)②ウ　③ア　④イ　⑤オ　(3)天敵が近づきにくい場所だから。
(4)②，③，⑥

4 (1)4.7　(2)27.1　(3)①ホウ酸　②50　(4)40

5 (1)右図　(2)海水面が上しょうと下降をくり返していた。　(3)地層の両側から押す力がはたらいたから。

5(1)の図

6 (1)120　(2)7　(3)1125　(4)右図

7 (1)①A，C，D　②B，C　③A，B　④D　(2)黄　(3)黄

8 実験２…④　実験３…①　実験４…⑩　実験５…②
実験６…⑦

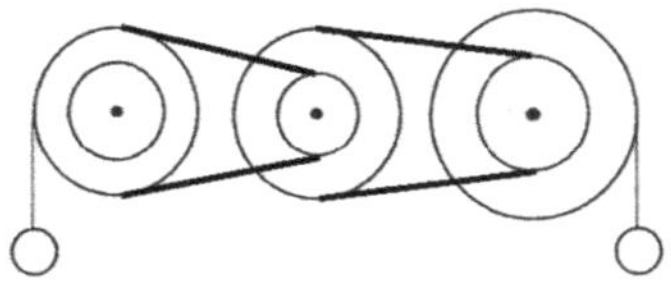

6(4)の図

東海中学校

《2023　国語　解説》

二　問1　――①に続けて、「私たちは環境が観察でき、分析できて、より好ましい状態に変化させていくために、外部から働きかけることができるものとして扱っています。こうした前提において、環境に働きかける私(＝人間)は、対象である環境の外側にいるものとして扱われます」と述べていることからまとめる。

問2　――②の直前の段落で「まるで気候変動という流行り病にかかってしまった『環境』という患者さんに対し、処方箋を出す医師のように」と述べたことをふまえている。環境問題を解決するための「処方箋」を出す専門家、つまり、「環境問題に関しても、専門家が処方してくれた技術や制度に従うことによって～許容範囲内で暮らしていける仕組みが社会に導入されるようになる日を安静にしながら待つ、ということが賢い選択」だと思っている「世の中の大多数の人々」に、適切だと考えられる方法を提示できる人のこと。

問5　「対象を外部に切り出して～専門家に対応策を提案してもらうという構造がつくられていくことで起きる」こと。自分が環境の内側にいるという意識もなく、また、専門家に任せることで解決策を模索していると、「『私』がいない」という状態になる。「私は」「私が」という主語で語ることがなくなる、つまり、自分で考えなくなるということ。

問6　「『環境―人間』というように、主体と客体を切り分けて物事をとらえる～客観的な事実～主観的な意見を凌駕するものとして扱ってきました。しかし～人間は、環境それ自体の内側に居ますから、客観的な事実を導きだす当人の主観的な意見もはじめからそこに含まれることになります」ということを、「輪の外側をなぞっていたら～いつの間にか輪の内側をなぞることになるメビウスの輪」にたとえている。環境を外側から見ているつもりでも、自分も内側にいるのである。内外の区別ができない、自分と環境を切り分けることはできないのである。

問7　――⑨がある段落の直後の２段落を参照。「風土は『私たち』という主語を伴って～個々の土地ごとに異なる風土があることを意味します」「異なる風土を語るいくつもの『私たち』があることを認めることで、多元的な世界観を受け入れることができます」「複数の異なる『私たち』をはじめから内化している風土は多元的な世界を前提にしているのです」と述べていることから読みとれる。

問8　自然と人間が不可分なひとまとまりの関係であるという認識のもと、「『何をまもり、つくり、つなげていきたいのか』を考え行動する」ことにあたる例を選ぶ。ウは、「生きる糧を得る場として海に敬意をはらう」人間になれば、海をよごしたくない、海を守っていきたいと考える、海とともに生き、その恵みをいただく、海に敬意をはらう、とつながっていくことが想像できる。

問9　――(X)の直前で「環境に働きかける私(＝人間)は、対象である環境の外側にいる」、――(Y)のある段落で「風土は、自然と人間のあいだにあるひとまとまりの関係～ひとつのまとまりとして不可分に存在する」と述べていることから考える。

三　問2　「目を背けて」は、親から虐待を受けているかもしれないという渡辺和也(渡和)のことは考えないということ。美咲の「いままでどおり」の「我が道」とは、和也のことを知る前までの、「実行委員長」としてのあり方。――の２～４行後で「わたしは実行委員長として、祝賀会は成功させたい。でも、渡和のことを聞いたいまとなっては、いままでどおりでいい、とは言いきれないんだ」と言っているのを参照。

問3　哲太は、美咲に教えてと言われて「観念したように」、つまり、話すのをためらったものの、和也のことを実行委員の人たちに話した。「大人に任せるしかないんだよね」と話を終わらせようとした哲太だが、その表情が「あきらめたくない、と言っているようにも思えた」とある。その様子から、自分の気持ちをうまく言えないでいることがうかがえる。それをあえて言わせるように、美咲が「本間くんは、どうしたいの」「どうしたくて、わざわざみんなに、それを伝えたの？」とたたみかけて聞いたことを、空は――②のようにたしなめたのだ。よって、エが適する。

問４　哲太の考えを聞いた実行委員たちが、身じろぎもせず黙っているということ。美咲が前田の言葉を思いだして「どっちが正しいんだろう。どっちが正解なんだろう」と考えているのと同様に、他の委員たちもそれぞれに考えているのだとうかがえる。よって、ウが適する。

問５　思うより先に口が動いていたということ。

問６　「ぜったい書きたくない」と言いはる気持ちを想像したときの不快な表情なので、「眉をひそめて」。

問７　「美咲と哲太～一瞬だけゆずりあったあとで」美咲が先に言ったという意味なので、「口火を切る」。

問８　祐志郎が「なら、やっぱり、ここで中止にしたら、小島がかわいそうだな」と言ったことを、小島は「すごくいや」だと言っている。小島がかわいそうだから親への手紙は中止にしないようにしよう、と言われた小島の気持ちを考える。「かわいそう」だと哀れまれ、中止にしない理由にされたことを不愉快に思ったのだ。

問９　――⑧の後で「でも、それって、たくさんの人が楽しみにしているから、ひとりくらいがまんしろ、ってことでしょ。つまりは、おおぜいのためにだれかが犠牲になる、ってことだよね？～見て見ぬふりしろ、ってこと？それっておかしくない？」と続けている。

問10　茉莉花から「秋山さん(美咲)は知らないかもしれないけど」「秋山さんにはわからないよ」と言われている。美咲は「学年委員長」であり、卒祝の「実行委員長」でもある。自分で「リーダーが犠牲になるのはかまわないよ。それがリーダーの仕事だから」と言っていることからもわかるように、美咲はいつもリーダー的な立場にあり、それを自覚しているのだ。また、哲太が言ったという「秋山さんは正しいから」も、美咲のふだんの様子をうかがわせる。つまり美咲は、茉莉花の言う「先生は～めだたない組の意見は、はじめから聞いてくれないんだから」の「先生」側に近い生徒だと言える。だから茉莉花の言葉を聞いて、自分も「先生」と同じようなことをしてこなかったかが気になり、――⑨のようにふり返ったのだ。

問11　卒祝で渡そうとしている手紙は、「親への感謝の手紙」である。

問12　Ｄの「先生の助言も尊重して」、Ｆの「わざと話の展開をさまたげる子もいた」が誤り。

《2023　算数　解説》

1　(1)　与式＝$\{48\times(1\frac{1}{8}-\frac{10}{9})-\frac{1}{8}\times\frac{8}{7}\}\times 6=(48\times\frac{9}{8}-48\times\frac{10}{9}-\frac{1}{7})\times 6=54\times 6-\frac{160}{3}\times 6-\frac{1}{7}\times 6=$
$324-320-\frac{6}{7}=$ **$3\frac{1}{7}$**

(2)　**【解き方】２人がすれ違った地点をＲとすると，２人の移動の様子は右図のようになる。Ａ君がＲ→Ｑ→Ｒと移動する時間と，Ｂ君がＲ→Ｐ→Ｒと移動する時間が等しいので，ＲＱ間の道のりとＲＰ間の道のりの比は，２人の速さの比と等しく５：７である。**

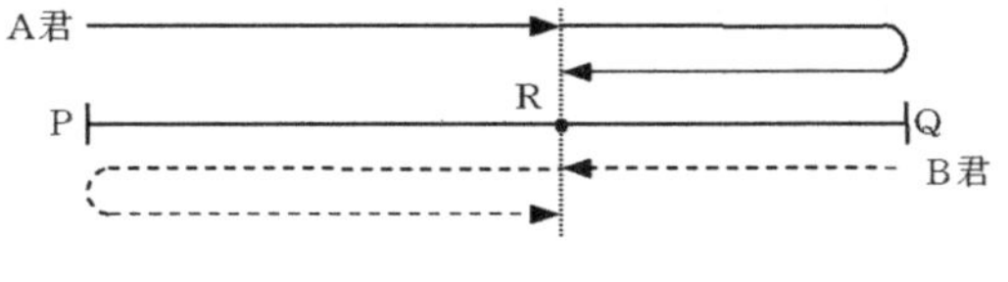

ＰＲ＝⑦，ＲＱ＝⑤とする。２人が同時に出発した場合，Ａ君がＰからＲまで⑦進む間に，Ｂ君は⑦×$\frac{7}{5}$＝$\textcircled{9.8}$進むが，Ｂ君は実際には⑤しか進まなかったので，Ｂ君は$\textcircled{9.8}$－⑤＝$\textcircled{4.8}$進むのに24分かかる。

したがって，Ｂ君がＲ→Ｐ→Ｒと⑦×２＝⑭進むのにかかった時間は，24×$\frac{⑭}{\textcircled{4.8}}$＝70(分)だから，Ａ君がＲ→Ｑ→Ｒと進むのにかかった時間も70分である。よって，Ａ君がＰからＲまで進むのにかかった時間は，70÷２×$\frac{7}{5}$＝

49(分)だから，求める時間は，49＋70＝**119**(分後)

(3)　**【解き方】右のように作図し，三角形ＢＥＦと三角形ＢＣＦに着目する。**

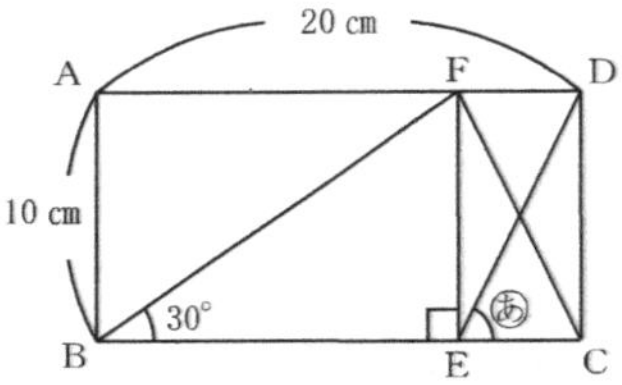

三角形ＢＥＦは１辺がＢＦの正三角形を半分にしてできる直角三角形だから，

ＢＦ＝ＥＦ×２＝10×２＝**20**(cm)

三角形ＢＣＦはＢＣ＝ＢＦの二等辺三角形だから，

角ＥＣＦ＝(180°－30°)÷２＝75°

三角形ＣＥＤと三角形ＥＣＦは合同だから，角㋐＝角ＥＣＦ＝**75°**

2　(1)　ＢＣ＝ＥＢ＝４cmだから，三角形ＢＣＤの面積は，ＢＣ×ＥＢ÷２＝４×４÷２＝**8**(cm²)

(2)　**【解き方】ＤＥとＣＢが平行だから，三角形ＡＥＦと三角形ＡＢＣは同じ形で，対応する辺の比がＡＥ：ＡＢ＝２：(２＋４)＝１：３である。**

ＥＦ＝ＢＣ×$\frac{1}{3}$＝$\frac{4}{3}$(cm)で，ＤＥ＝ＡＢ＝６cmだから，ＤＦ＝６－$\frac{4}{3}$＝$\frac{14}{3}$(cm)　　ＤＦ：ＢＣ＝$\frac{14}{3}$：４＝**7**：**6**

(3)　**【解き方】三角形ＡＥＦと三角形ＡＢＣ，三角形ＤＦＧと三角形ＢＣＧは，それぞれ同じ形である。**

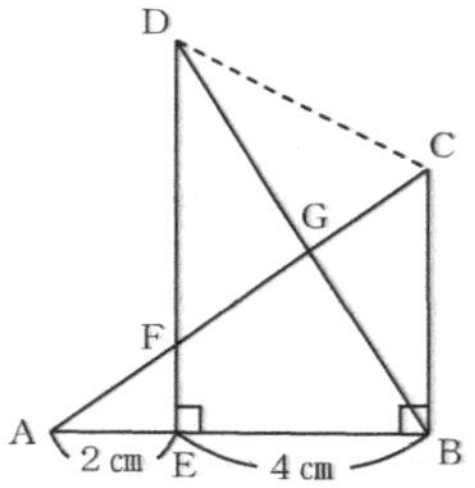

(2)より，ＡＦ：ＡＣ＝１：３だから，ＡＦ：ＦＣ＝１：(３－１)＝１：２

三角形ＤＦＧと三角形ＢＣＧが同じ形だから，ＦＧ：ＣＧ＝ＤＦ：ＢＣ＝７：６

したがって，ＦＧ＝７，ＣＧ＝６とすると，ＡＦ＝ＦＣ×$\frac{1}{2}$＝(７＋６)×$\frac{1}{2}$＝$\frac{13}{2}$

よって，ＡＦ：ＦＧ＝$\frac{13}{2}$：７＝**13**：**14**

3　(1)　**【解き方】Ｕ君は４分57秒－４分46秒＝11秒で$\frac{143}{3}$ｍ走ったから，Ｕ君の速さは，秒速($\frac{143}{3}$÷11)ｍ＝秒速$\frac{13}{3}$ｍである。Ｔ君とＵ君の速さの比を求めてから，Ｔ君の速さを求める。**

Ｕ君が４分46秒＝286秒で走った道のりは，Ｔ君が10分24秒－４分46秒＝624秒－286秒＝338秒で走った道のりだから，１日目にＴ君とＵ君が出会うまでに走った道のりの比は，286：338＝11：13である。

したがって，２人の速さの比も11：13だから，Ｔ君の速さは，秒速($\frac{13}{3}$×$\frac{11}{13}$)ｍ＝秒速$\frac{11}{3}$ｍである。

よって，池の周り１周の道のりは，$\frac{11}{3}$×624＝**2288**(ｍ)

(2)　**【解き方】２日目にＴ君がＵ君と出会うまでに走った道のりを求める。**

４分57秒＝297秒だから，２日目にＴ君と出会うまでにＵ君が走った道のりは，$\frac{13}{3}$×297＝1287(ｍ)

したがって，Ｔ君が走った道のりは，2288－1287＝1001(ｍ)である。

よって，Ｔ君が走った時間は，1001÷$\frac{11}{3}$＝273(秒)だから，立ち止まっていた時間は，297－273＝**24**(秒)

4　(1)　角㋐の大きさは角ＢＡＤの大きさの半分だから，90°÷２＝**45°**

(2)　**【解き方】(1)で45°を求めたので，右のように直角二等辺三角形ＡＨＧを作図する(○＋●＝90°)。ＦＥ＝ＢＥ＝24÷２＝12(cm)だから，ＧＦの長さについて考える。**

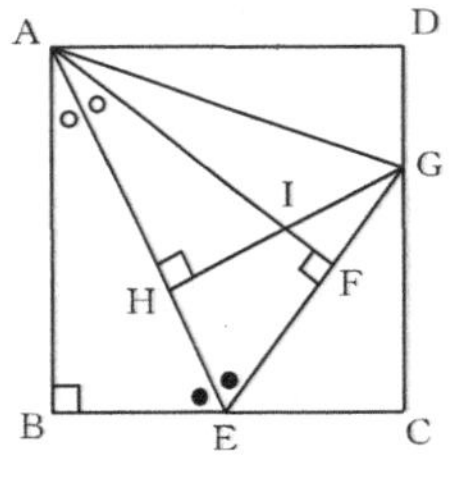

角ＥＧＨ＝○となるから，三角形ＡＢＥ，ＧＨＥ，ＡＨＩ，ＧＦＩはすべて同じ形の三角形で，直角をはさむ辺の比が，ＡＢ：ＢＥ＝２：１である。

ＨＥ＝①とすると，ＧＨ＝①×２＝②，ＡＨ＝ＧＨ＝②，ＨＩ＝ＡＨ×$\frac{1}{2}$＝①，

ＧＩ＝②－①＝①である。三角形ＡＢＥと三角形ＧＦＩの対応する辺の比は，

ＡＥ：ＧＩ＝(②＋①)：①＝３：１だから，ＧＦ＝ＡＢ×$\frac{1}{3}$＝24×$\frac{1}{3}$＝８(cm)

よって，ＥＧ＝12＋８＝**20**(cm)

5　(1)　**【解き方】上の部分と下の部分の底面積はそれぞれ，１×１×3.14＝１×3.14(cm²)，３×３×3.14＝９×3.14(cm²)で，底面積の比が１：９だから，同じ体積の水に対する高さの比は９：１になる。**

62.8 cm³＝20×3.14(cm³)の水を取り除かずに容器をひっくり返すと，水が入っていない部分の高さが$\frac{1}{9}$になるはずだった。したがって，20×3.14(cm³)の水を取り除いてから容器をひっくり返したときの水が入っていない部分の高さの$1-\frac{1}{9}=\frac{8}{9}$にあたる容積が，20×3.14(cm³)である。このため，ひっくり返したあとの水が入っていない部分の容積は，$20×3.14÷\frac{8}{9}$＝22.5×3.14(cm³)である。よって，この部分の高さは，22.5×3.14÷(9×3.14)＝2.5(cm)だから，はじめの水面の高さは，24－2.5＝**21.5**(cm)

⑵　**【解き方】62.8 cm³の水を取り除いてから容器の上下を元にもどしたとき，右の図①のようになる。このとき水が入っていない部分の容積は，⑴より，22.5×3.14(cm³)である。そこから272.7 cm³の水を取り除いてから上下をひっくり返したとき，図②のようになる。**

図①

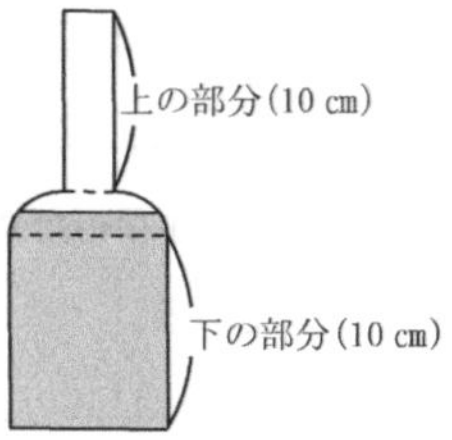

図②

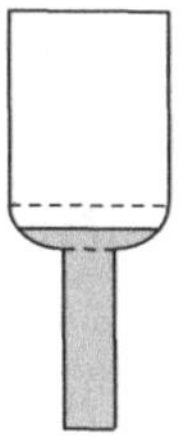

図②で水が入っていない部分の容積は，22.5×3.14＋272.7＝343.35(cm³)で，図②の水が入っている部分と図①の水が入っていない部分は合同だから体積が等しいので，容器の体積は，22.5×3.14＋343.35＝**414**(cm³)

6　⑴　**【解き方】AとBの得点の組み合わせは4通り，Cの得点も4通りあり，まとめると右表のようになる。**

A	B	C
10	11	12
12	13	14
14	15	16
15	16	18

9枚のカードの数字の和は，1＋2＋3＋……＋9＝45で，Bの得点がもっとも高いことから考える。(A，B)＝(10，11)のとき，C＝45－10－11＝24で条件に合わない。

(A，B)＝(12，13)のとき，C＝45－12－13＝20で条件に合わない。

(A，B)＝(14，15)のとき，C＝45－14－15＝16で条件に合わない。

(A，B)＝(15，16)のとき，C＝45－15－16＝14で条件に合う。

よって，Aの得点は15だからカードは**3，5，7**，Cの得点は14だからカードは**2，4，8**，Bのカードは残った**1，6，9**である。

⑵　**【解き方】0点の人はいないのだから，3人の得点の和は，45よりもマイナスカードの数字の2倍だけ減ったことになる。**

3人の得点の和は，5＋11＋13＝29だから，マイナスカードの数字は，(45－29)÷2＝**8**

⑶　**【解き方】3人の得点の合計が変化したのだから，カードを交換したことでだれかの得点が0になったとわかる。Cの得点は13－5＝8になったのだから，得点が0になったのはAかBである。**

Aが0になったとすると，Cが8を持っていてAに8をわたしたことになる。その場合，Cが最初から持っている2枚のカードの数字の和は13＋8＝21だが，そのような組み合わせはない。

したがって，得点が0になったのはBで，AがBに8をわたしたことになる。カードを交換することで3人の得点の合計が変化したことと，Bの得点が11減ったことから，(Bがわたしたカードの数字)＋8は，11よりも大きい。つまり，Bがわたしたカードの数字は，11－8＝3より大きいから，4以上である。

Cがわたしたカードともらったカードの数字の差は5で，BがCにわたしたカードの数字が4以上だから，Cがもらったカードは4，わたしたカードは9に決まる。

よって，A，B，Cが選んだカードはそれぞれ，**8，4，9**である。

なお，3人のカードの変化は右表のようになる。

	Aのカード(得点)	Bのカード(得点)	Cのカード(得点)
交換前	6，7，8 (5)	2，4，5 (11)	1，3，9 (13)
交換後	6，7，9 (22)	2，5，8 (0)	1，3，4 (8)

7 (1) **【解き方】右の図①のように角度がわかるので，角ＡＥＤ＝角ＣＦＤであることに注目して補助線を引き，四角形ＡＥＤＦを等積変形する。**

図①

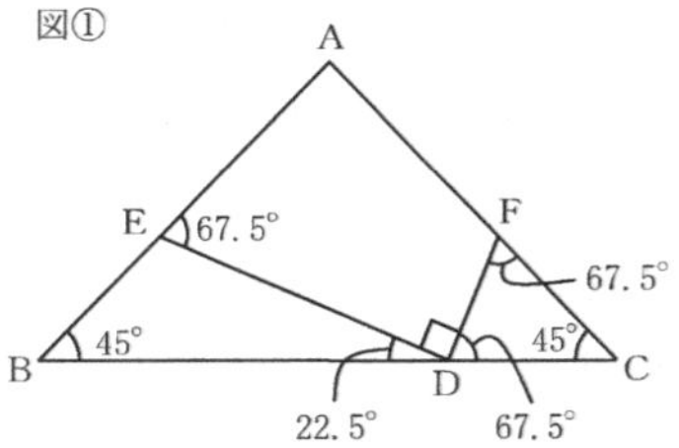

図②

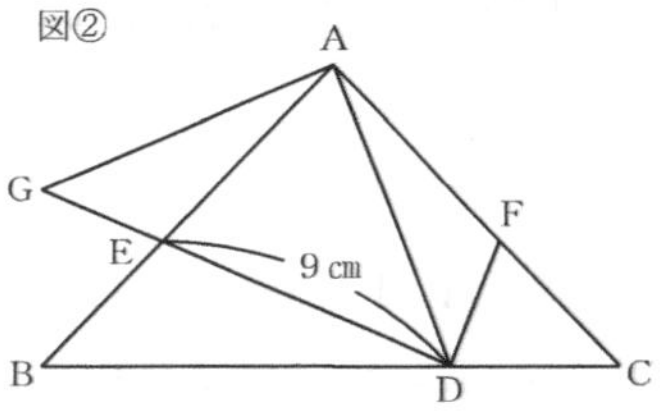

ＡＥ＝ＡＦだから，図②のように，三角形ＡＤＦを三角形ＡＧＥの位置に移動すると，Ｇ，Ｅ，Ｄは一直線に並ぶ。
角ＧＡＤ＝角ＢＡＣ＝90°で，ＡＧ＝ＡＤだから，三角形ＡＧＤは直角二等辺三角形である。
角ＡＤＦ＝角ＡＧＤ＝45°だから，角ＡＤＥ＝90°－45°＝45°，角ＤＡＥ＝180°－45°－67.5°＝67.5°なので，
三角形ＡＤＥは二等辺三角形であり，ＡＤ＝ＥＤ＝９cm
よって，四角形ＡＥＤＦの面積は三角形ＡＧＤの面積と等しく，９×９÷２＝**40.5**(cm²)

(2) **【解き方】右図のように点Ｈをとると，ＢＨの長さがわかれば三角形ＥＢＤの面積を求められる。したがって，三角形ＨＢＥと同じ形の三角形を探す。**

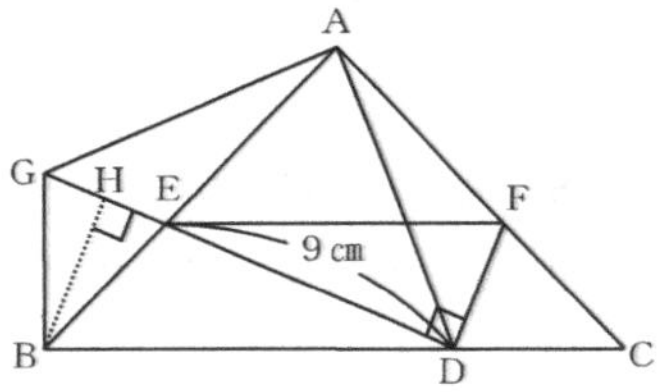

三角形ＡＧＢと三角形ＡＤＣは合同だから，三角形ＢＧＥと三角形ＣＤＦも合同である。(1)の図①より，三角形ＣＤＦは二等辺三角形だから，三角形ＢＧＥも二等辺三角形なので，ＨＥ：ＧＥ＝１：２
角ＤＥＦ＝角ＢＤＥ＝22.5°，角ＨＢＥ＝45°÷２＝22.5°だから，三角形ＨＢＥと三角形ＤＥＦは同じ形で，
対応する辺の比は，ＨＥ：ＤＦ＝ＨＥ：ＧＥ＝１：２
よって，ＢＨ＝９÷２＝4.5(cm)だから，三角形ＥＢＤの面積は，９×4.5÷２＝**20.25**(cm²)

8 (1) **【解き方】右の図①までは１通りに決まる。**

図①　図②　図③　図④

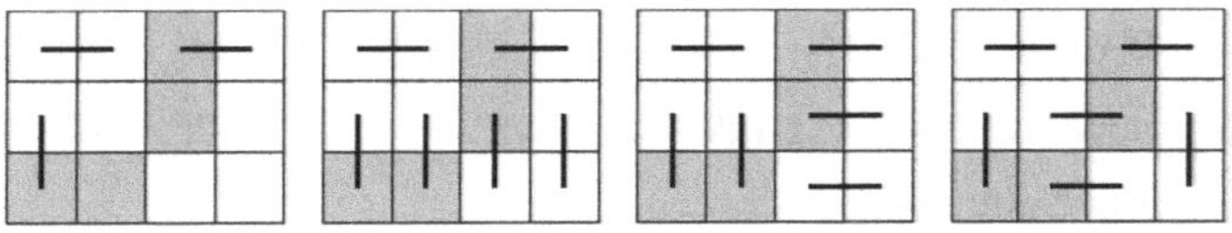

分け方は図②～④の**３**通りある。

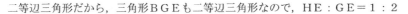

(2) **【解き方】上から２つ目，左から２つ目の黒のタイルを，左のタイルとペアにするか上のタイルとペアにするかで，図⑤，図⑥のようになる。**

図⑤　図⑥

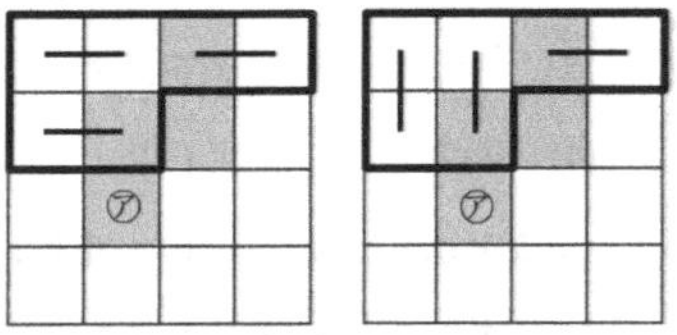

図⑤，⑥で太線で囲んだ部分の分け方は２通りある。それ以外の部分については，㋐のタイルのペアの作り方で場合を分けて考える。
㋐を左のタイルとペアにした場合，図⑦のようになる。
残った３×２(枚)のタイルの分け方は，(1)の場合と同じく３通りある。

図⑦　図⑧　図⑨

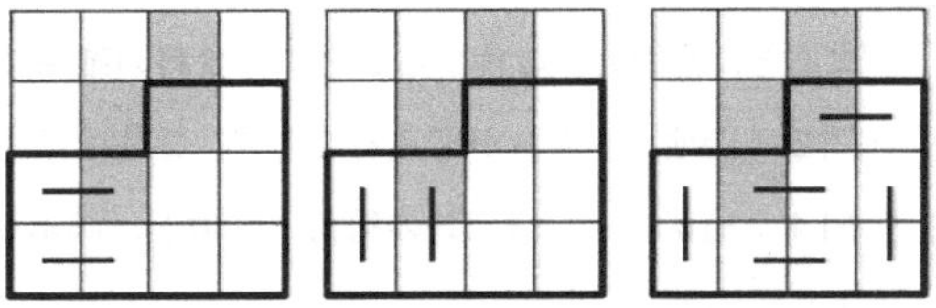

㋐を下のタイルとペアにした場合，図⑧のようになり，残った部分の分け方は，やはり３通りある。
㋐を右のタイルとペアにした場合，図⑨の１通りに決まる。
したがって，図⑦～⑨では３＋３＋１＝７(通り)の分け方がある。
よって，タイルの分け方は全部で，２×７＝**14**(通り)

《2023　社会　解説》

1 **問1**　〔1〕オホーツク　〔2〕栽培　　北海道東部沿岸まで流氷が流れつく。ふ化させた稚魚を成魚になるまで人工的に育てるのが養殖，稚魚を放流するのが栽培漁業である。

問2　【1】青森　【2】静岡　　【1】サケは寒流魚であり，表に東日本の道県が多いことから，東日本で漁港が多い県を考え，青森県を導く。【2】まぐろ類やかつお類の遠洋漁業の基地である焼津港があることから，静岡県を導く。

問3　エ　　サケは寒流魚だから，東北地方の山形県を流れる最上川と判断する。アは高知県，イは福岡県・佐賀県など，ウは長野県・静岡県などを流れる。

問4　サケが川を上ったり下ったりすることができるように，ダムや砂防堰堤に魚道を確保する取り組みがある。

問5　ク→カ→キ　　日付変更線はほぼ経度 180 度の経線に沿って設けられており，日付変更線の西縁の時刻が最も進んでいて，そこから西に向かって順に１月１日を迎えることになる。

問6　シ　　魚介類の輸入量は増えているのでシを選ぶ。サは輸出量，スは国内生産量。

問7　与那国　　与那国島は，日本の国土の最西端にある島である。

問8　隠岐　　右上の島を島後，左下の３島を島前と呼ぶ。島根県に属する。

問9　A．2022 年６月より，30 kg未満のクロマグロの採捕禁止に加え，30 kg以上の大型魚は１日１尾の規制が始まった。

2 **問1**　石炭　　筑豊地方とあることから石炭と判断する。日本での石炭採掘は，坑道掘りのため，危険が伴った。

問2　ア　　福岡県は，北九州地方・福岡地方・筑豊地方・筑後地方に分けられる。

問3　主要エネルギーが石炭から石油に代わるエネルギー革命が起きたことで，石炭を基幹産業としていた筑豊地方や北海道の夕張市などは，石炭産業が衰え，人口減少が進んだ。

問5　あ　　イギリス公使パークスの紹介で，イギリス人技師のモレルが日本に招かれ，鉄道の工事が行われた。

問6　液化天然ガス　　東日本大震災の福島原発の事故を受けて，原子力発電所は稼働を停止し，厳しい審査基準に合格した原発だけが稼働を許された。そのため，不足する電力を補うために，石炭火力やＬＮＧ火力による発電の割合が増えた。

問7①　北九州　　官営八幡製鉄所は，筑豊炭田の石炭と中国・韓国からの鉄鉱石の輸入に便利な北九州に建設され，1901 年から操業を開始した。　②③　山陽新幹線　　新大阪－博多間を通る新幹線が山陽新幹線である。

④　鉄鉱石　　石灰石とともに焼き固めた鉄鉱石と，石炭を蒸し焼きにしたコークスを高炉に入れて，鉄鉱石から銑鉄を取り出す。　⑥　【あ】エ　【い】エ　　あ．製鉄所は沿岸部に立地するので，内陸部の旭川・帯広ではない。また，釜石は岩手県の都市だから，室蘭と判断できる。い．今治は愛媛県，岩国は山口県，倉敷は岡山県。

3 **問2**　米作りが始まったことで，安定したことが何なのかを考えよう。狩猟では捕れない日もあるが，米作りが始まると，計画的に収穫することで，食料の確保に困らないようになった。

問3　土地　　人口が増えることで，定住する土地や耕作する土地が不足したことが予想される。

問4　稲荷山　　埼玉県の稲荷山古墳と，熊本県の江田船山古墳から，ワカタケル大王と刻まれた鉄剣や鉄刀が出土している。

問5　権力　　権力をみせつけるために，前方後円墳は大型化し，中には海を進む船からわかるように，沿岸に築かれた前方後円墳もあった。

4 **問1**　唐　　隋が 618 年に滅び，唐が成立した。

問２　遷都　　聖武天皇は，平城京→恭仁京→難波宮→紫香楽宮→平城京と都をうつした。

問４　平清盛　　平清盛は，武士として初めて太政大臣の位に就き，大輪田泊を修築し，日宋貿易で富を得たことで知られている。また，厳島神社を氏神とし，経典を納めたことでも知られる(平家納経)。

問５　承久の乱　　源氏の将軍が三代で途絶えたことを契機として，後鳥羽上皇が政権奪還を掲げて挙兵したのが承久の乱である。勝利した鎌倉幕府は，西国武士の統制と朝廷の監視のために六波羅探題を設置し，関東の御家人を西国の守護や地頭に任命した。

問６　ウ　　ア．すみ絵は，日本ではなく唐で生まれた。イ．龍安寺は京都を代表する寺である。エ．千利休が茶の湯を大成したのは安土桃山時代だから，十一月までに入らない。

問７　コロンブス　　インドを目指して大西洋を渡ったために，到達した島々をインドと誤解した。その後，インドと区別するために西インド諸島と名付けられた。

問８　キリスト教の信者　　十二月は南蛮貿易が行われていた時期である。南蛮貿易では，貿易と布教活動が合わせて行われ，キリスト教の信者が増えたと言われている。

5 **問１**　薩摩　　諸大名が請け負う土木工事は，「御手伝い普請」と呼ばれた。宝暦の治水では，薩摩藩は約 40 万両を出費した。

問２　武家諸法度　　武家諸法度は，1615 年に，徳川家康の命によって，秀忠の名で出されたのが初めてである。その後，将軍の代替わりごとに享保期まで出された。

問３　ウ　　譜代大名にも武家諸法度は適用された。

問４　徳川家光　　追加された年が 1635 年で，内容が参勤交代であることから，寛永令を出した徳川家光と判断する。

問５　大名が領地に戻っている時，妻子を江戸に置くことで，大名に反乱を起こさせないようにしたと考えられている。「入り鉄砲に出女」という言葉に表されるように，大名の妻子が江戸から出ることを固く禁止していた。

6 **問１**　イ　　太平洋戦争中，新聞は政府の統制は受けていたが，発行はされていた。

問２　イ　　2023－50＝1973(年)に最も近いのはイである。1972 年，日中共同声明に調印したことで，日本と中華人民共和国の国交正常化を記念して，中国から２頭のパンダが日本に贈られた。朝鮮戦争は 1950 年，所得倍増計画の発表は 1960 年，日本国憲法の施行は 1947 年のことである。

問３　９月１日　　1923(大正 12)年９月１日に起きた関東大震災は，発生時間が昼直前で火を使っている人が多かったために火災が至る所に発生した。それ以降９月１日は防災の日に指定されている。

問４　兵役　　2023－150＝1873(年)，20 歳以上の男子に兵役の義務が課せられた。

問６　不平等条約の改正　　井上馨外務大臣は，法律制度を西洋化するだけでなく，国民の生活・文化に西洋風を導入することが改正交渉を有利にすると考え，外国人要人接待の社交場として鹿鳴館を利用した。この政策を欧化政策と呼ぶ。

7 **問１**　ポツダム　　1945 年，ドイツのポツダムにイギリスのチャーチル，アメリカのトルーマン，ソ連のスターリンが集まり，第二次世界大戦の戦後処理が話し合われ，チャーチル・トルーマン・蒋介石の名で日本に対する降伏勧告としてポツダム宣言が出された。

問２　持ちこませない　　非核三原則を唱えた佐藤栄作は，その後ノーベル平和賞を受賞した。

問３　エ→イ→ウ→ア　　ポツダム宣言(1945 年７月)→広島への原爆投下(1945 年８月６日)→ソ連の日本に対する宣戦布告(1945 年８月８日)→長崎への原爆投下(1945 年８月９日)

問4　農地改革は，自作農の持つ農地を政府が買い上げ，小作農に安く売り渡すことで，自作農を増やす政策であった。戦前，農家の３割近くが小作農であったが，農地改革によって，小作農は５％程度まで減少した。

問5　労働組合　　労働者には，団結権・団体交渉権・団体行動権が認められている。団結権…労働者が雇用者と対等な立場で話し合うために，労働組合をつくる権利。団体交渉権…労働組合が，雇用者と労働条件の交渉をする権利。団体行動権…労働条件改善のために，ストライキなどのような，団体で抗議する権利。

問6　法律　　国民は，法律の範囲内で，言論・集会・出版・結社・信仰の自由，信書の秘密，所有権の不可侵などが認められていた。

問7　裁判官の弾劾　　国会内に弾劾裁判所が設置され，裁判官訴追委員会から罷免の訴追を受けた裁判官を，辞めさせるかどうかを審議する。また，辞めさせた裁判官の失った資格を復帰させるかどうかを決定する仕事も，弾劾裁判所の仕事である。

《2023　理科　解説》

1　(3)　B．化石燃料のような炭素をふくむ物質を燃やすと二酸化炭素が発生する。　E．生物の呼吸に必要な気体は酸素である。

(4)　C．二酸化炭素を水に溶(と)かした水溶液(すいようえき)は炭酸水である。炭酸水は酸性を示す。　D．二酸化炭素は熱をとじこめる性質をもつ温室効果ガスで，地球温暖化を引き起こしていると考えられている。

(5)　エラは毛細血管がはりめぐらされており，口から吸いこんだ水がエラを通って外に出ていくときに，酸素を水中からとりこんで，二酸化炭素を水中に出す呼吸を行っている。

2　(1)～(3)　気こうは晴れた日の昼間には大きく開いていて，根から吸い上げた水が水蒸気の形で外に出ていく。これを蒸散という。

(4)　葉緑体は葉にふくまれる緑色のつぶで，この部分で光合成が行われ，でんぷんが作られている。

(6)　円周率を３として計算する。直径 0.3 mmの円の面積は 0.15×0.15×３＝0.0675(mm²)であり，気こうは 14 個見られるので，１mm²あたり，14÷0.0675＝207.4…→200 個の気こうがあると考えられる。

(7)　気こうはふつう葉の裏側に多いが，スイレンやハスは葉が水面にういているので，葉の表側にしか気こうがない。

3　(2)　②イタチは，ネズミ，フナなどの他に，ヘビを食べることもある。　③イネを食べるネズミを選ぶ。　④ザリガニはフナを食べ，サギに食べられる。　⑤選択しの中で，フナに食べられるのはイトミミズだけである。

(3)　図１より，サギはイタチに食べられることがわかる。高速道路のインターチェンジ周辺はイタチなどの天敵が近づきにくい場所ということもあり，サギはこのような場所に巣を作ると考えられている。

(4)　図１より，サギが減少すると，サギに食べられていたザリガニは増加し，フナはサギに食べられなくなるが，天敵が少なくなったザリガニやイタチに食べられる数が増加するので，減少する。フナが減少すると，イトミミズ，ウキクサ，ミジンコは増加する。また，サギが減少することで，イタチは(フナ，)ヘビ，ネズミを多く食べるようになるため，ヘビ，ネズミの数は減少し，イネが増加する。

4　(1)　20℃の水 100 g にホウ酸は 4.9 g 溶けるので，20℃の水 300 g には $4.9\times\frac{300}{100}=14.7$(g)まで溶ける。よって，あと 14.7−10＝4.7(g)溶かすことができる。

(2)　物質を溶けるだけ溶かした水溶液の濃(こ)さは，温度が同じであれば水の重さをいくつで計算しても同じになるので，水の重さを 100 g として計算する。60℃の水 100 g に食塩は 37.1 g まで溶けるので，

〔濃さ(%)＝$\frac{\text{溶けているものの重さ(g)}}{\text{水溶液の重さ(g)}}\times100$〕より，$\frac{37.1}{100+37.1}\times100=27.06\cdots\to27.1$%となる。

(3) 80℃の水100gに食塩は38.0g，ホウ酸は23.6g溶けるので，食塩を74.2g溶かすには水が$100\times\frac{74.2}{38.0}=195.2\cdots$(g)必要で，ホウ酸を47.2g溶かすには水が$100\times\frac{47.2}{23.6}=200$(g)必要である。よって，水が250－200＝50(g)蒸発したときに，先にホウ酸が出てくる。

(4) 200gの水の温度を20℃まで下げると，溶ける食塩の重さは$35.8\times\frac{200}{100}=71.6$(g)，ホウ酸の重さは$4.9\times\frac{200}{100}=$ 9.8(g)となるので，食塩が74.2－71.6＝2.6(g)，ホウ酸が47.2－9.8＝37.4(g)出てきて，全体で2.6＋37.4＝40(g)出てくる。

5 (1) 砂岩をつくるつぶの直径は0.06㎜～2㎜だから，倍率10倍で観察すると直径0.6㎜～20㎜になる。また，流水によって運ばれてくる間につぶの角がとれるので，つぶが丸みを帯びている。

(2) れき(直径2㎜以上)，砂(直径0.06㎜～2㎜)，どろ(直径0.06㎜以下)はつぶの大きさで区別する。つぶが小さいほど，河口からはなれたところまで運ばれてたい積するので，砂岩とでい岩(たい積したどろが押し固められてできた岩石)がくり返してたい積するとき，海水面が上昇(じょうしょう)と下降をくり返していたと考えられる。なお，海底の隆起(りゅうき)と沈降(ちんこう)，海の深さの変化などに着目してもよい。

(3) このような地層の曲がりをしゅう曲という。しゅう曲は地層の両側から押す力がはたらくとできる。

6 (1) 4つのおもりを等間隔につるしたので，それぞれのおもりの間隔は(35＋25)÷3＝20(㎝)である。てこでは，棒を左右にかたむけるはたらき〔おもりの重さ(g)×支点からの距離(きょり)(㎝)〕が等しくなるときにつり合う。支点からの距離は，Bが35－20＝15(㎝)，Cが25－20＝5(㎝)で，同じ重さのおもりはそれらの中央の位置に1つにまとめることができるので，BとCそれぞれの2倍の重さのおもりを支点から左に5㎝の位置につるしているのと同じである。Aにつるしたおもりがてこを左にかたむけるはたらきは280×35＝9800，Dにつるしたおもりがてこを右にかたむけるはたらきは440×25＝11000だから，BとCそれぞれの2倍の重さのおもりがてこを左にかたむけるはたらきが11000－9800＝1200になればよいので，BとCそれぞれの2倍の重さは1200÷5＝240(g)となる。よって，BとCにつるしたおもりの重さはそれぞれ240÷2＝120(g)となる。

(2) 図4より，輪軸(りんじく)を反時計回りに回転させるはたらきは270×16＝4320だから，時計回りに回転させるはたらきも4320になるような480gのおもりの支点からの距離は4320÷480＝9(㎝)となる。よって，Lの長さは16－9＝7(㎝)となる。

(3) 左の輪軸を反時計回りに回転させるはたらきは150×20＝3000だから，時計回りに回転させるはたらきも3000であり，ベルトを伝わる力は3000÷8＝375(g)である。よって，ベルトが右の輪軸を反時計回りに回転させるはたらきは375×18＝6750となるので，右の輪軸を時計回りに回転させるはたらきも6750になるようなPの重さは6750÷6＝1125(g)となる。

(4) 輪軸の大きい円盤の方が小さい円盤よりも半径が大きいので，輪軸がつり合うとき，大きい円盤にかかる力の方が小さい円盤にかかる力よりも小さい。よって，左側の輪軸の大きい円盤と中央の輪軸の小さい円盤をつなぎ，中央の輪軸の大きい円盤と右側の輪軸の小さい円盤をつなぐと，左側の輪軸から伝わる力を最も小さくして右側の輪軸に伝えることができ，Rの重さが最小になる。

7 (1)① 水を蒸発させると固体が残るのは，固体が溶けている水溶液である。うすい水酸化ナトリウム水溶液，砂糖水，石灰水は固体，うすい塩酸とアンモニア水は気体が溶けている水溶液である。　② 赤色リトマス紙につけると青色に変化するのはアルカリ性の水溶液だから，色が変化しないのは酸性か中性の水溶液である。うすい水酸化ナトリウム水溶液，石灰水，アンモニア水はアルカリ性，うすい塩酸は酸性，砂糖水は中性である。　③ アルミニウムは酸性の水溶液とアルカリ性の水溶液の両方と反応し，水素を発生させる。ただし，酸性やアルカリ性の強さによってはすぐにアルミニウムを溶かすような反応は起こらない。うすい水酸化ナトリウム水溶液，うすい塩酸はアルミニウムと反応して水素が発生するが，アンモニア水と石灰水はすぐにアルミニウムを溶かすような反応は起こらない。

④　石灰水に二酸化炭素を通すと白くにごる。

(2)　ムラサキキャベツ液は，酸性で赤色(弱酸性で赤むらさき色)，アルカリ性で黄色(弱アルカリ性で青色)に変化する。中性ではむらさき色のまま変化しないので，強いアルカリ性のうすい水酸化ナトリウム水溶液にムラサキキャベツ液を加えると黄色に変化する。

(3)　ＢＴＢ液は酸性で黄色，中性で緑色，アルカリ性で青色に変化するので，酸性のうすい塩酸にＢＴＢ液を加えると黄色になる。

8　実験１では，電圧を大きくするとＡの目盛りが増加したので，図１のときに電磁石の上側はＳ極で，電磁石と磁石の間に引き合う力がはたらいたことがわかる。実験２では，電磁石のコイルの巻き数を２倍にしたので，Ａの目盛りの増え方が実験１のおよそ２倍に増えている④となる。実験３では，Ｌを少し大きくし，磁石と電磁石の間にはたらく力を実験１よりも小さくしたので，Ａの目盛りの増え方が実験１よりも小さくなっている①となる。実験４では，電磁石の導線の＋極と－極を入れかえたので，磁石と電磁石の間に反発する力がはたらいて，Ａの目盛りが実験１で増加した分と同じだけ減少している⑩となる。実験５では，ＡとＢそれぞれにＡだけのときと同じ大きさの力がはたらくので，Ａの目盛りの変化が実験１のときと同じ②になる。実験６では，ＡとＢそれぞれにはたらく力はＡだけのときの半分になるので，最初のＡの目盛りと目盛りの増え方のそれぞれが実験１の半分になっている⑦となる。

2022 解答例 令和4年度

★東海中学校

《国　語》

一　①規律　②節操　③走破　④存亡　⑤険しい　⑥熟れる

二　問1．五感で認識できる、音や形を持ったものに意味を結び付ける　問2．ア　問3．アイデンティティを表現するための材料　問4．ウ　問5．限られた数〔別解〕私たちのア　問6．オ　問7．社会的な約束事　問8．ウ　問9．エ　問10．(例文)短歌は、三十一音という制限があるため言葉を選びぬく必要があるが、その結果、一語一語がかがやきを放ち、それらの組み合わせによって広がるイメージが人の心を打つ。

三　問1．a．オ　b．イ　問2．ウ　問3．傷口をえぐるような話を聞き、冷静になろうと努めるものの、ひどく動ようしている。　問4．ア　問5．息　問6．A．外国人や女性が鮨を握ることには抵抗がある　B．差別　問7．イタリア料理を学ぶ日本人が、外国人が鮨を学ぶのを許せない点。　問8．エ　問9．母親の深い愛情のようなもの　問10．「僕」は友のために戦えなかった自分が情けなくて落ちこんでいるが、ママドゥは心が晴れ、いい鮨職人になる決意を新たにした。

《算　数》

1　(1) $\frac{1}{4}$　(2)337　(3)11：18

2　(1)25120　(2)3.5

3　(1)40000　※(2)兄…25000　弟…15000

4　(1) $2\frac{5}{8}$　(2)21

5　(1)4　(2)2930

6　7.5

7　(1)74　100円…1　50円…1　10円…4　5円…1　1円…4　(2)84

8　(1)67　(2)168

※の求め方は解説を参照してください。

《社　会》

1 問1．A．梅雨　B．台風　C．土石流　D．軽石　E．日本　問2．川がだ行し，下流の方がせまくなっているから。　問3．ウ，エ　問4．ア，ウ　問5．巨大な津波が発生したから。　問6．液状化／埋立地

2 1．問1．ア．まゆ　イ．生糸　ウ．絹　問2．桑畑　問3．イ，キ

2．問1．A．岩手　B．埼玉　C．鹿児島　D．千葉　問2．自動運転　問3．シリコン　問4．Ⅰ．ク　Ⅱ．セ

3 問1．カ　問2．県外からの転入者が多いから。　問3．あ　問4．川崎

問5．[表1／表2]　沖縄県…[あ／き]　広島県…[う／く]　問6．免許証を返納

4 問1．ウ　問2．湯治　問3．木簡　問4．ウ　問5．風土記　問6．太政大臣　問7．あ．守護　い．地頭　問8．陸奥(国)

5 問1．①関所　②宿場　③飛脚　④参勤交代　問2．①問屋　②蔵屋敷

6 問1．①渡来人は，優れた技術や知識をもっていたから。　②国分寺　問2．物価が上がったから。

問3．集団生活をしていたから。　問4．①インフルエンザ　②イ，オ

7 問1．A．文化　B．内閣　C．戦争　問2．ウ，イ，ア　問3．ウ　問4．ア

問5．最高裁判所裁判官　問6．納税の義務　問7．①ウ，ア，イ，エ　②ウ　③え，あ，う

《理　科》

1 (1)マイクロプラスチック　(2)えら　(3)生態系　(4)食物連鎖によって，マイクロプラスチックや有害な化学物質を取りこんだ生物を人間が食べるから。　(5)マイバッグを持ち，レジぶくろを利用しないようにする。

(6)ＳＤＧｓ　(7)12，14　(8)社会課題…交通事故のぼくめつ　科学技術…自動運転　目標番号…9，12

2 (1)結果のちがいが，どの条件によるものかわからなくなってしまうから。　(2)右図　(3)イネの種子は空気を与えなくても発芽した。

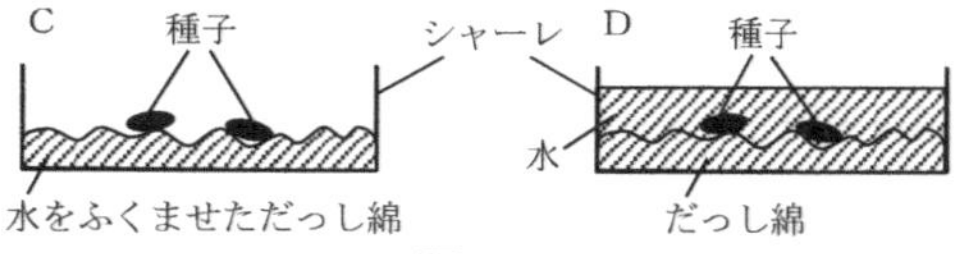

2(2)の図

3 (1)血管　(2)口／胃／肝臓　(3)(a)⑮　(b)⑪，⑭

(4)(ⅰ)①→②→③→⑭→⑪　(ⅱ)肝臓／じん臓

4 (1)イ，ウ　(2)ウ　(3)ア，イ　(4)ア，イ　(5)ウ

5 (1)E　(2)イ　(3)ウ／右図

5(3)の図

6 (1)A．青　C．緑　D．黄　(2)A．水素　E．水素　(3)C．イ　D．ウ　E．イ

7 (1)試験管内の酸素が，割りばしを燃やすには足りなかったから。　(2)イ　(3)新しい割りばしは炎を上げて燃えるが，試験管内に残ったものは炎を上げずに燃える。

8 (1)エ　(2)ウ　(3)ア，オ　(4)エ　(5)ア　(6)イ

9 (1)25　(2)27.5　(3)180　(4)660

2022 解説 令和４年度 東海中学校

←解答例は前のページにありますので，そちらをご覧ください。

《2022　国語　解説》

二　**問１**　「抽象的イメージを直接伝えあうことができない」ので、具体的なもの、すなわち「音や形、色や味、手触りなど、五感で認識できるもの」に、「意味を結び付け」ることによって表現している。

問２　「学校の制服」は、それを着ている人がその学校の一員であること、その学校に属することを意味する。よって、アが適する。

問３　最初の段落で「アイデンティティ表現に利用することができる材料は、無限にある～意味を表すものならば、何でも利用できる」と述べたことについて説明を続けている。――③の直前の段落で「服装や髪型、しぐさや姿勢なども～アイデンティティを表現するための材料になる～服装や髪型も『ことば』と類似した働きをしている」と述べたことをふまえて、「そのなかでも「『ことば』は～だれもが利用することのできる材料である」と導いている。つまり「そのなかでも」は、「アイデンティティを表現するための材料」のなかでも、という意味である。

問４　「話している内容以外」の情報として「適切でないもの」、つまり「話している内容」そのものに関わるものが正解なので、ウ(＝趣味や好みが分かるような内容の話をしたということ)。

問５　――⑤は、「社会にすでに共有されている『ことば』を使うしかない」「社会には、限られた数のことばしか用意されていない」という制限であり、それによって、「アイデンティティを表現する場合」にどのような問題が生じるのかを読み取る。このことについて、――⑦のある段落に「限られた数のことばで表現できるアイデンティティは、限られる。」とある。また、この一文とほぼ同じことを意味する文が、本文後ろから２段落目に「私たちのアイデンティティ表現は、いつも部分的なのだ。」とある。

問６　この一文の最初に「ことばは社会的な約束事なので」とあるので、相手がその約束事をわかっていなければ、という内容が入るとわかる。よって、オが適する。

問７　社会においてそれがふさわしいと考えられている、一般的にそうだと思われている、というような意味になる。よって、「社会的な約束事」(【　⑥　】のある一文)。

問８　ここでの「ぼく、おれ」は、女子の「わたし、わたくし、あたし」にあたる言い方。つまり、社会において男子に「適当だと考えられている」言い方である(問７参照)。それが自分には「ピッタリこない」ということなので、ウが適する。

問９　たとえば直前の段落の「限られた自称詞と結び付いているアイデンティティでは、自分が表現したい『自分』にピッタリこない」というように、「限られた数のことばで表現できるアイデンティティは、限られる」ので、「私たちは～限られた数のことばをさまざまに組み合わせたり、別の所から借りてきたりしながら」アイデンティティを表現しているということ。この内容に、エが適する。

三　**問２**　「ボクは大丈夫だから！」と言って「颯爽と」走っていくママドゥの姿を見て、「僕」は「カラ元気(うわべだけの元気、見せかけの元気)を一層際立たせているようで」と思っている。ここから、ウのような理由が読み取れる。

問３　前書きにあるとおり、ママドゥは「研修先の鮨屋の客から黒人の握った鮨を食べたくないと言われ」て元気のない様子だった。「僕」を心配させないように明るくふるまっているが、傷はいえていない。傷つきなやんでいるまさにそのことを、同じ学校の生徒からも言われたのである。彼らはママドゥ本人が聞いているとは思いもしないでその話をしている。ママドゥは「何も聞こえない様子で黙々と作業をしている」が、当然聞こえているのであり、「ママドゥの手からドライバーが滑り落ちた」という様子にショックの大きさが表れている。それでも「拾い上げ～作業を続けようとした。が、またドライバーを落としそうになる」「手が震えている」とある。つまり、落ち着こう、平静を保とうとするものの、かくしきれないほどひどく動揺しているということ。

問4　「僕」は「猛烈な怒り」が湧き「お前ら！　表に出ろ！　そう大声で叫ぶ」つもりだったとある。まさにその言葉を言おうとした時、「なぜかその前に」同じことを窪田さんが言ったのである。つまり、「出鼻をくじかれてしまった」(始めようとした意気ごみや勢いをさまたげられた)ということ。「ハッとして思わず立ち上がり」という様子からは、意外ななりゆきに驚いたことが読み取れる。よって、アが適する。

問5　「息を呑む」は、(おそれや驚きなどで)思わず息を止めること。

問6Ａ　「カウンターで黒人が鮨を握って目の前のお客さんに出すとか、ちょっと考えられないと思いませんか？」「鮨科にはイタリア人までいるんだぜ。しかも女！　～黒人が目の前で握った鮨、食べられる？」「いやー～ちょっとキツいかな。だって鮨っていえば日本人が握るもんだし、黒人が握るの抵抗あるかも」と言っていることからまとめる。　　**Ｂ**　人種や性別を理由に「差別」していると言える。

問7　窪田さんは「自分は日本人でイタリア料理を勉強してるんやろ。なんでそれが許されて、イタリア人が日本で鮨を勉強すんのはあかんのや」「ソマリア生まれのママドゥが鮨握るのんと、日本生まれのあんたらがピザ焼くのんと、何が違うんや！」という矛盾を指摘している。この論理をまとめる。

問8　ママドゥ本人に聞かれているとは思ってもいなかったので、「大きく目を見開き、ママドゥの姿を見つめていた」(驚いてぼうぜんとしていた)のである。そして、「パニックに陥ったふたりの視線がママドゥの周りを泳いだ」という様子から、この状況に動揺し、あせっていることが読み取れる。「顔向けできない」は、はずかしくて会えない、合わせる顔がないということ。よって、エが適する。

問9　――⑧の６～８行前で「ママドゥを守り、戦い、涙するそのあいだ、窪田さんの瞳にはずっと母親の深い愛情のようなものが満ちていた」と思っていることから、下線部。

問10　「困ったことがあったらなんでも言ってね、僕は～そう言ってきた。けれどそれは口先だけだった。本当にママドゥの力になりたいんなら～自分が戦ってもいい場面だった。なのに僕は、戦うどころか相手が逆上することを怖がっていた～膝を震わせていただけ～そんな自分に心の底からうんざりした」とあるのが、「僕」が「うなだれている」理由。そのように気持ちがしずんでいる「僕」とは対照的に、ママドゥは、「お陰で気が楽になりました～だからボクももっと頑張って、絶対いい鮨職人になります！」「もう負けません。なんだか吹っ切れました」と言い、晴れ晴れとした、前向きな気持ちになっている。

《2022　算数　解説》

1　(1)　与式$=\frac{7}{25}\div\{\frac{44}{15}-\frac{7}{4}\times(\frac{5}{14}+\frac{9}{10})\}-\frac{29}{220}=\frac{7}{25}\div\{\frac{44}{15}-\frac{7}{4}\times(\frac{25}{70}+\frac{63}{70})\}-\frac{29}{220}=\frac{7}{25}\div(\frac{44}{15}-\frac{7}{4}\times\frac{88}{70})-\frac{29}{220}=\frac{7}{25}\div(\frac{44}{15}-\frac{11}{5})-\frac{29}{220}=\frac{7}{25}\div(\frac{44}{15}-\frac{33}{15})-\frac{29}{220}=\frac{7}{25}\div\frac{11}{15}-\frac{29}{220}=\frac{7}{25}\times\frac{15}{11}-\frac{29}{220}=\frac{21}{55}-\frac{29}{220}=\frac{84}{220}-\frac{29}{220}=\frac{55}{220}=\frac{1}{4}$

(2)　**【解き方】2022を素数の積で表すと，2022＝２×３×337となる。**

６けたの数の下３けたの数が，674＝337×２より，337に２をかけてできる数であることに注目する。

2022にかける数をxとすると，$2022\times x=2\times3\times337\times x=337\times6\times x$が６けたの数□□□674になるので，

$6\times x$は1002，2002，3002，…など下３けたが002の数である。このうち最小の６の倍数は1002であり，次に小さい６の倍数の4002をかけるとできる数が６けたよりも大きくなる。よって，求める６けたの数は，

337×1002＝337674 である。

⑶　**【解き方】Ｂ中学校の女子を$\textcircled{100}$，男子を$\boxed{100}$として，Ａ中学校の生徒数を考える。**

Ａ中学校はＢ中学校と比べて，女子が$\textcircled{100}\times\frac{10}{100}=\textcircled{10}$，男子が$\boxed{100}\times\frac{20}{100}=\boxed{20}$多く，全校生徒数は$(\textcircled{100}+\boxed{100})\times\frac{16}{100}=$ $\textcircled{16}+\boxed{16}$多い。よって，$\textcircled{10}+\boxed{20}$と$\textcircled{16}+\boxed{16}$が等しいので，$\textcircled{16}-\textcircled{10}=\textcircled{6}$と$\boxed{20}-\boxed{16}=\boxed{4}$は等しい。これより，Ａ中学校の女子は$\textcircled{100}+\textcircled{10}=\textcircled{110}$，男子は$(\boxed{100}+\boxed{20})\times\frac{\textcircled{6}}{\boxed{4}}=\textcircled{180}$と表せるから，求める比は，$\textcircled{110}:\textcircled{180}=11:18$

2　⑴　できる立体は，右図のようになる。右図の色付きの円柱を矢印の向きに移動させると，できる立体は底面の半径が 10＋10＝20(㎝)，高さが 20 ㎝の円柱となるので，求める体積は，20×20×3.14×20＝25120(㎤)

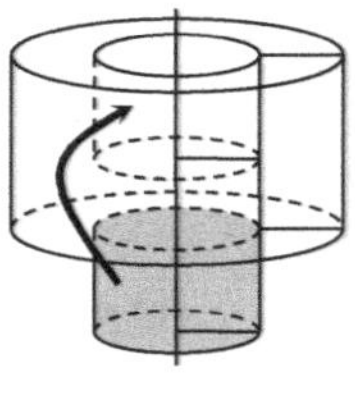

⑵　**【解き方】⑴の解説図より，㋐<u>底面の半径が 10 ㎝，高さが㋐の円柱</u>の側面積を除いた表面積は求められるので，そこから(下線部㋐の側面積)→(㋐の長さ)，の順で求める。**

その際，(柱体の側面積)＝(底面の周の長さ)×(高さ)であることを利用する。

立体を上下から見たときに見える図形(半径が 20 ㎝の円)の面積の和は，20×20×3.14×２＝800×3.14(㎠)

底面の半径が 20 ㎝，高さが 20 ㎝の円柱の側面積は，(20×２×3.14)×20＝800×3.14(㎠)

立体の表面積は 5463.6＝1740×3.14(㎠)だから，㋐の側面積の２倍は 1740×3.14－800×3.14－800×3.14＝140×3.14(㎠)で，㋐の側面積は 140×3.14÷２＝70×3.14(㎠)である。

㋐の底面の周の長さは 10×２×3.14＝20×3.14(㎝)だから，あの長さは，$\frac{70\times3.14}{20\times3.14}=3.5$(㎝)

3　⑴　**【解き方】おじさんがお年玉ぶくろを予定通りわたした場合と間違えてわたした場合を比べると，兄弟の合計金額は変わらず，兄の金額は 20000－10000＝10000(円)異なる。この 10000 円による，合計金額のうちの兄のお年玉の割合の変化を考える。**

兄のお年玉が 10000 円多くなったことで，合計金額のうちの兄のお年玉の割合は，$\frac{1}{8}+\frac{1}{56}=\frac{1}{7}$増えた。

よって，合計金額は，$10000\div\frac{1}{7}=70000$(円)になったのだから，おじさんにお年玉をもらう前の兄弟の合計金額は，70000－(10000＋20000)＝40000(円)

⑵　**【解き方】割合の変化についての問題なので，食塩水の問題で使うてんびん図を利用できる。**

おじさんがわたすお年玉の合計金額のうちの$\frac{10000}{10000+20000}=\frac{1}{3}$が兄にわたる予定だった。その予定について，てんびん図をかく。おじさんにお年玉をもらう前の，合計金額のうちの兄のお年玉の割合をａ，おじさんにお年玉をもらったあとの割合をｂとすると，右図のようになる(予定では割合は減るはずだったので，図の左側の方が割合が大きい)。

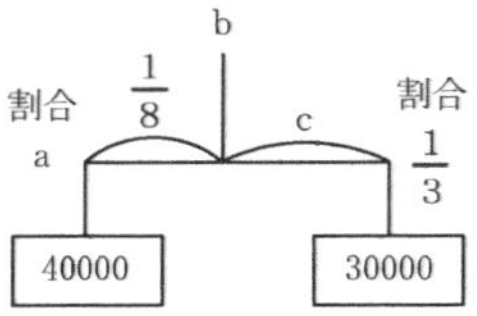

$\frac{1}{8}$：ｃの比は，40000：30000＝４：３の逆比の３：４だから，$c=\frac{1}{8}\times\frac{4}{3}=\frac{1}{6}$

したがって，$b=\frac{1}{3}+\frac{1}{6}=\frac{1}{2}$だから，$a=\frac{1}{2}+\frac{1}{8}=\frac{5}{8}$

よって，求める金額は，兄が，$40000\times\frac{5}{8}=25000$(円)，弟が，40000－25000＝15000(円)

4　**【解き方】右図のようにＥからＢＤに平行な直線をひき，ＦＣ，ＧＣとの交わる点をそれぞれＭ，Ｎとする。三角形ＦＣＤと三角形ＦＭＥ，三角形ＣＦＧと三角形ＣＭＮはそれぞれ同じ形の三角形であり，対応する辺の長さの比が２：１だから，ＭＥ＝ＣＤ×$\frac{1}{2}$＝３(㎝)，ＭＮ＝ＦＧ×$\frac{1}{2}=\frac{3}{2}$(㎝)**

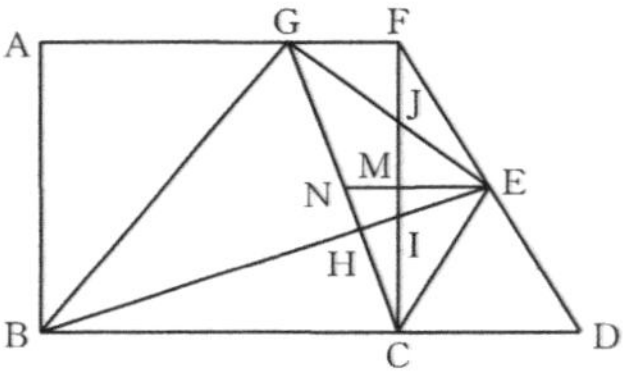

⑴　**【解き方】ＩＪ＝ＪＭ＋ＭＩで求める。**

ＧＦとＭＥは平行で，ＧＦ＝ＭＥ＝３㎝だから，三角形ＧＦＪと三角形ＥＭＪは合同である。ＦＭ＝ＭＣ＝ＦＣ×$\frac{1}{2}=\frac{7}{2}$(㎝)だから，ＪＭ＝ＦＭ×$\frac{1}{2}=\frac{7}{4}$(㎝)

MEとBCは平行だから，三角形MEＩと三角形CＢＩは同じ形であり，MＩ：CＩ＝ME：CB＝3：9＝1：3

MC：MＩ＝(1＋3)：1＝4：1だから，MＩ＝MC×$\frac{1}{4}$＝$\frac{7}{8}$(cm)　　よって，ＩＪ＝$\frac{7}{4}$＋$\frac{7}{8}$＝$\frac{21}{8}$＝2$\frac{5}{8}$(cm)

⑵　**【解き方】四角形ＡＢＣＦの面積から，三角形ＡＢＧ，ＧＦＣ，ＢＣＨの面積をひいて求める。**

四角形ＡＢＣＦの面積は，7×9＝63(cm²)　　三角形ＡＢＧの面積は，7×6÷2＝21(cm²)

三角形ＧＦＣの面積は，3×7÷2＝$\frac{21}{2}$(cm²)

ＮＥとＢＣは平行なので，三角形ＮＥＨと三角形ＣＢＨは同じ形の三角形である。ＮＥ：ＢＣ＝($\frac{3}{2}$＋3)：9＝1：2だから，三角形ＢＣＨの底辺をＢＣとしたときの高さは，MC×$\frac{2}{1+2}$＝$\frac{7}{2}$×$\frac{2}{3}$＝$\frac{7}{3}$(cm)となる。

よって，三角形ＢＣＨの面積は，9×$\frac{7}{3}$÷2＝$\frac{21}{2}$(cm²)だから，三角形ＧＢＨの面積は，63－21－$\frac{21}{2}$－$\frac{21}{2}$＝21(cm²)

5　⑴　**【解き方】図2，図3について，それぞれ図ⅰ，図ⅱのように作図する。三角形ＡＳＥと三角形ＩＸMは同じ形の三角形で，3つの辺の長さの比は3：4：5となる。また，図ⅰ，ⅱの同じ大きさの角には同じ記号がかかれている。**

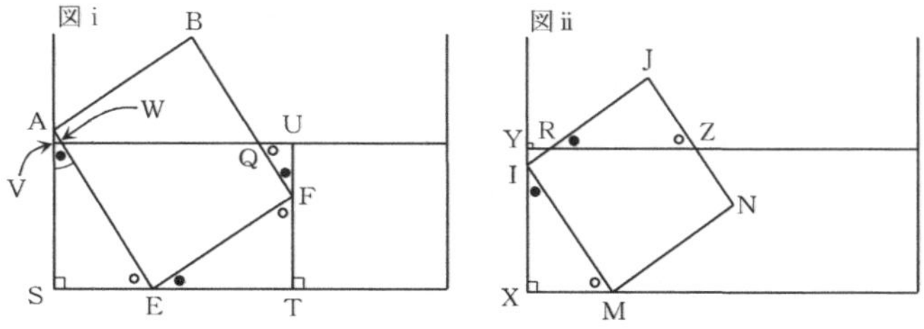

ＵＴ→ＹＸ→ＹＩ→ＩＲ，の順で長さを求める。

ＦＴ＝ＥＦ×$\frac{3}{5}$＝20×$\frac{3}{5}$＝12(cm)，ＵＦ＝ＱＦ×$\frac{4}{5}$＝9×$\frac{4}{5}$＝$\frac{36}{5}$(cm)だから，ＵＴ＝12＋$\frac{36}{5}$＝$\frac{96}{5}$(cm)

ＵＴ：ＹＸ＝24：23だから，ＹＸ＝$\frac{96}{5}$×$\frac{23}{24}$＝$\frac{92}{5}$(cm)　　ＹＩ＝$\frac{92}{5}$－16＝$\frac{12}{5}$(cm)

三角形ＲＹＩと三角形ＩＸMは同じ形の三角形だから，ＩＲ＝ＹＩ×$\frac{5}{3}$＝$\frac{12}{5}$×$\frac{5}{3}$＝4(cm)

⑵　**【解き方】⑴をふまえる。水の量は同じだから，ア<u>図ⅰの直方体㋐が水につかっている部分の体積</u>とイ<u>図ⅱの直方体㋑が水につかっている部分の体積</u>の差だけ，水面の高さが変化する。図ⅰと図ⅱの水面の高さの差はＵＴ－ＹＸ＝$\frac{96}{5}$－$\frac{92}{5}$＝$\frac{4}{5}$(cm)だから，水そうの底面積は，{(下線部ア)－(下線部イ)}÷$\frac{4}{5}$で求められる。**

図ⅰについて，ＡＶ＝20－$\frac{96}{5}$＝$\frac{4}{5}$(cm)で，三角形ＡＶWと三角形ＡＳＥは同じ形の三角形だから，

ＡW＝$\frac{4}{5}$×$\frac{5}{4}$＝1(cm)，WＥ＝25－1＝24(cm)である。台形ＱＦＥWの面積は(9＋24)×20÷2＝330(cm²)だから，

アは，330×20＝6600(cm³)

図ⅱについて，ＲＪ＝16－4＝12(cm)，ＪＺ＝12×$\frac{3}{4}$＝9(cm)だから，三角形ＲＪＺの面積は，12×9÷2＝54(cm²)

四角形ＩMＮＪの面積は20×16＝320(cm²)だから，五角形ＲＩMＮＺの面積は320－54＝266(cm²)

よって，イは，266×16＝4256(cm³)

したがって，水そうの底面積は，(6600－4256)÷$\frac{4}{5}$＝2344×$\frac{5}{4}$＝2930(cm²)

6　**【解き方】三角形ＣＤＥが正三角形であることや，二等辺三角形の性質などを用いると，図ⅰのように角度がわかる。よって，図ⅱのように作図すると，こいグレーの三角形4つと，うすいグレーの三角形4つはそれぞれ合同だから，三角形ＦＢＥと四角形ＤＥＣＡの面積は等しい。よって，四角形ＤＥＣＡの面積と三角形ＦＥＨの面積の差は5cm²だから，求める差は，5cm²＋(三角形ＨＥＤの面積)となる。三角形ＨＥＤの面積について考える。**

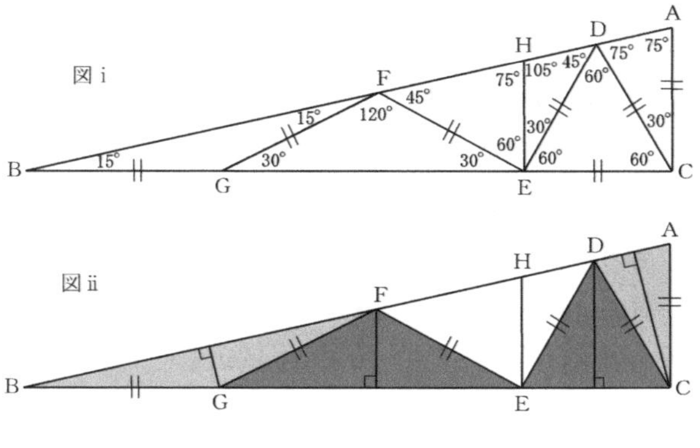

三角形ＦＢＥの内部に三角形ＨＥＤと合同な三角形ＪＥＦを作ると，図ⅲのようになる。

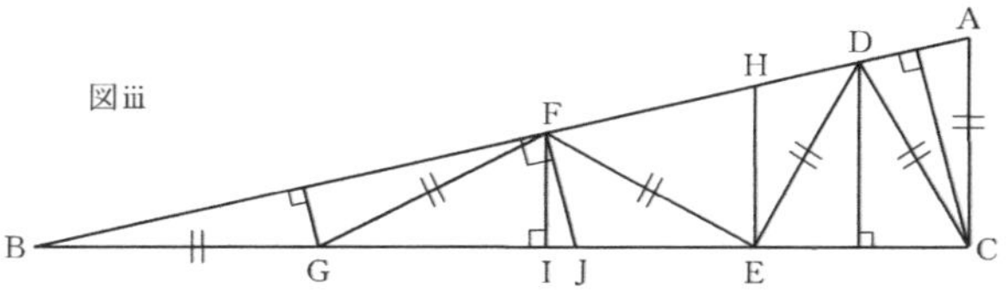

このとき，角ＦＪＧ＝180°－105°＝75°，角ＪＦＧ＝180°－75°－30°＝75°だから，ＦＧ＝ＪＧである。三角形ＦＧＩは30°，60°，90°の直角三角形で，２つ合わせると正三角形ができるから，ＦＧ＝ＦＩ×２が成り立つ。よって，ＦＩ＝１とすると，ＦＧ＝ＧＪ＝ＧＢ＝ＥＦ＝ＤＥ＝２となる。

三角形ＦＢＪの面積はＢＪ×ＦＩ÷２＝(２＋２)×１÷２＝２，三角形ＤＥＦの面積はＦＥ×ＤＥ÷２＝２×２÷２＝２だから，三角形ＦＢＪの面積と三角形ＤＥＦの面積は等しい。

(三角形ＤＥＦの面積)＝(三角形ＦＥＨの面積)＋(三角形ＨＥＤの面積)だから，(三角形ＦＢＥの面積)＝(三角形ＤＥＦの面積)＋(三角形ＪＥＦの面積)＝(三角形ＦＥＨの面積)＋(三角形ＨＥＤの面積)＋(三角形ＨＥＤの面積)となる。三角形ＦＢＥの面積と三角形ＦＥＨの面積の差は５㎠だから，三角形ＨＥＤの面積の２倍が５㎠にあたる。

よって，三角形ＨＥＤの面積は５÷２＝2.5(㎠)だから，求める面積の差は，５＋2.5＝7.5(㎠)

7 (1) **【解き方】100円玉以外のおつりの硬貨(こうか)の最大枚数は，１円玉と10円玉は４枚ずつ，５円玉と50円玉は１枚ずつとなる。**

おつりは０円から273－70＝203(円)まで考えられる。

50，10，５，１円玉が最大枚数になるときのおつりは50＋10×４＋５＋１×４＝99(円)で，おつりがあと100円増えればおつりが199円になり，硬貨の枚数が最大になる。このときの商品Ａの値段は273－199＝74(円)で，おつりの硬貨の枚数は，100円玉が１枚，50円玉が１枚，10円玉が４枚，５円玉が１枚，１円玉が４枚となる。

(2) **【解き方】(1)のおつりの硬貨の枚数が11枚だから，10枚になるのは，(1)からおつりの硬貨をどれか１枚減らしたときである。おつりの硬貨を減らした分だけ商品Ａの値段は上がる。**

商品Ａは74円から100円上がると２つ買えないので，上がる金額は50円，10円，５円，１円が考えられる。上がる金額，商品Ｂの値段，２つ買ったときのおつりの金額とおつりの硬貨の枚数を表にまとめると右表のようになるので，おつりの枚数が２枚になるのは，商品Ｂが84円のときである。

上がる金額	Ｂの値段	おつりの金額	おつりの枚数
50円	124円	25円	３枚
10円	84円	105円	２枚
５円	79円	115円	３枚
１円	75円	123枚	６枚

8 (1) **【解き方】⑤の箱には，１～1000までの整数のうち，右図の色付き部分にふくまれる整数が入る。２と５の最小公倍数は10，３と５の最小公倍数は15，２と３と５の最小公倍数は30なので，(５の倍数の個数)－(10の倍数の個数)－(15の倍数の個数)＋(30の倍数の個数)で求められる。**

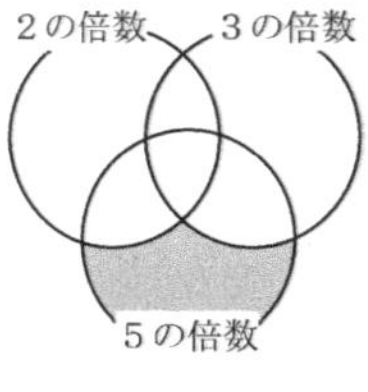

１～1000までの整数のうち，５の倍数は1000÷５＝200(個)，10の倍数は1000÷10＝100(個)，15の倍数は1000÷15＝66余り10より66個，30の倍数は1000÷30＝33余り10より33個ある。

よって，求める個数は，200－100－66＋33＝67(個)

(2) **【解き方】約数が２個の整数は素数である。ある整数xが素数かどうか調べるとき，２回かけてxより大きくならない数のうち最大の素数をyとすると，y以下の素数でxを割り切れるかどうかを調べればよい。**

今回は１～1000までの整数を調べるので，31×31＝961，37×37＝1369より，y＝31となる。

よって，１～1000までの整数から，31以下の素数で割り切れない数の個数を求めればよい。

11以下の素数の倍数を取り除いた個数は207個(その他の箱に入っているボールの個数)だから，その207個から

素数の個数を求める。

その他の箱の中には「1」が入っているが，これは素数ではないので取り除く。また，その他の箱の中に「2」「3」「5」「7」「11」は入っていないが，これらは素数なのでその他の箱に移すと，その他の箱に入っているボールは207－1＋5＝211(個)になる。

その他の箱の中の数は，13×(11以下の素数の倍数)がすでに取り除かれているから，13の倍数は，13と13×(13以上の素数)が入っている。13の倍数のうちその他の箱に入っている最大の数は，1000÷13＝76余り12より，13×76＝988であり，76以下の最大の素数は73だから，その他の箱から，13×13，13×17，…13×73の16個を取り除く。同様にして，17×17，17×19，…17×53の10個，19×19，19×23，…19×47の8個，23×23，23×29，…23×43の6個，29×29，29×31の2個，31×31の1個を取り除く。

すると，その他の箱に入っているボールは211－16－10－8－6－2－1＝168(個)となり，これが求める個数である。

《2022　社会　解説》

1　問1【A】　北のオホーツク海気団と南の小笠原気団がぶつかって梅雨前線が発生し，南西諸島から東北地方まで，順に北上して梅雨入りする。　【B】　台風による豪雨で，河川の氾濫，洪水，土砂災害などの被害がでた。

【C】　大規模な土石流により，大量の土砂が住宅地に猛烈な勢いで押し寄せて多くの人が亡くなった。

【D】　小笠原諸島の海底火山の噴火で出た軽石は，海岸に漂着して漁業や船の運航などに被害を与えた。

【E】　右図参照

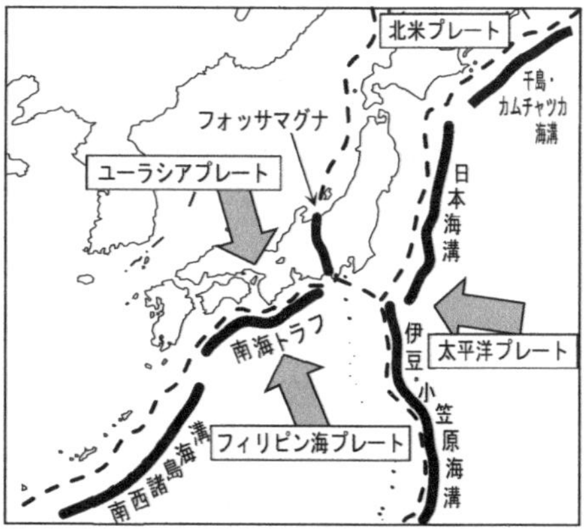

問2　豪雨で増水した球磨川では，流れが蛇行部にさしかかると，遠心力で水がカーブの外側に集まり，住宅の1階ほど水位が上昇した。

問3　ウとエを選ぶ(右下図参照)。

問4　アとウを選ぶ(右図参照)。

問5　東日本大震災による津波は，三陸沿岸に大きな被害をもたらした。

問6　液状化現象は，砂を多く含む地盤が地震のゆれによって液体のようになることである。東京湾を埋め立てたため，液状化しやすい。

2　1-問1【イ】　明治政府の殖産興業政策として，生糸の品質や生産技術を向上させることを目的に，群馬県に富岡製糸場が作られた。

問2　以前は蚕のえさになる桑の栽培がさかんだったため，桑畑(Y)の地図記号が存在したが，桑畑の減少とともに地図記号も使われなくなった。　問3　イ・キ．岐阜県白川郷や富山県五箇山の合掌造り集落は，世界文化遺産に登録されている。

2-問1(B)　日本の人口の3分の1が東京大都市圏に集中しており，埼玉県は東京のベッドタウンである。　(C)　鹿児島県では火山灰土のシラス台地で畜産が盛んである。　(D)　千葉県では大消費地に向けて農作物を出荷する近郊農業が盛んである。

問2　日本では，農業での人手不足を解消するため，無人自動運転トラクターが導入されている。

日本の火山帯

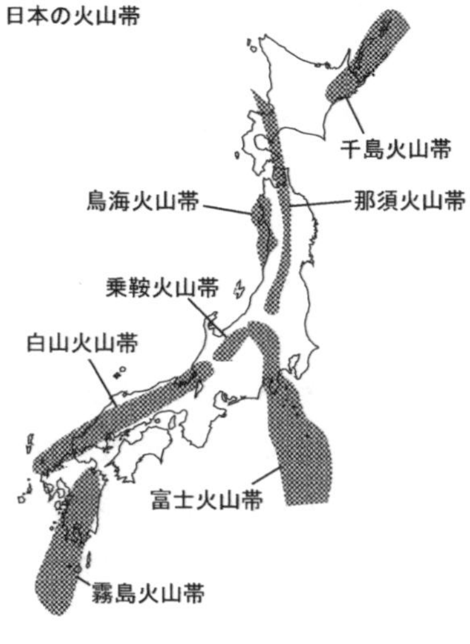

問3　半導体産業が盛んなアメリカの太平洋岸の都市サンノゼ付近をシリコンバレーと呼ぶことにならって，ＩＣ(集積回路)など電子部品の生産が盛んになった東北自動車道沿いを「シリコンロード」，九州地方を「シリコンアイランド」と呼ぶ。　問4Ⅰ　ク．江戸時代の鎖国政策下，対馬藩が朝鮮との窓口になっていた。

Ⅱ　セ．与那国島は沖縄県に属しており，日本の最西端にある。

3 問1　カ．人口は，アジア州＞アフリカ州＞ヨーロッパ州＞北アメリカ州＞南アメリカ州である。

問2　人口増加には，自然増加(出生率と死亡率の差)と社会増加(流入数と流出数の差)があり，沖縄県では自然増加，大都市である東京や，東京のベッドタウンでは社会増加になっている。

問3　出生率は，「あ」が0.010…，「い」が0.006…，「う」が0.007…，「え」が0.004…なので，「あ」が最も高い。

問4　人口が100万人以上の都市は横浜市，川崎市，広島市である。

問5　表1は，人口増加率が最高の「あ」は沖縄県，人口最多の「い」は神奈川県，人口増加率が最低の「え」は秋田県なので，「う」は広島県である。表2は，人口最少の「か」は秋田県，人口50万以上の政令指定都市が1つの「く」は広島県，3つの「け」は相模原市のある神奈川県なので，「き」は沖縄県である。

問6　高齢者が公共交通機関でしか移動できないことから，自分で運転できないと判断する。高齢者の運転はハンドルの操作ミスや，ブレーキとアクセルの踏み間違いが多いので，運転免許証の返納が推奨されている。

4 問1　ウ．室町幕府8代将軍足利義政のころに「書院の茶」と呼ばれる茶会が開かれるようになり，茶道が生まれた。また，書院造に設けられた床の間に置かれた生け花から「華道」が生まれた。

問2　湯治は温泉での治療を意味しており，奈良時代の地誌『風土記』に温泉が人の病を治すという記述がある。

問3　律令制の下では，地方からもたらされる特産物の調を役人が木簡に記録していた。

問4　征夷大将軍に任命された源頼朝が鎌倉幕府を開いた1192年から，江戸幕府15代将軍徳川慶喜が大政奉還を行った1867年までの675年間なので，最も近いウを選ぶ。

問5　『風土記』は，各国の地名の由来・産物・言い伝えなどを，国ごとにまとめて記述したものである。

問6　平治の乱に勝利した平清盛は，一族の者を朝廷の高い位につけ，自らは太政大臣の地位に就いて，西日本を中心として政治の実権をにぎった。

問7　源頼朝は弟である義経をとらえることを理由に，軍事・警察の役割を持つ守護を国ごとに，年貢の取り立てなどを行う地頭を荘園や公領ごとに設置した。

問8　古代から中世にかけては陸奥国，近世では仙台藩と呼ばれた。廃藩置県前に，一部が陸前国になったこともある。

5 問1①　3代将軍徳川家光が武家諸法度に追加した参勤交代では，大名が領地に帰るときに妻子を人質として江戸に残さなければならなかった。関所では，江戸を出る女(出女)のほか，治安維持のために江戸に持ち込まれる鉄砲(入鉄砲)の取り締りも厳しく行った(入鉄砲出女)。　②・④　大名の参勤交代時に五街道(東海道・中山道・甲州街道・奥州街道・日光街道)が使われ，街道沿いの宿場町が人々でにぎわった。　③　飛脚は馬と駆け足を手段とした。

問2①　江戸時代の問屋(といや)は，中世に活躍した運送業者の問丸が起源である。　②　諸藩の蔵屋敷が集まる大阪に年貢米や特産物が運ばれたため，経済の中心地として「天下の台所」と呼ばれていた。

6 問1①　大陸から日本に移り住んだ渡来人は，須恵器の製法，漢字や儒学，仏教などを伝えた。飛鳥時代に仏教の受け入れに賛成する蘇我氏と反対する物部氏が対立し，蘇我氏が勝ったことで仏教を信じることが国の方針になった。

②　聖武天皇は仏教の力で国家を守るため，国ごとに国分寺を，都には総国分寺として東大寺を建て，大仏を造らせた。

問2　1958年の日米修好通商条約締約以降，輸出超過による品不足から物価上昇が引きおこされた。

問3　多くの女工をせまい部屋で共同生活させたことで感染が拡大した。

問4②　第一次世界大戦中なので，イとオが正しい。アは満州事変，エは太平洋戦争のきっかけである。また，ヨーロッパに軍隊を送ったことはない。

7　**問1(A)**　憲法25条の生存権(社会権)である。　**(C)**　憲法9条には「戦争放棄」「戦力不保持」「交戦権の否認」について規定している。

問2　アは1947年，イは1946年11月3日，ウは1946年4月10日なので，ウ→イ→アの順となる。

問3　ウ．日本国憲法は「基本的人権の尊重」を基本原則とし，自由権・平等権・社会権などを保障している。

問4　ア．2021衆院選は新型コロナウイルスの感染拡大対策などを争点とし，野党が候補者を一本化して支援することで，与党と一騎打ちで競った。

問5　国民審査は，衆議院議員総選挙のときに最高裁判所の裁判官の適任・不適任を審査する制度である。

問6　国民の三大義務は「納税の義務」「教育の義務」「勤労の義務」である。

問7①　アは1951年，イは1956年，ウは1950年，エは1972年なので，ウ→ア→イ→エの順である。

②　警察予備隊は朝鮮戦争(1953年に休戦)を受けて発足した。　③　大韓民国とは日韓基本条約(1965年)，中華人民共和国とは日中共同声明(1972年)，ソ連とは日ソ共同宣言(1956年)を批准・発表したことで国交を正常化したので，「え」→「あ」→「う」の順になる。

《2022　理科　解説》

1　(4)　生物の体内で分解されない物質は，食物連鎖によって生態系のより上位の生物の体内に蓄積されていくことになる。これを生物濃縮という。有害物質が蓄積された生物を食べることで，人間の健康に影響が出るおそれがある。

2　(1)　条件を1つだけ変えて結果を比べる実験を対照実験という。

(2)　空気を与えないようにするには，種子を水にしずめる方法がよく用いられる。

(3)　ふつう，種子の発芽に必要な条件は，水，空気(酸素)，適当な温度の3つである。インゲンマメの種子は発芽に十分な酸素を必要とするため，実験2のCでは発芽し，Dでは発芽しないと考えられる。これに対し，イネの種子は発芽にそれほど多くの酸素を必要としないため，実験2のDでも水にとけている酸素を利用して発芽する。なお，レタスやイチゴのように，発芽に光を必要とする種子もある。

3　(1)　各臓器のはたらきに必要な酸素や養分，また，各臓器でつくられた二酸化炭素や不要物などは，血液中に取りこまれて運ばれる。

(2)　食べ物の通り道である，口→V(食道)→胃→W(小腸)→大腸→肛門という一続きの管を消化管という。口ではでんぷんを分解するだ液が，胃ではタンパク質を分解する胃液がつくられる。また，消化管ではないが，肝臓では脂肪の分解を助ける胆汁がつくられる。なお，小腸ではでんぷんやタンパク質を最終的にブドウ糖やアミノ酸に分解する消化酵素がつくられる。

(3)　(a)Z(じん臓)では，(肝臓でアンモニアが分解されてできた)尿素などの不要物が水とともにこし取られて尿となり，⑮(輸尿管)を通ってぼうこうへ運ばれる。　(b)養分は小腸で吸収され，⑭(門脈)を通って肝臓へ運ばれ，一部はグリコーゲンとしてたくわえられる。よって，食後には⑭を通る血液に養分が最も多くふくまれるが，それ以外は肝臓から⑪(大静脈)を通って運ばれる血液に養分が最も多くふくまれる。

(4)(ⅰ)　薬の成分は，養分と同じように小腸で血液中に取りこまれ，肝臓から心臓に運ばれた後，心臓から鼻に運ばれる。　(ⅱ)　薬の成分は，アンモニアと同じように，肝臓で分解されて，じん臓でこし取られる。

4　(1)　ア×…空全体を10としたとき，雲の量が９～10のときが「くもり」である。

(2)　ア，イ×…こと座のベガは「おりひめ星」とされる。「ひこ星」とされるのはわし座のアルタイルである。これらとはくちょう座のデネブを結んでできる三角形を夏の大三角という。

(3)　ウ×…月が東の地平線付近にあり，太陽が西の地平線付近にあるとき，月と太陽が最も遠い。このときの月は満月だから，月と太陽が遠いほど月の欠け方は少ない。

(4)　ウ×…ヒマラヤ山脈では，海の生物であるアンモナイトの化石が見つかっている。このことから，ヒマラヤ山脈は，火山の噴火(ふんか)によってできたのではなく，プレートがぶつかることで海底にあった土地が盛り上がってできたと考えられている。

(5)　ア×…山地を流れる川のほうが，かたむきが急であるため流れが速い。　イ×…上流(山地)から川を流れてくる間に川底や他の石とぶつかることで角がとれたり割れたりするので，下流にある石のほうが，丸く小さいものが多い。

5　(1)　太陽，地球，月の順に一直線に並ぶ満月のとき，満月が地球のかげに入って欠けて見える現象を月食という。なお，太陽，月，地球の順に並ぶ新月のとき，太陽が新月によってかくされて欠けて見える現象を日食という。

(2)　満月は午後６時ごろに東の地平線からのぼってくるので，図２は，月の出の直後で，東の空を観察しているときだとわかる。よって，この後，南の空で最も高くなるように右上に動く。

(3)　月が地球のまわりを回転するときの向きは地球の自転の向きと同じであり，満月の約７日後にはＧの位置にきて南の空で左半分が光って見える下弦(かげん)の月になり，下弦の月の約７日後にはＡの位置にきて新月になる。よって，10日後の月の位置はＧとＡの間のＨであり，下弦の月よりもより大きく欠けて，左側が細く光って見える。また，(2)解説の通り，満月の月の出は午後６時ごろであり，Ｇ→Ａ→Ｃと90度回転するごとに月の出は６時間ずつおそくなるから，Ｈの位置にある月は午前３時ごろに東の地平線からのぼり，午後３時ごろに西の地平線にしずむと考えられる。

6　(1)(2)　酸性の塩酸とアルカリ性の水酸化ナトリウム水溶液(すいようえき)を混ぜると，たがいの性質を打ち消し合う中和が起こり，２つの水溶液が過不足なく反応すると中性の食塩水になる。また，アルミニウムは塩酸と水酸化ナトリウム水溶液にはとけて水素が発生するが，食塩水にはとけないので，Ｃのときに塩酸と水酸化ナトリウム水溶液が過不足なく反応したことがわかる。よって，ＡとＢでは水酸化ナトリウム水溶液が残り，ＤとＥでは塩酸が残っている。ＢＴＢ液は酸性で黄色，中性で緑色，アルカリ性で青色になるから，ＡとＢでは青色，Ｃでは緑色，ＤとＥでは黄色になる。

(3)　Ｃでは塩酸と水酸化ナトリウム水溶液が過不足なく反応して食塩水だけになっているから，アルミニウムを入れてもとけず，水を蒸発させると食塩の固体だけが残る。Ｄでは中和が起こって食塩ができるが，(水酸化ナトリウム水溶液が不足して)塩酸が残っているから，アルミニウムがとけて塩化アルミニウムもできる。Ｅでは水酸化ナトリウム水溶液を加えていないため中和が起こらず(食塩はできず)，残っている塩酸にアルミニウムがとけて塩化アルミニウムができる。

7　(2)　酸素が不足した状態で強く加熱することを乾留(かんりゅう)(蒸し焼き)という。木を乾留すると，メタンや一酸化炭素をふくむ燃える気体(木ガス)が発生する。

(3)　木を乾留したときに残る固体は木炭である。木炭は空気中で炎を出さずに燃える。

8 図Ⅰに，ア～オのときの電流の道すじを太線で示した。太線上にある豆電球が点灯すると考えればよい。また，豆電球の明るさは，直列つなぎの電池がふえるほど明るくなり，直列つなぎの豆電球がふえるほど暗くなる。よって，もっとも明るく点灯するのは，１個の電池で１個の豆電球を点灯させているエ，もっとも暗く点灯するのは１個の電池で３個の直列つなぎの豆電球を点灯させているアである。

図Ⅰ

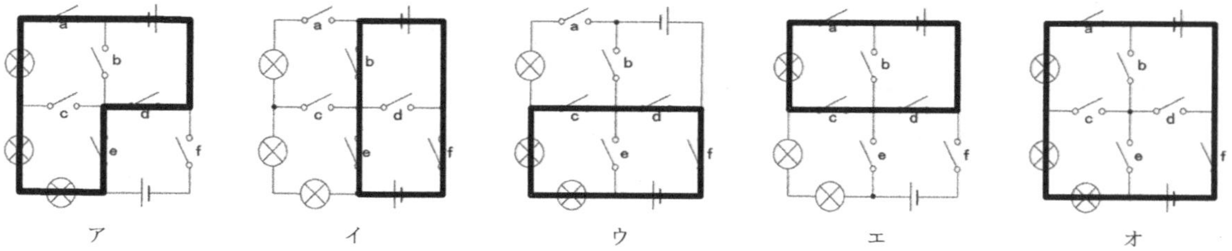

9 (1) 棒の重さがすべて１点にかかっていると考えたときの点を重心といい，重心の真上に糸をつなぐと棒が水平になる。また，図１と図２より，棒の左端(はし)には250ｇ，右端には150ｇの重さがかかっていると考えられるので，図３では，それぞれの端から重心までの長さの比が，左右にかかる重さの逆比と等しく，左端から重心：右端から重心＝150：250＝３：５となる。よって，右端から重心までの長さは$40\times\frac{5}{3+5}=25$(cm)である。

(2) 図４では，左端にかかる重さが250＋80＝330(ｇ)だから，左端から重心：右端から重心＝150：330＝５：11である。よって，右端から重心までの長さは$40\times\frac{11}{5+11}=27.5$(cm)である。

(3) 図５では，左端から重心：右端から重心＝20：20＝１：１だから，両端にかかる重さの比も１：１である。よって，左端にかかる重さが330ｇだから，右端につるしたおもりの重さは330－150＝180(ｇ)である。

(4) バネばかりが示す重さは両端にかかる重さの合計だから，330＋330＝660(ｇ)である。

2021 解答例 令和３年度 ★東海中学校

《国　語》

一　①熟知　②書簡　③小康　④操縦　⑤奮い　⑥裁く

二　問１．ウイルスからたがいの身を護るため　問２．表情を微細に読むことを拒まれ、無視されている気さえすること。　問３．相手の思いを、眼の表情から推し量ること。　問４．ウイルスが身体の開口部から入るのを防ぐ　問５．ウ　問６．エ　問７．世界をもっとみずみずしく迎え入れようとする　問８．ア

問９．１．(例文)眼鏡を使えば、フレームの色や形によって顔の印象が変わり、ファッションとして楽しむことができる。　２．(例文)それまでとは異なる自分を演出したり、気分転かんをはかったりすることができるから。

三　問１．①エ　⑦オ　問２．人前で演技をするのが楽しかったから。／演技をして褒められるのが嬉しかったから。

問３．小学五年生　問４．目　問５．イ　問６．イ　問７．さまざまな苦痛を与えられる理由がわからず、反論もできないが、とにかく苦しみから解放されたかったから。　問８．エ　問９．不条理な痛苦

問10．ア　問11．ウ　問12．オ　問13．ア，カ

《算　数》

1　(1) $1\frac{14}{25}$　(2)７，８，13，18

2　(1)50　(2)１

3　(1)５：２　※(2)２，15

4　(1)６　(2) $7\frac{5}{16}$

5　(1)48，84　(2)99，189

6　(1)50，40，38，32　(2)567

7　(1)終えるのにかかる時間…３　Aさん１人の時間…２　(2)２，15

8　14

※の求め方は解説を参照してください。

《社　会》

1 問1．[本州／四国]　A[イ／カ]　B[ウ／オ]　　問2．①ウ　②イ　③オ　④ア　　問3．積雪の多い地域
問4．①四万十　②え　③増水時に川に沈んでも流されないため。

2 問1．④　　問2．自然災害の被害状況や教訓　　問3．コンクリートやアスファルトによって，排水能力をこえる雨水が集まってくるため。　　問4．イ　　問5．ハザードマップ

3 問1．①ウ　②ア　③ウ，カ　　問2．①【A】水力　【B】火力　②[あ]千葉　[い]大分　③八丈島

4 問1．(ア)博多　(イ)平治　(ウ)執権　　問2．5，1，3，4，2　　問3．天皇中心の中央集権国家。
問4．地頭に任命すること。　　問5．まじない〔別解〕占い

5 問1．清〔別解〕中国　　問2．キリスト教を布教しなかったから。　　問3．ポルトガル　　問4．キリシタンを探し出すため。　　問5．島原・天草一揆

6 問1．①ウ　②イ　　問2．①水墨画　②大和絵　　問3．エ　　問4．ウ

7 問1．1．韓国〔別解〕朝鮮　2．イギリス　3．天皇　4．アメリカ　5．満州　6．板垣退助　　問2．①ウ
②オ　③キ

8 問1．う，え，い，あ　　問2．農具　　問3．ききん　　問4．エ　　問5．ア　　問6．ア，イ，ウ
問7．札幌　　問8．WHO

《理　科》

1 (1)ア．水分　イ．バイオ(ディーゼル)燃料　　(2)計量カップ／計量スプーン などから1つ　　(3)消化
(4)ウ．血液　エ．かん臓　　(5)表面積を大きくし，効率よく栄養分を吸収するため。　　(6)食材が水分をふくまないと，微生物が増えにくいから。　　(7)①X．二酸化炭素　Y．カーボンニュートラル　②光合成

2 (1)右図　　(2)花粉をつきやすくするため。　　(3)ウ

3 (1)エ　　(2)ア　　(3)18

4 右図

5 (あ)B　　(い)C　　(う)A　　(え)○　　(お)×
(か)○　　(き)×

6 ア．炭酸水　　イ．石灰水　　ウ．塩酸　　エ．食塩水
オ．水酸化ナトリウム水よう液　　カ．アンモニア水

7 (1)④　　(2)⑤　　(3)③　　(4)①と②と⑥と⑦

8 (1)65　　(2)①C　②D　③60　　(3)①D　②40　　(4)33

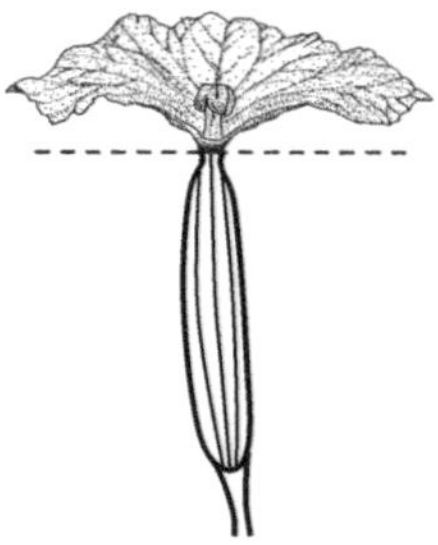

2(1)の図

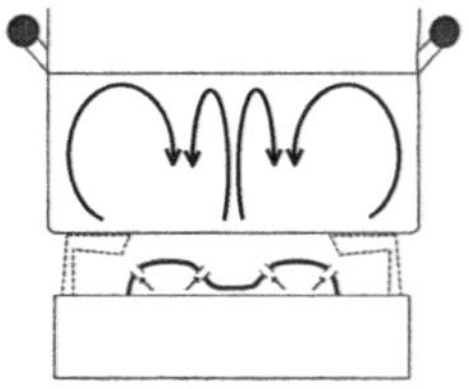

4の図

東海中学校

←解答例は前のページにありますので，そちらをご覧ください。

《2021　国語　解説》

二　問１　――④のある段落に「マスクはウイルスからたがいの身を護るためにある」とある。

問２　――②の直後の「人の表情を微細に読むということがなくなった。というか、そういうまなざしが人に拒まれる～人に無視されているような気にさえなる」をまとめる。

問３　「それ」とは、直前の一文の「眼の表情」を指す。ここでの「読む」とは、「眼の表情」を見て、相手の気持ちを推察するということ。

問４　「身体の開口部」をウイルスのついた手でさわると感染してしまう。それを防ぐために、マスクやパンツを身につけるのである。

問５　「つくろう」とは、都合の悪いことを隠して、うまくとりなすこと。「ほんとうの心根」を「顔」で隠す、つまり、心の中で思っていることが顔に出ないように、表情を変えるということ。よって、ウが適する。

問６　「顔それじたいが仮面(マスク)」ならば、その上にさらに「マスクをつける」のは、「容貌の演出の一つ」になると述べている。「マスク」×「マスク」で、顔を二重に演出していることになるので、エが適する。

問７　――⑦と同じ段落で「化粧をほどこす部位はどれも人が世界を微細に感受する部位～そこを美しく飾り立てることによって世界をもっとみずみずしく迎え入れようとするのは、コスメティック(化粧品)の大事な務めの一つだ」と述べている。

問８　「そんな」が指すのは、直前の「顔の下半分を白く塗ったり、口紅を耳もとにまで拡げる」というメイクのこと。よって、アが適する。――⑧のある段落が「であれば」で始まることに着目する。それは、直前の段落の内容を受けて、メイク(化粧)が「世界をもっとみずみずしく迎え入れようとする」ためのものであるなら、という意味である。では、「顔の下半分を白く塗ったり、口紅を耳もとにまで拡げる」というメイクによって「世界をもっとみずみずしく迎え入れようとする」とはどういうことか。「マスクの装着が必要でなく」なった世界に対して、その変化を受け入れる際の自分の気持ちを象徴するようなメイクをしてみせるということ。

三　問２　「体力的には厳しかった」のを上回る、精神的な喜びがあったということ。「スポットライトを浴び、カメラの前で演技をするのは、楽しかった」「演技をして褒められるのは、何度繰り返しても嬉しかった」とあることからそれぞれまとめる。

問３　「この作品を演じきって～小学生のときに続く全国大会制覇を確実なものにしたい」と考えた背景には、また全国制覇できるはずだという自信があり、その自信を裏付けるものは、過去の結果や自分の好調さである。それを説明した二文は、「小学五年生のときは僅差での優勝だったけれど、六年生になってからは安定して読めるようになっていた(六年生でも優勝した)。だから、中学生になっても、コンクールでは勝てるものだと思っていた」。

問５　直後に「淡々と感情を押し殺して」とあるので、登場人物の心情に寄りそうような読み方ではなく、あっさりと、気持ちを押さえて読んだのだとわかる。つまり、作品の「『です』『ます』調の談話体」に応じて、語り手の客観性、登場人物との距離感を表現したということ。よって、イが適する。

問６　――④の前後の「自信はあった。それなのに……結果は、散々なものだった」、「不条理な痛苦。それが～立て続けに齎された」（「ネット上で～誹謗中傷するコメントが溢れる～脅迫じみた手紙～学校で～机の上には花～『死ね』の文字～服を脱がされ～恥ずかしいことをさせられた」）という内容に、イが適する。

問７　――⑤の前で、「不条理な痛苦～僕は何か、悪いことをしたのだろうか～好きなことをしていると、それだけで罰せられるのだろうか。どうして僕は、地獄に堕ちなければならなかったのだろう」と思っている。そのように理不尽さを感じていたのなら、抵抗したり言い返したりすることも考えられる。しかし、そうはせず、ひたすら「謝った」のはなぜか。それは、あまりの苦しさに耐えかねて、とにかく一刻も早くのがれたかったからだろう。３行後の「けれども、どんなに声をあげても、誰も助けてはくれなかった」からも、正当に争うことよりも苦しみからぬけ出すことを願っていたのだと読み取れる。

問８　ここでの「正解」は、結果的に良かった、適切だったと思われること。結果的に良かったこととは、――⑥の２段落後の「その結果、一年生が終わる頃にようやく、苦痛を与えられることはなくなった」ということである。何がこの結果をもたらしたのか。それは、「学校にいるあいだは、ただじっと耐えるように黙っていた。呼び出されても、殴られても、反応をしない」という「僕」の態度である。後になって「それが、正解だったのかもしれない」と思えるのは、その時の「僕」自身の判断が関わっている行動だからであり、「声を失った」ことはふくまれない。よって、エが適する。

問９　「感情を殺し、何もない空虚な状態で生きてきた」の前の状態。つまり、「人間の感情～すべてが遮断されるものらしい～僕の感情は失われていた」より前の状態。「どんなに声をあげても、誰も助けてはくれなかった」という絶望、それは「不条理な痛苦～立て続けに齎された～どうして僕は、地獄に堕ちなければならなかったのだろう」という思いである。

問 10　前書きに、「僕」は「過去を隠して高校生活を送っている」とある。しかし、遥に促され「どれだけ世界に絶望し、感情を殺し、何もない空虚な状態で生きてきたか。そのすべてを～話してしまった」のである。その直後の「僕」（「今の透くん」）のことを言っているので、アが適する。

問 11　かつて「世間で天才子役と絶賛され」ていた、「全日本小学生朗読コンクール四連覇」したということは、演技や朗読によって、人びとの心を打つ表現ができていたということ。その「僕」が心に大きな傷を負い、大勢の前で話すことができなくなっている。「演じることが好きで、本を読むことが好きで」していたことを、「僕」が再び自信をもってできるようになる日がくると信じて、遥はこう言っているのである。よって、ウが適する。

問 12　「最後は不幸だったかもしれないけれど～人魚はおじいさんとおばあさんと過ごした時間が幸せだったことだけは、絶対に忘れなかったんだよ」と同じことが「僕」にも言えるということ。不条理な痛苦に傷つき、現在は大勢の前で話すことができなくなってしまっている「僕」だが、だからといって、「演じることが好きで、本を読むことが好きで」、それらを充実感をもってすることができていた幸せな記憶と、それによって活躍していた事実が、なかったことにはならないということ。よって、オが適する。

問 13　イ．本文に「遥は僕を抱きしめたまま、何度も頷いてその話を聞いていた。そして最後に言った」とあるので、「合いの手をさかんに入れて、少しでも多く話を引き出そうとする態度だった」は適さない。　ウ．遥が「自分の思い出も打ち明けようとした」という内容は本文にない。　エ．本文に「それからあとのことは、ぼんやりとしか覚えていない」「その言葉だけが妙にはっきりと～残っている」とあるので、「遥からコメントをもらった後のことも、しっかりと透の心に刻まれている」は適さない。　オ．本文に「何度も泣いているうちに、今まで奥のほうに押さえつけていたものが、解き放たれていく気がした」とあるので、「あまりにつらすぎて、うちひしがれてしまっている」は適さない。　よって、アとカが適する。

《2021　算数　解説》

1 (1)　与式 $=\frac{11}{5}-\{2-(\frac{7}{15}+\frac{3}{5})\times\frac{1}{8}\}\times\frac{12}{35}=\frac{11}{5}-\{2-(\frac{7}{15}+\frac{9}{15})\times\frac{1}{8}\}\times\frac{12}{35}=\frac{11}{5}-(2-\frac{16}{15}\times\frac{1}{8})\times\frac{12}{35}=$
$\frac{11}{5}-(\frac{30}{15}-\frac{2}{15})\times\frac{12}{35}=\frac{11}{5}-\frac{28}{15}\times\frac{12}{35}=\frac{55}{25}-\frac{16}{25}=\frac{39}{25}=1\frac{14}{25}$

(2)　じゃんけんを１回して，３人の得点が最も大きくなるのは，あいこになった場合の４×３＝12(点)，最も小さくなるのは，１人だけ勝った場合の５点だから，その差は，12－５＝<u>７</u>(点)

じゃんけんを５回して，ＡさんとＢさんがともに18点のとき，18を４と５の和で表すと，18＝４＋４＋５＋５となるから，ＡさんとＢさんは，５回中２回あいこで２回勝って，１回負けたことがわかる。

よって，Ｃさんのあいこの数は２回で，残り３回は勝ちか負けである。あいこを除いた３回のうち，ＡさんとＢさんは２回ずつ勝っているから，少なくとも１回は，ＡさんとＢさんが同時に勝っている。このときは必ずＣさんが負けているので，Ｃさんが３回勝つことはない。ＡさんとＢさんが同時に勝っているとき以外は，Ｃさんが勝つことがあるから，Ｃさんの勝った回数は，０，１，２回のいずれかである。

よって，Ｃさんの考えられる得点は，４×２＝<u>８</u>(点)，８＋５＝<u>13</u>(点)，８＋５×２＝<u>18</u>(点)

2　**【解き方】右図のように折る前の正方形を考える。折って重なる辺の長さと角の大きさは等しいことを利用する。**

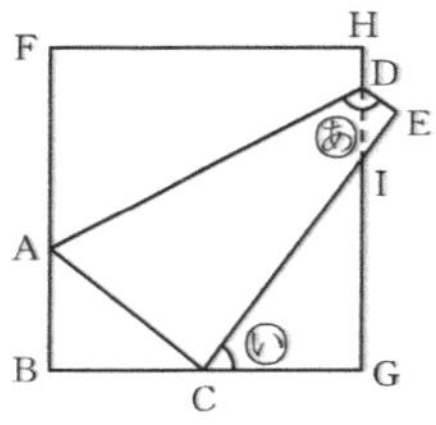

(1)　三角形ＤＥＩと三角形ＣＧＩは同じ形の直角三角形だから，角い＝角ＩＤＥである。

角ＩＤＥ＝角ＡＤＨ＋角ＡＤＥ－180°＝115°＋115°－180°＝50°だから，角い＝50°

(2)　**【解き方】角い＝180°－90°－角ＡＣＢ＝角ＣＡＢだから，三角形ＡＢＣと三角形ＣＧＩは同じ形である。三角形ＣＧＩと三角形ＤＥＩも同じ形だから，この３つの三角形の３辺の長さの比は，３：４：５となる。**

ＦＡ＝ＣＡ＝５㎝だから，正方形ＦＢＧＨの１辺の長さは，ＦＢ＝５＋３＝８(㎝)

よって，ＣＧ＝８－４＝４(㎝)なので，ＣＩ＝ＣＧ$\times\frac{5}{3}=4\times\frac{5}{3}=\frac{20}{3}$(㎝)，ＥＩ＝$8-\frac{20}{3}=\frac{4}{3}$(㎝)，

ＤＥ＝ＥＩ$\times\frac{3}{4}=\frac{4}{3}\times\frac{3}{4}=1$(㎝)

3 (1)　**【解き方】速さの比は，同じ道のりを進むのにかかる時間の比の逆比に等しいことを利用する。**

兄が自転車で弟に追いつくまでに，兄は10時10分－10時６分＝４分，弟は10時10分－10時＝10分進んだから，求める比は，４：10＝２：５の逆比の５：２である。

(2)　**【解き方】(1)をふまえ，兄，姉，弟の速さの比を求める。**

兄は姉に10時14分に出会い，そこから，姉が10時14分－10時８分＝６分かけて進んだ道のりを，10時18分－10時14分＝４分かけて進んだから，兄と姉の速さの比は，４：６＝２：３の逆比の３：２である。

兄と弟の速さの比は５：２なので，兄，姉，弟の速さの比は，５：$(5\times\frac{2}{3})$：２＝15：10：６となる。

兄，姉，弟が１分で進む道のりをそれぞれ⑮，⑩，⑥とする。兄と姉が出会う(10時14分)までに，兄は８分，弟は14分進んだから，兄は⑮×８＝(120)，弟は⑥×14＝(84)だけ進んだ。ここから，姉と弟が出会うまでに，姉と弟は合わせて(120)－(84)＝㊱進む。姉と弟は１分間に合わせて⑩＋⑥＝⑯進むから，求める時間は，㊱÷⑯＝2.25(分後)，つまり，２分(0.25×60)秒後＝２分15秒後

4 ⑴ **【解き方】右のように作図し，同じ大きさの角に同じ記号を書きこむ。**

同じ形の三角形を使って，ＢＥ＝ＨＤ＝ＨＣ＋ＣＤで求める。

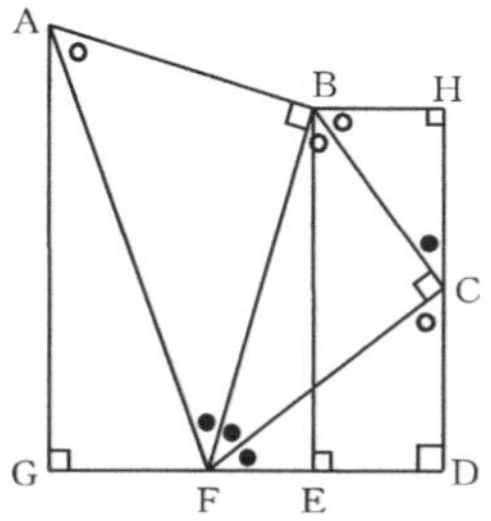

三角形ＣＤＦ，ＢＣＦ，ＡＢＦ，ＢＨＣは同じ形の三角形であり，３辺の長さの比は３：４：５となる。よって，ＢＣ＝ＣＦ$\times\frac{3}{4}$＝５$\times\frac{3}{4}$＝$\frac{15}{4}$(cm)，ＨＣ＝ＢＣ$\times\frac{4}{5}$＝$\frac{15}{4}\times\frac{4}{5}$＝３(cm)である。したがって，ＢＥ＝３＋３＝６(cm)

⑵ **【解き方】⑴をふまえる。さらに右図のように作図すると，角ＡＩＢ＝角ＢＥＦ＝90°，角ＡＢＩ＝180°－90°－角ＦＢＥ＝90°－角ＦＢＥ＝角ＢＦＥとなるので，三角形ＡＢＩと三角形ＢＦＥは同じ形の三角形となる。**

このことから，ＡＧ＝ＩＥ＝ＢＩ＋ＢＥで求める。

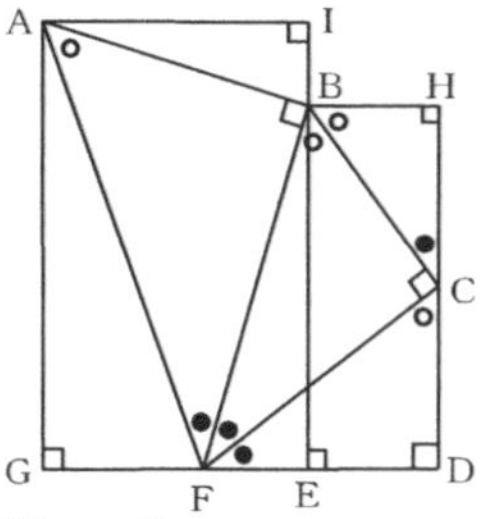

⑴より，ＢＦ＝ＢＣ$\times\frac{5}{3}$＝$\frac{15}{4}\times\frac{5}{3}$＝$\frac{25}{4}$(cm)，ＢＨ＝ＢＣ$\times\frac{3}{5}$＝$\frac{15}{4}\times\frac{3}{5}$＝$\frac{9}{4}$(cm)，

ＡＢ＝ＢＦ$\times\frac{3}{4}$＝$\frac{25}{4}\times\frac{3}{4}$＝$\frac{75}{16}$(cm)，ＦＥ＝ＦＤ－ＥＤ＝ＦＤ－ＢＨ＝４－$\frac{9}{4}$＝$\frac{7}{4}$(cm)

よって，ＢＩ：ＦＥ＝ＡＢ：ＢＦ＝$\frac{75}{16}$：$\frac{25}{4}$＝３：４だから，ＢＩ＝ＦＥ$\times\frac{3}{4}$＝$\frac{7}{4}\times\frac{3}{4}$＝$\frac{21}{16}$＝$1\frac{5}{16}$(cm)

したがって，ＡＧ＝$1\frac{5}{16}$＋６＝$7\frac{5}{16}$(cm)

5 ⑴ 各位の数の和が 12 となるＴ数なので，求める数は 12 の倍数になる。１以上 99 以下の 12 の倍数は，12，24，36，48，60，72，84，96 であり，そのうち各位の和が 12 となるのは，48 と 84 である。

⑵ **【解き方】９の倍数の各位の数の和は９の倍数となる。よって，各位の数の和が９のときはＴ数であり，９以外の９の倍数のときは，Ｔ数であるか計算で確かめる。200 以下の数の各位の数の和は最大で１＋９＋９＝19 なので，各位の数の和が 18 となる場合のみ確かめればよい。**

１以上 200 以下で各位の数の和が 18 になる数は，99，189，198 の３つである。

99÷18＝５余り９となるから，99 はＴ数でない。189÷18＝10 余り９となるから，189 はＴ数ではない。

198÷18＝11 となるから，198 はＴ数である。よって，求める数は，99 と 189 である。

6 ⑴ **【解き方】12＝２×２×３より，縦→横→高さの順に辺が短くなるように組み合わせたとき，考えられる直方体の(縦，横，高さ)は，(１cm，１cm，12 cm)(１cm，２cm，６cm)(１cm，３cm，４cm)(２cm，２cm，３cm)の４通りである。また，直方体の側面積は(底面の周りの長さ)×(高さ)で求められる。**

(１cm，１cm，12 cm)のとき，底面積は１×１＝１(cm²)，側面積は(１×２＋１×２)×12＝48(cm²)なので，表面積は，１×２＋48＝50(cm²)

同様にして，(１cm，２cm，６cm)のときの表面積は，(１×２)×２＋(１×２＋２×２)×６＝40(cm²)，

(１cm，３cm，４cm)のときの表面積は，(１×３)×２＋(１×２＋３×２)×４＝38(cm²)，

(２cm，２cm，３cm)のときの表面積は，(２×２)×２＋(２×２＋２×２)×３＝32(cm²)

以上より，大きい順に並べると，50 cm²，40 cm²，38 cm²，32 cm²となる。

⑵ **【解き方】ブロックは８×８×８＝512(個)より多く，９×９×９＝729(個)より少ない。⑴のように考えると，底面積が小さい組み合わせにするほど，表面積は大きくなることがわかる。ブロックの個数が２で割り切れる(２の倍数)場合，３で割り切れる(３の倍数)場合，…と考え，条件に合うものを探していく。**

表面積が最も大きい値(あたい)となるのは，底面積が１cm×１cm＝１cm²となるときなので，このときの高さを△cmとする(この△の値は，ブロックの個数に等しい)と，表面積は，１×２＋(１×２＋１×２)×△＝△×４＋２(cm²)

ブロックの個数が２で割り切れる場合，表面積が２番目に大きい値となるのは，底面積が１cm×２cm＝２cm²となるときであり，このときの高さは，△÷２＝△$\times\frac{1}{2}$(cm)となる。

このときの表面積は，$2\times2+(1\times2+2\times2)\times\triangle\times\frac{1}{2}=\triangle\times3+4$ (cm²)であり，差が752 cm²となるから，
$\triangle\times4-\triangle\times3=\triangle$が$752+(4-2)=754$にあたる。△は512より大きく729より小さいので，条件に合わない。
ブロックの個数が2で割り切れず3で割り切れる場合，表面積が2番目に大きい値となるのは，底面積が
1 cm×3 cm＝3 cm²となるときであり，このときの高さは，$\triangle\div3=\triangle\times\frac{1}{3}$ (cm)となる。
このときの表面積は，$3\times2+(1\times2+3\times2)\times\triangle\times\frac{1}{3}=\triangle\times\frac{8}{3}+6$ (cm²)であり，差が752 cm²となるから，
$\triangle\times4-\triangle\times\frac{8}{3}=\triangle\times\frac{4}{3}$が$752+(6-2)=756$，△が$756\div\frac{4}{3}=567$にあたる。これは△の値の条件に合うので，
求める個数は，567個である。
なお，ブロックの個数が2でも3でも割り切れず，5以上の奇数で割り切れる場合を調べると，△の値が512より小さくなるので，条件に合わない。

[7] **【解き方】Aの1分あたりの仕事の量を②とすると，1分あたりの仕事の量は，2人で同時にすると②×2.5＝⑤，3人で同時にすると②×7＝⑭となる。また，6時間＝360分なので，仕事の全体の量は，②×360＝$\textcircled{720}$となる。**

(1) **【解き方】BもCも手伝う時間は変わらないから，3人で仕事をする時間が1分短くなるごとに，AとBだけで仕事をする時間と，AとCだけで仕事をする時間は，どちらも1分長くなる。このことから，3人，2人(AとB，AとC)，1人で行った仕事の量と時間が，月曜と比べ，火曜がどれだけ変化したのかを考える。**

3人で行った仕事の量は，火曜の方が月曜より1分短いから，⑭×1＝⑭だけ少ない。
AとB，AとCで行った仕事の量は，火曜の方が月曜よりそれぞれ1分長いから，2人で行った仕事の量の合計は，(⑤＋⑤)×1＝⑩だけ多い。
よって，ここまでで火曜の方が月曜より⑭－⑩＝④だけ少なく，仕事の全体の量は変わらないので，1人で行った仕事の量は，④だけ多い。したがって，Aの1人の時間は，④÷②＝2(分)長くなる。
まとめると，3人で行った仕事が1分短く，2人で行った仕事が1×2＝2(分)長く，1人で行った仕事が2分長いから，仕事を終えるのにかかる時間は，2＋2－1＝3(分)長くなる。

(2) **【解き方】(1)より，火曜の方が月曜より仕事を終えるのにかかる時間が30＝3×10(分)長いのだから，3人で行った仕事の時間は1×10＝10(分)短く，1人で行った仕事の時間は2×10＝20(分)長い。**

月曜と火曜の3人で仕事をする時間の比は5：3であり，この比の数の差である5－3＝2が10分にあたるので，
月曜の3人で仕事をする時間は，$10\times\frac{5}{2}=25$(分)である。
月曜と火曜の1人で仕事をする時間の比は3：4であり，この比の数の差である4－3＝1が20分にあたるので，
月曜の1人で仕事をする時間は，20×3＝60(分)である。
月曜の1人のときと3人のときで行った仕事の量の合計は，②×60＋⑭×25＝$\textcircled{470}$なので，2人で行った仕事の量の合計は，$\textcircled{720}$－$\textcircled{470}$＝$\textcircled{250}$である。よって，月曜の2人で仕事をする時間の合計は，$\textcircled{250}$÷⑤＝50(分)である。
したがって，求める時間は，25＋60＋50＝135(分)，つまり，2時間15分である。

[8] **【解き方】AEに対して，Gと対称になる点HをEF上にとる。角BAD＝180°－60°＝120°なので，四角形AFEGについて，角AFE＋角AGE＝360°－120°－(30°＋30°)＝180°となる。よって，角AFEを○，角AGEを●として，同じ角を同じ記号で表すと，右図Iのようになるから，三角形AFHはAF＝AHの二等辺三角形とわかる。**

図I

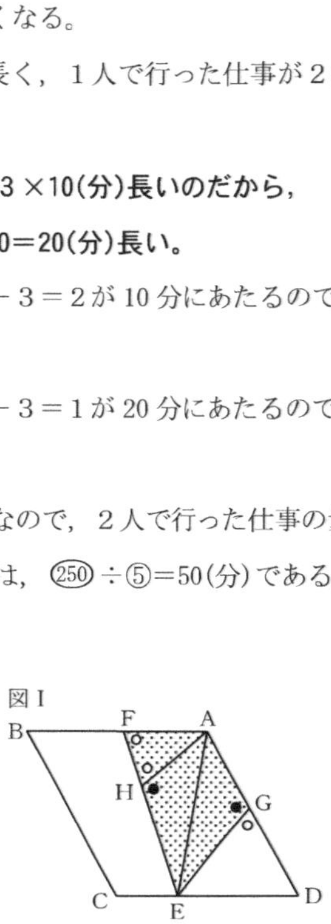

ＡＦ＝ＡＨ＝ＡＧなので，三角形ＡＧＥを，Ａを中心にＡＧとＡＦがぴったり重なるまで回転移動させ，さらに図Ⅱのように作図する(図Ⅰのように同じ大きさの角を同じ記号で表す)。

図Ⅱ

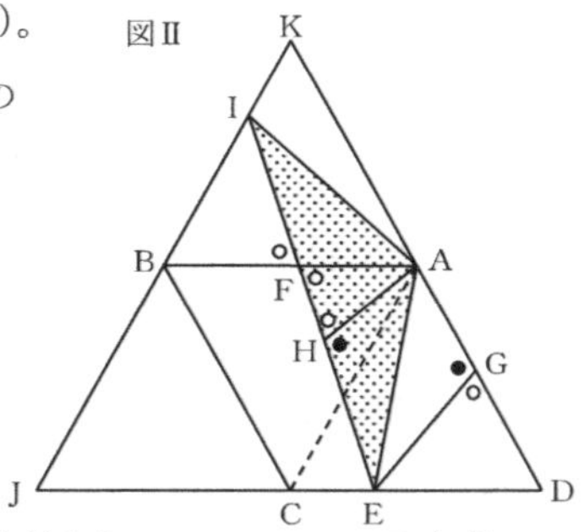

このとき，求める面積は，三角形ＡＩＥの面積に等しいので，三角形ＫＪＤの面積から，三角形ＫＩＡ，ＪＥＩ，ＤＡＥの面積をひいて求める。

ＧＥ＝ＦＩ(三角形ＡＧＥと三角形ＡＦＩは合同)，ＧＤ＝ＡＤ－ＡＧ＝ＡＢ－ＡＦ＝ＦＢ，角ＤＧＥ＝角ＢＦＩより，三角形ＤＥＧと三角形ＢＩＦは合同なので，角ＩＢＦ＝角ＥＤＧ＝60°だから，三角形ＫＪＤは正三角形とわかる。

よって，三角形ＫＪＤの面積は，ひし形ＡＢＣＤを半分にした正三角形４つ分だから，36÷２×４＝72(㎠)

三角形ＫＩＡと三角形ＣＥＡは合同とわかるので，三角形ＫＩＡと三角形ＤＡＥの面積の和は，三角形ＡＣＤの面積に等しく，36÷２＝18(㎠)

正三角形ＡＢＣの１辺の長さを③とすると，正三角形ＫＪＤの１辺の長さは⑥であり，ＣＥ＝ＫＩ＝①，ＥＤ＝ＩＢ＝②となるから，右の「１つの角を共有する三角形の面積」より，三角形ＪＥＩの面積は，

(三角形ＫＪＤの面積)$\times\frac{JE}{JD}\times\frac{JI}{JK}=72\times\frac{\text{③+①}}{\text{⑥}}\times\frac{\text{③+②}}{\text{⑥}}=$
$72\times\frac{2}{3}\times\frac{5}{6}=40$(㎠)

したがって，求める面積は，72－18－40＝14(㎠)

１つの角を共有する三角形の面積

右図のように三角形ＰＱＲと三角形ＰＳＴが１つの角を共有するとき，三角形ＰＳＴの面積は，

(三角形ＰＱＲの面積)$\times\frac{PS}{PQ}\times\frac{PT}{PR}$

で求められる。

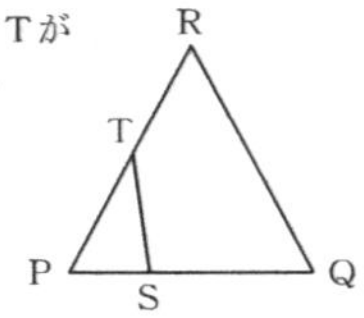

《2021　社会　解説》

1　問１　Ａの西瀬戸自動車道(瀬戸内しまなみ海道)は，イとカを選ぶ。Ｂの瀬戸中央自動車道(瀬戸大橋)は，ウとオを選ぶ。(右表参照)

本州四国連絡橋	結ばれている都市
瀬戸大橋	岡山県倉敷市－香川県坂出市
明石海峡大橋・大鳴門橋	明石海峡大橋…兵庫県神戸市－淡路島 大鳴門橋…淡路島－徳島県鳴門市
瀬戸内しまなみ海道	広島県尾道市－愛媛県今治市

問２③　香川県の小豆島では，オリーブの生産が盛んである。

問３　矢羽根付と呼ばれる道路標識は，道路の白線の位置を示しており，道路が雪に覆われても道路と路肩の境界線がわかるようになっている。

問４①　四万十川は人の手が入らない自然が残っていることから，「最後の清流」と言われている。　**②**　四万十川は，高知県南西部を流れて土佐湾に注ぐから，「え」を選ぶ。「あ」は吉野川，「い」は那賀川，「う」は仁淀川。
③　手すりのない沈下橋は，増水時に流木や土砂が引っかかって橋が壊れたり，川の水がせき止められたりすることを防げる。

2　**問１**　④が誤り。2011年の津波の高さは17.3mで，防潮堤の高さは10.45mだから，明らかに津波が町に到達している。2011年の東日本大震災による津波は，三陸沿岸各地に大きな被害をもたらした。

問２　自然災害伝承碑は，過去に起きた津波，洪水，火山災害，土砂災害などの情報を伝える石碑などを表しており，教訓を踏まえた的確な防災行動による災害被害の軽減が目指されている。

問３　都市化によって地面が土からアスファルトになったため，雨が地面に浸み込みにくくなったことで下水道管へ流れる雨量が増えた。

問４　イが誤り。シラス台地の土壌は，稲作に不向きなため，野菜や飼料作物などの栽培や畜産がさかんである。

問５　ハザードマップは，火山噴火，洪水，津波，土砂災害などの防災を目的に使用されている。

3 問1① ウ．国内での石炭生産量は，1960年代のエネルギー革命(主要エネルギーが石炭から石油に代わる革命)によって減少していった。 ② ア．2011年の福島第一原子力発電所の放射能漏れ事故の影響を受け，全国の原子力発電所が稼働を停止したので，不足を火力発電でまかなうようになった。 ③ ウ・カ．日本は，石炭火力発電の割合が中国に次いで高く，「温暖化対策に消極的な国」と批判されたこともある。

問2①A 水力発電所は，河川の近くや貯水ダムを作ることのできる山間部に多い。 B 火力発電所は燃料の輸入がしやすい海沿いに多い。 ③ 八丈島は伊豆諸島南部の火山島である。地熱発電は，火山活動で生み出された地熱によって発生する蒸気を利用して発電する。

4 問1(ア) 御家人の竹崎季長は，元寇での活躍を『蒙古襲来絵詞』に描かせたことで知られる。北条時宗が元による服属の要求をしりぞけた後，２度にわたって元・高麗の連合軍は北九州に上陸し日本を襲来した(元寇)。

(イ) 平治の乱は，保元の乱で活躍した平清盛と源義朝の対立や貴族間の対立から起こった。 (ウ) 鎌倉幕府打倒をかかげて挙兵した後鳥羽上皇の承久の乱を，２代執権北条義時のもと，北条泰時らが撃破した。

問2 5．弥生時代→1．飛鳥時代→3．平安時代末期→4．鎌倉時代(1221年承久の乱)→2．鎌倉時代(1274年文永の役・1281年弘安の役)

問3 中大兄皇子や中臣鎌足らは蘇我氏を滅ぼした後，豪族が支配していた人民や土地を国家が直接支配する公地公民の方針を示し，大化の改新に着手した。

問4 承久の乱後，鎌倉幕府は西国の武士や朝廷の監視を目的に京都に六波羅探題を置き，西国の地頭に関東の御家人を任命した。恩賞地を与えられた多数の御家人が西国に移住した結果，幕府の支配は九州～関東に及んだ。

問5 卑弥呼は鬼道と呼ばれるまじないの力を使って邪馬台国を治め，魏に使者を送り，魏の皇帝から「親魏倭王」の称号のほか，銅鏡や金印を授けられた。

5 問1・問2 Cの出島からAをオランダ船と判断できるので，Bは中国船である。江戸幕府は，キリスト教の布教を行うポルトガルやスペインの船の来航を禁止し，キリスト教の布教を行わないオランダの商館を出島に移し，キリスト教と関係のない中国と２か国のみ，長崎での貿易を認めていた。

問3 ポルトガル船の来航禁止→オランダの商館を平戸から出島に移すの流れを押さえておこう。

問4 江戸幕府が，キリシタンを発見するために人々にキリストやマリアの像などを踏ませた行為を「絵踏」，絵踏のときに使われたキリストやマリアの像が描かれた絵などを「踏み絵」という。絵踏ができればキリシタンではないとされ，絵踏を拒否した信者は処刑された。

問5 島原・天草一揆は，幕府のキリスト教徒への弾圧や，領主の厳しい年貢の取り立てに対する不満から，島原・天草地方の農民が天草四郎を総大将として起こしたが，幕府が送った大軍によって鎮圧された。

6 ①は室町時代の雪舟筆の水墨画「天橋立図」，②は平安時代の大和絵「源氏物語絵巻」である。

問1 ①は室町時代の応仁の乱についての記述のウを選ぶ。②は平安時代後期についての記述のイを選ぶ。アは鎌倉時代，エは江戸時代についての記述である。

問3 エを選ぶ。唐は飛鳥時代・奈良時代・平安時代，宋は平安時代・鎌倉時代，元は鎌倉時代，清は江戸時代・明治時代にあたる。

問4 ウ．『源氏物語』の作者の紫式部は，藤原道長の娘の彰子に仕えた女房である。

7 問１(1) 朝鮮は，1910年の韓国併合で日本領となった。 (2) 日本は，日英同盟を口実に第一次世界大戦に連合国側で参戦した。 (3) 大日本帝国憲法は，君主権の強いドイツ(プロイセン)の憲法を参考にしてつくられた。

(4) ニューヨークのウォール街で株価が大暴落したことから世界恐慌が始まり，日本国内では，多くの会社が倒産して失業者があふれ，アメリカへの生糸の輸出が激減したことなどを受け，農家の生活が苦しくなった(昭和恐慌)。

(5) 1931年の柳条湖事件をきっかけとして始まった一連の軍事行動を満州事変という。 (6) 1874年，板垣退助らが民撰議院設立の建白書を提出したことから自由民権運動が始まった。Aは「う」，Bは「い」，Cは「え」，Dは「あ」にあてはまる。

問２① ウ．八幡製鉄所は，鉄道建設や軍備拡張のための鉄鋼を生産することを目的に，日清戦争後の下関条約で得た賠償金の一部を使って建設された。 ② オ．富岡製糸場は，殖産興業政策として，生糸の品質や生産技術を向上させることを目的に建設された。 ③ キ．大阪紡績会社は渋沢栄一によって設立された。1880年代に急速に紡績業が発展し，蒸気の力で動く機械で生産力を上げ，軽工業を中心に日本で産業革命が進んだ。

8 問１ 関ヶ原の戦いは1600年，長篠の戦いは1575年，応仁の乱は1467～1477年，桶狭間の戦いは1560年だから，「う」→「え」→「い」→「あ」の順になる。

問２ 江戸時代，田を深く耕すための「備中ぐわ」や能率よく脱穀できる「千歯こき」などの農具が改良された。

問３ Cの時期は，天明の大ききんが1782年～1787年，天保の大ききんが1833年～1839年に発生した。これらの大ききんは，1732年の享保の大ききんと合わせて江戸三大ききんと呼ばれる。

問４ エ．江戸時代は武士，百姓，町人の身分が大きく分かれ，身分に応じた職業ごとに生活する社会のしくみであった。

問５ アが正しい。北里柴三郎は，破傷風のほか，ペスト菌やコレラの血清療法も発見した。志賀潔は赤痢菌を発見した細菌学者，野口英世は黄熱病を研究した細菌学者，新渡戸稲造は国際連盟の事務局次長である。

問６ アとイとウを選ぶ。アメリカ・イギリス・中国が日本の無条件降伏を求めるポツダム宣言を発表したが，日本はこれを拒否した。その結果，1945年８月６日に広島，８月９日に長崎に原子爆弾が投下された。８月８日にはソビエト連邦が日ソ中立条約を破棄し，翌日，満州や朝鮮に侵攻した。ドイツは日本と同盟国であった。

問７ 1972年の冬に，北海道で札幌オリンピックが開催された。

問８ 世界保健機関(WHO)は，世界の人々の健康保持・増進を目的とする国連の専門機関である。

《2021 理科 解説》

1 (1) ア．電子レンジは食材にふくまれる水分を振動させることで熱を発生させている。食材をラップでくるむことで，中に入っている水分を逃がさないようにし，効率的に食材を温めることができる。

(2) 体積を計るために用いる調理器具には，計量カップや軽量スプーンなどがある。

(4) 小腸で吸収された養分は，血液によってかん臓へ運ばれて，一時的にたくわえられる。

(5) 小腸の内側のひだにある突起(じゅう毛という)や，肺の小さな袋状のつくり(肺ほうという)は，表面積を大きくすることで，効率よく栄養分の吸収や気体の交換を行うことができる。

(6) 食材が水分をふくんでいることで，食材をくさらせる微生物が増えやすくなる。そこで，食材を乾燥させて水分をなくすことで，食材がくさりにくくなり，長期保存が可能になる。

(7) 燃料を燃焼させると二酸化炭素が発生するが，この二酸化炭素が植物の光合成によって吸収された二酸化炭素だと考えると，二酸化炭素の排出量と吸収量はプラスマイナスゼロの状態になる。

2 (1) Aがおばなだから，Bはめばなである。めばなの根元の部分には，やがて実になる部分(子ぼうという)がある。

(2) めばなの，花粉がついて受粉する部分を柱頭という。柱頭は花粉がつきやすいように，しめっている。

(3) ウ○…めばながさいている間に，虫などによって花粉が柱頭につくと，受粉して実ができる。袋をかぶせずに(袋をかぶせたが，口をひもでしばらず)めばなが咲いている時間があれば，受粉して実ができる可能性がある。

3 (1) エ○…カシオペヤ座は北極星を中心に回転して見える星座で，カシオペヤ座と北極星の位置関係は図Ⅰのようになる。北極星のある方角が北だから，北極星の右側(東側)にあるカシオペヤ座が見える方角は北東である。

図Ⅰ

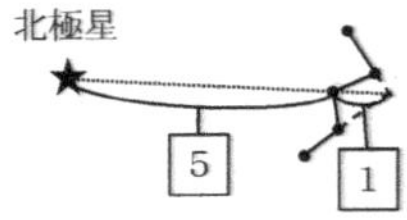

(2) ア○…北の空の星は北極星を中心にして反時計回りに回転するので，カシオペヤ座はアの方向に動く。

(3) 地球の自転によって，北の空の星は北極星を中心にして1日(＝24時間)に360度反時計回りに回転するので，1時間に 360÷24＝15(度)ずつ反時計回りに回転する。また，地球の公転によって，同じ時刻に同じ星座が見える位置は1年(＝12ヶ月)で360度反時計回りに回転するので，1ヶ月に 360÷12＝30(度)ずつ反時計回りに回転する。したがって，1ヶ月後の同じ時刻には 30 度反時計回りに回転した位置に観測できるので，30÷15＝2(時間)前の18時ごろには同じ位置に観測できる。

4 加熱された水は軽くなって上にあがり，そこに新たな水が流れこむことで，やがて全体があたたまっていく。このような熱の伝わり方を対流という。図1でガスが出る穴の数より，最も多くの熱が伝わる外側部分で大きな水の流れができ，内側部分でも小さな水の流れができる。図2のそうめんの動いているようすを参考にして，水の流れを考えてみよう。

5 ① (あ)B，(え)○…鉄板を半分取り除いたので，燃えた後の空気が上から出て，新たな空気が(わずかではあるが)上から入るため，火の勢いは強い。　② (い)C，(お)×…バーベキューコンロの上にすき間がないように鉄板を乗せたので，燃えた後の空気が出られず，新たな空気は入っていかない。したがって，火の勢いは最も弱い。
③ (う)A，(か)○，(き)×…燃えた後の空気が上から出て，新たな空気が通気口から入ってくるので，火の勢いは最も強い。

6 実験1より，赤色リトマス紙につけると青色に変化するのはアルカリ性の水よう液(水酸化ナトリウム水よう液，石灰水，アンモニア水)だから，オとカはアルカリ性の水よう液だとわかる。実験2より，水よう液を加熱したときに何も残らないのは気体がとけた水よう液(塩酸，アンモニア水，炭酸水)だから，実験1と合わせて考えると，カはアンモニア水，アは塩酸か炭酸水のどちらかである。また，実験5より，水よう液が白くにごる組み合わせは炭酸水と石灰水だから，アは炭酸水，イは石灰水(オは水酸化ナトリウム水よう液)である。実験3より，鉄を入れたときにあわが出てとけるのは塩酸で，実験4より，アルミニウムを入れたときにあわが出てとけるのは水酸化ナトリウム水よう液と塩酸だから，ウが塩酸(エが食塩水)である。

7 (1) ④×…④では電池2個だけの部分が直列つなぎになっているので，電流が流れすぎて電池が熱くなり危険である。

(2) ⑤○…並列につなぐ電池の数を多くすると，電池が長持ちする。したがって，3個の電池が並列につながれている⑤のモーターが最も長く回る。

(3) ③○…モーターに流れる電流が大きいほど，モーターが速く回転する。直列につなぐ電池の数を多くすると電流が大きくなるので，3個の電池が直列につながれている③のモーターが最も速く回る。

(4)　電池を並列につないだ部分は，電池が１個と考えてよい。直列につないだ電池の数が同じだと，モーターの回転の速さが同じになる。電池の数は，⑤が１個，①と②と⑥と⑦が直列に２個，③が直列に３個である。

8　(1)　図１でＢとＣの重さの比は，支点からの距離の逆比になるので，Ｂ：Ｃ＝(100－60)：60＝２：３となる。同様にして，図２でＣとＤの重さの比は，Ｃ：Ｄ＝(100－62.5)：62.5＝３：５となるので，Ｂ：Ｃ：Ｄ＝２：３：５となる。ここでＢの重さとＣの重さの合計はＤの重さと等しいことから，ＢとＣの合計の重さがかかる点について考える。Ｂの重さは棒の左端，Ｃの重さは棒の中央にかかり，この２点間の距離(50cm)をＢとＣの重さの逆比に分ける点に２つの重さの合計がかかるので，Ｂから 30cm の位置にＤと同じ重さがかかる。したがって，Ｂから 30cm の点と右端に同じ重さがかかっているので，この２点の真ん中のＢから $30+\frac{100-30}{2}$＝65(cm)の点で水平につり合う。

(2)　それぞれの棒の重さをＢ＝２，Ｃ＝３，Ｄ＝５として計算する。てこでは，かたむけるはたらき〔おもりの重さ(ｇ)×支点からの距離(cm)〕が左右で等しくなるときにつり合う。最初に，左端にＤをつるしたときを考える。(1)解説より，ＢとＣをともに右端につるしたときにつり合う(棒を間につるせない)ので，不適切である。次に，Ｃを左端につるしたときを考える。Ｃがてこを左にかたむけるはたらきは３×50＝150 となり，Ｄを右端につるすとつり合わないが，Ｂを右端につるせば，Ｂがてこを右にかたむけるはたらきが２×50＝100 となり，Ｄがてこを右にかたむけるはたらきが 150－100＝50 になれば水平につり合う。したがって，Ｄを支点から右に 50÷５＝10(cm) つまり左端から右に 50＋10＝60(cm)の位置につるせば水平につり合う。最後に，Ｂを左端につるすと，ＣとＤのどちらを右端につるしても，この時点ですでにてこを右にかたむけるはたらきのほうが大きくなってしまうので，不適切である。

(3)　同じ長さのときに最も重いＤが最も短くなる。最も軽いＢが１ｍ→100cmのままなので，Ｄは $100\times\frac{2}{5}$＝40(cm)となる。

(4)　長いほうはＤを切り取った 60cm で重さは５－２＝３，短いほうはＣを切り取った部分で重さは３－２＝１である。(1)解説と同様に考える。短いほうの重さと１ｍの棒の重さの合計は長いほうの重さと等しいことから，短いほうと１ｍの棒の合計の重さがかかる点について考える。短いほうの重さは棒の右端，１ｍの棒の重さは棒の中央にかかり，この２点間の距離(50cm)をそれぞれの重さの逆比に分ける点に２つの重さの合計がかかるので，右端から $50\times\frac{2}{1+2}=\frac{100}{3}$(cm)の位置，つまり左端から $1-\frac{100}{3}=\frac{200}{3}$の位置に左端と同じ重さがかかる。したがって，左端と左端から$\frac{200}{3}$cm の点の真ん中の左端から$\frac{200}{3}\div 2$＝33.3…→33cm のところで棒は水平につり合う。

2020 解答例 令和2年度 ★東海中学校

《国　語》

一　①任せる　②興亡　③徒党　④背信　⑤特異　⑥穀倉

二　問1．一人で遊んでいるように見えるが、心には母親がいるということ。　問2．心の中から母親が消えて不安になり、実際にいるか確認するため。　問3．A．エ　B．イ　C．カ　問4．安心
問5．主観的…ロボット帝国の要塞をつくること。　客観的…砂の塊をこねること。　問6．エ
問7．E．にわとり　F．卵　問8．(例文)持久走が苦手な私に、友だちが「速さに関係なく、皆同じゴールに向かいながら、自分とたたかっているんだ。」と言った。その友だちのおかげで、走っている時に一人ではないと感じられ、大会で完走することができた。

三　問1．ひとりで食べるのが寂しいと思っているかのように見えること。　問2．ア　問3．図々しく豪快で明るい　問4．自分から告げる前に前科者だと知られてしまったと直感したから。　問5．肩
問6．1．以前と同じように接したい　2．今後の付き合い方に悩む　問7．僕は、島田　問8．島田とは親しくならず、いろいろと気にせずに済んだはずだから。　問9．左手の人差し指をけがしていては開けにくいだろうと思ったから。　問10．振り出しに戻る　問11．オ　問12．エ　問13．イ，オ

《算　数》

[1] (1) $\frac{1}{35}$　(2) 6，2200と202，2020と220　(3) 64.2

[2] 8：5

※[3] 1両のときの速さ…18　トンネルの長さ…960

[4] (1) $1\frac{8}{17}$　(2) $8\frac{8}{17}$

[5] (1) 120　(2) 1680　(3) 420

[6] (1) 10　(2) 7：15

[7] (1) A．2　B．3　C．0　(2) 14　(3) $23\frac{1}{2}$

※の求め方は解説を参照してください。

《社 会》

1 問1．ウ，エ　問2．オ　問3．①B　②C　問4．最上　問5．佐渡

2 問1．A．ア　B．ウ　C．イ　問2．コンテナ　問3．ア　問4．石炭火力発電所の国内増設と輸出を行っているから。　問5．ウ

3 問1．エ　問2．①　②　問3．①A．ウ　B．ア　C．エ　②A．愛知県　B．新潟県　C．東京都

4 問1．ア．5　イ．1　問2．い　問3．濠〔別解〕柵　問4．倭　問5．ウ　問6．稲穂をつみとるため。

5 問1．かな文字　問2．中臣鎌足　問3．身分や家柄に関係なく能力に応じて役人にとりたてる制度。
問4．大化の改新　問5．仏教の力で世の中を安定させるため。　問6．東シナ　問7．い

6 問1．1．東求堂　2．応仁の乱　問2．い　問3．火災によって焼失し，再建されたから。　問4．守護
問5．①ふすま　②床の間　③白砂と石〔別解〕砂利と岩　問6．田楽

7 問1．1．大坂〔別解〕大阪　2．浮世　問2．豊臣秀吉　問3．近松門左衛門　問4．隅田
問5．歌川広重　問6．写真集　問7．木版画を分業で大量生産したから。

8 問1．1．国会　2．大隈重信　3．ドイツ〔別解〕プロイセン　4．普通選挙　5．GHQ　問2．演説を中止させようとしている。　問3．西郷隆盛　問4．20歳以上の男女に選挙権が与えられたから。
問5．兵役

9 問1．栃木県　問2．エ　問3．津田梅子　問4．全国水平社　問5．イ

《理 科》

1 (1)水そうをつくる技術が発達していること。　(2)①ろ過　②じん臓　(3)ア．ほ乳　イ．鳥
(4)①Ⅰ．イ，ウ，オ　Ⅱ．ア　Ⅲ．エ　②イルカは尾びれが横向きになっているが，魚は尾びれが縦向きになっている。　(5)多様性　(6)ア．2　イ．1　(7)ウミガメの人工はんしょく　番号…1，3

2 (1)比かく的大きなものを取りのぞくため。　(2)水にとけやすい成分をできるだけ取りのぞくため。
(3)ヨウ素液　(4)夜の間に葉の中のでんぷんがなくなったから。

3 イ

4 (1)B　(2)○　(3)A　(4)B

5 (1)A，G　(2)D

6 (1)C　(2)先になるほど進路の予想が難しいから。　(3)台風は上陸すると勢力が弱まるから。　(4)b

7 (1)ア．コイル　イ．永久磁石　(2)ア，エ　(3)①＋…b　－…a　②＋…d　－…c　(4)充電された電気が手回し発電機に流れていくから。　(5)＋端子と－端子をふれあわせる。　(6)リチウムイオン電池

8 (1)ウ　(2)ク　(3)ウ

9 (1)6，12　(2)14.5　(3)11，24

10 (1)87.5　(2)66　(3)63

東海中学校

←解答例は前のページにありますので，そちらをご覧ください。

《2020　国語　解説》

二　著作権に関する弊社の都合により本文を非掲載としておりますので、解説を省略させていただきます。ご不便をおかけし申し訳ございませんが、ご了承ください。

三　問１　前の部分で、魚を二人分用意した後、「島田を待っていると思われても困る」と思う一方で、「いつものように島田が現れないこと」が気になっている。ここから、「僕」が、島田が来ることを内心では期待していることが読みとれる。そして、――①の後の「寂しい……、のか？　いやいや、ないない」で、「寂しい」という感情を打ち消している。魚を二人分用意したのが、いかにも島田が来ることを期待し、一人で食べるのを寂しがっているように見えるが、そのことを素直に認められず、恥ずかしさを感じている。

問３　本文前半から、島田は、夕飯を「僕」の部屋に食べに来ていたことがうかがえる。また、畑仕事を始めると、「大声でわざとらしく暑い暑いとわめき～無理やり起こして畑仕事を手伝わせる」し、「いつもは島田の方から明るく挨拶をしてくる」。このような島田の性格をよく表現しているのは、――③の４行前の「図々しく豪快で明るい」の部分。夕飯を食べに来たり、無理やり畑仕事を手伝わせたりするのは、「図々しく豪快」と言える。

問４　前書きに「僕」が刑務所に入っていたとあること、――③の前から島田の様子がいつもと違うと感じていたことをおさえる。そのような状況で島田に「あのさっ、山ちゃん、ボク、聞いちゃったんだ」と言われ、「僕」は瞬間的に、自分が前科者だと島田に知られてしまったことを悟ったのである。この後で「山ちゃん、前科者なんだってね」と言われたことで、その予想が誤っていなかったことがわかった。さらに「僕は、島田にはいずれ僕の前科のことを言おうと思っていた」こともふまえてまとめるとよい。島田に親しみを感じていたからこそ、自分から言おうと思っていたのに、島田が他人から聞いてしまったことがわかり、よりショックが大きくなったのである。

問６　「無駄に大きな声」になったのは、いつものように「僕」に明るく接しようとしたから。しかし、「手は全然動いていなかった」ことから、「僕」が前科者であることを受け入れられず、対応に悩んでいることがうかがえる。直後の「聞いてしまったことを悔いているようにも見えた」からも、島田が「僕」を受け入れられていないことが読みとれる。

問８　１～３行後の「そうしたら、島田は初めから僕に近づいてこなかったのではないか。こんなに近い存在にならずに済んだのではないか。親しくならなければ、こんな風に気にする必要などなかったはずだ」からまとめる。親しくなってしまった後に、相手が離れていくつらさを感じ、親しくならなければ良かったと後悔している。

問９　社長が直後で「指、大丈夫だった？」と聞いていることから、「僕」の指のけがを気づかっての行動だと予想がつく。

問10　社長は「今、辞めんな」「仕事、今辞めたら、振り出しに戻るよ」とひき止めた。「振り出し」は、双六の出発点のこと。

問11　――⑨の前で、社長に「……ろくでもないのって遺伝するんですか？」と聞いた時、「僕」は、社長が自分をどう励まし、慰めてくれるのかを試すつもりだった。すると、社長は「しないよ。そんなもの遺伝するわけない」と「きっぱりと言った」。相手がどう言ってくるのかを試す気持ちだった「僕」は、社長が簡潔に、きっぱりと言い切ったことが物足りなく、不満を感じ、さらに相手を試したいという「意地悪な気分」が増したのである。よってオが適する。

問 12　ホームレスの人を見た「僕」は、「ホームレスの人たちにもひとりひとり、それぞれの生活がある」と感じ、父に思いをはせる。「父が最後にかけた電話は、いのちの電話だった。彼は最期に何を思ったのだろう～彼にも彼なりの生活があったに違いない」と考えて、電話ボックスで「いのちの電話」にかけた。この内容に合う、エが適する。　ア．父と自分を比較しているわけではないので、適さない。　イ．社長の言葉が不可解だったわけではない。理解できるように思ったからこそ、重くのしかかった。　ウ．「生活の中に小さな幸せがあればつらくても生きている意味を見つけられると考え」の部分が、読みとれない。　オ．「悩みがあったらかけろというサイン」の部分が、読みとれない。

問 13　ア．「あっさりと対応して」の部分が適さない。「僕」の質問に、自分の個人的な体験も語り、時間をかけて誠実に答えている。　イ．はじめの方の会話で「僕」が「自殺したい人が最後に電話してくるところですよね」と聞くと、「少し間があった後、女性の声はゆっくり答えた」。ここから「よく考えて言葉を選んでくれていた」と言えるので、適する。　ウ．「質問を準備していた」の部分が適さない。会話の流れの中で、女性の言ったことを繰り返す形で質問した。　エ．相談員の女性に「相手を説得するような」様子はない。「僕」の質問に答えるために、自分の体験を語った。また、「背中を押されて、もう一度人生をやり直してみようと思っていた」の部分も、本文から読みとれない。　オ．女性から金魚の話を聞いた「僕」は、「女性の声はやわらかく優しくて、ささくれだった僕の気持ちをそのまま受け入れ包み込んでくれるようで心地よかった」と感じた。また、父もこの女性の声を聞いていたら、自殺を思いとどまったのではないかと考えている。「僕」は女性のあたたかい話し方や、受け入れてくれそうな優しさに癒やされている。よって適する。　カ．「罪は許されたよ。『僕』の父親も、その女性の声を聞くことで癒やされていたんじゃないのかな」が適さない。「僕」は女性の声を聞いて「僕が今までしてしまった全ての罪は、彼女の声によってのみ許されるのではないかと、思い違いをしてしまいそうになった」とあるから、罪が許されるとは思っていない。また、「もし、父親が最後に聞いた電話の声もこの女性だったなら」と仮定しているから、父親が、この女性に電話をかけたとは思っていない。

《2020　算数　解説》

1　⑴　与式$=(\frac{4}{100}+\frac{56}{100})-\frac{3}{5}\div(\frac{9}{8}-\frac{3}{8})\div\frac{7}{5}=\frac{60}{100}-\frac{3}{5}\div\frac{3}{4}\times\frac{5}{7}=\frac{3}{5}-\frac{3}{5}\times\frac{4}{3}\times\frac{5}{7}=\frac{3}{5}-\frac{4}{7}=\frac{21}{35}-\frac{20}{35}=\frac{1}{35}$

⑵　できる数字は，22，202，220，2002，2020，2200 の６個である。

444400 は下２桁が０だから，先ほどの６個の数のうち下２桁が０である 2200 で割ると，444400÷2200＝202 となるので，2200×202＝444400 である。また，下１桁だけが０である 220 と 2020 をかけても，220×2020＝444400 となる。

⑶　右のような横の長さを人数，縦の長さを点数とした面積図で考えると，色をつけた長方形の面積と斜線をつけた長方形の面積が等しくなる。合格者と不合格者の人数の比は，40%：60%＝２：３だから，右図のａ：ｂ＝３：２になる。ａ＋ｂ＝16 点だから，ａ＝$16\times\frac{3}{3+2}$＝9.6(点)より，合格者の平均点は，54.6＋9.6＝64.2(点)である。

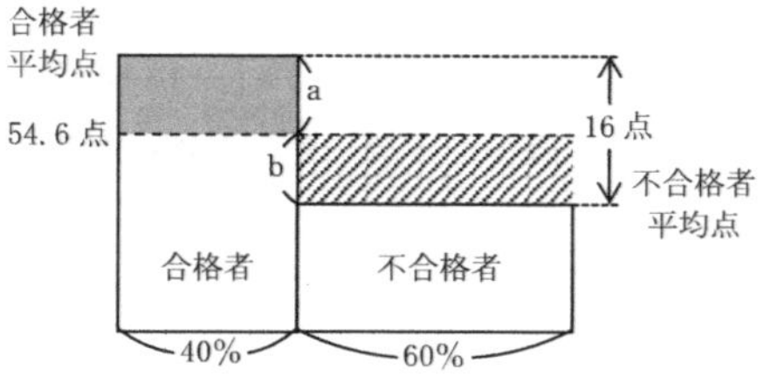

2　右のように記号をおく。

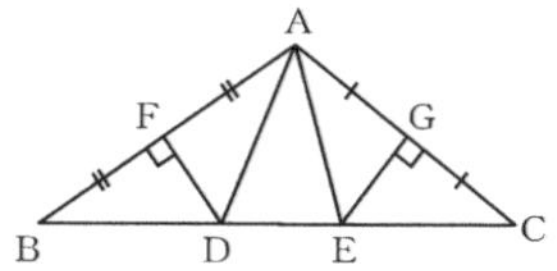

高さの等しい三角形の面積比は，底辺の長さの比に等しいことを利用すると，三角形ＡＤＥと三角形ＡＢＣの面積比は，ＤＥ：ＢＣ＝３：12＝１：４だから，三角形ＡＤＥの面積を⑥とすると，三角形ＡＢＣの面積は，⑥×４＝㉔と表せる。三角形ＡＢＤと三角

形ＡＥＣの面積の和は，㉔－⑥＝⑱であり，三角形ＡＦＤと三角形ＢＦＤ，三角形ＡＧＥと三角形ＣＧＥはそれぞれ合同な三角形だから，三角形ＡＦＤと三角形ＡＧＥの面積の和は，⑱÷２＝⑨になる。

したがって，五角形ＡＦＤＥＧの面積は，⑨＋⑥＝⑮と表せるから，三角形ＡＢＣと五角形ＡＦＤＥＧの面積の比は，㉔：⑮＝８：５

3 トンネルに入り始めてから完全に出るまでに進む距離は，（トンネルの長さ）＋（車両の長さ）だから，３両編成の電車が 69 秒間に進む距離と，１両のときの電車が 56 秒間に進む距離の差は，電車の長さの差の 144－48＝96（m）になる。１両のときの電車が 69 秒間に進む距離は，３両編成の電車が 69 秒間に進む距離より２×69＝138（m）長いから，１両のときの電車が 69－56＝13（秒間）に進む距離は，138＋96＝234（m）になる。よって，１両のときの電車の速さは，秒速（234÷13）m＝秒速 18m であり，トンネルの長さは，18×56－48＝960（m）である。

4 ⑴ 右図のようにＥを通りＡＤとＢＣに平行な直線を引き，ＦＤと交わる点をＩとする。

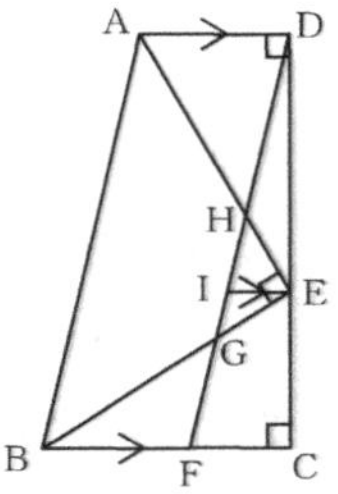

ＡＥ＝ＥＢ，角ＡＤＥ＝角ＥＣＢであり，三角形ＡＥＤの内角の和より，
角ＤＡＥ＋角ＡＥＤ＋角ＡＤＥ＝180 度だから，角ＤＡＥ＋角ＡＥＤ＝180－90＝90（度），
図より，角ＣＥＢ＋角ＡＥＤ＋角ＡＥＢ＝180 度だから，角ＣＥＢ＋角ＡＥＤ＝180－90＝90（度）になるため，角ＤＡＥ＝角ＣＥＢであり，三角形ＡＥＤと三角形ＥＢＣは合同な三角形とわかる。したがって，ＡＤ＝ＥＣ＝３㎝，ＥＤ＝ＢＣ＝３＋２＝５（㎝）であり，四角形ＡＢＦＤは，１組の向かい合う辺が平行で等しくなるので平行四辺形とわかる。

ＩＥとＦＣは平行だから，三角形ＤＩＥと三角形ＤＦＣは同じ形の三角形であり，ＩＥ：ＦＣ＝ＥＤ：ＣＤ＝５：（５＋３）＝５：８になるので，ＩＥ＝ＦＣ×$\frac{5}{8}$＝２×$\frac{5}{8}$＝$\frac{5}{4}$（㎝）である。

三角形ＩＧＥと三角形ＦＧＢも同じ形の三角形であり，ＥＧ：ＢＧ＝ＩＥ：ＦＢ＝$\frac{5}{4}$：３＝５：12 である。

三角形ＥＢＡの面積は，台形ＡＢＣＤの面積から２つの直角三角形の面積を引いて，

（３＋５）×８÷２－（５×３÷２）×２＝17（㎠）である。ＡＢとＨＧは平行なので，三角形ＥＢＡと三角形ＥＧＨは同じ形であり，ＢＥ：ＧＥ＝（５＋12）：５＝17：５だから，面積比は（17×17）：（５×５）＝289：25 になる。

よって，三角形ＥＧＨの面積は，17×$\frac{25}{289}$＝$\frac{25}{17}$＝$1\frac{8}{17}$（㎠）

⑵ 三角形ＡＨＤと三角形ＧＢＦの面積の和は，平行四辺形ＡＢＦＤの面積から四角形ＡＢＧＨの面積を引けば求められる。平行四辺形ＡＢＦＤの面積は３×８＝24（㎠）で，四角形ＡＢＧＨの面積は 17－$1\frac{8}{17}$＝$15\frac{9}{17}$（㎠）だから，求める面積の和は，24－$15\frac{9}{17}$＝$8\frac{8}{17}$（㎠）

5 ⑴ ㋑を底面としたときの高さを a ㎝とすると，

a＝９÷$\frac{3}{4}$＝12（㎝）である。よって，㋒の面の面積は，

10×12＝120（㎠）

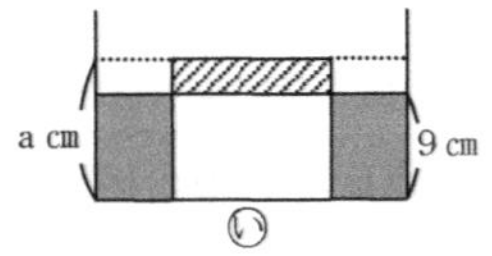

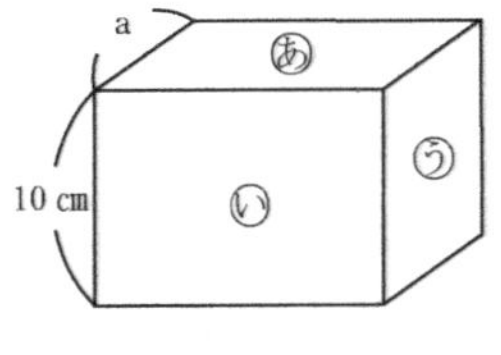

⑵ 水の体積とおもりの体積の和は一定で，㋐を底面としても㋑を底面としても，底面から高さ９㎝までの水とおもりの体積の和は等しいのだから，右図Ⅰの斜線をつけた部分の体積と，図Ⅱの斜線をつけた部分の体積は等しい。図Ⅰと図Ⅱで斜線部分の高さの比は（10－９）：（12－９）＝１：３だから，斜線部分の底面積の比はこの逆比の３：１である。つまり，水そうの底面積と㋑の底面積の比は３：１である。

図Ⅰ

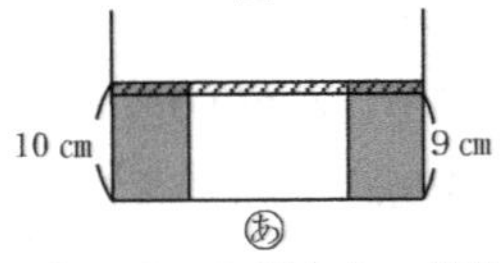

図Ⅱ

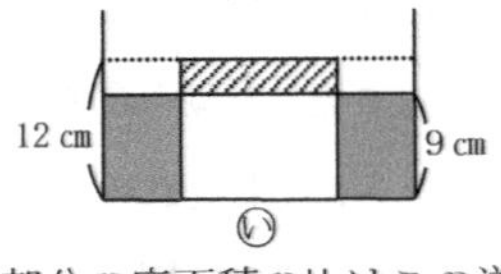

㋒を底面としたときの高さをb cmとすると，㋑の面積が$b \times 10$(cm²)だから，水そうの底面積は，$b \times 10 \times 3 = b \times 30$(cm²)と表せる。

次に，㋐を底面としたときと，㋒を底面としたときを比べる。図Ⅲの斜線部分の体積は，$(b \times 30) \times (10 - 8.4) = b \times 48$(cm³)であり，図Ⅳの斜線部分も同じ体積だから，図Ⅳの斜線部分の高さは，$b \times 48 \div 120 = b \times \frac{2}{5}$(cm)と表せる。したがって，b cmの$1 - \frac{2}{5} = \frac{3}{5}$が8.4 cmにあたるから，$b = 8.4 \div \frac{3}{5} = 14$(cm)

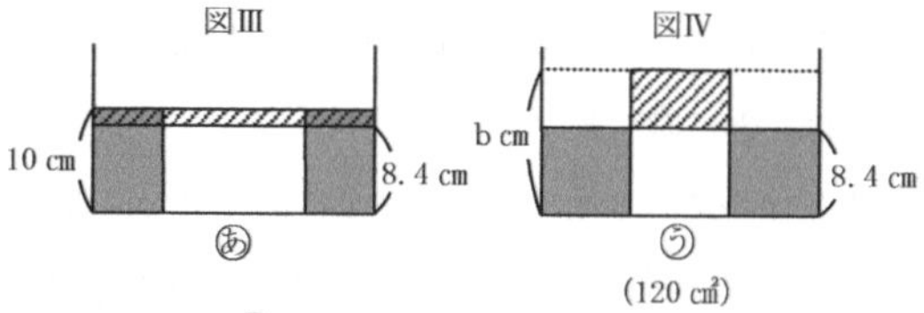

よって，おもりの体積は，$120 \times 14 = 1680$(cm³)

(3) (2)より，水そうの底面積は，$b \times 30 = 14 \times 30 = 420$(cm²)

6 (1) 立方体と立方体の間に仕切りがあると考えると，点Aから点Dの方向に4つ，点Aから点Bの方向に3つ，点Aから点Eの方向に2つの仕切りを通ると点Gに到達（とうたつ）する。仕切りを通るたびに新たな立方体を通り，それぞれの仕切りを通るときに同じ立方体を通ることはないから，通る立方体は，頂点Aがあるはじめの1個を含めて$1 + 4 + 3 + 2 = 10$(個)になる。

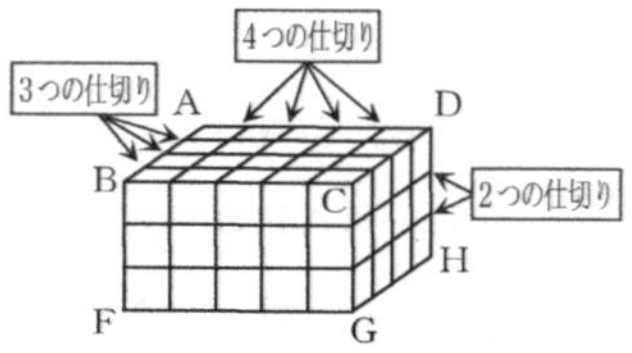

(2) 対角線AGが，黒くぬられた立方体と交わる点のうち，点Aに近い方の点をP，Gに近い方の点をQとする。右図の真上から見た長方形ABCDで，AGはACとして表され，点PはACとIJの交わる点として表される。三角形APIと三角形CPJは同じ形の三角形なので，AP：CP＝AI：CJ＝1：4より，AP：AC＝1：5だから，$AP = AC \times \frac{1}{5}$と表される。…㋐

右図の真正面から見た長方形BFGCで，AGはBGとして表され，点QはBGとLKの交わる点として表される。三角形BQLと三角形GQKは同じ形の三角形なので，BQ：GQ＝BL：GK＝2：1より，GQ：BG＝1：3だから，$GQ = BG \times \frac{1}{3}$と表される。…㋑

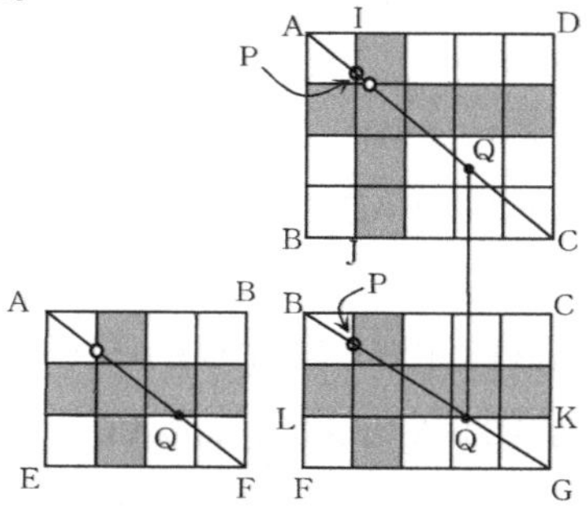

㋐のACと㋑のBGは，ともにAGを表しているから，$PQ = AG - AG \times \frac{1}{5} - AG \times \frac{1}{3} = AG \times \frac{7}{15}$と表される。

よって，求める長さの比は，$(AG \times \frac{7}{15})$：AG＝7：15

〔別の解き方〕

(1)の解説の図の，面ABFEと平行な4つの仕切りを仕切り①，面BFGCと平行な3つの仕切りを仕切り②，面ABCDと平行な2つの仕切りを仕切り③とする。また，対角線AG上をAからGまで進む点Xがあるとし，Xの移動を横方向(点Aから点Dの方向)の移動を基準に考える。

5と4と3の最小公倍数が60だから，Xが横方向に60移動すればAからGに着くものとする。

Xは横方向に，$60 \div 5 = 12$進むごとに仕切り①を通過し，$60 \div 4 = 15$進むごとに仕切り②を通過し，$60 \div 3 = 20$進むごとに仕切り③を通過する。Xが横方向にどれだけ進んだときにそれぞれの仕切りを通過するかをまとめると，右表のようになる。問題用紙の図2と照らし合わせて考えると，

Xが横方向に進んだきょり	12	15	20	24	30	36	40	…
通過する仕切り	①	②	③	①	②	①	③	…

Xが黒くぬられた立方体を通っているのは，横方向に12進んだときから40進んだときまでとわかるから，全体の長さのうちの$\frac{40-12}{60} = \frac{7}{15}$にあたる。よって，求める比は，$\frac{7}{15}$：1＝7：15

7 (1) Aコースと B コースと C コースの長さの比は，$1:\frac{7}{3}:\frac{8}{3}=3:7:8$だから，Aコースの長さを③，Bコースの長さを⑦，Cコースの長さを⑧として考える。太郎君と次郎君が，同じ時間に進む道のりの比は，速さの比に等しく$1:\frac{2}{3}=3:2$だから，次郎君が③+⑦+⑧=⑱の道のりを走り終わったとき，太郎君は，⑱×$\frac{3}{2}$=㉗の道のりを走り終わったことになる。次郎君が3周する間に太郎君は5周したから，5周で㉗になるコースの組み合わせを考えると，A×2+B×3=③×2+⑦×3=㉗より，Aコースが2回，Bコースが3回，Cコースが0回とわかる。

(2) 1度目に同時にP地点に着いてから2度目に同時にP地点に着くまでに太郎君も次郎君も2周している。2人が同じ時間に進む道のりの比は3：2だから，③，⑦，⑧から重複を許して2つの数を選び，和の比が3：2になる2つの数の組み合わせを探すと，(⑦+⑧)：(③+⑦)=⑮：⑩=3：2より，太郎君はBコースとCコース，次郎君はAコースとBコースを走ったことがわかる。太郎君は7周目までにAコースを2回，Bコースを4回，Cコースを1回走ったから，走った道のりの和は③×2+⑦×4+⑧×1=㊷で，かかった時間は，$1\times\frac{㊷}{③}=14$(分)

(3) (2)の解説より，太郎君は7周で㊷走っている。太郎君が10周で走った道のりも次郎君が10周で走った道のりもともに整数になって，その比は60：47であり，太郎君が10周で走った道のりが㊿×2=(120)以上となることはないのだから，太郎君が10周で走った道のりは(60)に決まる。したがって，次郎君が10周で走った道のりは㊼に決まる(実際には，太郎君は8～10周目でA，B，Cコースを1回ずつ，次郎君は6～9周目でAコースを4回，Bコースを1回走っている)。

太郎君は①走るのに$1\times\frac{①}{③}=\frac{1}{3}$(分)かかるから，次郎君は①走るのに$\frac{1}{3}\times\frac{3}{2}=\frac{1}{2}$(分)かかる。

よって，求める時間は，$\frac{1}{2}$×㊼=$23\frac{1}{2}$(分)

《2020 社会 解説》

1 **問1** ウとエを選ぶ。四万十川は高知県の河川，天竜川は長野県の諏訪湖を水源として静岡県遠州灘に注ぐ。

問2 オが正しい。鳥海山は秋田県と山形県の県境にある。アは愛媛県，イとエは北海道，ウは長崎県にある。

問3① B．日本海側は北西季節風の影響を受けるため積雪量が多く，冬の日照時間が少ない。 **②** C．最南の内陸に位置するため，比較的暖かく気温差が大きくなる。Aは福島，Dは東京。

問4 最上川は米沢盆地や山形盆地を通り，庄内平野を経て日本海に流れ込む日本三急流の1つである。

問5 新潟県沖の佐渡島は，幕領の佐渡金山があったことで知られる。

2 **問1** Aは原油タンカーだからア，BはLNG船だからウ，Cは自動車船だからイを選ぶ。

問2 食料品用の冷凍コンテナなどがある。

問3 ア．核合意をめぐってイランと敵対するアメリカが，イランによる攻撃を主張し，戦争一歩手前になった。

問4 日本が，大量の二酸化炭素を排出する石炭火力発電からの脱却を明言しなかったので，環境NGOから「温暖化対策に消極的な国」におくる「化石賞」がおくられた。

問5 真夏の消費電力量は，エアコンや扇風機の使用が増える昼から夕方にかけて最も多くなるから，ウを選ぶ。

3 問１　エが誤り。広く観察するときは縮尺の小さい地形図，細部を観察するときは縮尺の大きい地形図を使う。

問３①　A．自動車の生産が盛んな静岡県から，ウを選ぶ。　B．稲作が盛んな北海道と東北地方から，アを選ぶ。C．観光の盛んな東京大都市圏や大阪府・愛知県から，エを選ぶ。

4 問１　アの大仙古墳は古墳時代だから５，イの三内丸山遺跡は縄文時代だから１を選ぶ。２・３・４は弥生時代。

問２　縄文土器には表面の縄目模様や，厚手でもろいといった特徴があるから，「い」と判断する。「あ」は古墳時代の須恵器，「う」は弥生土器。

問３　むら同士の争いがあった弥生時代には，敵の侵入を防ぐための濠や柵，見張りをするための物見やぐらがつくられた。「『むら』のまわり」だから，「物見やぐら」は解答に含まれない。

問４　『魏志』倭人伝には，邪馬台国の卑弥呼が魏に使いを送り，「親魏倭王」の称号や，100 枚ほどの銅鏡を授かったことが記されている。

問５　ウ．出土品の「獲加多支鹵(ワカタケル)大王」の文字から，大和朝廷の支配が関東－北九州であったとわかっている。

問６　「え」の石包丁の穴にひもを通して指をかけ，稲の穂先を刈り取っていた。

5 問１　平安時代，唐風の文化を踏まえた，日本の風土や日本人の感情に合った独自の文化(国風文化)が栄える中でかな文字が発明され，紫式部によって『源氏物語』が書かれた。

問２・問４　飛鳥時代に豪族の蘇我氏を滅ぼした後，中大兄皇子や中臣鎌足らは，人民や土地を国家が直接支配する公地公民の方針を示し，政治改革に着手した。この頃，「大化」という元号が初めて用いられたので，この改革を大化の改新という。藤原の姓をうけたのは晩年だから，藤原鎌足は誤り。

問３　聖徳太子は，十七条の憲法で豪族に役人としての心構えを説いたことや，遣隋使を派遣したことでも知られる。

問５　聖武天皇の治世のころ，全国的な伝染病の流行やききんが起きて災いが続いたため，東大寺の大仏，国分寺・国分尼寺がつくられた。イの「私」は行基であり，東大寺の大仏造りに協力して大僧正に任命された。

問６　８世紀に新羅との関係が悪化して以降，遣唐使船では荒波の東シナ海を横断する南路がとられた。ウの「私」は中国の僧の鑑真である。

問７　「い」が誤り。紫式部は10～11 世紀にかけての女性だから，８世紀の「い」は正しくない。また，桓武天皇は，奈良の仏教勢力との関係を断ち，律令政治を立て直すため，都を平城京から長岡京，次いで平安京に移した。

6 問１(2)　義政は弟の義視を後継者としたが，妻の日野富子が息子の義尚を将軍にすることを望んだ。そこに山名氏と管領の細川氏との対立がからみ，1467 年に応仁の乱が始まった(～1477 年)。その後，主戦場であった京都は荒廃し，全国各地で下剋上の風潮が広まって戦国時代が始まった。

問２　「い」を選ぶ。建立年は，金閣が 1397 年，銀閣が 1489 年だから，年代の差は約 100 年となる。

問３　金閣は壁や柱を金箔でかざった豪華な建物だったが，1950 年に焼失し，1955 年に再建された。

問４　鎌倉幕府初代将軍の源頼朝は，軍事・警察の役割を持つ守護を国ごとに，年貢の取り立てなどを行う地頭を荘園や公領ごとに設置した。守護が領地を拡大して守護大名となった。

問５③　石と白砂をもちいて山や水などを表現する様式を枯山水といい，京都の龍安寺の石庭がその代表例である。

問６　鎌倉時代から室町時代にかけて流行した田楽が発展し，観阿弥・世阿弥親子によって能が室町時代に大成された。

7 問１(1)　「天下の台所」の呼び名は，年貢米や特産物を運びこむ諸藩の蔵屋敷が大阪に集まっていたことに由来する。

(2)　江戸時代，上方(京都・大阪)や江戸で町人による文化が生まれ，役者絵や美人画など町人の姿をえがいた「浮世絵」が版画でたくさん刷られて売り出された。

問２　秀吉が築城した大阪城は，1615 年の大阪夏の陣で焼失した後，江戸幕府によって修築された。

問３　近松門左衛門は人形浄瑠璃の『曽根崎心中』などが有名であり，元禄期(元禄文化)に活躍した。

問４　浮世絵は「東都両国ばし夏景色」である。隅田川花火大会は，かつて「両国の川開き」という名称であった。

問５　歌川広重の代表作「東海道五十三次」についての記述である。東海道は江戸の日本橋を起点とした。

問６　浮世絵がブロマイドであったこと，大量に刷られたことから，写真集を導く。

問７　浮世絵師が絵を描いて配色を決め，彫り師が板に輪郭を彫り，刷り師が色ごとに何度も刷っていった。

8　問１(1)・(2)　1874 年の板垣退助らの民撰議院設立の建白書提出から自由民権運動が始まり，1881 年に国会開設の勅諭が出されると，同年，板垣退助は自由党を，翌年，大隈重信は立憲改進党を結成し，国会の開設に備えた。

(3)　ドイツ(プロイセン)は君主権の強い欽定憲法であったため，大日本帝国憲法の参考にされた。　(4)　1925 年の普通選挙法では，満 25 歳以上の男子にのみ選挙権が与えられた。政治体制の変革につながる思想が広まることを懸念した政府は，同時に治安維持法を制定して社会主義の動きを取り締まった。　(5)　ＧＨＱは，財閥解体や農地改革，満 20 歳以上の男女すべてに選挙権を認めるなどの改革を行った。

問２　自由民権運動では，薩摩・長州・土佐・肥前藩出身者が政府の要職を占める藩閥政治が批判されたが，政府は新聞紙条例や集会条例などを制定し，これを弾圧した。

問３　征韓論を主張した西郷隆盛は，明治政府を去り鹿児島に帰った後，政府の政策に不満を持った士族らにかつぎあげられて 1877 年に西南戦争を起こしたが，敗れて亡くなった。

問４　戦後初の衆議院議員総選挙(1946 年実施)では，女性の参政権を認めたほか，有権者の年齢を 25 才から 20 才に引き下げたことで有権者が増加した。

問５　大日本帝国憲法に徴兵制が規定されていたこと，日本国憲法第９条に戦争放棄が規定されていることから導く。

9　問１　衆議院議員であった田中正造は，渡良瀬川流域で起こった足尾銅山鉱毒事件を帝国議会で取り上げ，政府の責任を追及した。

問２　エが誤り。日露戦争後，アメリカ向けを中心に生糸輸出が伸び，1909 年には世界最大の生糸輸出国となった。

問３　津田梅子は，女子英学塾(津田塾大学)の創設者として知られる。

問４　全国水平社は，厳しい部落差別に苦しむ人々が部落解放運動のために結成した組織であり，「人間に光あれ」という水平社宣言の言葉が有名である。

問５　イを選ぶ。関東大震災は 1923 年，米騒動は 1918 年，第一次世界大戦開始は 1914 年，韓国併合は 1910 年。

《2020　理科　解説》

1　(1)　透明(とうめい)度が高く丈夫な水そうはもちろん，トンネル型やドーナツ型などさまざまな形の水そうをつくる技術がある。また，水そうをつくる技術のほかに，ろ過装置をつくる技術も発達している。

(2)②　体内でたんぱく質(アミノ酸)が分解されると，人体に有害なアンモニアが生じる。アンモニアは肝臓(かんぞう)で人体に無害な尿素(にょうそ)に変えられると，尿素はじん臓で水などとともにこしとられ，尿がつくられる。

(3)　背骨をもつ動物をせきつい動物といい，せきつい動物はさらに魚類，両生類，は虫類，鳥類，ほ乳類に分けられる。イルカはほ乳類，ペンギンは鳥類である。

(4)①　せきつい動物は酸素を血液中にとりこんで運ぶ。イの鳥類や，ウとオのほ乳類では血液循環(じゅんかん)がⅠのように２系統あり，アの魚類では血液循環がⅡのように１系統しかない。また，エの昆虫(こんちゅう)類では気門からとりこんだ酸素は気管を通して全身に運ばれる(血液に酸素を運ぶ役割はない)。　② イルカは尾びれを上下に振って泳ぐが，魚は尾びれを左右に振って泳ぐ。陸上で，4足歩行のほ乳類が背中を丸めたりのばしたりして走るのに対し，4足歩行のは虫類が体を左右にゆらしながら歩くことと同じである。これは，胴から垂直方向に足が出ているか水平方向に足が出ているかという体のつくりのちがいによるものである。

2 ⑴ ろ紙が大きなものでふさがれると，ろ過できなくなる。ある程度大きなものは，ろ紙よりも穴が大きい水切り用のゴミぶくろで取りのぞく。

⑵ この実験では，水にとけにくいでんぷんを集めている。水にとけやすい成分は，水の量が多いほどとける量が多く，水にとかした方が取りのぞきやすい。

⑶ ヨウ素液はでんぷんに反応して青むらさき色に変化する。

⑷ 葉に光が十分に当たっているときは，水と二酸化炭素を材料にしてでんぷんと酸素をつくりだす光合成がさかんに行われるが，光が当たらない夜間には光合成が行われない。昼につくられたでんぷんは，夜の間に使われたり，イモに運ばれたりして，翌日の朝には葉に残っていなかったということである。

3 イのように川の曲がった部分では外側(A)の方が流れが速い。流れが速いところでは，しん食作用が大きく，川底や川岸がけずられてがけになりやすい。また，流れが速いところでは，運ぱん作用が大きく，小さなつぶは流されてたい積しないので，図のような川底になる。ウでもAの方が深くなるが，河口からはなれるほどたい積するつぶは小さくなるので，図のような海底にはならない。

4 ⑴ A×…閉じこめられた水に力を加えても，水は押し縮められない(体積が小さくならない)。

⑶ B×…氷で冷やされた水は重くなって，そのまま下に移動する。

⑷ A×…空気中で目に見える「ゆげ」は気体ではなく，水面から出てきた水蒸気が冷やされて液体になったものである。なお，「ゆげ」がその後見えなくなるのは，空気中で蒸発して水蒸気になるためである。

5 ⑴ 実験1で，においがした1つの液体はAかBである。実験2で，赤色リトマス紙の色を変えない2つの液体は，酸性のBとF，中性のCとGのいずれかであり，残りの3つの液体は赤色リトマス紙の色を変えた(アルカリ性である)ということだから，AとDとEはすべていずれかの試験管に入っている(実験1と合わせると，Bが入っている試験管はない)。実験3で，にごりが生じた組み合わせはなかったから，Eと混ぜると白くにごるFが入っている試験管はない。以上のことから，5本の試験管に入っている液体は，A，C，D，E，Gである。これらのうち，水を蒸発させても，あとに白い固体が残らないのは，気体が溶けているAと何も溶けていないGである。

⑵ A～Gのうち，アルミニウムがよく溶けて水素が発生するのはBとDだから，ここではDが正答となる。

6 ⑴ Aは暴風警戒域(平均風速が毎秒25m以上である暴風域に入る可能性のある範囲)，Bは予報円(台風の中心が進むと予想される範囲)，Cは強風域(平均風速が毎秒15m以上の範囲)である。台風の大きさ(階級なし，大型，超大型，の3種類)は強風域の半径によって分類される。なお，台風の強さ(階級なし，強い，非常に強い，猛烈な，の4種類)は最大風速によって分類される。

⑶ 台風のエネルギー源はあたたかい海からの水蒸気だから，台風が上陸したり北上したりすることで水蒸気が供給されにくくなると勢力が弱まり，暴風域が小さくなっていくと予想される。

⑷ 台風は低気圧であり，中心に向かって反時計回りに風がふきこんでいる。このため，台風の中心の右側(東側)では，台風の進む向きと中心に向かってふきこんでくる風の向きが同じになり，強い風がふく。

7 ⑴ モーターの軸が回ると，コイルのまわりの磁界が変化し，コイルに電流が流れるようになる。この現象を電磁誘導という。

(2) イ×…大きな電流を流すときほど強い力でハンドルを回す必要がある。発光ダイオードの方が小さな電流で点灯させることができる。　ウ×…発光ダイオードの方が効率よく電気のエネルギーを光のエネルギーに変えることができるので，熱が発生しにくい。　オ×…発光ダイオードは正しい向きに電流が流れないと点灯しない。

(3) 発光ダイオードは，ｄから電流が流れる（ｄに電源の＋極をつなぐ）と点灯するから，手回し発電機のハンドルを時計まわりに回したときにはｂが＋極になっていることがわかる。したがって，手順①では，コンデンサーの＋端子（たんし）はｂと，コンデンサーの－端子はａとつなげばよい。また，コンデンサーにたくわえられた電気は＋端子から流れていくので，手順②では，コンデンサーの＋端子はｄと，コンデンサーの－端子はｃとつなげばよい。

(4) 手回し発電機はモーターを回転させることで発電しているが，ハンドルを回さずに電気がたくわえられたコンデンサーとつないでおくと，コンデンサーにたくわえられた電気が手回し発電機のモーターを回転させるのに使われてしまう。

8 (1) ウ○…太陽，地球，月の順に一直線に並ぶと，月の光っている部分がすべて見える満月になる。

(2) 太陽，月，地球の順に一直線に並ぶキが新月（光っている部分が見えない），アが南の空で左側半分が影（かげ）になる（右側半分が光って見える）上弦（じょうげん）の月だから，新月から上弦の月になる途中（とちゅう）のクが南の空で右側が細く光って見える三日月である。

(3) 月食は，地球の影に月の全体または一部が入ることで起こる現象である。月食が起こるのは満月のときである。なお，新月のときには太陽の全体または一部が月によって隠（かく）される日食が起こることがある。

9 (1) 120倍速では２時間の動画が１分で再生されるから，６分12秒で再生された動画は，２時間×$\frac{6分12秒}{1分}$＝12時間24分の映像であったことがわかる。したがって，17時48分の12時間24分後の６時12分が正答となる。

(2) 12時間24分→$12\frac{2}{5}$時間で真東から真西まで180度動いたということだから，180÷$12\frac{2}{5}$＝14.51…→14.5度が正答となる。

(3) (2)解説より，12時間24分で180度動くから，360度動いて次の日に真東から上り始めるのは12時間24分×２＝24時間48分後である。つまり，次の日に月が同じ位置に来る時刻は48分おそくなるから，３月12日の月が上り始めた時刻は，３月20日の17時48分より48×８＝384（分）→６時間24分早い11時24分である。

10 (1) 棒の重さは棒の中心にかかるとし，その重さを③とすると，Ａにつるしたおもりの重さは①，Ｂにつるしたおもりの重さは②である。２つのおもりが棒をかたむけるはたらきは，２つのおもりの間の距離（きょり）をおもりの重さの逆比に分ける位置にまとめてつるしたときと同じである。ＡとＢにつるしたおもりの重さの比は①：②だから，その間の距離を２：１に分ける位置，つまり，Ａから150×$\frac{2}{2+1}$＝100（cm）の位置に③の重さとしてまとめることができる（図Ⅰ）。さらに，この２つのおもりをまとめた重さと棒の重さがつり合う位置にひもを付ければ棒は水平になる。重さの比が③：③で，その間の距離は25cmだから，棒の中心から右へ25×$\frac{3}{3+3}$＝12.5（cm），Ａから75＋12.5＝87.5（cm）の位置にひもを付ければよい。

図Ⅰ

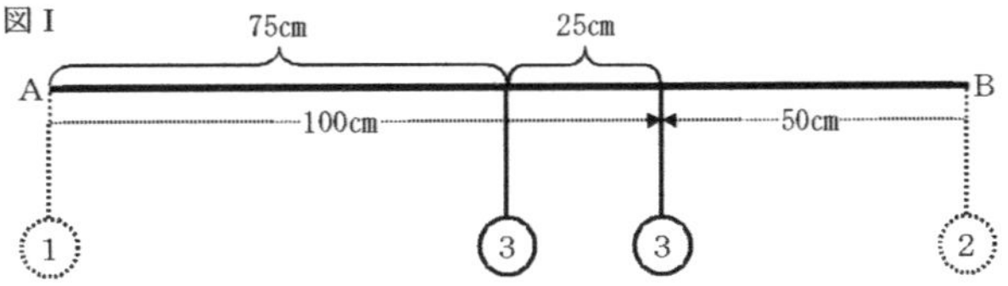

(2) 図Ⅱ参照。2つの正三角形部分と直線部分の重さの比は，長さの比と等しいから，小さい正三角形：直線部分：大きい正三角形＝30：60：60＝①：②：②である。2つの正三角形の重さは直線部分の両端（りょうはし）にかかっていると考えて，(1)解説と同様に求める。2つの正三角形の合計の重さ③は，直線部分の左端から右へ$60\times\frac{2}{2+1}$＝40(cm)の位置にかかる。直線部分の重さと2つの正三角形をまとめた重さの比は②：③で，その間の距離は10cmだから，直線部分の中心から右へ$10\times\frac{3}{3+2}$＝6(cm)，Aから30＋30＋6＝66(cm)の位置にひもを付ければよい。

図Ⅱ

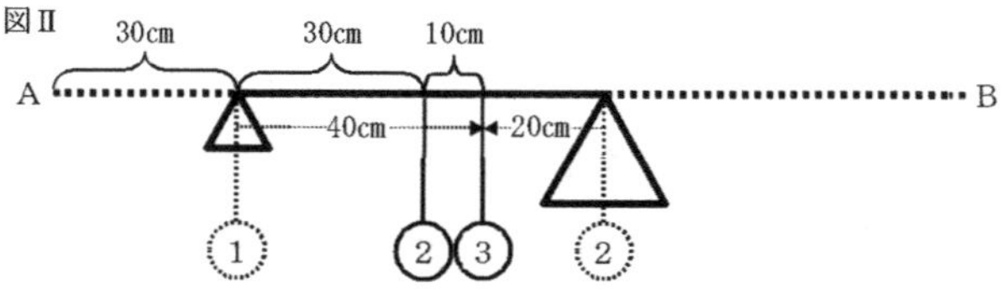

(3) 図Ⅲ参照。2つの正方形部分と直線部分の重さの比は，長さの比と等しいから，小さい正方形：直線部分：大きい正方形＝40：30：80＝④：③：⑧である。2つの正方形の重さはそれぞれの正方形の水平方向の中心にかかっていると考えて，(2)解説と同様に求める。2つの正方形の合計の重さ⑫は小さい正方形の重さがかかる位置から右へ$45\times\frac{8}{8+4}$＝30(cm)の位置にかかる。直線部分の重さと2つの正方形をまとめた重さの比は③：⑫＝1：4で，その間の距離は10cmだから，直線部分の中心から右へ$10\times\frac{4}{4+1}$＝8(cm)，Aから30＋10＋15＋8＝63(cm)の位置にひもを付ければよい。

図Ⅲ

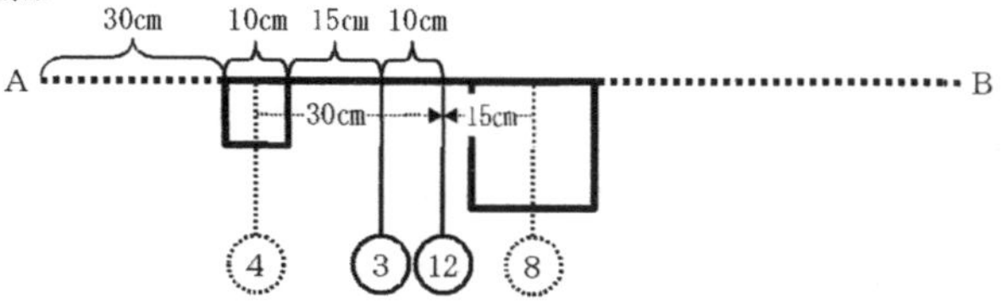

★東海中学校

《国　語》

一　①形相　②重宝　③後進　④綿　⑤唱える　⑥供える

二　問1．画像の記憶　問2．個々の頭脳が記憶したり処理したりしていたデータを頭の外に出し、他者に伝えようとすること。　問3．エ　問4．イ　問5．言葉　問6．(例文)電気はさまざまな電化製品、機械などを動かす便利なものだが、感電するリスクを伴う。　問7．見えなかった価値にも気づく余裕　問8．観察できるものを素直にそのまま理解するのが大切で、そのためには、頭をリラックスさせ、分散思考を行うことが役に立つ。

三　問1．オ　問2．手　問3．③ウ　⑥ア　問4．イ，エ　問5．今はピアノのことを考えたくなかったから。　問6．(香音の)胸の奥底でひびいている音楽　問7．ピアノのレッスンに行かなかったことを怒られると思ったから。　問8．香音の話を聞き、意思を尊重しようとする　問9．頭が空っぽになって、すっきりする　問10．初心に戻り、南先生のもとで練習を再開して、さらに上のレベルといい音を目指したいということ。　問11．心の中にある、言葉では単純化されてうまく説明できないものを、音で表現できる

《算　数》

1　(1) $\frac{7}{10}$　(2)179　(3)136

2　(1)105　(2) $3\frac{1}{8}$

3　(1)30　※(2)1575

4　(1)8.4　(2)15

5　(1)005，023，113，122　(2)右表

6　(1)130　(2)40

7　(1)白玉…14　黒玉…13　(2)13

8　(1)24　(2)8

	得点㋐	得点㋑
B	12(1位)	36　→
G	10(2位)	20　↓
A	8(3位)	24　↑
D	7(4位)	14　↓
H	6(5位)	12　↓
C	5(6位)	15　↑
F	5(6位)	5　↓
E	3(8位)	9　↑

※の求め方は解説を参照してください。

《社　会》

1 問1．①あ．南アルプス　い．上川　う．鳥取　②ウ　③流域面積　④ウ　　問2．①鳥　②エ　③イ　④和歌山　⑤エ　　問3．離島の数が多いから。

2 問1．A．④　B．①　C．②　D．⑤　E．③　F．⑥　　問2．a．広島　b．仙台　c．大阪　　問3．イ

3 問1．あ．プラスチック　い．25　う．条例　　問2．オ　　問3．①イ　②カ

問4．(例文)素材…ステンレス　理由…さびにくいので，洗って再利用できるから。

問5．日本…シ　設楽町…サ

4 問1．1．木の実　2．王　3．蘇我　4．聖武　5．唐　　問2．鎌倉　　問3．6　　問4．全国に国分寺を建てさせた。　　問5．始まり…イ　終わり…エ　　問6．念仏を唱えること。　　問7．戦国大名

問8．延暦寺〔別解〕石山本願寺　　問9．古事記

5 問1．A．ウ→エ→イ→ア　B．キ→カ→ク→オ　　問2．朱印状　　問3．堺　　問4．長崎／熊本

問5．ポルトガル　　問6．ろ，は

6 問1．大正…⑤　昭和…⑥　　問2．日本の法律で裁くことができない点　　問3．A．ロシア　B．清　C．朝鮮　　問4．イ　　問5．満州国の建国　　問6．ウ

7 問1．エ　　問2．与謝野晶子　　問3．ア　　問4．津田梅子　　問5．1951　都市…サンフランシスコ

問6．ウ　　問7．ウ　　問8．日米安全保障　　問9．徴兵　　問10．ア

《理　科》

1 (1)アルミニウムはくでおおって光が当たらないようにする。　(2)A．ウ　B．エ，カ　C．オ　D．ア，イ

(3)口が開いている。　(4)塩づけ／天日干し　などから1つ　(5)発こう　(6)納豆／しょうゆ／チーズ　などから1つ

2 (1)①子宮　記号…ウ　②たいばん　記号…イ　③へそのお　記号…ア　(2)エ　(3)①ア　②ウ　③ヒトは，ある程度の大きさになるまで母親の体内で栄養を渡しながら子を育てるが，メダカは，産卵後に子を育てず，子は卵に含まれる栄養だけでえさをとれるようになるまで育つ。

3 (1)酸素　(2)21　(3)ななめ上からすばやくふたをかぶせる。　(4)㋒　(5)空気中の酸素を十分に取りこむことができるから。　(6)①気体　②芯が出ている部分を長くする。　(7)ア　(8)強い風がふいていること。

4 (1)エ　(2)なし　(3)ウ　(4)オ

5 (1)①ア　②ア　(2)ア，ウ　(3)ア，オ

6 (1)A．オ　B．イ　C．エ　D．カ　E．ウ　F．ア　(2)アルミニウム

7 (1)①誤差を小さくするため。　②ア．14　イ．3　ウ．10　(2)1.7

(3)右図　(4)①Cが大きくなると大きくなるが，BとDが変化しても変化しない。　②右グラフ

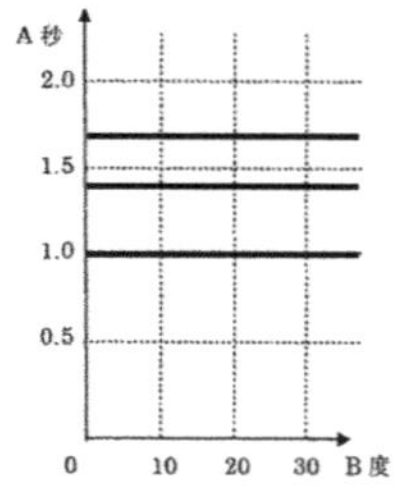

8 (1)エ　(2)向き…北　理由…扉を開けても直射日光が入らないから。　(3)風通しをよくするため。

(4)①たて軸…気温　横軸…時刻　②気温が変化すると，ペンが円をえがくように上下に動くから。

9 (1)8：6：9　(2)A．$\frac{3}{4}$　B．1　C．$\frac{2}{3}$　(3)A．①　B．③　C．④

←解答例は前のページにありますので，そちらをご覧ください。

《2019　国語　解説》

二 問１　――①の直前の「それ」が指す内容を読み取る。直前の一文に「人間の頭脳には本来それだけの(＝大きな)容量があるということ」とあるが、何をするための容量か。それは、最初の段落で述べた「人間の頭脳は本来、画像を記憶できる」ということ。その「頭脳のメモリィ」が大きいということを言っている。つまり、多くのメモリィを必要とする、容量の大きな「画像の記憶」を、「たった一つの言葉に置き換えてしまう」という文脈である。

問２　「出力する」とは、アウトプットすることで、中に入っているものを外に出すこと。ここでは、頭の中にあるものを外に出すこと。――②の２～３行前を参照。「個々の頭脳が記憶したり処理したりしていたデータ」を他の人にもわかるように「共有化」しようとすること、つまり、伝えようとすることを意味する。

問３　――③の直後の段落を参照。ただ「わからないわからない」「困った困った」と言うだけでまともに考えていないことを「どうすれば良いのか、いろいろな可能性を想像し、沢山の選択肢の成功確率を予測するといった思考は行われない」と言っているから、「まともに考える」とは、下線部。また同様に、「自分が置かれた状況を、別の視点から観察することもないし、相手の立場を想像することもない」と言っているから、「まともに考える」とは、下線部。これらにあてはまらない例は、「自分の勉強方法を信じて」と、一つの方法しか視野にない、エ。

問４　直前の３段落で述べた「言語の支配は、思考にも及ぶ。人は、言葉で考えるようになった～頭脳の本来の処理能力を充分に活かしていない可能性もある～まともに考える人が少なくなった」「言葉にすることで、安心してしまい～多くの発想を見逃してしまう」ということの例が「リンゴは赤い」である。つまり、日本人が「『リンゴは赤い』という言葉」に支配されていて、他の可能性を考えなくなっているということ。よって、イが適する。

問５　「安全」という言葉を聞くと、いろいろな可能性を想像することもしないで、単純にだいじょうぶだと思ってしまう。「放射線」という言葉を聞くと、自然界に普通にあるものだということを考えずに、ただただ危険なものだと思い込んでしまう。このように、一つの言葉で何かを表すと、あるイメージだけが強調されたり、言葉で表現されない部分が見落とされたりするということ。だから筆者は、「言語(＝言葉)によって失われたものもある、ということをときどき思い出したい」と述べている。よって、「言葉」。

問７　「畑を耕す作業」とは、同じ一文の前半の「結論を急がず、頭をリラックスさせる時間を持つこと」である。では、「リラックス」すると何が生まれると述べているか。本文最後の２段落で、リラックスしていると「小さなことで頭に来ることもない」「見えなかった価値にも気づく余裕ができる」「穏やかな毎日が送れる」といった効果があることをつけ加えている。このうち、下線部が15字。

問８　本文最後の３段落では、「分散思考」のために「リラックス」することの必要性と、「リラックス」による他の効果を述べている。━━━のある段落で述べていることのポイントは、「観察できるものを素直に受け止め、清濁を併せ呑んで理解すれば良い」「ものごとに集中しない、拘らない、思い込まない、信じ込まない、ということが重要～分散思考が少し役に立つ」ということである。これらの内容を段階的に整理すると、【リラックスする】→【分散思考ができるようになる】→【観察できるものを素直に受け止め、清濁を併せ呑んで理解できるようになる】というつながりである。これらの関係性がわかるようにまとめる。なお、「集中しない、拘らない、思い込まない、信じ込まない」というあり方は、「分散思考」に類する態度である。

三 問１　四位という結果に、香音自身は、「自分はけっこう下だろうなと覚悟していた」、つまり、思ったよりも良い結果だったので「びっくりした」とあり、「悔いはなかった」「最高の演奏ができた」「全力を尽くした達成感がそれ(＝残念な気持ち)を上回っていた」と思っているので、満足していると言える。それなのに「お母さん」は

「(香音が一番上手(じょうず)だったのに)どうして(四位なの)？」と納得(なっとく)がいかない様子。「どうして、と～繰(く)り返すばかりで席から立とうとしない」ので、香音は困ってしまった。この内容から、オのような理由が読み取れる。

問2　ここでの「手を打つ」は、予想される事態に対して必要な対策をとる、という意味。

問4　ア．香音は「これまで練習してきた中で、最高の演奏ができた」と自覚しているが、「お父さん」がそのように喜んだとは本文に書かれていないので、適さない。　イ．「お父さん」の「四位だって、十分すごいよ」というなぐさめは、香音が四位でがっかりしていると思っているから出てくる言葉である。また、「お父さん」は――④の３～４行前で「今日だって、一番がっかりしてるのは本人のはずだよ」と言っている。つまり、四位という結果に満足している香音の気持ちを理解していない。よって、適する。　ウ．「板ばさみになって」はおらず、「親からのプレッシャーによってうまくいかなくなった」わけでもないので、誤り。　エ．「お母さん」は、「ちょっとやりすぎじゃないか？」と思われる点はあるにせよ、「香音には才能があるんだから、伸(の)ばして」あげようと思い、「コンクールのための指導って～いけないんだって」「プロになるんだったら、今のうちからしっかり訓練しておかなきゃ」「他の子はみんな、小さいときから本格的な英才教育を受けてる」などと、段階を見すえて必要な対策をしようとしている。よって、適する。　オ．――④までの本文に、「お母さん」が香音に対して「励(はげ)ましやアドバイス」をしている様子は書かれていないので、適さない。

問5　「ピアノみたいだ」と思ったから「反射的に目をそらした」とある。香音は「この日はレッスンに足が向かなかった」ので南先生の家に行かず、オルゴール店で時間をつぶしている。先週のレッスンで南先生から「音に、元気がなくなってる」と言われたとおり、音に元気がないことを自覚しているため、「一週間～ほとんどピアノを弾(ひ)いていない。どうしても、ピアノの前に座(すわ)ろうという気分になれなかった」のである。よって、このときの香音は、ピアノのことを考えたくないと思ったのだとうかがえる。

問6　店員は、香音が「ついさっき～思い返していた曲」のオルゴールを持ってきた。これは偶然(ぐうぜん)ではないということ。あなたの心の中の音が聞こえました、という意味をこめて、――⑦と言ったのだろう。このあとバイエルの曲のオルゴールを持ってきたのも、南先生のことを考えている香音の気持ちがわかったから(本文最初に、南先生のレッスンの初日にバイエルの曲を弾いたとあるのを参照)。この店員について、――⑩の 12～13 行前で「香音の胸の奥底でひびいている音楽をみごとに聴きとってみせた、彼(かれ)」と表現していることから、下線部をぬき出す。

問7　「お母さん」が「見たこともないようなこわい顔をして駆(か)けてきた」「仁王(におう)立ちになった」のを見て「無言でうなだれた」(＝だまってうつむいた)という様子から、怒(おこ)られると思ったのだと考えられる。怒られる原因は、ピアノのレッスンに行かなかったこと。――⑧の３～５行後を参照。「お母さん」の声が「頼(たよ)りなく震(ふる)えていた」のを意外だと感じたことからも、それまでは「怒っている」のだと思っていたことが読み取れる。

問8　――⑨の直後に「目線を合わせた」とあるとおり、母の立場から思いをぶつけるのではなく、香音の立場になって考えようとする姿勢、香音の気持ちをしっかり聞いて、理解しよう、寄りそおうとする姿勢がうかがえる。

問9　本文６行目の「でも、香音はバイエルが好きだ」で始まる段落で、「地味だしちょっと単調だけれど～頭が空っぽになって、すっきりする」と、好きな理由を述べている。

問 10　店員がバイエルの曲のオルゴールを出してくれて「素朴(そぼく)なバイエルの旋律(せんりつ)が～耳にしみとおった」とき、香音は「無性(むしょう)にピアノを弾きたかった。一刻も早く鍵盤(けんばん)にさわりたくてたまらなかった」とある。そして急いで南先生の家へ向かったのだ。――⑪の直後で「もう一度、いい音を取り戻(もど)したい。先生の言う『そういう世界』に飛びこもうと、香音は自分で決めたのだ。いい音ね、とあの日ほめてもらった瞬間(しゅんかん)に」と思っていることに着目する。これは、南先生から「いい音ね」とほめてもらったときの気持ち、つまり初心を思い出したということ。そして、南先生のもとで練習を再開し、「そういう世界」(＝誰(だれ)もが一位になれるわけじゃない、実力を競い合うきびしい世界)の中でがんばっていこう、その中で自分の「いい音」を奏でていこうと決意したということ。「コンクールのことも、南先生のことも、知らなかった～ただただ楽しかった」ころの「讃美(さんび)歌」のオルゴールではなく、南先生のもとで習い始めたときに弾いた「バイエル」のオルゴールをもらったことに、これからどのようにピアノに向き合っていきたいかという香音の決意が表れている。

問 11 香音が伝えたいことは、直後の段落の「南先生は悪くない～先生のせいじゃない。わたしの力が足りなかった。だからこそ～がんばって練習して～喜ばせたいのに」というような気持ち。言葉ではそれらをうまく表せないということ。二の文章に「言語(＝言葉)によって失われたものもある、ということをときどき思い出したい」「単純化が行われ、大部分のものが失われた」とあるとおり、自分の頭や心の中にあるものを、言葉で説明しつくすことはできない。二の文章の筆者が「頭で考えることの九割は、言葉ではない～思いついたことは、すぐに言葉にはならないものがほとんど」であるのと同じように、音に敏感(びんかん)な香音は、音楽でものを考えることが多いのだろう。本文最初のほうに「音楽が聞こえる～重々しい曲が。空耳だ。ここのところよくある」とあるのもその表れかもしれない。だから香音は、音楽(＝言語に支配されていないもの、言葉を使わずに思いを表現できるもの)ならば、言葉にすると失われてしまうこと、「出力しても通じない」と思うようなことも、わかりやすく伝えられそうだと思うのだ。

《2019　算数　解説》

1 (1) 与式＝$\frac{9}{8}\times(\frac{14}{3}-\frac{14}{5})-\frac{56}{15}\times\frac{7}{4}\times\frac{3}{14}=\frac{9}{8}\times\frac{28}{15}-\frac{7}{5}=\frac{21}{10}-\frac{14}{10}=\frac{7}{10}$

(2) 5で割ると4余り，7で割ると4余る数は，(5と7の公倍数)＋4である。5と7の公倍数は，最小公倍数35の倍数だから，(5と7の公倍数)＋4は，0＋4＝4，35＋4＝39，70＋4＝74，105＋4＝109，…である。このうち3で割ると2余る最小の数は74である。3で割ると2余り，5で割ると4余り，7で割ると4余る数は，74に，35と3の最小公倍数である105を加えるごとにあらわれるから，求める3けたの整数は，74＋105＝179である。

(3) 自転車通学の生徒は，全生徒の$\frac{15}{100}=\frac{3}{20}$だから，自転車通学の女子は，全生徒の$\frac{3}{20}-\frac{1}{12}=\frac{1}{15}$である。これが24人だから，全生徒の人数は，$24\div\frac{1}{15}=360$(人)である。したがって，女子の人数は，$360\times\frac{4}{5+4}=160$(人)だから，自転車通学をしていない女子の人数は，160－24＝136(人)である。

2 (1) 右図1のように作図する。角DEB＝30＋30＝60(度)で，ED＝EBだから，三角形DBEは正三角形とわかる。また，角EBC＝角ABC＝(180－30)÷2＝75(度)より，角DBA＝75×2－60＝90(度)，AB＝EB＝DBだから，三角形DABは直角二等辺三角形とわかる。よって，角㋐＝45＋60＝105(度)である。

図1

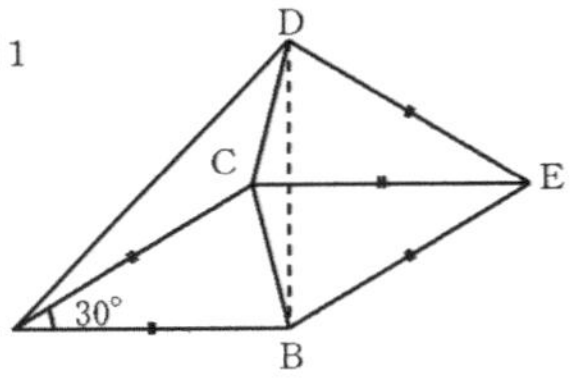

(2) 右図2のように作図する。四角形ABECは4つの辺の長さが等しく，ひし形だから，ABとCEは平行である。したがって，三角形ABCと三角形ABFは，底辺をともにABとしたときの高さが等しいから，面積も等しい。また，FはBDの真ん中の点だから，三角形ABFの面積は三角形DABの面積の半分である。三角形DABが直角二等辺三角形だから，四角形DGABが正方形となるように作図すると，BG＝ADとなり，正方形DGABをひし形として面積を求めると，(対角線)×(対角線)÷2＝5×5÷2＝$\frac{25}{2}$(㎠)である。よって，(三角形DABの面積)＝$\frac{25}{2}\div 2=\frac{25}{4}$(㎠)だから，(三角形ABCの面積)＝(三角形ABFの面積)＝$\frac{25}{4}\div 2=\frac{25}{8}=3\frac{1}{8}$(㎠)である。

図2

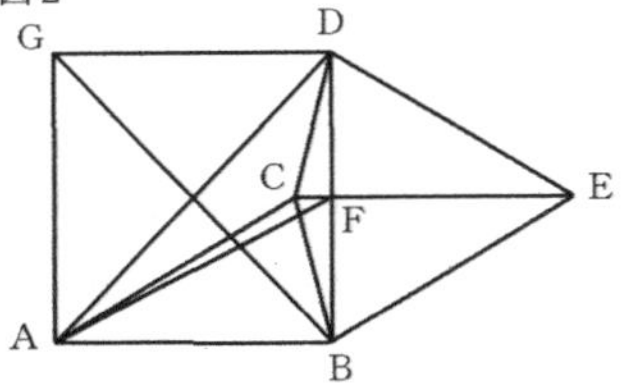

3 (1)　4つのおもりを立てて水そうに入れたときに，水に入っている部分(右図1の斜線部(しゃせん)分)の体積は，おもり3つ分の体積と等しいから，10×10×40×3＝12000(㎤)である。
4つのおもりの底面積の和は，10×10×4＝400(㎠)だから，水そうの高さは，
12000÷400＝30(cm)とわかる。

図1

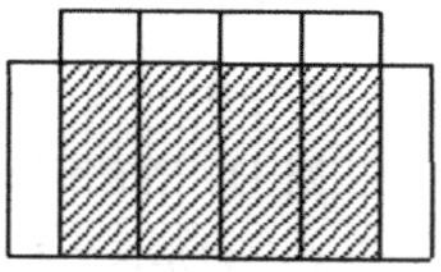

(2)　4つ目のおもりを入れる前の水面の高さは，$30\times\frac{14}{15}$＝28(cm)である。4つ目のおもりを入れたとき，右図2の斜線部分の体積は，色付き部分の体積とこぼれた水の体積の和に等しい。斜線部分の体積は，10×10×28＝2800(㎤)だから，色付き部分の体積は，2800－450＝2350(㎤)である。したがって，色付き部分の底面積は2350÷2＝1175(㎠)だから，水そうの底面積は，おもり4つ分の底面積を足した1175＋10×10×4＝1575(㎠)である。

図2

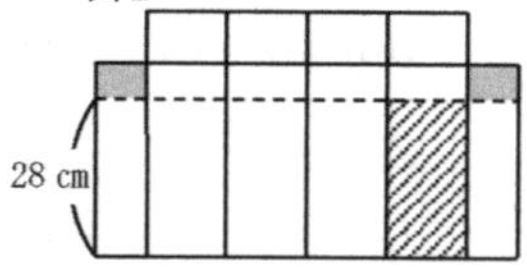

4 (1)　右のように作図し，記号をおく。三角形ADFの底辺を5cmとしたときの高さは，GFの長さに等しいから，GF＝12×2÷5＝$\frac{24}{5}$(cm)である。
三角形AGFと三角形ABEは同じ形で，GF：BE＝AF：AE＝4：7だから，
BE＝$\frac{24}{5}\times\frac{7}{4}=\frac{42}{5}$＝8.4(cm)である。

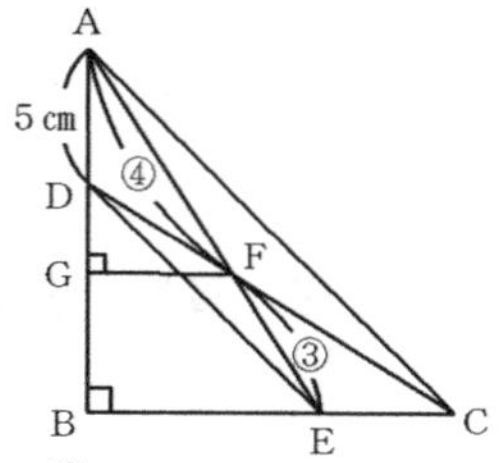

(2)　BD：BAがわかればBDの長さを求められ，BD：BAは三角形DECと三角形AECの面積比と等しい。三角形DECの面積は三角形ADEの面積と等しく，$5\times\frac{42}{5}\div 2$＝21(㎠)
三角形AECと三角形FECの面積比はAE：FE＝7：3だから，三角形AECの面積は，$12\times\frac{7}{3}$＝28(㎠)
よって，BD：BA＝21：28＝3：4で，この比の数の4－3＝1が5cmにあたるから，BD＝$5\times\frac{3}{1}$＝15(cm)

5 (2)　(あ)が5のとき，(1)より，当たりの回数は1回か2回か3回だから，得点(い)は，5，10，15の3通り考えられる。(あ)が6から10のとき，当たりは2回か3回，(あ)が12のとき，当たりは3回である。したがって，E以外について考えられる得点(い)をまとめると，右表のようになる。
Bの得点(い)は36と決まる。Gの順位が下がって，Aの順位が上がっているから，
Aの得点(い)が24で，Gの得点(い)が20とわかる。また，Eの順位が上がって，Fの順位が下がっているから，Fの得点(い)は5とわかる。D，Hの順位が下がり，Cの順位が上がっているから，Cの得点(い)が15，Dの得点(い)が14，Hの得点(い)が12とわかる。

	得点(あ)	得点(い)
B	12	36
G	10	20，30
A	8	16，24
D	7	14，21
H	6	12，18
C	5	5，10，15
F	5	5，10，15

6 (1)　円グラフ②の人数の合計は，2つのクラブに入っている人数と同じだけ240人よりも増えていることに注意する。円グラフ①の(い)の角度は，$360\times\frac{10}{240}$＝15(度)だから，円グラフ②では15－2.5＝12.5(度)となった。これが10人と等しいから，円グラフ②の人数の合計は，$10\div\frac{12.5}{360}$＝288(人)となり，運動クラブと文化クラブの人数の和は，288－10＝278(人)である。運動クラブの人数は文化クラブの人数より18人多いから，文化クラブの人数は，(278－18)÷2＝130(人)である。

(2)　円グラフ②の運動クラブの人数は，130＋18＝148(人)だから，その角度は$360\times\frac{148}{288}$＝185(度)である。
したがって，円グラフ①の(あ)の角度は，185＋25＝210(度)だから，文化クラブの角度は，360－210－15＝135(度)である。
よって，円グラフ①の文化クラブの人数は，$240\times\frac{135}{360}$＝90(人)だから，求める人数は，130－90＝40(人)である。

7 (1)　Aさんが最後の1個を転がすのは，最初の1個を転がしてから，4×(40－1)＝156(秒後)である。したがって，Bさんは最初の1個を転がしてから，156÷6＝26(個)転がすから，Bさんは最初に1＋26＝27(個)持っていたとわかる。また，Oで玉がぶつかるのは，4と6の最小公倍数の12秒ごとだから，156÷12＝13(個)ぶつかったので，最初の1個を合わせて14個がOでぶつかった。白玉がSに行くのはぶつかったときだから14個，黒玉がSに行くのはぶつからなかったときだから27－14＝13(個)である。

(2) 最初の１個以外で３個の玉がOでぶつかるから，156÷３＝52(秒)ごとにぶつかるとわかる。したがって，Bさんが玉を転がした間隔(かんかく)の秒数は，４との最小公倍数が52となる数である。４＝２×２，52÷４＝13だから，Bさんが玉を転がした間隔は，13秒か13×２＝26(秒)か13×２×２＝52(秒)のどれかとわかる。

Sに着いた白玉は４個だから，Sに着いた黒玉は４個より多く，Qに着いた黒玉の４個と合わせて，Bさんは黒玉を４＋４＝８(個)より多く持っていたとわかる。このため，Bさんが玉を転がした間隔は，156÷８＝19.5(秒)より短いので，13秒だけが条件に合う。

よって，Bさんが最初に持っていた黒玉の数は，156÷13＋１＝13(個)である。

8 (1) 右図の○印の角はどちらも60－角GBI(度)だから，同じ大きさである。

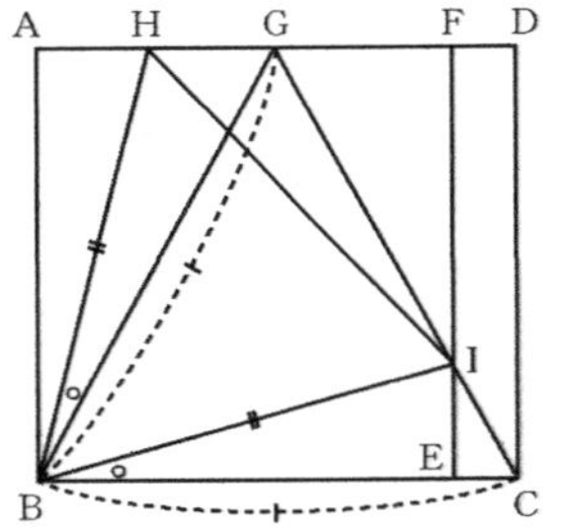

したがって，図より，三角形BGHと三角形BCIは合同だから，三角形ABHと三角形BEIの面積の和は，(三角形ABGの面積)－(三角形ECIの面積)に等しい。

三角形ABDの面積が長方形ABCDの面積の半分の100÷２＝50(㎠)で，

GはADの真ん中の点だから，三角形ABGの面積は三角形ABDの面積の半分の50÷２＝25(㎠)である。よって，求める面積は，25－１＝24(㎠)である。

(2) 三角形BCGの面積は，長方形ABCDの面積の半分だから50㎠である。三角形BIHの面積は，(長方形ABEFの面積)－(三角形ABHと三角形BEIの面積の和)－(三角形HIFの面積)で求められる。

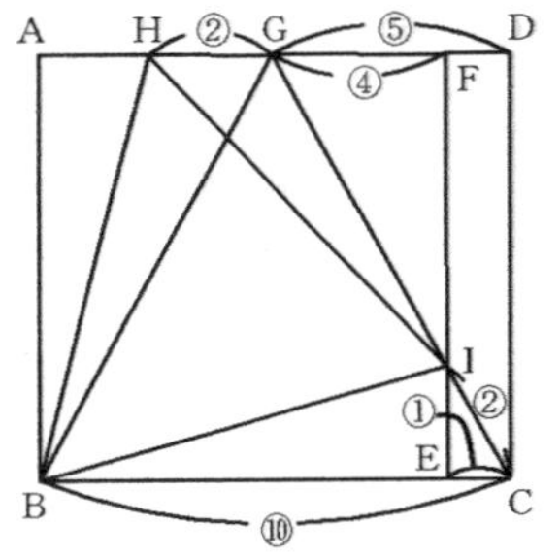

三角形ECIと三角形DGCは同じ形の三角形で，その面積の比は１：25だから，１＝１×１，25＝５×５より，EC：DG＝１：５である。したがって，EC＝①，DG＝⑤とすると，BC＝⑤×２＝⑩，BE＝⑩－①＝⑨だから，長方形ABCDと長方形ABEFの面積の比が10：９となるので，長方形ABEFの面積は，

$100\times\frac{9}{10}=90$(㎠)である。

FG：EC＝４：１より，三角形FGIと三角形ECIの面積の比は，

(４×４)：(１×１)＝16：１だから，三角形FGIの面積は$1\times\frac{16}{1}=16$(㎠)である。

また，三角形ECIは正三角形を半分にしてできる直角三角形だから，IC＝EC×２＝②であり，三角形BGHと三角形BCIは合同なので，HG＝IC＝②である。したがって，三角形HIFと三角形FGIの面積の比は，HF：GF＝３：２だから，三角形HIFの面積は$16\times\frac{3}{2}=24$(㎠)である。よって，(三角形BIHの面積)＝90－24－24＝42(㎠)だから，三角形BCGと三角形BIHの面積の差は，50－42＝８(㎠)となる。

《2019 社会 解説》

1 問１① (あ)赤石山脈は南アルプスとも呼ばれ，飛驒山脈(北アルプス)，木曽山脈(中央アルプス)とまとめて日本アルプスと呼ばれる。 (い)上川盆地の冬は寒いが，夏はかなりの高温になる。北海道有数の米作地帯である。(う)大山一帯には広大なブナの森が生い茂り，地中深くには天然水が豊富にある。 ② ウ．「冬は…名古屋方面に冷たい北西風が吹く」から，滋賀県と岐阜県にまたがる伊吹山と判断する。御嶽山と恵那山は長野県と岐阜県，白山は石川県と岐阜県にまたがる。 ③ 流域面積であれば，利根川→石狩川→信濃川，長さであれば，信濃川→利根川→石狩川の順となる。 ④ ウ．天竜川は長野県の諏訪湖を水源とする唯一の河川で，浜松市東方で遠州灘に注いでいる。

問２①・②　日本の端については右表参照。　③　イ．北海道の岬については右下図参照。　④　潮岬は，和歌山県の紀伊半島南端にある。

⑤　エ．佐多岬は鹿児島県の大隅半島南端にある。薩摩半島は鹿児島県，島原半島は長崎県，国東半島は大分県にある。

最北端		最西端	
島名	所属	島名	所属
択捉島	北海道	与那国島	沖縄県
最東端		最南端	
島名	所属	島名	所属
南鳥島	東京都	沖ノ鳥島	東京都

問３　日本の地形の特徴として，周りを海に囲まれている島国で離島が多いことから，海岸線が長いことを覚えておこう。

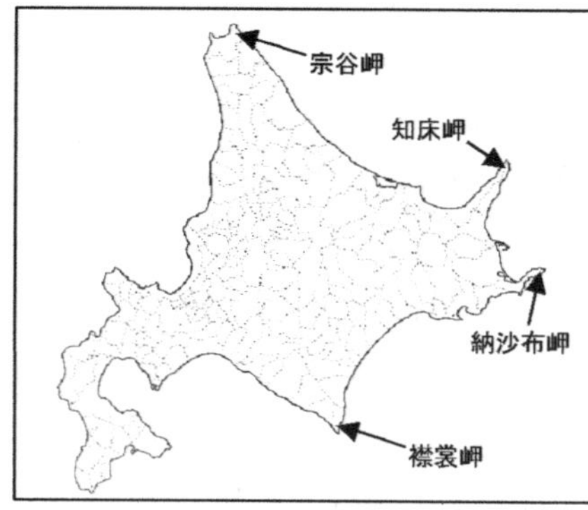

2　問１・問２　人口100万人以上の都府県庁所在地が３都市区ある①と⑤が，東京近郊のＢ（さいたま市・新宿区・横浜市）と大阪近郊のＤ（神戸市・大阪市・京都市）であり，図２の枠の西側に人口の集中する①がＢ，⑤がＤとなる。残ったうち，都府県庁所在地が３都市の④がＡ（山形市・仙台市・福島市），１都市の⑥がＦ（福岡市）である。②と③のうち，人口100万人以上の名古屋市が南側にある②がＣ，広島市が北側にある③がＥとなる。

問３　イ．Ｘは福島市なので，ももの生産がさかんである。みかんは和歌山県・愛媛県，さくらんぼ（おうとう）は山形県，いちごは栃木県で生産がさかんである。

3　問１　(あ)微細なプラスチック（マイクロプラスチック）ごみによる環境汚染への懸念が高まり，アメリカの大手コーヒーチェーン「スターバックス」では，世界中の店舗でプラスチック製のストローの使用を全廃する予定である。(い)被選挙権の年齢については右表参照。　(う)条例は法律の範囲内で制定することができ，必要に応じて刑罰を定めることもできる。

衆議院議員・都道府県の議会議員・市(区)町村長・市(区)町村の議会議員	満25歳以上
参議院議員・都道府県知事	満30歳以上

問２　オが正しい。アはメキシコ，イはサウジアラビア，ウはオーストラリア，エはインドである。

問３①　イ．石油は主にサウジアラビア，アラブ首長国連邦，カタールなどの中東の国々から輸入している。

②　カ．新潟県には石油化学コンビナートがない。石油化学コンビナートは三重県の四日市市，岡山県の倉敷市，大分市のほか，千葉県の市原市などにもある。

問４　プラスチック製のストローが使い捨てであることから，その問題点を解決する代わりの素材を考える。また，プラスチックの特徴の「分解されない」という問題点に着目し，「紙」を素材に挙げて，すぐれている理由を「燃えるため処分がしやすいから。」としても良い。

問５　日本の国会議員は約700人いるから，人口を約１億2000万人として，120000000÷700＝171428（人）よりシを選ぶ。過疎化と少子高齢化が進む設楽町は，議員１人あたりの人口が少なく，15歳未満人口割合が低いのでサである。スは仙台市，セは那覇市である。

4　Ａ時代は縄文時代，Ｂ時代は弥生時代，Ｃ時代は古墳時代，Ｄ時代は奈良時代，Ｅ時代は平安時代，Ｆ時代は鎌倉時代，Ｇ時代は室町時代，Ｈ時代は江戸時代，Ｉ時代は明治時代である。

問１　⑴・⑵縄文時代の人々は，クリやクルミなどの木の実ややまいもなどを採集し，ニホンジカやイノシシなどを狩り，貝・魚などをとって暮らしていたが，米作りが始まると，安定して食料を得ることができるようになって人口が増加し水田も拡大したため，むらとむらの間で土地や水の利用をめぐる争いが生じた。その後，争いに勝ったむらは周辺のむらを従えて，有力なくにとして誕生した。　⑶物部守屋との権力争いに勝利した蘇我馬子は，天皇を暗殺し，権力を不動のものとした。　⑷聖武天皇の治世のころ，全国的な伝染病の流行やききんが起きて災いが続いたので，聖武天皇と妻の光明皇后は仏教の力で国家を守るため，国ごとに国分寺や国分尼寺を，都には総国分寺として東大寺を建て，大仏を造らせた。　(5)唐から帰国後，最澄は比叡山の延暦寺で天台宗を，空海は高野山金剛峯寺で真言宗を開いた。

問３　仏教は６世紀中ごろに伝わり，その後，古墳にかわる権力の象徴として，法隆寺(聖徳太子が建立)などの寺院が建てられた。

問４　問１(4)の解説参照。解答例のほか，「全国に国分尼寺を建てさせた。」「東大寺を建てて大仏を造らせた。」「墾田永年私財法を制定した。」なども良い。

問５　唐の始まりは618年なのでイ，滅亡は907年なのでエを選ぶ。

問６　念仏を唱え，阿弥陀仏にすがれば極楽浄土に生まれかわれるという教えを，浄土信仰と言う。

問７　大友義鎮（宗麟）は，大村純忠や有馬晴信などの戦国大名とともに，1582年，ローマ法王のもとに天正少年使節を送ったキリシタン大名としても有名である。

問８　延暦寺は，織田信長と敵対する浅井・朝倉氏の援助を受け，反抗したため，信長によって焼き打ちされた。

問９　『古事記』は712年に完成した日本最古の歴史書で，神話や伝説などがまとめられている。

5　**問１Ａ**　ウ．遣隋使派遣(飛鳥時代)→エ．東大寺の建立(奈良時代)→イ．日宋貿易(平安時代)→ア．元寇(鎌倉時代)

Ｂ　キ．日明貿易(室町時代)→カ．鉄砲伝来(戦国時代／1543年)→ク．キリスト教伝来(戦国時代／1549年)→オ．朱印船貿易(安土桃山時代～江戸時代はじめ)

問３　鉄砲は，堺(大阪府)や国友(滋賀県)の刀鍛冶の職人によって生産された。

問４・問５　島原は長崎県，天草は熊本県にある。幕府は，キリスト教徒の増加がヨーロッパによる日本侵略のきっかけとなり，幕府の支配のさまたげになると考え，キリスト教の布教を行うスペインやポルトガルの船の来航を禁止し，鎖国政策を確立させた。キリスト教の布教を行わないオランダや，キリスト教と関係のない中国は長崎での貿易を認められ，ヨーロッパやアジアの情勢を報告することを義務づけられた(風説書)。

問６　「ろ」と「は」が正しい。大老の井伊直弼は，1858年に朝廷の許可を得ないまま日米修好通商条約を結び，幕府に反対する吉田松陰や橋本左内らを安政の大獄(1858～1859年)で処刑した。このできごとは多くの武士の反感を買い，1860年，井伊直弼は水戸藩の浪士らによって桜田門外で暗殺された(桜田門外の変)。日米修好通商条約以降，輸出超過によって品不足から物価上昇が引きおこされた。　い．日米和親条約(1854年)では，函館(箱館)・下田の２港，日米修好通商条約では，函館(箱館)・神奈川(横浜)・長崎・兵庫(神戸)・新潟の５港が開かれた。

に．「高かった」でなく「安かった」であれば正しい。

6　**問１**　⑤の第一次世界大戦への参戦は1914年(大正３年)，⑥の満州事変は1931年(昭和６年)のできごとである。

問２　和歌山県沖で船が沈没した際，イギリス人船長が日本人の乗客を見捨てたにもかかわらず，日本の法律で裁けなかったために軽い刑罰で済んだノルマントン号事件をきっかけに，それ以降条約改正を求める動きが強くなった。

問３　絵には，朝鮮(魚)をめぐって対立する日本(左)と清(右)，漁夫の利を狙うロシア(中央)が描かれている。

問４　イが誤り。普通選挙法の制定(1925年)は，第一次世界大戦(1914～1918年)後のできごとである。

問５　柳条湖事件(1931年)を契機として始まった一連の軍事行動(満州事変)で，関東軍は満州国を建国して清朝最後の皇帝溥儀を元首としたが，リットン調査団の報告を受けた国際連盟が満州国を認めないとする決議を行ったので，1933年，日本は国際連盟に対して脱退を通告し，1935年に正式に脱退した。

問６　ウ．日中戦争は，北京郊外で日本軍と中国軍が衝突した盧溝橋事件(1937年)をきっかけに始まった。

7 問1　エが正しい。　ア．遼東半島は，ロシア・ドイツ・フランスの三国干渉によって清に返還され，その後ロシアが租借した。　イ．乃木希典が旅順を攻撃し，東郷平八郎が日本海海戦でロシアのバルチック艦隊に勝利した。ウ．「千島列島」でなく「南樺太」であれば正しい。

問3　ア．資料Ⅱは，平塚らいてうが1911年に創刊した雑誌『青鞜』で，巻頭に寄稿した文章である。平塚は，市川房枝らとともに新婦人協会をつくった。新島八重は同志社英学校(現在の同志社大学)創立者の新島襄の妻である。樋口一葉は『たけくらべ』などを書いた小説家である。

問4　津田梅子は，1871年に岩倉遣外使節にしたがってアメリカに留学し，帰国後，女子英学塾(現在の津田塾大学)を創立した。

問5　資料Ⅲのサンフランシスコ平和条約は，日本がアメリカやイギリス，フランスなどの48か国と結んだ条約で，1951年にアメリカ西海岸で講和会議が開かれた。

問6　ウが正しい。ソ連のほか，ポーランド・チェコスロバキアなども講和会議に出席したが調印しなかった。なお，中国は講和会議に招待されなかった。

問7　ウが正しい。竹島と歯舞群島(北方領土)はわが国固有の領土であるが，竹島は韓国，北方領土はロシアが実効支配している。

問8　日本とアメリカとの間で結ばれた日米安全保障条約は，サンフランシスコ平和条約と同時に結ばれた。

問9　資料Ⅳの「明治」「20歳になった男子…兵役につかないといけない」から，徴兵令(1873年)を導く。

問10　アが誤り。伊藤博文が内閣総理大臣に就いたのは，大日本帝国憲法制定より前のことである。

《2019　理科　解説》

1 (1)　発芽に必要な条件はふつう，空気，水，適当な温度の３つである。これらの条件に加えて，光が当たる方が発芽しやすいもの，光が当たらない方が発芽しやすいものなどがあり，カイワレダイコンは光が当たらない方が発芽しやすいものだと考えられる。したがって，３つの条件を満たしたまま，光が当たらないようにすればよいから，解答例の他にも，段ボールの箱をかぶせるなどの方法でもよい。

(2)　ニンジンは根，ジャガイモは茎，タマネギは葉の部分を食用にしている。また，トウモロコシは種子，カボチャは果実，サツマイモは根，レンコンは茎，ハクサイは葉，タケノコは茎の部分を食用にしている。

(3)　ホウレンソウはまだ生きているため，呼吸ができるよう，袋を完全に密閉せずに，口を開けてある。

(4)　塩づけにしたり，干物にして水分を無くしたりして，食べ物をくさらせる菌が繁殖できないようにする。

2 (1)　たいばんには子の血管と母親の血管が集まっていて，ここで酸素や養分，二酸化炭素や不要物の受け渡しが行われる。このとき，子の血液と母親の血液は直接混じり合わないようになっている。

(3)①　ヒトの卵の直径はおよそ0.14㎜，メダカの卵の直径はおよそ1㎜である。

3 (1)　酸素にはものが燃えるのを助けるはたらきがある(酸素自体は燃えない)。

(2)　大気は，約78%が窒素，約21%が酸素，約0.9%がアルゴン，約0.03%が二酸化炭素で，その他の気体がわずかに含まれている。

(3)(4)　炎にふたをかぶせることで，燃えるために必要な酸素をなくしている。

(5)　外炎はまわりの空気中の酸素を取りこみやすく，気体のアルコールが完全燃焼するので，温度が最も高い。

(6)　アルコールランプでは，液体のアルコールが芯をのぼってきて，その表面で気体になったものが燃えている。

したがって，外に出ている芯の表面積が大きくなるほど炎は大きくなる。なお，炎が大きすぎると危険なので，外に出す芯の長さは5㎜くらいにする。

(7) 燃えたあとのあたたかい空気は上に移動するので，薪の中で空気が下から上に移動するような流れをつくればよい。したがって，火をつけるのは下側からで，下を燃えやすい細い薪にすれば，上にある太い薪にも火がついて，長く燃え続ける。

(8) 落雷や摩擦，火山の噴火など，自然界で自然に発火することがある。このとき，強い風がふいていると，火の勢いが強くなったり，燃え広がったりして，山火事になりやすい。

4 (1) ムラサキキャベツの液に加えると黄色くなるのは，アルカリ性の水溶液である。ア～オのうち，アルカリ性の水溶液はエだけで，エはアルミニウムを溶かすので，エが当てはまる。

(2) 力点が真ん中にあるのはアとエだが，力点が真ん中にあるてこでは，加えた力が小さくなって作用点にはたらくので，当てはまるものはない。

(3) お花とめ花のちがいがあるのはウとエで，ウはおもに風によって花粉が運ばれ，エはおもに虫によって花粉が運ばれるので，ウが当てはまる。

(4) 赤く光る1等星はアとオで，アは冬の真夜中には見えず(冬でも明け方に見えることはある)，オは冬の真夜中に見えるので，オが当てはまる。

5 (1) ①一般的に川の上流は山間部，下流は平野部を流れている場合が多いので，上流の方が川のかたむきが急で，流れが速い。②川の曲がった部分では曲がりの内側よりも外側で流れが速い。なお，まっすぐな川では両岸よりも中央部で流れが速い。

(2) ア，イ．流れが速いと，運搬作用が大きくなり，小さい石は流され，大きな石が残される。ウ，エ．流れが速いと，侵食作用が大きくなり，川底や川岸が大きくけずられてがけができる。

(3) 大雨で増水すると，流れが速くなって運搬作用が大きくなり，大量の土砂が運ばれて水がにごる。

6 (1) 実験1より，CとFはアかエのどちらかである。実験2より，C，Eは酸性のウかエのどちらか，A，D，Fはアルカリ性のア，オ，カのいずれか，Bは中性のイである。実験1と2より，Bはイ，Cはエ，Fはア，Eはウだとわかる。残りのAとDはオとカのどちらかで，実験4でEを加えて白くにごったAがオだから，Dがカである。

(2) アルミニウムは，酸性の塩酸とアルカリ性の水酸化ナトリウム水溶液のどちらにも溶けて水素を発生させる。

7 (1)② (　　)の中には3回分の測定値が 14 と比べてどれだけ大きいか(または小さいか)という形で表されているから，それを3で割ったものと 14 との合計が 10 往復する時間の平均である。したがって，アには 14，イには3が入る。さらに，10 往復する時間の平均を 10 で割ることで1往復する時間の平均を求められるから，ウには 10 が入る。なお，これを計算すると，{14＋(0.2＋0.1－0.2)÷3}÷10＝1.40…→1.4 秒となる。

(2) 表より，1往復にかかる時間は，振れ幅やおもりの個数が変化しても，ふりこの長さが同じであれば変化しないことがわかる。したがって，振れ幅5度，ふりこの長さ 75 ㎝，おもりの個数4個の場合，ふりこの長さが 75 ㎝のときに1往復にかかる時間を答えればよいので，1.7 秒が正答である。

(3) ふりこの長さとは，ひもをつるした点からおもりの中心(重心)までの長さのことである。おもりを縦につなげてしまうと重心の位置が下に移動し，ふりこの長さが長くなってしまうので，横にならべるようにつるす。

(4)② ふりこの長さが同じであれば，振れ幅（B）が変化しても１往復にかかる時間（A）は変化しないので，水平なグラフになる。したがって，Aが1.0秒，1.4秒，1.7秒のときで，３つの水平なグラフをかけばよい。

8 (1)〜(3) 百葉箱は，地面からの熱の影響(えいきょう)を受けないように芝生の生えた土の上に設置し，温度計が1.2〜1.5mの高さになるようにする。また，扉(とびら)は，開けたときに直射日光が入らないように北向きに付け，風通しがよくなるように幅のせまい板をならべ，傾斜(けいしゃ)をもたせた鎧戸(よろいど)になっている。

9 (1) 支点の左右で棒を傾(かたむ)けるはたらき〔おもりの重さ×支点からの距離(きょり)〕が等しいとき，天びんはつり合う。また，支点の左右で棒を傾けるはたらきが等しくなるとき，おもりの重さの比は支点からの距離の逆比と等しくなる。図１で，支点から①までの距離を６とし，②は３，③は２，④は４，⑤は６とする。実験１では，支点からの距離の比がａ：ｂ＝６：２だから，重さの比はａ：ｂ＝２：６＝１：３であり，このとき，ｂはａの$\frac{1}{2}\div\frac{1}{8}=4$（倍）の体積になっているから，同じ体積で比べたときの重さの比は，ａ：ｂ＝１×４：３＝４：３となる。同様に，実験２では，支点からの距離の比がａ：ｃ＝３：４だから，重さの比がａ：ｃ＝４：３であり，このときａはｃの$\frac{1}{2}\div\frac{1}{3}=\frac{3}{2}$（倍）の体積になっているから，同じ体積で比べたときの重さの比はａ：ｃ＝$4:3\times\frac{3}{2}=4:\frac{9}{2}$となる。したがって，ａ：ｂ：ｃ＝$4:3:\frac{9}{2}=8:6:9$が正答となる。

(2) 重さの比はａ：ｂ：ｃ＝８：６：９である。同じ重さにするには，この比の数値が最も小さいｂの体積を最も大きくしなければいけない（Bが満たされた状態にすればよい）ので，Bの体積を１として，Aは$1\times\frac{6}{8}=\frac{3}{4}$，Cは$1\times\frac{6}{9}=\frac{2}{3}$にすればよい。

(3) 支点の左右で棒を傾けるはたらきが等しくなる組み合わせを答えればよい。解答例のようにすると，Aが棒を左に傾けるはたらきは８×６＝48，BとCが棒を右に傾けるはたらきは６×２＋９×４＝48となるので，つり合う。

■ ご使用にあたってのお願い・ご注意

（1）問題文等の非掲載

著作権上の都合により，問題文や図表などの一部を掲載できない場合があります。

誠に申し訳ございませんが，ご了承くださいますようお願いいたします。

（2）過去問における時事性

過去問題集は，学習指導要領の改訂や社会状況の変化，新たな発見などにより，現在とは異なる表記や解説になっている場合があります。過去問の特性上，出題当時のままで出版していますので，あらかじめご了承ください。

（3）配点

学校等から配点が公表されている場合は，記載しています。公表されていない場合は，記載していません。

独自の予想配点は，出題者の意図と異なる場合があり，お客様が学習するうえで誤った判断をしてしまう恐れがあるため記載していません。

（4）無断複製等の禁止

購入された個人のお客様が，ご家庭でご自身またはご家族の学習のためにコピーをすることは可能ですが，それ以外の目的でコピー，スキャン，転載（ブログ，ＳＮＳなどでの公開を含みます）などをすることは法律により禁止されています。学校や学習塾などで，児童生徒のためにコピーをして使用することも法律により禁止されています。

ご不明な点や，違法な疑いのある行為を確認された場合は，弊社までご連絡ください。

（5）けがに注意

この問題集は針を外して使用します。針を外すときは，けがをしないように注意してください。また，表紙カバーや問題用紙の端で手指を傷つけないように十分注意してください。

（6）正誤

制作には万全を期しておりますが，万が一誤りなどがございましたら，弊社までご連絡ください。

なお，誤りが判明した場合は，弊社ウェブサイトの「ご購入者様のページ」に掲載しておりますので，そちらもご確認ください。

■ お問い合わせ

解答例，解説，印刷，製本など，問題集発行におけるすべての責任は弊社にあります。

ご不明な点がございましたら，弊社ウェブサイトの「お問い合わせ」フォームよりご連絡ください。迅速に対応いたしますが，営業日の都合で回答に数日を要する場合があります。

ご入力いただいたメールアドレス宛に自動返信メールをお送りしています。自動返信メールが届かない場合は，「よくある質問」の「メールの問い合わせに対し返信がありません。」の項目をご確認ください。

また弊社営業日（平日）は，午前９時から午後５時まで，電話でのお問い合わせも受け付けています。

2025 春

株式会社教英出版
〒422-8054　静岡県静岡市駿河区南安倍３丁目 12-28
TEL　054-288-2131　　FAX　054-288-2133
URL　https://kyoei-syuppan.net/
MAIL siteform@kyoei-syuppan.net

教英出版　2025年春受験用　中学入試問題集

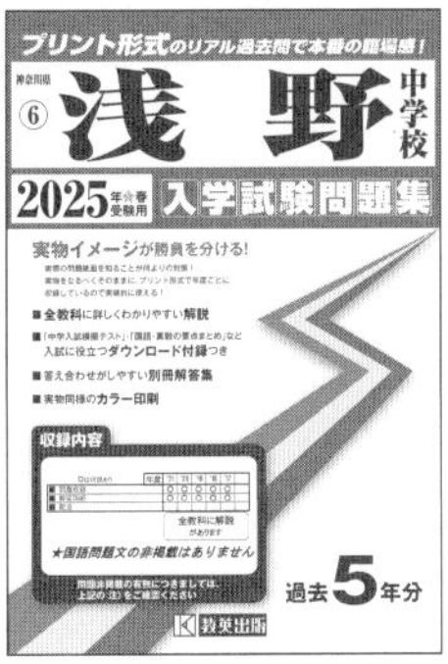

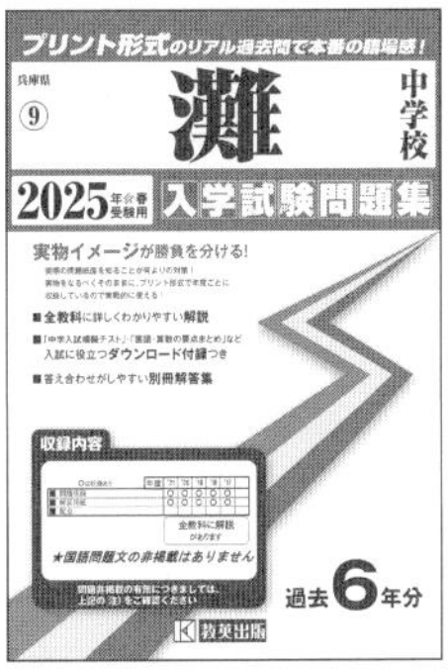

学校別問題集

✿はカラー問題対応

北海道
①[市立]札幌開成中等教育学校
②藤女子中学校
③北嶺中学校
④北星学園女子中学校
⑤札幌大谷中学校
⑥札幌光星中学校
⑦立命館慶祥中学校
⑧函館ラ・サール中学校

青森県
①[県立]三本木高等学校附属中学校

岩手県
①[県立]一関第一高等学校附属中学校

宮城県
①[県立]宮城県古川黎明中学校
②[県立]宮城県仙台二華中学校
③[市立]仙台青陵中等教育学校
④東北学院中学校
⑤仙台白百合学園中学校
⑥聖ウルスラ学院英智中学校
⑦宮城学院中学校
⑧秀光中学校
⑨古川学園中学校

秋田県
①[県立] 大館国際情報学院中学校／秋田南高等学校中等部／横手清陵学院中学校

山形県
①[県立] 東桜学館中学校／致道館中学校

福島県
①[県立] 会津学鳳中学校／ふたば未来学園中学校

茨城県
①[県立]
日立第一高等学校附属中学校
太田第一高等学校附属中学校
水戸第一高等学校附属中学校
鉾田第一高等学校附属中学校
鹿島高等学校附属中学校
土浦第一高等学校附属中学校
竜ヶ崎第一高等学校附属中学校
下館第一高等学校附属中学校
下妻第一高等学校附属中学校
水海道第一高等学校附属中学校
勝田中等教育学校
並木中等教育学校
古河中等教育学校

栃木県
①[県立] 宇都宮東高等学校附属中学校／佐野高等学校附属中学校／矢板東高等学校附属中学校

群馬県
①
[県立]中央中等教育学校
[市立]四ツ葉学園中等教育学校
[市立]太田中学校

埼玉県
①[県立]伊奈学園中学校
②[市立]浦和中学校
③[市立]大宮国際中等教育学校
④[市立]川口市立高等学校附属中学校

千葉県
①[県立] 千葉中学校／東葛飾中学校
②[市立]稲毛国際中等教育学校

東京都
①[国立]筑波大学附属駒場中学校
②[都立]白鷗高等学校附属中学校
③[都立]桜修館中等教育学校
④[都立]小石川中等教育学校
⑤[都立]両国高等学校附属中学校
⑥[都立]立川国際中等教育学校
⑦[都立]武蔵高等学校附属中学校
⑧[都立]大泉高等学校附属中学校
⑨[都立]富士高等学校附属中学校
⑩[都立]三鷹中等教育学校
⑪[都立]南多摩中等教育学校
⑫[区立]九段中等教育学校
⑬開成中学校
⑭麻布中学校
⑮桜蔭中学校
⑯女子学院中学校
✿⑰豊島岡女子学園中学校
⑱東京都市大学等々力中学校
⑲世田谷学園中学校
✿⑳広尾学園中学校(第2回)
✿㉑広尾学園中学校(医進・サイエンス回)
㉒渋谷教育学園渋谷中学校(第1回)
㉓渋谷教育学園渋谷中学校(第2回)
㉔東京農業大学第一高等学校中等部(2月1日 午後)
㉕東京農業大学第一高等学校中等部(2月2日 午後)

神奈川県

①[県立]相模原中等教育学校
　　　　平塚中等教育学校
②[市立]南高等学校附属中学校
③[市立]横浜サイエンスフロンティア高等学校附属中学校
④[市立]川崎高等学校附属中学校
✿⑤聖光学院中学校
✿⑥浅野中学校
⑦洗足学園中学校
⑧法政大学第二中学校
⑨逗子開成中学校(1次)
⑩逗子開成中学校(2·3次)
⑪神奈川大学附属中学校(第1回)
⑫神奈川大学附属中学校(第2·3回)
⑬栄光学園中学校
⑭フェリス女学院中学校

新潟県

①[県立]村上中等教育学校
　　　　柏崎翔洋中等教育学校
　　　　燕中等教育学校
　　　　津南中等教育学校
　　　　直江津中等教育学校
　　　　佐渡中等教育学校
②[市立]高志中等教育学校
③新潟第一中学校
④新潟明訓中学校

石川県

①[県立]金沢錦丘中学校
②星稜中学校

福井県

①[県立]高志中学校

山梨県

①山梨英和中学校
②山梨学院中学校
③駿台甲府中学校

長野県

①[県立]屋代高等学校附属中学校
　　　　諏訪清陵高等学校附属中学校
②[市立]長野中学校

岐阜県

①岐阜東中学校
②鶯谷中学校
③岐阜聖徳学園大学附属中学校

静岡県

①[国立]静岡大学教育学部附属中学校(静岡·島田·浜松)
②[県立]清水南高等学校中等部
　[県立]浜松西高等学校中等部
　[市立]沼津高等学校中等部
③不二聖心女子学院中学校
④日本大学三島中学校
⑤加藤学園暁秀中学校
⑥星陵中学校
⑦東海大学付属静岡翔洋高等学校中等部
⑧静岡サレジオ中学校
⑨静岡英和女学院中学校
⑩静岡雙葉中学校
⑪静岡聖光学院中学校
⑫静岡学園中学校
⑬静岡大成中学校
⑭城南静岡中学校
⑮静岡北中学校
⑯常葉大学附属常葉中学校
　常葉大学附属橘中学校
　常葉大学附属菊川中学校
⑰藤枝明誠中学校
⑱浜松開誠館中学校
⑲静岡県西遠女子学園中学校
⑳浜松日体中学校
㉑浜松学芸中学校

愛知県

①[国立]愛知教育大学附属名古屋中学校
②愛知淑徳中学校
③名古屋経済大学市邨中学校
　名古屋経済大学高蔵中学校
④金城学院中学校
⑤椙山女学園中学校
⑥東海中学校
⑦南山中学校男子部
⑧南山中学校女子部
⑨聖霊中学校
⑩滝中学校
⑪名古屋中学校
⑫大成中学校
⑬愛知中学校
⑭星城中学校
⑮名古屋葵大学中学校
　(名古屋女子大学中学校)
⑯愛知工業大学名電中学校
⑰海陽中等教育学校(特別給費生)
⑱海陽中等教育学校(I·II)
⑲中部大学春日丘中学校
新刊⑳名古屋国際中学校

三重県

①[国立]三重大学教育学部附属中学校
②暁中学校
③海星中学校
④四日市メリノール学院中学校
⑤高田中学校
⑥セントヨゼフ女子学園中学校
⑦三重中学校
⑧皇學館中学校
⑨鈴鹿中等教育学校
⑩津田学園中学校

滋賀県

①[国立]滋賀大学教育学部附属中学校
②[県立]河瀬中学校
　　　　守山中学校
　　　　水口東中学校

京都府

①[国立]京都教育大学附属桃山中学校
②[府立]洛北高等学校附属中学校
③[府立]園部高等学校附属中学校
④[府立]福知山高等学校附属中学校
⑤[府立]南陽高等学校附属中学校
⑥[市立]西京高等学校附属中学校
⑦同志社中学校
⑧洛星中学校
⑨洛南高等学校附属中学校
⑩立命館中学校
⑪同志社国際中学校
⑫同志社女子中学校(前期日程)
⑬同志社女子中学校(後期日程)

大阪府

①[国立]大阪教育大学附属天王寺中学校
②[国立]大阪教育大学附属平野中学校
③[国立]大阪教育大学附属池田中学校

④[府立]富田林中学校
⑤[府立]咲くやこの花中学校
⑥[府立]水都国際中学校
⑦清風中学校
⑧高槻中学校（A日程）
⑨高槻中学校（B日程）
⑩明星中学校
⑪大阪女学院中学校
⑫大谷中学校
⑬四天王寺中学校
⑭帝塚山学院中学校
⑮大阪国際中学校
⑯大阪桐蔭中学校
⑰開明中学校
⑱関西大学第一中学校
⑲近畿大学附属中学校
⑳金蘭千里中学校
㉑金光八尾中学校
㉒清風南海中学校
㉓帝塚山学院泉ヶ丘中学校
㉔同志社香里中学校
㉕初芝立命館中学校
㉖関西大学中等部
㉗大阪星光学院中学校

兵庫県

①[国立]神戸大学附属中等教育学校
②[県立]兵庫県立大学附属中学校
③雲雀丘学園中学校
④関西学院中学部
⑤神戸女学院中学部
⑥甲陽学院中学校
⑦甲南中学校
⑧甲南女子中学校
⑨灘中学校
⑩親和中学校
⑪神戸海星女子学院中学校
⑫滝川中学校
⑬啓明学院中学校
⑭三田学園中学校
⑮淳心学院中学校
⑯仁川学院中学校
⑰六甲学院中学校
⑱須磨学園中学校(第1回入試)
⑲須磨学園中学校(第2回入試)
⑳須磨学園中学校(第3回入試)
㉑白陵中学校
㉒夙川中学校

奈良県

①[国立]奈良女子大学附属中等教育学校
②[国立]奈良教育大学附属中学校
③[県立]
- 国際中学校
- 青翔中学校

④[市立]一条高等学校附属中学校
⑤帝塚山中学校
⑥東大寺学園中学校
⑦奈良学園中学校
⑧西大和学園中学校

和歌山県

①[県立]
- 古佐田丘中学校
- 向陽中学校
- 桐蔭中学校
- 日高高等学校附属中学校
- 田辺中学校

②智辯学園和歌山中学校
③近畿大学附属和歌山中学校
④開智中学校

岡山県

①[県立]岡山操山中学校
②[県立]倉敷天城中学校
③[県立]岡山大安寺中等教育学校
④[県立]津山中学校
⑤岡山中学校
⑥清心中学校
⑦岡山白陵中学校
⑧金光学園中学校
⑨就実中学校
⑩岡山理科大学附属中学校
⑪山陽学園中学校

広島県

①[国立]広島大学附属中学校
②[国立]広島大学附属福山中学校
③[県立]広島中学校
④[県立]三次中学校
⑤[県立]広島叡智学園中学校
⑥[市立]広島中等教育学校
⑦[市立]福山中学校
⑧広島学院中学校
⑨広島女学院中学校
⑩修道中学校
⑪崇徳中学校
⑫比治山女子中学校
⑬福山暁の星女子中学校
⑭安田女子中学校
⑮広島なぎさ中学校
⑯広島城北中学校
⑰近畿大学附属広島中学校福山校
⑱盈進中学校
⑲如水館中学校
⑳ノートルダム清心中学校
㉑銀河学院中学校
㉒近畿大学附属広島中学校東広島校
㉓AICJ中学校
㉔広島国際学院中学校
㉕広島修道大学ひろしま協創中学校

山口県

①[県立]
- 下関中等教育学校
- 高森みどり中学校

②野田学園中学校

徳島県

①[県立]
- 富岡東中学校
- 川島中学校
- 城ノ内中等教育学校

②徳島文理中学校

香川県

①大手前丸亀中学校
②香川誠陵中学校

愛媛県

①[県立]
- 今治東中等教育学校
- 松山西中等教育学校

②愛光中学校
③済美平成中等教育学校
④新田青雲中等教育学校

高知県

①[県立]
- 安芸中学校
- 高知国際中学校
- 中村中学校

福岡県

①［国立］福岡教育大学附属中学校（福岡・小倉・久留米）
②［県立］育徳館中学校／門司学園中学校／宗像中学校／嘉穂高等学校附属中学校／輝翔館中等教育学校
③西南学院中学校
④上智福岡中学校
⑤福岡女学院中学校
⑥福岡雙葉中学校
⑦照曜館中学校
⑧筑紫女学園中学校
⑨敬愛中学校
⑩久留米大学附設中学校
⑪飯塚日新館中学校
⑫明治学園中学校
⑬小倉日新館中学校
⑭久留米信愛中学校
⑮中村学園女子中学校
⑯福岡大学附属大濠中学校
⑰筑陽学園中学校
⑱九州国際大学付属中学校
⑲博多女子中学校
⑳東福岡自彊館中学校
㉑八女学院中学校

佐賀県

①［県立］香楠中学校／致遠館中学校／唐津東中学校／武雄青陵中学校
②弘学館中学校
③東明館中学校
④佐賀清和中学校
⑤成穎中学校
⑥早稲田佐賀中学校

長崎県

①［県立］長崎東中学校／佐世保北中学校／諫早高等学校附属中学校
②青雲中学校
③長崎南山中学校
④長崎日本大学中学校
⑤海星中学校

熊本県

①［県立］玉名高等学校附属中学校／宇土中学校／八代中学校
②真和中学校
③九州学院中学校
④ルーテル学院中学校
⑤熊本信愛女学院中学校
⑥熊本マリスト学園中学校
⑦熊本学園大学付属中学校

大分県

①［県立］大分豊府中学校
②岩田中学校

宮崎県

①［県立］五ヶ瀬中等教育学校
②［県立］宮崎西高等学校附属中学校／都城泉ヶ丘高等学校附属中学校
③宮崎日本大学中学校
④日向学院中学校
⑤宮崎第一中学校

鹿児島県

①［県立］楠隼中学校
②［市立］鹿児島玉龍中学校
③鹿児島修学館中学校
④ラ・サール中学校
⑤志學館中等部

沖縄県

①［県立］与勝緑が丘中学校／開邦中学校／球陽中学校／名護高等学校附属桜中学校

もっと過去問シリーズ

北海道

北嶺中学校
7年分（算数・理科・社会）

静岡県

静岡大学教育学部附属中学校
（静岡・島田・浜松）
10年分（算数）

愛知県

愛知淑徳中学校
7年分（算数・理科・社会）
東海中学校
7年分（算数・理科・社会）
南山中学校男子部
7年分（算数・理科・社会）
南山中学校女子部
7年分（算数・理科・社会）
滝中学校
7年分（算数・理科・社会）
名古屋中学校
7年分（算数・理科・社会）

岡山県

岡山白陵中学校
7年分（算数・理科）

広島県

広島大学附属中学校
7年分（算数・理科・社会）
広島大学附属福山中学校
7年分（算数・理科・社会）
広島学院中学校
7年分（算数・理科・社会）
広島女学院中学校
7年分（算数・理科・社会）
修道中学校
7年分（算数・理科・社会）
ノートルダム清心中学校
7年分（算数・理科・社会）

愛媛県

愛光中学校
7年分（算数・理科・社会）

福岡県

福岡教育大学附属中学校
（福岡・小倉・久留米）
7年分（算数・理科・社会）
西南学院中学校
7年分（算数・理科・社会）
久留米大学附設中学校
7年分（算数・理科・社会）
福岡大学附属大濠中学校
7年分（算数・理科・社会）

佐賀県

早稲田佐賀中学校
7年分（算数・理科・社会）

長崎県

青雲中学校
7年分（算数・理科・社会）

鹿児島県

ラ・サール中学校
7年分（算数・理科・社会）

※もっと過去問シリーズは
国語の収録はありません。

教英出版
〒422-8054
静岡県静岡市駿河区南安倍3丁目12-28
TEL 054-288-2131
FAX 054-288-2133
詳しくは教英出版で検索
教英出版　検索
URL https://kyoei-syuppan.net/

テスト１の１

国語 (60分)　名古屋　東海中学校（２０２４年度）

※教英出版 編集部 注
編集の都合上、国語のメモ用紙は理科の解答用紙の裏にあります。

一、次の—のカタカナを漢字に直しなさい。⑤⑥は送りがなをふくめて書きなさい。

①相手の申し出をコジする。
②芸術シジョウ主義の立場。
③ロウホウを待つ。
④銅像のジョマク式を行う。
⑤殿様が家来をシタガエル。
⑥コキザミに震える。

二、次の文章を読んで、後の問いに答えなさい。

〔A〕

はじめて訪れた場所で、人はどうすべきだろうか。そもそも何も気にせず自分のしたいようにする人もいるだろうし、どうすればその場所になじめるかを考える人もいるだろう。アメリカの作家バリー・ロペスがアラスカで出会った先住民は、知らない土地に来たらまず「耳を傾ける」という。ここに来たのには理由があり、自分はこうしたいのだが、それについてどう思うかと土地にたずねるというのである。言うまでもなく、これは新世界に自らの欲望を押しつけ侵略したヨーロッパ人の態度とはまったく異なる。

①土地や海に「意見を求める」ことは、自らの欲求を「押しつける」のとは対照的な行為である。【　②　】意見を求めるといっても、土地や海は人間の言葉を話すわけではない。【　③　】、だからといって、④人は環境と対話できないと考えるのは短絡的だ。ノーベル賞受賞作家J・M・クッツェーは、『動物のいのち』（一九九九年）で理性の限界に言及し、「他の存在の立場になって考えてみられる範囲に限界はありません。共感的な想像力に限界はないのです」と記している。「共感的な想像力」は、人間と環境を分け隔てる理性的だったりスケールが大きすぎたりして実感がわかなかった問題に関して、想像力がはたらきはじめるのだ。

高度経済成長の負の遺産である四大公害病については、誰もが教科書で学んだ程度の知識をもっているが、このうち水俣病だけが今もなお＊アクチュアルな問題として論じられているのは、水俣病問題が⑧『苦海浄土』というすぐれた物語を得たからではないだろうか。『苦海浄土』で石牟礼は、チッソ水俣工場が象徴する「近代」という「途方もない化物を心やさしい物語り世界に編み替えて魂を吹きこ」んだ（石牟礼、イリイチ）。文学的＊技巧を駆使して水俣病問題が腑に落ちる世界を仕立てたからこそ、『苦海浄土』は出版から半世紀以上経った現在でも人びとの心を揺さぶり、共感的想像力を掻き立てているのである。「有機水銀を何とかして表現したかったが、実に非文学的でなじまなかった」という石牟礼の回想にうかがえるように、水俣病問題が腑に落ちる物語は、試行錯誤を経て結晶化した文学的想像力の産物にほかならない。

（中略）

文学を通して地球との向き合い方を考えるのは悠長だと考える向きもあるかもしれない。たしかに文学には、法律や政策のような＊実効性はない。けれども、⑨意味を成す物語に接してはじめて実感をもって現実と向き合えるのだとすれば、そこに文学特有の実効

オ　物語を読む人が登場人物に感情移入することで、その人物が普段いっしょに暮しているかのように感じられるということ。

問7　空らん【　⑦　】に入る言葉を、本文中の五字で答えなさい。

問8　――⑧『苦海浄土』というすぐれた物語」とあるが、どのような点が「すぐれ」ているというのか。本文中の言葉を用いて五十字以内で説明しなさい。

問9　――⑨「意味を成す物語に接してはじめて実感をもって現実と向き合える」とあるが、あなたが読書を通じて「実感をもって現実と向き合」うことになった経験を、八十字以内で説明しなさい。ただし、次の条件を満たすようにすること。

（1）このテストの「二」・「三」に挙げられている書物以外で書くこと。

（2）あなたの読んだ作品の「題名」を書くこと。

（3）どのような点に実感や共感を得たのかを明らかにすること。

問10　次は、東日本大震災の後に書かれた文章〔B〕と、それを読んだ先生と生徒の会話である。空らん【　1　】～【　3　】に入るものを、後のうちからそれぞれ一つずつ選び、記号で答えなさい。

〔B〕

『＊三代実録』本文の持つ意味も変わった。遠い彼方の千百四十年も前の出来事の記録が俄然、重みを増して心に響いてくるようになった。貞観といえば、十二世紀に描かれた『伴大納言絵巻』で有名な貞観八年（八六六）の応天門の変などが起きた時代であり、遠い過去の出来事の、文字や絵画世界での話でしかなかった。その三年後に起きた災害の記録が、今や現実そのもののイメージとしてきわめて＊鮮烈に浮かびあがってきたのである。

同じようなことは、一九九五年一月に起きた阪神淡路大震災の時にもあった。その折りに甦ったのは、十三世紀、鎌倉時代の

生徒　〔A〕は環境問題について、〔B〕の方は災害について書かれていますね。

先生　そうですね。〔A〕も〔B〕も文学が人間の自然や環境の見方に関わるという点では共通しているようです。他に気づいたところはないかな。

生徒　〔B〕では【　1　】の大切さにもふれられています。これは〔A〕でも同じようなことが言われていると思います。その一方で、〔B〕は【　2　】ところが〔A〕とは違うようですね。

先生　そうですね。そして〔B〕では、【　3　】とまとめています。

生徒　そうか、どちらも文学の大切さをうったえているんですね。

【　1　】

ア、もととなる実際の体験

イ、法律のような実効性

ウ、用いられる表現や文体

エ、中心に描いている時代

オ、内容や表現の客観性

【　2　】

ア、現実を対象化して、災害を自分から遠いできごととして言語化している

イ、現実の出来事よりも、古典ではより強調されたイメージを受け取った

ウ、現実の災害の経験を、昔の記録の読み取りに役立てようと工夫した

エ、現実に起こった出来事によって、過去の作品がその価値を見直された

オ、現実の災害の恐ろしさを、古典を読み直すことで忘れようとしている

テスト1の3

【３】

ア、出来事が古典に書かれた内容の現実味を増し、また古典が現実のとらえ方に役立つ

イ、出来事が人々に忘れられた過去の文学を思い出させ、再び手に取らせる役割がある

ウ、古典が人々を文学に目覚めさせ、生きることのリアルな価値を再認識させてくれる

エ、文学の内容が人生の規範となり、それに基づいて効果的な対処方法を教える

オ、出来事の本質が基礎となり、文学の解釈の仕方をより本格的なものに変えてくれる

三、次の文章を読んで、後の問いに答えなさい。

幼くして父を亡くし母と暮らす「わたし」（岸間冴）は、小学三年生になるころ、今までにない感染症の流行で生活に不自由を強いられた。そんな時、不登校の同級生、蒼葉の存在を知った冴は、母と共に蒼葉の家を訪ね、ろくに食事を与えられていなかった彼に何度もパンを届けて助けた。その後中学に進んだ冴は同級生にいじめられるが、今度は蒼葉が冴をかばった。中学卒業後、冴は高校に進学するが、蒼葉は進学せずに家の飲食店などで働きだした。そして、冴が高校二年生の時に冴の母が病で亡くなってしまう。以下はそれに続く場面である。

　蒼葉は、通夜に駆けつけてくれた時から、なぜかわたしのことを

名古屋　東海中学校（２０２４年度）

「本気。だって、貧乏だからって言うなら、うちだって母子家庭で今なんてわたしだけでしょ。蒼葉が中卒って言うなら、学歴はそうかもしれないけど蒼葉の方が頭いいしさ」

「**A**なるほど。俺ってすごいんだな」

　蒼葉はそう笑ってから、

「俺さ、最初は岸間さんと自分が、すごく似てるって思ってたんだ。パンを持ってきてくれた時にいろいろ話しただろう？　俺は親に見放されてて、岸間さんは母子家庭でお母さんは忙しく働いていて、しかもおじいちゃんやおばあちゃんもいないってさ。似たような環境なんだなって、だからパンをもらうのも、それほど恥ずかしくなかった」

　と言った。

「うん。今も似てるじゃん」

「どこがだよ。俺、中学三年で岸間さんと同じクラスになった時、気づいたよ。みんなから何を言われようと凛としててさ、ああ、岸間さんってしっかり愛されて育った人なんだって。揺るがないものが根底にある人だって」

　愛されて育った。そこは蒼葉とは違うのかもしれない。否定できなくて、わたしは黙ってクッキーを口に入れた。

「そして、お母さんが亡くなった今も、岸間さんは変わらず、ちゃんとしてる。周りからも大事にされて、自分をなくさず、前を向いてる。すごいよな。愛情を受けてきた人ってこんなにまぶしいんだって、自分と似てると思ってたことが恥ずかしいよ」

　蒼葉はそう言うと紅茶を飲んだ。

「だからって、そんなに違わないよ」

ードだと思った。その地域の子どもたちを把握し、その子どもたちに何かあれば救い出せるのは学校だって。子どもが埋もれてしまわないように手を差し伸べられる。余計なおせっかいだと気を遣うことなく、堂々とそれができるのは教師だ。もっとわたしたちを見てほしい。あの時そう言えなかったわたしは、自分が助けられる立場になりたい。

「小学校の教師かな」

「④ああ、すごく岸間さんだ」

わたしの答えに、蒼葉はすぐにそう返してくれた。

「本当に？」

「似合ってるよ。うん、岸間さんが先生になったら、俺もうれしい気がする」

「そうかな」

蒼葉に言われると、自信が出てきて、小学校の先生になるしかないような気分にすらなる。

「じゃあ、教育大？　教育大だとここからも割と近いじゃん」

「でも、ちょっと、それは難しいかな。教員免許さえ取れれば」

進学校に通っているとはいえ県立の教育大学は難関だ。お母さんが残してくれたお金で私立の大学に行くという手もある。けれど、そうなると、先々の生活は厳しいか。わたしが迷っていると、

「俺、教えてあげるけど」

と蒼葉が言った。

「何を？」

「勉強」

「勉強？」

蒼葉はわたしの何倍も賢い。中学時代はテストはほぼ満点で、高校受験に向けても手伝ってくれた。だけど、今は蒼葉は高校に行っていないし、働いている。

わたしがそう言うと、蒼葉は本当におもしろそうに笑った。

「Fジュースもカップ麺もあったっけ。ってそうじゃなくてさ。最初、パンをもらった時、驚いたけど、単純にうれしかった。お腹空いてたから二人が帰った後、三袋くらい一気に食べたよ。だけど、三日後また来てくれた時、本当に三日ごとに来てくれるんだってわかった時、もっともっとうれしかった。不安が消えるって、心配がなくなるって、すごく大きいことなんだとわかった。明日が怖いものではなく楽しみになったのは、あの日からだよ」

蒼葉はそう言うと、

「俺があんな親の元に生まれたのに、それでも、ちゃんと生きてるのは、あの日のおかげだと思ってる」

とわたしの顔を見た。

恩義に感じてくれるのはありがたい。⑦けれど、それ以上に苦しい。たかがパンだ。そんなことにここまで感謝せずにはいられない子どもがいるなんて。きっと今も、あの日の蒼葉がどこかにいる。取りこぼさないで。毎日が不安な子どもがいることに気づいて。あの時小学生だったわたしは、大人たちに願っていた。

⑧そのわたしが、もうすぐ大人になるのだ。自分以外の大人がやってくれるのを待っていてはどうしようもない。

「やりたいからやるだけだよ。俺が賢いところ見せつけられるしさ。その代わり、＊石崎のおばちゃんの夕飯、たまに俺にも食わせてよ」

蒼葉がそう言うのに、わたしはうなずいた。

「甘えて教えてもらおう。わたし、必死で勉強する」

「おお、がんばろうぜ」

（瀬尾まいこ『私たちの世代は』文藝春秋刊による）

注　**＊石崎のおばちゃん**――冴が一歳の時から忙しい母親に代わって家事などのサポートをしてくれている近所の女性。

問8　===A〜Fのやりとりの説明として適切なものを次のうちから**全て選び**、記号で答えなさい。

ア、過去の重苦しい話をしている場面で冗談を交え、二人が無理に明るく振る舞おうとする様子が表れている。
イ、仲が良いことから会話がはずみ、肝心の話題から外れて話が進まないことに気をもむ蒼葉の様子が浮きぼりとなっている。
ウ、冴が本音で話せる雰囲気を作るために、蒼葉が話題と関係なくおどける様子が表されている。
エ、暗い過去の話もわだかまりなく話すことができるのは、幼なじみで気のおけない間柄であることが理由といえる。
オ、冴と蒼葉の明るい雰囲気は、過去をふり返らずたくましく生きる二人の強さを表している。
カ、相手の冗談に調子を合わせ、その後に笑い合うような掛け合いは、二人の仲の良さを感じさせる。

問9　本文の内容に合うものを次のうちから一つ選び、記号で答えなさい。

ア、蒼葉は、母を亡くしたばかりの冴に対して死という言葉を軽々しく口にしたことを気にとがめ、冴の受験勉強を手伝うことでその責任を取ろうと考えている。
イ、冴は中学時代からずっと自分を支えてくれる蒼葉に、将来のことまで迷惑をかけたくないと思い、過去の話を持ち出して蒼葉の気をそらそうとした。
ウ、蒼葉にとっては冴の受験勉強の手助けをすることは自分の賢さを生かせる機会であり、時間と労力のかかることだとしてもやる意味があると考えている。
エ、蒼葉に応援されて自信がついた冴は、自分の夢のために蒼葉

問1　——①「住む世界が違う」とあるが、蒼葉は冴をどのような人物としてとらえているか。三十字以内で答えなさい。

問2　——②「だからって、岸間さん？」とあるが、このように言う冴の心情として最適なものを次のうちから一つ選び、記号で答えなさい。

ア、冴と蒼葉とでは住む世界が違うという蒼葉の説明に納得しつつもなんとか反論をしようとするが、それでもかたくなに自分を名字で呼ぼうとする蒼葉を嘆かわしく思っている。
イ、冴と蒼葉とでは住む世界が違うという蒼葉の真意を聞いて自分との違いはわかったものの、蒼葉に返す言葉が見つからず、うわの空になっている。
ウ、冴と蒼葉とでは住む世界が違うという蒼葉の言葉に理解せざるを得ない思いを抱きつつも、それを理由として名字で呼ぼうとする彼の態度に不満を覚えている。
エ、冴と蒼葉とでは住む世界が違うという蒼葉の言葉に自分を拒絶する思いを感じ取り、なぜ今さらそんなことを言うのかといらだちを感じている。
オ、冴と蒼葉とでは住む世界が違うという蒼葉の言葉から自分と距離を置いていることがわかり、離れてしまった彼の心をなんとかつなぎ止めたいとあせっている。

問3　空らん【　③　】に入るものを次のうちから一つ選び、記号で答えなさい。

ア、俺に関わるな
イ、受験に集中すべきだ
ウ、大切な人はすぐいなくなる
エ、将来を真剣に考えろう

算数　（60分）

※100点満点
（配点非公表）

テスト２の１

受験番号	1	0				

①名古屋　東海中学校（２０２４年度）

＜注意＞
①答えは解答らんに書くこと。
②解答らん以外の余白や，解答用紙の裏面を計算用紙として使ってよい。
③円周率は 3.14 とする。
④用紙は切り取らないこと。

1

次の □ に当てはまる数を求めなさい。

（1）$\frac{9}{4}\times\left\{3-\left(2.25-\frac{5}{12}\right)\div 0.625\right\}+1.75=$ □

（2）牛肉と豚(ぶた)肉の重さの比が 8：2 のひき肉 600g と 7：3 のひき肉 400g をよく混ぜあわせて，同じ重さのハンバーグを何個か作ろうとしたところ，まちがえて 1 個につきひき肉を 10g ずつ多く使ったため，最後の 1 個はひき肉が足りなくなりました。そこで最後の 1 個に牛肉だけのひき肉を 50g 加えて，すべて同じ重さのハンバーグになるようにしました。

作ったハンバーグは □ 個で，最後の 1 個のハンバーグの牛肉と豚肉の重さの比は □ : 32

3

直方体の水そうと 2 つのポンプ A，B があります。空の水そうをポンプ A だけでいっぱいにするのにかかる時間は，ポンプ B だけのときの 1.25 倍です。

空の水そうに A と B の 2 つのポンプで 4 分 30 秒間水を入れたところ，水そうの高さの $\frac{6}{7}$ まで水が入りました。その後，ポンプ A だけで 2 分 15 秒間水を入れたところ，水そうはいっぱいで，水が 18L あふれていました。ポンプから出る水の量はそれぞれ一定です。

（1）水そうの体積は何 L ですか。

（2）ポンプ A から出る水の量とポンプ B から出る水の量は，それぞれ毎分何 L ですか。

（1）（求め方）

❷名古屋 東海中学校（２０２４年度）

5

図のような２つの直方体の水そうＡとＢに，同じ高さまで水が入っています。水そうＡにおもりを何個か入れ，水そうＢにはＡに入れたおもりの個数とは異なる個数のおもりを入れたところ，２つの水そうの水面の高さの差が 0.5 cm になりました。さらに２つの水そうに水を同じ量だけ足したところ，水面の高さが同じになりました。この操作の間も，（２）の操作の間も，水はあふれることなく，おもりは水面より下にすべてしずみました。また，おもりはすべて同じ体積です。

（１）足した水の量は水そう１つあたり何 cm^3 ですか。

（２）水を足して水面の高さが同じになったときの水そうＡに入っている水だけの体積は 9250 cm^3 で，水そうＢでは，おもりの体積の合計と水の体積の比は１：29 でした。

Ｂから Ａの水そうにおもりを１個移したところ，水そうＡの水面の高さは，おもりを移す前の水そうＡの水面の高さの $\frac{226}{225}$ 倍になりました。おもり１個の体積は何 cm^3 ですか。

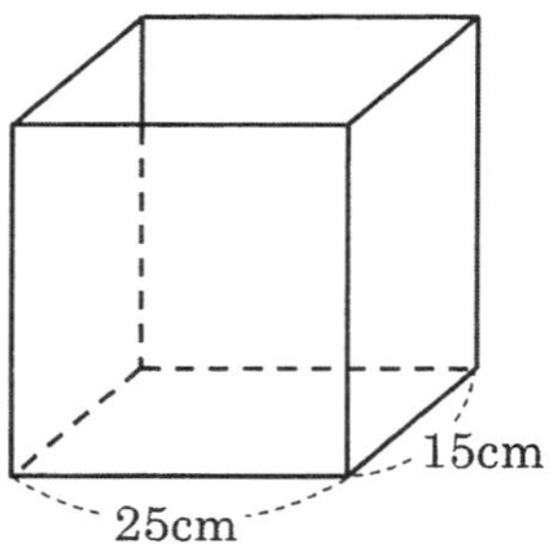

水そうＡ

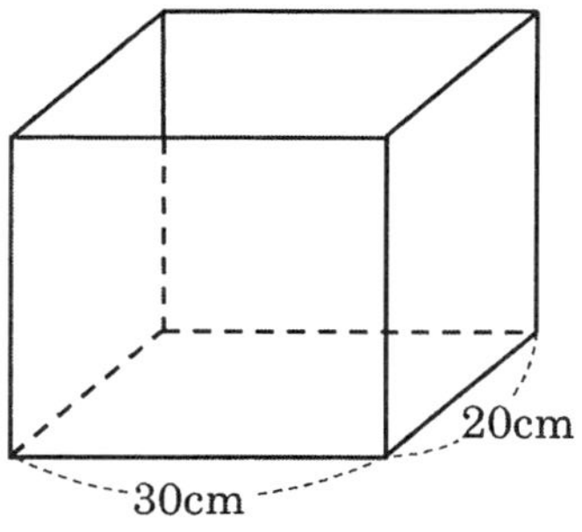

水そうＢ

7

１辺が 1cm の正方形でできたます目に，図１のように１から順に整数を書きこみます。

㋐行目で㋑列目の正方形に書かれた整数を｛㋐，㋑｝で表します。

例えば｛4，2｝は４行目で２列目の正方形に書かれた数字なので 12 です。

｛1，4｝は７です。

（１）図２のような１から｛50，1｝までの数字が書かれた正方形でできた図形の面積を求めなさい。

（２）｛6，14｝を求めなさい。

（３）｛17，10｝を求めなさい。

（４）2024 は何行目で何列目の正方形に書かれていますか。

	１列目	２列目	３列目	４列目	５列目	６列目	…
１行目	1	2	6	7	15	16	
２行目	3	5	8	14	17		
３行目	4	9	13	⋰			
４行目	10	12					
５行目	11						
⋮							

図１

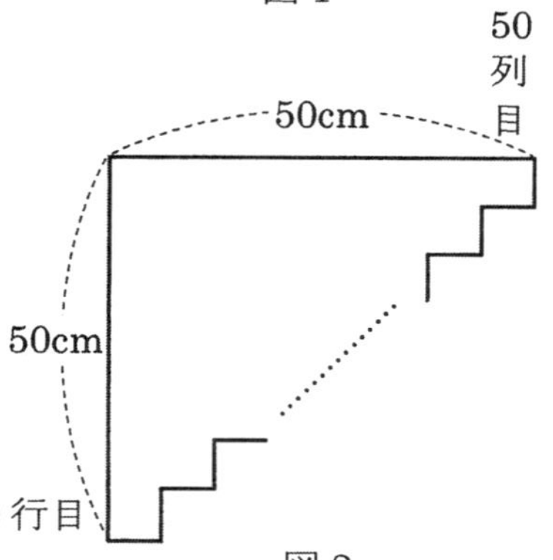

図２

社 会 （50分）

名古屋　東海中学校（２０２４年度）

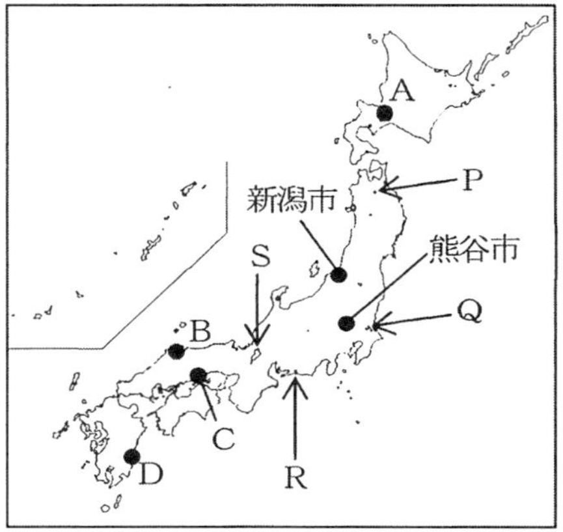

図１

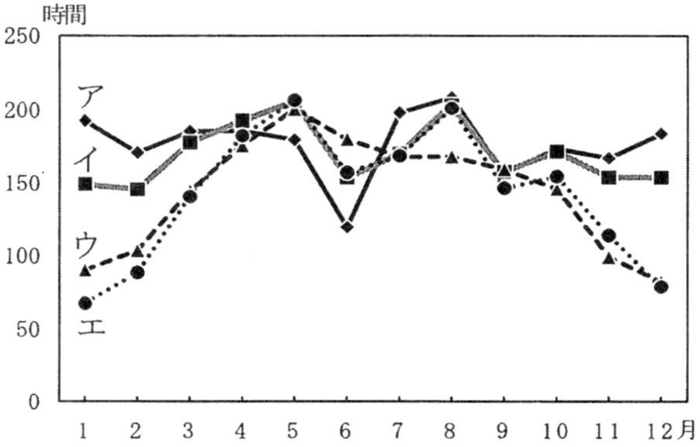

『理科年表』により作成。

図２

表１　　（単位：時間）

	１月	４月	７月	10月
新潟市	56.4	177.7	162.1	138.2
熊谷市	217.0	197.1	146.0	144.1

1　図１中のＡ～Ｄは都市を、Ｐ～Ｓは湖をそれぞれ示しています。各問いに答えなさい。

問１．図２と表１は、Ａ～Ｄの都市および新潟市、熊谷市、カ市における日照時間*の月別平均値を示しています。次の①～④の問いに答えなさい。

*日照計によって観測される太陽が照った時間。

①．図２中のア～エは、図１中のＡ～Ｄのいずれかの都市の日照時間を示しています。ウにあてはまる都市を、図１中のＡ～Ｄの中から一つ選びなさい。

②．図２中で、ウをのぞくと、９月は８月より大きく日照時間が少なくなっています。日照時間が少なくなることをもたらしていることがらをかんたんに答えなさい。

③．右下の表１で１月の日照時間を見ると、熊谷市が長く、新潟市が短くなっています。その理由について説明した次の文章中の【 ａ 】と【 ｂ 】にあてはまる語句をそれぞれ答えなさい。なお、【 ａ 】は八方位の風向をつけて答えなさい。

> 冬にユーラシア大陸から吹く【 ａ 】風が日本海で水蒸気を含み、それが新潟県・群馬県・福島県の境界にある【 ｂ 】山脈にぶつかる。その影響で、新潟市は降雪が多く天気が悪いため、日照時間が短くなる。雪を降らした風は、【 ｂ 】山脈をこえるとかわいた風となる。これにより晴れた日が続くことから、熊谷市の日照時間は長くなる。

④．表１中のカ市は、新潟市や熊谷市と比べると、海から吹く冷たい風なども影響して、７月の日照時間が少なくなっています。カ市に当てはまる都市を、次のア～エの中から一つ選びなさい。

ア．秋田市　　イ．仙台市　　ウ．和歌山市　　エ．那覇市

問２．図１で場所を示した下の図３中のＰ～Ｓの湖（縮尺はそろっていません）について、次の①～⑥の問いに答えなさい。

図３

①．ＱとＲの湖の名称を答えなさい。

②．火山の活動によってつくられた湖を、図３中のＰ～Ｓのうちから一つ選びなさい。

3　次の**地図**と、その**地図**上のA、B、Cの場所にかんする説明を読んで、各問いに答えなさい。

地図
（「地理院地図」をもとに作成）

A	ここは、入海神社と呼ばれている場所です。この神社の境内には、入海貝塚と呼ばれる遺跡があります。入海貝塚からは、a約7,000年前の人々が使っていたbさまざまなものが掘り起こされて発見されています。
B	ここは、かつて緒川城があったとされる場所です。この城は、c室町時代に水野氏によって築かれたとされています。水野氏は、この城周辺の有力者として戦国時代にも活躍しました。例えば、（ あ ）氏についていた水野信元は、当時（ い ）氏についていた松平元康（のちの徳川家康）と**地図**の範囲より北方にある石ヶ瀬川付近などで争いました。この（ あ ）・（ い ）両者の争いは、1560年の桶狭間の戦いで決着がつき、その後、（ あ ）氏と松平氏の間に同盟が結ばれましたが、これには水野信元の仲立ちもあったとされています。
C	ここは、塚本源左衛門という人物の屋敷の跡地です。この人物は、江戸時代に（ う ）づくりで活躍しました。江戸時代には、農産物の生産量が増えたため、それにともなって、米を原料としてつくられた（ う ）の生産量も増えました。そして、（ う ）は、陸上ではなく船でd江戸などへ運ばれました。そのほか、このあたりでは塩づくりがさかんだったことが、奈良時代の（ え ）などからわかっています。

問１．下線部aについて、この時代の説明としてまちがっているものを、次のア～エの中から一つ選びなさい。

ア．人々は、床が地面よりも低い竪穴住居をつくって生活した。　イ．魚をとるための道具を、動物の骨を用いて作成した。

ウ．佐賀県の吉野ヶ里遺跡には、この時代の代表的な集落があった。　エ．人々は、食べ物の調理や貯蔵に土器を使った。

問２．下線部bについて、右の**資料１**は入海貝塚から掘り起こされたものです。豊かなめぐみなどを「いのる」目的で作られたとされるこのようなものを何というか答えなさい。

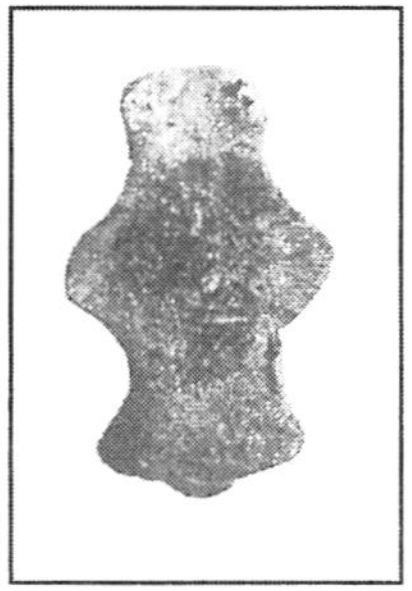

資料１
（『新編　東浦町誌　本文編』より引用）

問３．下線部cの時代について説明した文として正しいものを、次のア～エの中から一つ選びなさい。

ア．雪舟は、各地の風景などを浮世絵でえがいた。

イ．龍安寺のとなりにある東求堂には、書院造の代表とされる部屋がある。

ウ．茶を飲む習慣が琉球から伝わり、日本でも広がった。

エ．民衆の生活などを題材とした話をこっけいなしぐさで演じる狂言が上演された。

問４．Bの文章中の（あ）、（い）に入る語の組み合わせとして正しいものを、次のア～カの中から一つ選びなさい。

ア．あ―今川、い―武田　イ．あ―今川、い―織田　ウ．あ―武田、い―織田

エ．あ―武田、い―今川　オ．あ―織田、い―今川　カ．あ―織田、い―武田

裏　表

＊　裏　表

問１．Ａ～Ｆのうち、「い～は」の出来事が年代の古いものから順にならんでいないカードが二つあります。それらをＡ～Ｆの記号で答えなさい。
問２．次の①～④は、どのカードのどの出来事に関係する人物の説明か。「G―に」というような形で答えなさい。
①．武士として初めて太政大臣となったが、上皇と対立するようになった。
②．参勤交代の制度を整えるなどして、幕府が日本全体を支配するしくみを整えた。
③．各地の有力な守護大名をおさえ、安定した政治を行った。また、金閣はこの人物の住まいが寺になったものである。
④．夫の将軍の死後も御家人たちに大きな影響力を持ち、「尼将軍」と呼ばれたといわれている。
問３．カードＢのころは、条約の取り結び、将軍のあとつぎ問題、幕府の政治への批判などで社会が混乱していました。このようなときに臨時でおかれた幕府の最高の職の名前を答えなさい。
問４．カードＤの下線部の中国は、当時、何という王朝でしたか。答えなさい。
問５．カードＥの「は」の後に起きた戦いをきっかけに、幕府に従っていた武士たちの生活苦が目立つようになりました。その理由を答えなさい。

5　次の表は明治から昭和の時期におこった、日本とＡ～Ｄとの戦争の特徴を表しています。各問いに答えなさい。

Ａとの戦争 ・この戦争の時、［　あ　］とは協力関係にあった。 ・日本は勝利し、①不平等条約の改正が進んだ。 ・戦争の後、日本は［　い　］の鉄道の利権を得た。	**Ｂとの戦争** ・この戦争より前に、「［　い　］国」を理由として、日本は②国際社会から孤立した時期があった。 ・この戦争は、Ｂの国内全土に戦いが広がっていった。 ・日本からの攻撃を受けて、兵士以外にも多くの犠牲者がでた。
Ｃとの戦争 ・Ｃへの攻撃と同時期にマレー半島で［　あ　］との戦いも始まった。 ・多くの国民や［　う　］の人々なども戦争に協力することになった。 ・Ｃからの攻撃を受けて、兵士以外にも多くの犠牲者がでた。	**Ｄとの戦争** ・戦争のはじまりは［　う　］での内乱がきっかけだった。 ・日本が勝利し、日本の要求した賠償金で、Ｄは財政が苦しくなった。

問１．［　あ　］～［　う　］にあてはまる国名や地名などをそれぞれ答えなさい。
問２．Ｃの国名を答えなさい。
問３．上のＡ～Ｄとの戦争が始まった時期を、Ａ～Ｄの記号を使って年代の古いものから順に並べかえなさい。
問４．下線部①について、この戦争の数年後に改正された不平等条約の内容を答えなさい。
問５．下線部②のようになったのは、1933年に日本がある決断をしたことがかかわっています。この決断の内容をかんたんに答えなさい。
問６．戦争に反対する詩「君死にたまふことなかれ」は、Ａ～Ｄのどの戦争の時によまれましたか。Ａ～

テスト４の１　　理科（50分）　名古屋　東海中学校（２０２４年度）

1　右図は、呼吸や消化・吸収、血液が流れる仕組みを表したものです。以下の問いに答えなさい。

（１）右図の（Ｘ）の ⇦ で表されるのは何という物質ですか。

（２）①酸素、②二酸化炭素、③養分、④不要なもの、がそれぞれどのような流れで運ばれますか。次の（A）～（L）に適切な語句をア～ケから選び、記号で答えなさい。ただし、同じ記号を何度使っても良い。

①酸素 ・・・ 鼻→（ A ）→（ B ）→ 血液１ →全身の各部分

②二酸化炭素 ・・・ 全身の各部分→ 血液２ →（ C ）→（ D ）→（ E ）→鼻

③養分 ・・・ 口→（ F ）→（ G ）→（ H ）→ 血液３ →

→（ I ）→ 血液４ →（ J ）→ 血液５ →（ K ）→全身の各部分

④不要なもの ・・・ 全身の各部分→ 血液６ →（ L ）→ぼうこう

ア.気管　イ.肺　ウ.心臓　エ.胃　オ.小腸　カ.大腸　キ. かん臓　ク.こう門　ケ.じん臓

（３）（２）の血液１～６を「酸素が多い血液」と「二酸化炭素が多い血液」に分けたとき、酸素が多い血液はどれか。すべて選び、数字で答えなさい。

（４）（Ｙ）の ⇄ は何を意味するか、説明しなさい。

（５）口から取り入れた水は体の中を通って排出（はいしゅつ）されます。その１つは尿です。それ以外の２つを答えなさい。

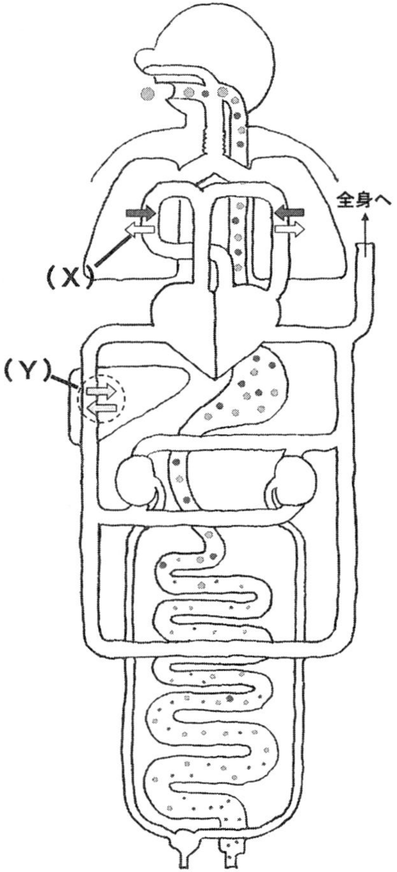

2　次の文章と写真は2024年１月10日のナショナルジオグラフィック日本版の記事です。これを読んで、以下の問いに答えなさい。

気温の上昇（A）、北極圏（けん）の氷の融解（ゆう）、カナダの壊滅的（かいめつ）な森林火災（B）。2023年、気候変動

3 太郎くんが、河川敷の草むらで遊んで家に帰ると、植物の種子がズボンにたくさんついていることに気付きました。次の問いに答えなさい。

（１）太郎くんは種子を取ろうとしましたが、なかなか取れませんでした。これらの種子が、簡単に取れないようなつくりになっていることの利点は何ですか。

太郎くんは、このことをきっかけに植物の種子に興味をもち、いろいろな植物の種子を集めてみることにしました。

（２）次のア～エの種子を大きいものから順に並べ、記号で答えなさい。

ア．トウモロコシ　　イ．トマト　　ウ．アサガオ　　エ．インゲンマメ

（３）カエデの種子は右図のような形をしていました。このようなつくりをもつことは、カエデにとってどのような利点がありますか。

（４）種子を保管するには、どの様な環境が適していますか。２つ書きなさい。

（５）ホームセンターの園芸コーナーで販売されている、ある種子の袋の注意書きを読むと、「桜の散るころにまくと良い」と書いてあることに、太郎くんは気付きました。なぜこのように書かれているのか、その理由を書きなさい。（ここに書かれている桜はソメイヨシノを示しています）

4 広口びんに火の付いたろうそくを入れた後で、ガラス板でふたをしました。しばらくすると、ろうそくの火が消えました。これについて、次の問いに答えなさい。

（１）ろうそくに火を付ける前の、空気中の気体の割合は、[A] が約 78%、[B] が約 21%、[C] を含むその他の気体が約 1% です。[A]、[B] に当てはまる気体の名前を答えなさい。

（２）ろうそくの火が消えた後の、広口びんの中の気体について調べました。

① [C] があることを調べる方法について、次の文の（　）に当てはまる言葉を入れなさい。

広口びんに（　　）を入れて（　　）と、（　　）ことから、[C] があることを確認できる。

② 広口びんの中に含まれる気体の割合を調べるには、どのような方法がありますか。

③ 火が消えた後の広口びんの中には、[B]、[C] の気体はどのような割合で含まれていますか。最も近いものを次のア～エか

6 右のグラフは、水の温度と、水 100g に溶ける物質Aの重さの関係をグラフで表したものです。次の問いに答えなさい。なお、答えが割り切れなかったり、小数点以下の値が出たりするときは、小数第１位を四捨五入して整数で答えなさい。

（１）40℃の水 50g に物質Aは何 g 溶かすことができますか。

（２）60℃の水 100g に物質Aを最大限まで溶かした後、温度を 20℃まで下げました。溶けきれなくなって出てきた物質Aの重さは何 g ですか。

（３）50℃で物質Aを最大限まで溶かした水溶液 1000g から、温度を 50℃に保ったまま水を 100g 蒸発させました。溶けきれなくなって出てきた物質Aの重さは何 g ですか。

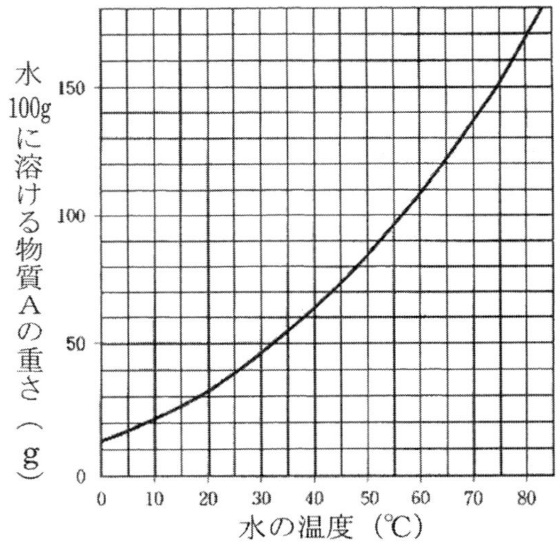

7 太郎くんは家族と一緒に、山のふもとにあるキャンプ場でキャンプをしました。テントのそばに川が流れていたので、太郎くんは川の様子や川底の石の様子を観察しました。次の問いに答えなさい。

（１）P－Qの部分について、川の深さはどうなっていましたか。川の断面の形が分かるように、図で表しなさい。

（２）PとQの部分での川の速さと石の大きさについて、適切な組み合わせを下の表のア～エから選び、記号で答えなさい。

	P		Q	
ア	速い	大きい石が多い	遅い	小さい石が多い
イ	速い	小さい石が多い	遅い	大きい石が多い
ウ	遅い	大きい石が多い	速い	小さい石が多い
エ	遅い	小さい石が多い	速い	大きい石が多い

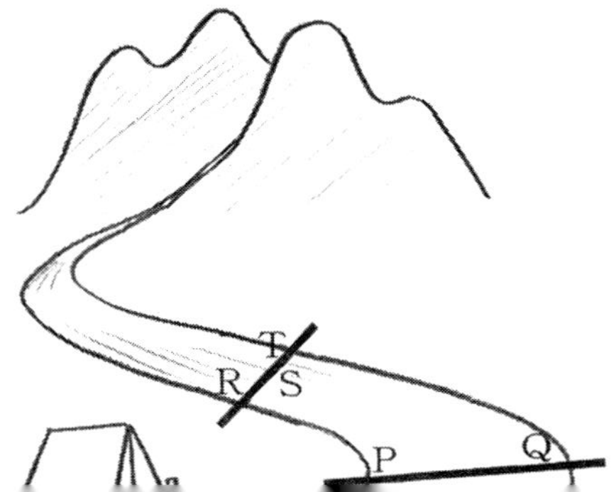

（３）R－S－Tの部分について、川の深さはどうなっていましたか。川の断面の形が分かるように、図で表しなさい。

9　右図のラジオ付き防災用ライトについて、次の問いに答えなさい。

（１）部品Aは何ですか。

（２）部品Aとハンドルの両方があることの利点を書きなさい。

（３）この機器には、電気をたくわえておくための部品が入っています。それは何ですか。

（４）ライトには豆電球の代わりに、“あるもの”が使われています。

①それは何ですか。

②“あるもの”を使うことにより、ライトの性能はどのように向上しますか。２つ答えなさい。

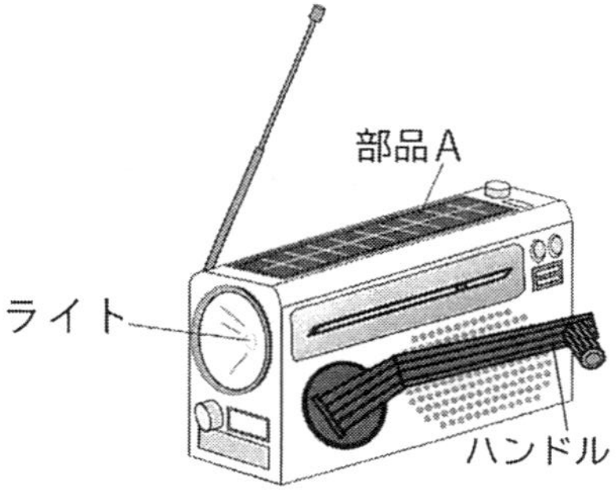

10　図１のように横幅(はば)20cmの台の上に、長さ80cmで重さ300gの一様な棒①が置いてあり、左端(はし)に500gのおもりAを取り付けました。以下の問いに答えなさい。ただし答えが割り切れない場合は四捨五入して整数で答えること。

（１）この棒①が台の上で動かないように、右端にもおもりBを取り付けました。おもりBの重さが（　ア　）g未満のとき、棒は点Pを支点にして左へかたむき、（　イ　）gをこえると点Qを支点にして右へかたむきました。（ア）（イ）に当てはまる数値を答えなさい。

（２）次におもりBを取り外し、図２のように右端を一本の支柱で支えられた棒②を棒①と10cm重なるように置きました。棒②は長さが100cmで重さが200gの一様な棒とします。そしてその真ん中（右端から50cm）におもりCをつるしました。おもりCの重さが（　ウ　）g未満のとき棒①は左へかたむき、（　エ　）gをこえると右へかたむきました。（ウ）（エ）に当てはまる数値を答えなさい。

（３）今度は棒②を取り外し、図３のように長さが80cmで重さが240gの太さが一様ではない棒③を10cm重ねて置き、棒③の真ん中（右端から40cm）におもりDをつるしました。おもりDの重さが165g未満のとき、棒①は左にかたむき、2545gをこえると右にかたむきました。棒③を取り外し、図４のように一点で支えるとしたら、右端から何cmの位置を支えれば水平になりますか。

図１

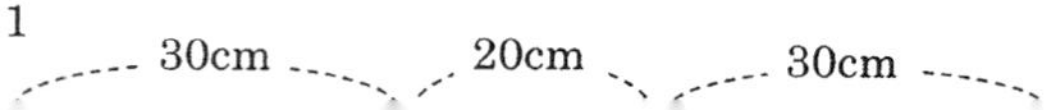

テスト１の６

受験番号	１	０				

名古屋　東海中学校　２０２４年度

※100点満点
（配点非公表）

国語　解答らん

（字数制限のある問題は、特に指示がない限り、文字以外の記号もすべて字数に入れること。）

一

①	③	⑤
②	④	⑥

二

問１ (a) (b) (c)

問２

問３

問４

問５

問６

問７

問８　50

問９　80

問10　1　2　3

受験番号	1	0				

名古屋　東海中学校（２０２４年度）

※100点満点
（配点非公表）

社会

1

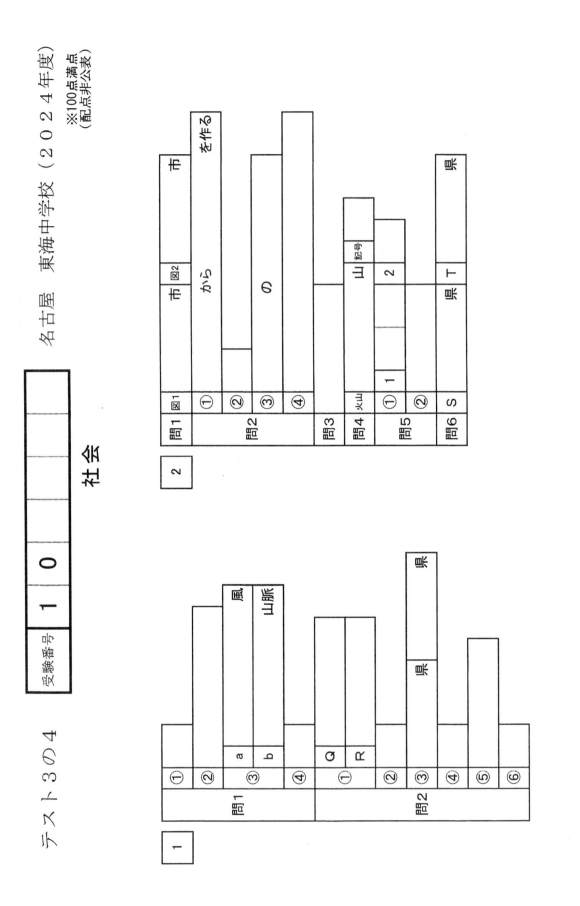

問1	①		
	②		
	③	a	風
		b	山脈
	④		
問2	①	Q	
		R	
	②		
	③	県	県
	④		
	⑤		
	⑥		

2

問1	図1	市	図2	市
問2	①	から　を作る		
	②			
	③	の		
	④			
問3				
問4	火山	山	記号	
問5	①	1	2	
	②			
問6	S	県	T	県

3

問1	

4

問1		

テスト４の５

受験番号	１	０				

名古屋 東海中学校（２０２４年度）
※100点満点
（配点非公表）

理科

解答らん

1

(1) (X)	(2) A	B	C	D	E		
F	G	H	I	J	K	L	(3)
(4)				(5) ,			

2

(1) ,	(2) 倍	(3)
(4)		
(5) （ ）を回転させることで、（ ）のエネルギーを取り出す	(6)	

3

(1)	(2) → → →	(3)
(4) ,	(5)	

4

(1) A	B

【メモ用紙】　この用紙は、下書きに利用してください。回収はしません。

②	③

5

(1)	(2)	(3)	(4)

6

(1) g	(2) g	(3) g

7

(1) P Q	(2)	(3) R S T	(4)
(5)			

8

(1) エ（　）、オ（　）、カ（　）、導線①…（　）と（　）

(2) エ（　）、オ（　）、カ（　）、導線①…（　）と（　）、導線②…（　）と（　）

9

(1)	(2)	(3)
(4) ①	② ,	

10

(1)ア	イ	(2)ウ	エ	(3) cm

問3		
問4		
問5		
問6		
問7		
問8	①	
	②	

問2	①	—
	②	—
	③	—
	④	—
問3		
問4		
問5		

5

問1	あ	
	い	
	う	
問2		
問3	古 → → → 新	
問4		
問5		
問6		
問7		

6

問1	A					
	B	者				
	C	者				
問2	①		②		③	
問3						
問4						
問5						

三

問1	問2	問3	問4	問5	問6	問7	問8	問9	問10
30				A 10 / B	∫	50			80

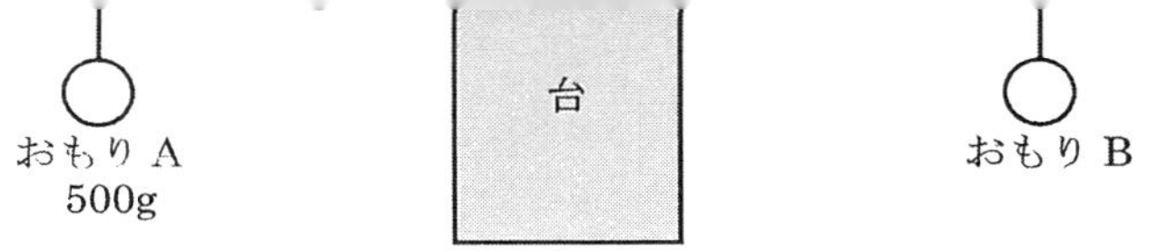

台
おもりA
500g
おもりB

図2

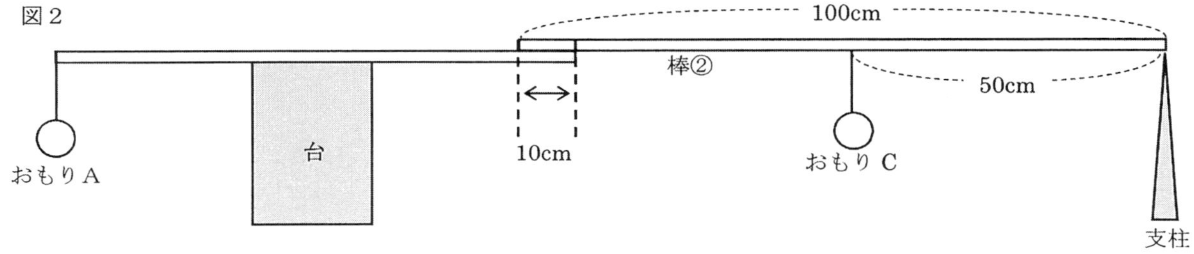

100cm
棒②
50cm
台
10cm
おもりA
おもりC
支柱

図3

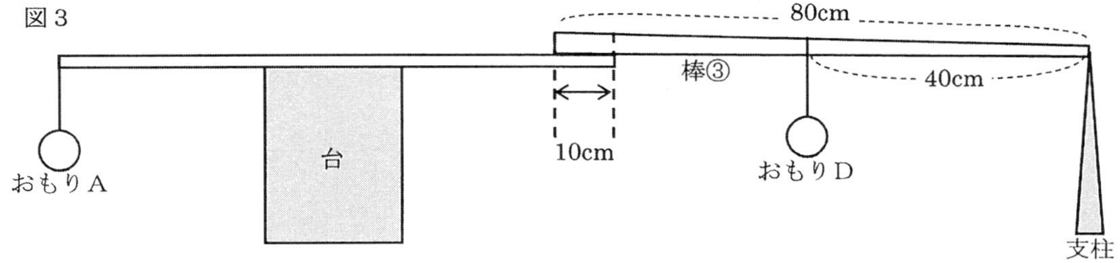

80cm
棒③
40cm
台
10cm
おもりA
おもりD
支柱

図4

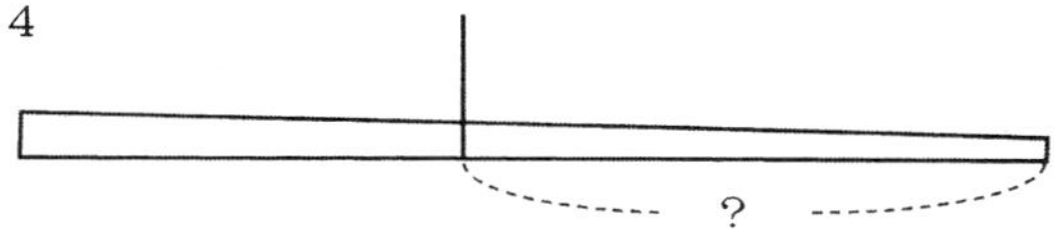

?

で答えなさい。

ア．Rの石とSの石は、だいたい同じ大きさである

イ．Sの石とTの石は、だいたい同じ大きさである

ウ．Rの石の方がSの石より大きいものが多い

エ．Sの石の方がTの石より大きいものが多い

（5）川の近くに行くときは、安全のために、その場所の天気だけでなく、さらに上流地域の天気にも気を付ける必要があります。それはなぜか。「水かさ」「速さ」という言葉を用いて答えなさい。

8 プロペラがついたモーターと3個の電池ボックス、切りかえスイッチを用いて、右図のような装置をつくりました。電池ボックスBに、＋極をオ側にして電池①を入れ、スイッチをイに入れたところ、プロペラが左まわりに回転しました。次の問いに答えなさい。

（1）この装置から、電池①をいったん外し、電池②と導線①を加えたうえで配線をしなおしました。スイッチをアに入れたときにはプロペラが回らず、イに入れたときにはプロペラが右に回転し、ウに入れたときにはイに入れたときよりも速く右に回転しました。電池①②と導線①はどのようにつながっていますか。電池については、エ・オ・カが電池の＋極、－極のどちらにつながっていますか。ただし、つながっていない場合は×と答えなさい。また、導線については、ア～カのどことどこにつながっているかを答えなさい。

（2）（1）の装置から、電池①②、導線①をいったん外し、導線②を加えたうえで配線をしなおしました。スイッチをウに入れるとプロペラは右に回転し、アに入れると左に回転し、イに入れると回転しませんでした。電池①②と導線①②はどのようにつながっていますか。電池については、エ・オ・カが電池の＋極、－極のどちらにつながっていますか。ただし、つながっていない場合は×と答えなさい。また、導線については、ア～カのどことどこにつながっているかを答えなさい。

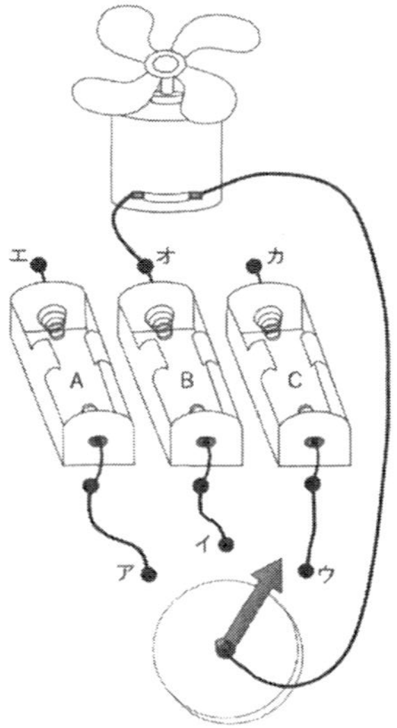

	B	C
ア	0%	約　21%
イ	約　3%	約　17%
ウ	約　17%	約　3%
エ	約　20%	約　1%

5　次の（1）～（4）のA・B・Cの文章のうち、内容が正しいものをすべて選び、記号で答えなさい。正しい内容の文章がない場合には「なし」と答えなさい。

（1）　A：台風の中心にある「台風の目」と呼ばれる部分には、あまり雲がない。
B：台風の目の中は、そのまわりにくらべて風は弱い。
C：台風が日本付近を北上するとき、台風の中心の西側よりも東側の方が風が強い。

（2）　A：アンモニア水・塩酸・食塩水・石灰水・炭酸水の中で、加熱して水を蒸発させたあとに白い固体が残るものは３つある。
B：アンモニア水・塩酸・食塩水・石灰水・炭酸水の中で、赤色リトマス紙の色を変えないものは２つある。
C：アンモニア水・塩酸・食塩水・石灰水・炭酸水の中で、ムラサキキャベツ液の色がむらさき色になるものは１つある。

（3）　A：塩酸は鉄やアルミニウムを溶かすが、このとき気体が発生する。
B：鉄やアルミニウムが溶けた塩酸を加熱して水を蒸発させると、白い固体が残る。
C：アルカリ性の水溶液には、アルミニウムを溶かす性質があるものは存在しない。

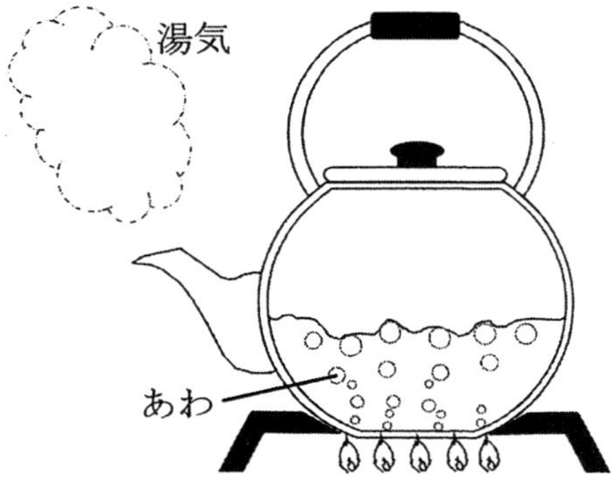

（4）　A：右図の「湯気」は、気体である。
B：右図の「あわ」は、気体である。
C：右図のように「あわ」がさかんに出ているとき、水の温度は100℃をこえている。

録が残る1850年以来、最も暑い年だった。気温は産業革命前より平均で1.48℃高かった。科学者たちが超えてはならないと言う限界に、危険なほど近づいている。

ただし、2023年に起こった環境にまつわる重大な出来事が、すべてネガティブなものだったわけではない。さまざまな懸念材料の中には、希望の兆しもあった。

化石燃料から再生可能エネルギー(C)への移行は、多くの人が望むほどのスピードではなかったにせよ、着実に進行している。絶滅が宣言された種もあれば、数十年ぶりに姿を現した種もあった。また、米国での絶滅危惧種(D)法（ESA）制定から50周年となる2023年は、消滅する運命にあると思われていたいくつかの種が、相対的に言えばではあるものの、今では繁栄しているという喜ばしいニュースもあった。

【注釈】ネガティブな・・・望ましくない　懸念材料・・・心配される事柄　相対的に・・・他と比べて

2023年９月にブラジルをおそった大洪水

（１）下線部（A）について、2023年は気温上昇の主な原因である化石燃料からの世界炭素排出量が過去最高となりました。では、私たちが普段使っている化石燃料の種類にはどんなものがありますか。石油以外に２つ答えなさい。

（２）下線部（B）について、2023年にアメリカで焼失した面積は約18万平方キロメートルに達しました。愛知県の面積は約５千平方キロメートルです。焼失した面積は愛知県の面積の何倍ですか。

（３）森林火災は、植物を減少させる以外にも地球全体の環境に大きな影響があります。それは何ですか。

（４）写真のような洪水や干ばつなどの極端な気象現象は地球の平均気温との関係があるという研究結果があります。雨が降りすぎて起こる洪水と降らないことで起こる干ばつは、気温上昇に伴う“ある共通の原因”によると考えられます。それは何かを説明しなさい。

（５）下線部（C）について、2023年の世界の再生可能エネルギーの３分の２は太陽電池によるものだと国際エネルギー機関が述べています。それ以外の再生可能エネルギーである、地熱、水力、風力からエネルギーを取り出す方法について、次の文の（　　）に当てはまる言葉を入れなさい。

（　　　　）を回転させることで、（　　　　）のエネルギーを取り出す

（６）下線部（D）について、海の変温動物（周りの温度によって体温が変わる動物）は陸上の変温動物より絶滅のおそれが２倍高いという研究結果があります。海は温室効果で大気中に閉じ込められた熱を吸収し続けており、その結果、海水温がここ数十年で最も高い水準となっています。では、海水温が高くなることが、なぜ絶滅のおそれにつながるのか説明しなさい。

問7．右の写真は、ときの戦争中に郵便ポストを回収している様子です。なぜこのようなことをしているのですか。かんたんに説明しなさい。

『仙台市史 特別編4 市民生活』より引用。

6 次の文章を読んで、各問いに答えなさい。

国会の地位と役割について、憲法41条では「国会は、国権の最高機関であって、国の唯一の（　A　）機関である。」と定められている。国会が「国権の最高機関」とされることは、国会・内閣・裁判所の中で、国会だけが（　B　）者である国民によるa選挙で選ばれた（　C　）者の集まりであることと関係が深い。また、国会が「国の唯一の（　A　）機関」とされることは、日本の政治でb三権分立のしくみがとられていることにもとづいている。三権分立とは、国の政治を動かす権力を（　A　）権と行政権と司法権の三つに分けて、それぞれ（　A　）権を国会に、行政権を内閣に、司法権を裁判所に受け持たせるしくみである。

問1．上の文章中の（　A　）～（　C　）にあてはまる語句をそれぞれ答えなさい。

問2．下線部aについて、日本で選挙権がより多くの人に認められるようになった、次の①～③のことがらと最も年代の近いできごとを、ア～ウの中からそれぞれ一つずつ選びなさい。

①. 25歳以上のすべての男性が選挙権を持つようになった。
　ア．全国水平社がつくられた。　イ．八幡製鉄所が操業を開始した。　ウ．大日本帝国憲法が発布された。

②. 女性の参政権が認められ、20歳以上の男女が選挙権を持つようになった。
　ア．警察予備隊が発足した。　イ．日本国憲法が公布された。　ウ．サンフランシスコ平和条約を日本が結んだ。

③. 選挙権が認められる年齢を18歳に引き下げた。
　ア．裁判員制度が始められた。　イ．日中平和友好条約が結ばれた。　ウ．元号が昭和から平成にかわった。

問3．下線部aについて、女性の選挙権を求める運動を行った人を、次のア～エの中から二つ選びなさい。
　ア．津田梅子　イ．市川房枝　ウ．樋口一葉　エ．平塚らいてう

問4．下線部bの目的を説明した文としてまちがっているものを、次のア～エの中から一つ選びなさい。
　ア．国民の権利や自由を守る。　イ．一つの機関が権力を持ちすぎないようにする。
　ウ．政治が効率よく行われるようにする。　エ．権力がまちがった方法で使われないようにする。

問5．国会について説明した文としてまちがっているものを、次のア～エの中から一つ選びなさい。
　ア．衆議院は解散があるが、参議院は解散がない。　イ．衆議院議員の任期は6年である。
　ウ．衆議院議員に立候補できる年齢は25歳以上である。　エ．衆議院議員は、参議院議員よりも人数が多い。

を行いましたが、この政策では具体的にどのようなことが行われましたか。一つ答えなさい。

問６．Ｃの文章中の（う）に入る製品名を答えなさい。

問７．下線部ｄについて、江戸時代の交通にかんする次のＸ、Ｙは正しい説明ですか、それともまちがった説明ですか。その組み合わせとして正しいものを、次のア～エから一つ選びなさい。

Ｘ．東海道などの「五街道」は、すべて江戸から各地を結ぶ街道である。

Ｙ．朝鮮通信使は、朝鮮半島から江戸までのすべての行程（こうてい）を船で移動した。

ア．Ｘ―正しい、Ｙ―正しい　　イ．Ｘ―正しい、Ｙ―まちがっている

ウ．Ｘ―まちがっている、Ｙ―正しい　　エ．Ｘ―まちがっている、Ｙ―まちがっている

問８．Ｃの文章中の（え）にかんする次の①と②の問いに答えなさい。

①．（え）に入る、右の**資料２**のようなものの名前を答えなさい。

②．右の**資料２**は、「塩」に付けられて都へ運ばれました。これをふまえながら、右の**資料２に記された文字**のうち、●の部分に入る語を漢字一字で答えなさい。

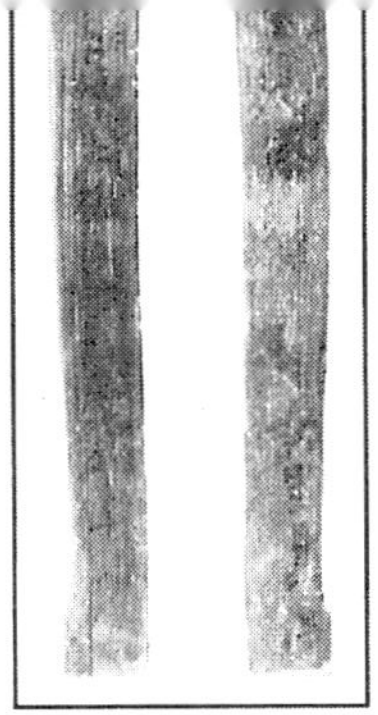

資料２

国知多郡□里日置部得

●塩三斗*　和銅六年十月十五

*は、塩の量をあらわしています。

資料２に記された文字

（□は欠けているなどの理由で読みおこすことができない文字を表しています。なお、出典は出題の都合上省略しています。）

4　次の歴史的なことがらの書かれたカードをみて、「テスト３の３」にある各問いに答えなさい。

● カードＡ
い．日本にキリスト教が伝わった。
ろ．２度にわたって朝鮮王朝に大軍を送った。
は．日本人の海外渡航（とこう）や帰国が禁止された。

● カードＢ
い．外国船は見つけしだい打ちはらえという命令が出された。
ろ．大統領の手紙を持参した４せきのアメリカ船が浦賀沖（うらがおき）に現れた。
は．アメリカとの条約をもとに横浜などの港が貿易のために開かれた。

● カードＣ
い．京都に幕府が開かれた。
ろ．中国（明）との国交を開き、貿易をはじめた。
は．将軍のあとつぎをめぐり、京都にはげしい内乱がおこった

● カードＤ
い．平等院鳳凰堂（ほうおう）が完成した。
ろ．現在の神戸市近くに港を整備し、中国との貿易をすすめた。
は．壇ノ浦（だんのうら）の戦いがおこった。

● カードＥ
い．武家のしきたりや慣習が法としてまとめられた。
ろ．上皇が中心となり、朝廷が幕府をたおそうと兵をあげた。
は．高麗（こうらい）を通じて、中国北部を支配した国への服従が求められた。

● カードＦ
い．日本初の本格的な都が現在の奈良県に造られた。
ろ．国分寺を全国に置き、社会の不安をしずめようとした。
は．中国の法を手本とした日本の法が完成した。

④. Qの湖岸地域の砂地で多く栽培されている農作物を、次のア～エから一つ選びなさい。

ア．らっかせい　　イ．らっきょう　　ウ．レモン　　エ．れんこん

⑤. Rの湖では、鹿児島県が全国第１位、愛知県が第２位の漁獲量（2020 年）となっている水産物の養殖がさかんです。この水産物を答えなさい。

⑥. Sの湖から流出する川を、次のア～エのうちから一つ選びなさい。

ア．揖斐川　　イ．江の川　　ウ．紀ノ川　　エ．瀬田川

2 図１は関東地方、図２は九州地方のある県をそれぞれ示しています。各問いに答えなさい。

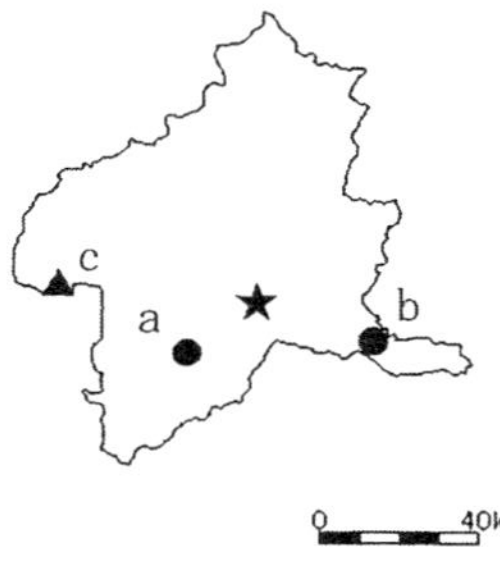

図１

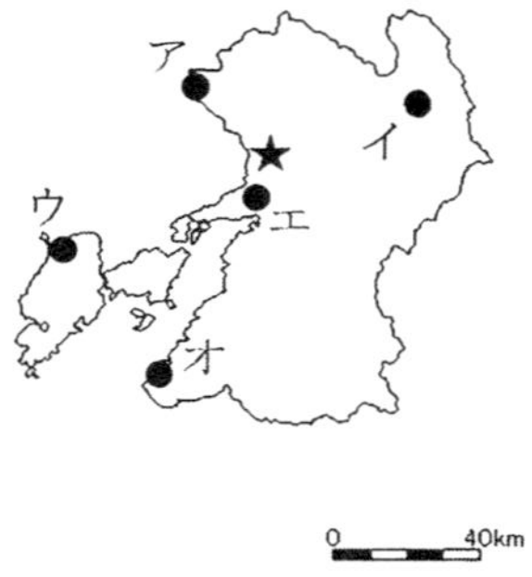

図２

問１．図１と図２の★は県庁所在地です。県庁所在地名をそれぞれ答えなさい。

問２．働く女性にかんする次の①～④の問いに答えなさい。

①. 図１中のａ市には、官営工場として操業を開始し、太平洋戦争以前、10～20 代の女性が多く働いていた工場があります。どのような原料からどのような製品を作る工場か答えなさい。

②. 表１中の【 Ｐ 】の産業にあてはまるものを、次のア～エの中から一つ選びなさい。

ア．農業　　イ．工業　　ウ．商業　　エ．サービス業

③. 大正時代になると、明治時代に登場した公共交通機関で女性が働くようになりました。どのような公共交通機関のどのような仕事か答えなさい。

④. 高度経済成長期のころから女性の家事労働時間が減ったおもな理由を答えなさい。

表１

	女性の 全従業者数 （千人）	うち【 Ｐ 】の 就業者割合
1920 年	10, 274	61. 8%
1940 年	12, 753	56. 3%
1960 年	17, 255	41. 7%

『数字でみる日本の 100 年』により作成。

問３．図１中のｂ市は表２中の【 Ｑ 】の工業がさかんで、1990 年代以降、工場で働く目的で日系【 Ｒ 】人の人たちが住むようになりました。表２中の【 Ｒ 】に入る国名を答えなさい。

問４．図１中のｃの火山の名称を答えなさい。また、次の農作物のうち、ｃの火山周辺の村で最もさかんに栽培されているものを、次のア～エの中から一つ選びなさい。

ア．いちご　　イ．キャベツ　　ウ．すいか　　エ．ピーマン

問５．四大公害に関連して、2013 年に図２の県で外交会議が開催され、【 １ 】による人の健康や環境への影響を減らすために「【 １ 】に関する【 ２ 】条約」が採択されました。そのことについて、次の①と②の問いに答えなさい。

①.【 １ 】にあてはまる語句を漢字二字で答えなさい。また、四大公害が発生した【 ２ 】にあてはまる都市の場所を、図２中のア～オの中から一つ選びなさい。

②. 日本において、採択された条約を結ぶためには【 ３ 】の承認が必要です。【 ３ 】に入る語句を答えなさい。

問６．表２中の【 Ｓ 】と【 Ｔ 】の県名をそれぞれ答えなさい。ただし、【 Ｓ 】は九州地方の県，【 Ｔ 】は関東地方の県です。

表２

	在留外国人数 （2022 年）	【 Ｑ 】の 製造品出荷額 （2019 年）	トマトの生産 （2021 年）
1位	中国	愛知県	【図２】県
2位	ベトナム	静岡県	北海道
3位	韓国	神奈川県	愛知県
4位	フィリピン	【 Ｓ 】県	【 Ｔ 】県
5位	【 Ｒ 】	【図１】県	千葉県

『日本国勢図会』『県勢』により作成。

(1) cm³	(2) cm³

(3)	(4) 行目 列目

6

生徒に遠足の行き先A，B，Cについて，希望する行き先を1か所以上3か所まで選べるアンケートをとりました。2か所を選んだ人は99人，3か所を選んだ人は9人でした。その結果，Aを選んだ人は全部で141人，Bを選んだ人は全部で191人，Cを選んだ人は全部で145人でした。

（1）生徒の人数を求めなさい。

（2）実際の遠足ではそれぞれの生徒は選んだ行き先のうちの1か所に行きます。アンケート結果をくわしく調べたところ，2か所を選んだ99人のうち，AとBを選んだ人は46人，BとCを選んだ人は47人だったので，どの行き先に行く生徒も同じ人数にすることができました。AとBの2か所を選んだ46人のうち，Bに行く人は最も少ない場合で何人，最も多い場合で何人と考えられますか。

(1) 人	
(2) 最も少ない場合 人	最も多い場合 人

8

図のAB，AC，CDの長さはすべて同じで，BCとADの長さの差が5 cmのとき，BEの長さを求めなさい。

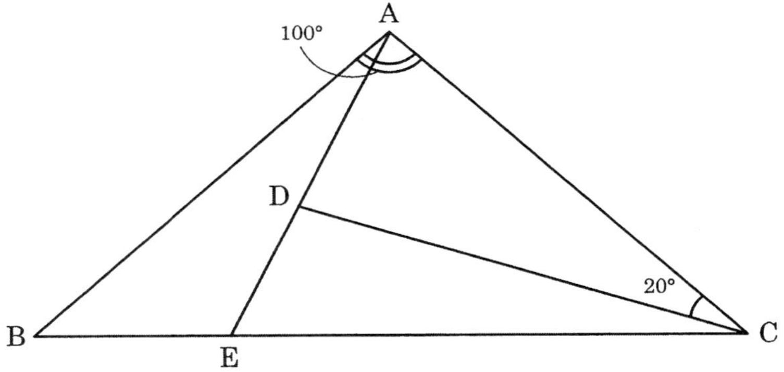

cm

です。

（3）十の位が 2 で一の位が 4 である 4 けたの整数のうち，8 でも 11 でも割り切れるのは，2024 と ［　　］ と ［　　］ と ［　　］ です。

2

図の四角形 ABCD は平行四辺形で，AE : ED は 2 : 3，AF は 4cm，FE は 2cm で，四角形 ABCD の面積は 105cm² です。

（1）DH の長さを求めなさい。

（2）台形 BCFG の面積を求めなさい。

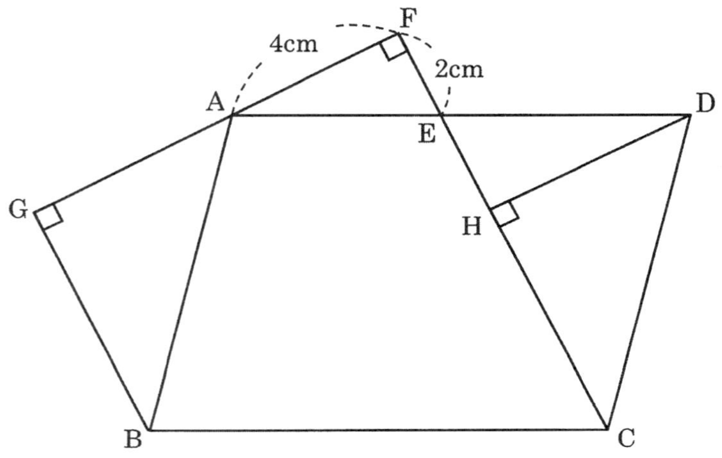

（1） cm	（2） cm²

（1）（答え） L	（2）ポンプ A L　ポンプ B L

4

図の四角形 ABCD は 1 辺の長さが 24cm の正方形で，BE は 12cm，AE と BF は垂直です。

（1）三角形 AGF と三角形 AGD の面積の比を求めなさい。

（2）DG の長さを求めなさい。

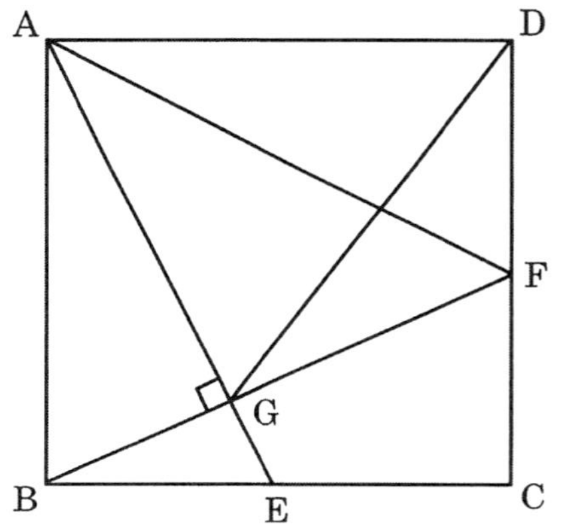

（1）三角形 AGF ： 三角形 AGD　：	（2） cm

問4 ――④「ああ、すごく岸間さんだ」とあるが、この時の蒼葉の心情として最適なものを次のうちから一つ選び、記号で答えなさい。

ア、冴の将来の夢がとてもふさわしいものだと納得している。
イ、冴の将来の夢についての予想が的中したことを喜んでいる。
ウ、冴の特性を生かせる職業があったことに驚いている。
エ、冴はやはり自分とは住む世界が違う人だと尊敬している。
オ、冴が蒼葉の希望通りの仕事を挙げたことに満足している。

問5 ――⑤「わたしがおずおず言うと」とあるが、なぜ冴は「おずおず言う」のか。その理由を説明した次の文の空らんを補いなさい。ただし、【 A 】は本文中の語句を用いて十字以内で書き、【 B 】は最適なものをア～オのうちから一つ選び、記号で答えなさい。

蒼葉が親切なのは、パンをもらったことを【　　　A　　　】からだと考えたが、【　B　】から。

ア、蒼葉はそんなことは忘れているかもしれない
イ、わざわざ自分が口に出すのはためらわれる
ウ、蒼葉の本音を聞かされるのは恥ずかしい
エ、自分の当てずっぽうな考えで自信がない
オ、蒼葉の親切心をむげに扱う(あつか)ことになる

問6 ――⑥「岸間さんからもらったのはパンだけじゃないよ」とあるが、パンをもらったことによって蒼葉の心情にどのような変化があったか。本文中から二十字以内でぬき出し、最初と最後の三字を答えなさい。

問7 ――⑦「けれど、それ以上に苦しい」とあるが、冴はなぜそのように思うのか。五十字以内で答えなさい。

考えている。

オ、小学生時代の、パンを受け取っていた時の蒼葉の思いを知った冴は教師になろうという思いがいよいよ強くなり、蒼葉の支援(しえん)を受け入れようとしている。

問10 ――⑧「そのわたしが、もうすぐ大人になるのだ。自分以外の大人がやってくれるのを待っていてはどうしようもない」とあるが、冴はどのような教師になろうと考えているか。その理由もふくめて八十字以内で説明しなさい。

だろうしね。俺なんて、一人寂しく酒飲みすぎて肝臓壊して死んでいくだけだよ」

蒼葉はそう言ってから、死ぬという言葉を口にしたことに気がとがめたのか、

「ちょっと、そんなことより、岸間さん、受験のこと聞いたんだけど。俺」

と慌てて話を変えた。

「あ、ああ。受験ね」

わたしは、【　③　】と、蒼葉に予防線を張られているのだ。そこに突き進む勇気などない。それに、これ以上この話をするのは、蒼葉につらい思いをさせそうで、わたしも掘り下げるのはやめにした。

「どんな大学狙ってるの？」

「そうだな……」

「大学って、まずは何になりたいかによるよな。岸間さん将来何になる予定？」

「そう、えっと、わたしは……」

職業と考えると難しいけど、やりたいことはと思い浮かべると、小学三年生の時の蒼葉を思い出す。あのころから、子どものために何かできたらいいなとずっと思ってきた。蒼葉みたいに「教育や愛情を受けていない」と言ってしまう子どもをなくしたい。生きるためのすべを教える場は家庭だけじゃないはずだし、愛情だって必ずしも親から与えてもらわなくたっていいはずだ。悲しい思いを抱える子どもが少しでもいなくなれば。そういう思いは、蒼葉の家を初めて訪れた時から変わっていない。

その希望をかなえられる仕事。そうなると、小学校の教師が近いんだろうか。

「県立教育大学でいいよね。明日から過去問とか参考書とか先に解いてポイント押さえて、教えられるようにしておく」

「何それ。蒼葉も受験するってこと？」

「まさか。俺、もう働いてるし、中卒だよ。空き時間に勉強しておいて教えるってこと」

「それ、すごい無駄じゃない？　時間とか労力とか」

自分の行かない大学の受験勉強をする。この先入試をするわけでもないのにだ。しかも、蒼葉は、日中はファストフード店やファミレスで夜は居酒屋や親の店で働いている。時間もないし、受験勉強がなにかのプラスになりそうもない。

「無駄じゃないよ。勉強、嫌いじゃないしさ。それに、どうせ調理師免許取る勉強もしようと思ってたから、ついでに」

「どこがついでよ。勉強内容違うでしょう」

「やりたいんだ」

「蒼葉、そんなに恩に感じてもらうことないのに」

中学の時わたしを守ってくれたのも、葬儀の後、ずっとそばにいてくれたのも蒼葉だ。何が必要？　何度もわたしにそう問いかけてくれた。

「恩？」

「ほら、パンのこととかさ」

⑤わたしがおずおず言うと、

「あの時、岸間さんが来てくれなかったら、飢え死にしてたかもな。小学生にして孤独死。怖いよな」

とE蒼葉は身震いする真似をして笑った。

「飢え死になんて。そんなことなるわけないけど」

「まあな。でもさ、⑥岸間さんからもらったのはパンだけじゃないよ」

の時はどうしてか聞くことができなかった。それに、中学を出て、働きはじめた蒼葉は、先に大人になってしまい、わずかな距離ができたように思えた。

「岸間さん、受験勉強大丈夫？」

高校三年の春の終わり、日曜の朝にやって来た蒼葉がわたしに尋ねた。

「そのさ、岸間さんって、ずっと気になってたんだけど」

わたしは蒼葉の質問に答える前に、思い切ってそう聞いた。

「岸間さんで合ってるよね」

「合ってるよ。でもさ、前まで冴ちゃんって呼んでたでしょう？」

蒼葉が持ってきてくれた、バイト先の残り物だというクッキーを皿に入れ、紅茶を淹れてテーブルに置き、わたしは蒼葉の前に座った。

「ああ、そっか。そうだったかな」

蒼葉はわざとらしいことを言い、へへと照れ臭そうに笑った。

「で、どうして岸間さんって呼ぶのよ。なんか他人みたいじゃない」

「だってさ。ほら、俺ら①住む世界が違うじゃん」

「蒼葉は働いてるってこと？」

「それもあるけど、根本的にさ」

「何よそれ」

「何よそれって、岸間さんも気づいてるだろう？」

それは蒼葉が貧しいことを指しているのだろうか。高校に行っていないことを指しているのだろうか。でも、それは世界が違うと言うほどのことではない。いまいち意味がわからなかったから、

「わからない」

とわたしはきっぱり首を横に振った。

「本気で？」

わたしは何とかそう言った。

「全然違うよ。勉強なんて問題集で何とでもなるけど、俺、教育も愛情も受けてないから、当たり前のことを知らないし、人として当然の心も持ってない。歯を毎食後磨くこととか、頭の洗い方とか、お箸の持ち方とか。知ってる人にあいさつすることとか、大事なものは人と分け合うとか。そういうのって参考書に書いてないだろう？　だから、知ったのってほんと最近、社会に出てから。情けなくて笑えるだろう。Ｂえっと、靴下だけは一年替えなくていいんだっけ」

蒼葉は冗談めかして少し笑った。

「そんなのいつ知ったっていいことじゃない。Ｃあ、靴下は三日に一回は替えた方がいいだろうけど」

蒼葉に合わせて、わたしも軽口をたたいた。

「Ｄ三日に一回か。気をつける。俺さ、こないだ、幼稚園入園までの育児とかいう本、立ち読みしたんだけどさ、今までよく生きてたなって自分で驚いたもん。子どものころなんか汚い床に転がされてただけなのに、病気もせず言葉も話してる。奇跡の子どもだな」

「②だからって、岸間さん？」

「そう。ほら、俺たち仲いいだろう？」

「まあ、そうだね」

岸間さんと呼びつつ、仲がいいとは認めてくれているんだと、わたしは少しほっとした。

「だけど、好きになったらだめだなって、自分を戒めてる。冴ちゃんなんて呼んでるうちに恋に落ちて結婚したら、冴ちゃん不幸になるから」

「不幸になるの？」

「なるなる。俺は愛情受けてないから人を愛することを知らないし、俺の将来なんて、家の飲み屋継いでずっと貧乏で借金に追われてる

問４　――④「人は環境と対話できない」とあるが、この根本にはどのような考えがあるか。本文中から十六字でぬき出して答えなさい。

問５　――⑤「環境の危機とは、突き詰めれば、想像力の危機である」とあるが、どういうことか。最適なものを次のうちから一つ選び、記号で答えなさい。

ア、環境が破壊され続けると、それまでそこからもうけを得ていた人たちの気持ちが想像できなくなるということ。

イ、環境への働きかけが及ぼす影響を想像できなかったために、環境が破壊されていったということ。

ウ、環境の保全が難しくなってくると、それによって育まれていた人々の想像力も危うくなるということ。

エ、環境に手を加える際、過去の出来事を調べる手間を惜しんだために、想像以上の被害が生まれているということ。

オ、環境が破壊されてしまうのは、人間の活動の目的が何なのかを人々が想像できなかったためであるということ。

問６　――⑥「物語は他者への共感を促し、活動的な生による一つの世界の制作へ誘うのである」とあるが、どういうことか。最適なものを次のうちから一つ選び、記号で答えなさい。

ア、物語によって出来事を自分のこととととらえ、今を生きる人々が実際に体験するような見方ができるようになること。

イ、物語に人がひきつけられることで、その内容を現実の生活に反映させることができるようになるということ。

ウ、物語に人が熱中することで、心の中で自分だけの世界を作り上げ、もう一つの人生を送るようになるということ。

エ、物語に親しんだ人がその経験を生かし、描かれていた世界を

鴨長明『方丈記』である。この有名な古典には、京都を中心にした、大火、地震、飢饉など災害の様子がきわめて具体的に、研ぎすまされた筆致で描かれている。

（中略）

山―河、海―陸、土―水、巌―谷、地―家といった対比を基調にする＊漢文訓読の対句仕立ての文体で表現され、家の下敷きになった子どもの惨状や三ヵ月に及ぶ余震にもふれ、「＊恐れの中に恐るべかりける」は地震だ、とまで強調する。こういう描写を読むと、災害の表現には、漢文や訓読文体がよりふさわしく思える。現実をどれだけ対象化し、言語化して切り取りうるかで表現の質が決まるともいえる。

『方丈記』は阪神大震災であらたなリアリティをもって甦り、東日本大震災の災害は『三代実録』の記録を甦生させた。言い換えれば、そういう過去を描いた＊テクストによって、それを＊範型にして現実に起きた出来事をあてはめ、解読しようとするのである。表現のリアリティとはそういうことだろう。

（小峯和明編『日本文学史』による）

注　**＊三代実録**――『日本三代実録』。平安時代に編さんされた歴史書。貞観十一年（八六九年）の大津波についての記述がある。

＊鮮烈――あざやかで強い印象を与える様子。

＊漢文訓読――漢文（中国の古典）を日本語の文章として読めるようにすること。

＊恐れの中に恐るべかりける――一番恐ろしいもの。

＊テクスト――言葉によって書かれたもの。

＊範型――手本となる形。

先生　「A」の文章の内容は読み取れたかな。次に、「B」の文章と

の破壊的な進行は、市場価値の高い作物の＊プランテーションにするために森を切り開いたらどうなるかを想像しなかった、あるいはできなかった、いや、それ以前に、森がどう思うかということに想像力が及ばなかったからにほかならない。同様のことは、工場排水の垂れ流しによる水質汚染、生産性向上のための化学肥料の使用による土壌の衰弱、大量に生産・消費・廃棄されるプラスチック製品による海洋汚染やマイクロプラスチック問題をはじめ、(a)枚挙にいとまがない。環境問題は、海や土や森や大気への「共感的想像力」の欠如が招いた結果だといっても過言ではない。

　意外だと思われるかもしれないが、環境問題への一般的関心の高まりには文学が関わっている。たとえば、アメリカではレイチェル・カーソン『沈黙の春』(一九六二年)が、日本では石牟礼道子『＊苦海浄土』(一九六九年)が(b)契機となり、環境問題への意識が高まり社会が動いた。文学が環境への想像力を喚起したのである。

　環境への関心は自然と生じるわけではない。実体験、身近な人の話、心を揺さぶる読書体験など、無関心が関心へと変わるきっかけは人によってさまざまだろうが、共通するのは物語のはたらきである。問題となっている＊事象が実感を伴うかたちで意識化されるとき、つまり自分ごととしてとらえられるとき、そこには物語が(c)介在している。⑥物語は他者への共感を促し、活動的な生による一つの世界の制作へ誘うのである。

　とはいえ、物語であれば何でも実感や共感をもたらすというわけではない。「実感」という言葉は、英語ではmake sense(「意味を成す」という意味)がそれにあたる。環境思想家デイヴィッド・エイブラムによれば、真に「意味を成す」物語は、「感覚を活性化する」。物語によって感覚が呼び覚まされ、頭でわかるというよりも身体の芯から納得する――文字どおり、【 ⑦ 】――とき、私たちは実感をもって問題と向き合いはじめる。知ってはいても、遠くの出来事

（岩波新書による）

注　＊プランテーション――安い労働力を用いて綿花などを栽培する大規模な農場。
＊苦海浄土――作者が水俣病患者に取材してまとめられた書物。
＊事象――形となって現れる事柄。
＊アクチュアル――現実的に直面している。
＊技巧――すぐれた技術。
＊実効性――実際の効力を持つ性質。

問1　＝＝(a)「枚挙にいとまがない」・(b)「契機」・(c)「介在」について、(a)・(c)の意味として最適なものをそれぞれ一つずつ選び、記号で答えなさい。(b)は、本文中からその意味にあたる語をぬき出して答えなさい。

(a) ア、解決に時間がかかる　イ、困難で気が遠くなる
ウ、数えきれないほど多い　エ、忙しくて落ち着かない
オ、目をそむけたくなる

(c) ア、原因となる　イ、共存する　ウ、生まれ出る
エ、なかだちをする　オ、動き出す

問2　――①「土地や海に『意見を求める』」とあるが、これはどういうことか。ここより後の本文中の言葉を用いて簡潔に説明しなさい。

問3　空らん【 ② 】・【 ③ 】に入る語の最適な組み合わせを次のうちから一つ選び、記号で答えなさい。

ア、②とはいえ　③すなわち
イ、②まして　③けれども
ウ、②そして　③そもそも
エ、②ただし　③または
オ、②もちろん　③しかし

※教英出版 編集部 注
編集の都合上、国語のメモ用紙は理科の解答用紙の裏にあります。

国語 （60分） 名古屋 東海中学校（２０２３年度）

テスト1の1

一、次の――部のカタカナを漢字に直しなさい。⑤⑥は送りがなをふくめて書きなさい。

①写真をイチヨウ見つけた。　②社長宅をジキョする。　③祖父のライレキを聞く。
④コガイに出る。　⑤イサンで出かける。　⑥サバキを受ける。

二、次の文章を読んで、後の問いに答えなさい。

先述のスウェーデンの一〇代の環境活動家グレタ・トゥーンベリさんが二〇一九年九月に国連で気候変動に対する早急な行動を求めた演説は、日本でも広く報じられ大変話題になりました。しかし、あの力強い演説を聞いたあとも、著者である私個人の基本的な消費行動は、プラスチック製レジ袋の有料化に伴ってマイバックを持参したり、自動販売機でジュースを買わなくてもよいようにマイボトルで水を持ち歩くようになった程度で、残念ながら本質的な変化を遂げてはいません。これは私の共感力や行動力のなさを示しているのでしょうか。それとも、もっと違うところに理由があるのでしょうか。

ここでひとつの仮説ですが、こうして環境問題に対して具体的な行動を起こすことが難しいのは、環境よりも経済性を優先する仕組みになっているということと共に、①「環境」という言葉が前提とする人間と自然の関係性に原因があるのではないでしょうか。環境問題について話しているとき、私たちは環境が観察でき、分析できて、より好ましい状態に変化させていくために、外部から働きかけることができるものとして扱っています。こうした前提において、環境に働きかける私（＝人間）は、対象である環境の外側にいるものとして扱われます。この様子を画にすると、ちょうど（X）図6の「環境と人間の関係い」という状態になります。「環境―人間」というように、主体と＊客体を切り分けて物事をとらえることは、近代科学の基礎的な作法です。私たちはこの作法にすっかり慣れてしまっており、これによって導き出されることを客観的な事実とし、主観的な意見を＊凌駕するものとして扱ってきました。しかし、環境問題における人間は、環境それ自体の内側に居ますから、客観的な事実を導きだす当人の主観的な意見もはじめからそこに含まれることになります。輪の外側をなぞっていたら実は輪の一部が捻れてつながっていて、いつの間にか輪の内側をなぞることになるメビウスの輪のような感覚かもしれません。⑧こうした視点の捻れをどのように解消したらよいのでしょうか。私は、そのヒントが「風土」という概念にあると考えています。

環境（Environment）の語源には「周辺」という意味がありますが、日本語には環境の他にも人間と自然の関係をとらえるときに用いられる表現があります。それは「風土」です。風土の定義に関する議論は色々ありますが、本書では以下のように考えたいと思います。

風土は、自然と人間のあいだにあるひとまとまりの関係のこと。「風」は文化・民俗を、「土」は土地・地域を表し、これらは互いに独立してあるのではなく、ひとつのまとまりとして不可分に存在する。風土の視点において自然と人間は、自然が人間をつくり、また同時に自然は人間につくられる、という相互に定義し合う関係にある。こうした相

例」という語を用いて四十字以内で説明しなさい。

問7 ――⑨「風土は『私たち』という主語で用いられるという特徴がある」とあるが、これによりどのようなことが可能になるのか。四十字以内で説明しなさい。

問8 ――⑩「つくった自然に人間がつくられる」の具体例として最適なものを次のうちから一つ選び、記号で答えなさい。

ア、農作物を育てる水を共同で管理するようになると、それによって村のきまりができあがる。

イ、雑草が多すぎたため草取り作業を定期的に行っていたら、自然と体がきたえられる。

ウ、魚場を守る活動をすることで、漁師たちが生きる糧を得る場として海に敬意をはらうようになる。

エ、食用に子豚を育てていたが、次第に愛着がわいていき、子豚も人間によくなつくようになる。

オ、庭で育てていた木々が、日光をさえぎってくれ、夏でも比較的すずしく過ごせる。

問9 ＝＝(X)「図6の『環境と人間の関係性』の右側のイメージです」、(Y)「図6の左側のイメージです」とあるが、次に示すのは筆者による「図6」である。A～Cに入るものを次のうちからそれぞれ一つずつ選び、記号で答えなさい。ただし、選択肢はそれぞれ一度のみ使えるものとする。

ア、人間　イ、動物　ウ、植物　エ、環境
オ、自然・人間　カ、環境・人間

次の場面は、実行委員の本間哲太が、渡辺が親から虐待を受けているかもしれないと打ち明けた後のところである。委員会には他に、柿崎祐志郎・石田空・小島誠彦・遠藤茉莉花がいる。

「ねえ、みんな。話をもどそう。本間くん。教えて。渡和のこと、なんで気がついたのか」

美咲が冷静に話をもどすと、哲太は観念したように話しだした。

低い声で、ポツリポツリと哲太は話す。

正直、話がうまいとは言いがたかったけれど、ちゃんと伝わってきた。

冬休みに和也と出会い、弁当を渡していたこと。和也はいつもお腹をすかせていたこと。昨日の殴られた傷と、タバコのやけどのあとのこと。体をさわろうとすると、ひどくおびえること。

哲太が和也と出会った経緯はわからないけれど、重たい沈黙を作るにはじゅうぶんな内容だった。

哲太は、深く和也に関わっている。関わってきたことで知ったことも、たくさんあるんだろう。「草を食べる」というのも、きっとそのひとつだ。

――関係のない人が安易にふれていい世界ではない。お母さんはそう思うけど。

たしかに気軽にふみこんでいいことではないし、知らんぷりしていれば、こちら側が心を乱されることもない。①目を背けていままでどおり我が道を進んだほうが、確実にらくだ。失うものもない。平穏無事でいられるだろう。

「ごめん。おれ。暗くしちゃったね。こういうことは、大人に任せるしかないんだよね。ごめん。もう、作業続けよう」

哲太がふっきるような声を出した。でも、その表情は、あきらめたくない、と言っているようにも思えた。

「本間くん。本間くんは、どうしたいの」

「え？」

「どうしたくて、わざわざみんなに、それを伝えたの？」

「う、美咲、②言い方きついよ」

「空は、だまってて。わたしはまじめなだけ。真剣（しんけん）にしゃべると、こうなるんだから」

美咲もだまって、哲太の返事を待つ。

一瞬（いっしゅん）の間のあとで、空は「はいはい」と、口をつぐんだ。

「あの。うまく言えるかわからないんだけど。もし、和也がそうだとしたら、いままでのかたちで祝賀会を進めていいのかな、って思ったんだ。あの。だって、ほら。卒祝って、親に感謝する会なわけでしょ？　だったら……」

哲太が考え考え、話している。

「なんていうか、うまく言えないけど、そういう状況で親に感謝しろ、っていうのは、なんか、ちがう気がするんだ」

③パソコン室から音が消えている。

――渡辺ひとりにまどわされるな。

＊前田の言葉を思いだす。

前田は、学年のために和也を切りすてようとしている。祝賀会の成功のためには、和也ひとりのことを考えてはいられない、と。

でも、哲太は、和也の心を守ろうとしている。だけど、和也のことを考えたら、祝賀会は成功しないし、その伝統をくずすことになる。

どっちが正しいんだろう。どっちが正解なんだろう。

ていうか」

弱々しいけれど、心のこもった哲太の声に、祐志郎が、

「たしかにつらいだろうな」

と、同調した。けれど、そのすぐあとで、「でも」と話をつないでくる。

「でも、祝賀会って、この地区の伝統だろ。谷中だけやらない、ってわけにはいかないよ。それに、長い年月続いているってことは、それだけ価値のあることだと思うんだ。伝統は守るべきだろ？　それに、おれたちは中学生だよ。伝統をくつがえす力なんてない。むだなことは考えないで、流れに乗ったほうがらくだと思わない？」

祐志郎のかしこそうな顔が、哲太を見ている。

（a）まっとうな意見だ。きっとそれが正しい意見なのだろう。

「しょうがないよね」と言おうとして、寸前で止めた。

哲太はうつむいているけれど、その全身が、「それでいいの？」とさけんでいる。

――秋山さんは正しいから

哲太の言葉が頭の中に流れこんできた。

――秋山さんは正しいから

――秋山さんは正しいから

哲太の声が頭の中でリフレインする。

正しいってなんだろう。『伝統を守るべき』というのが正しい意見なら、『和也の気持ちを考えるべき』というのもまた、正しい意見だと言えるだろう。どっちとも正しいのなら……。

「わたしたちは、なにをだいじにすればいいのかな？」

「え？　美咲、いきなり、なに？」

ね。本間の考えもおもしろいけどさ」

「なら、やっぱり、ここで中止にしたら、小島がかわいそうだな」

「おい、祐志郎。⑦そういうの、すごくいやなんだけど。かわいそうとか言うなよな」

小島の声が少しとがる。

「あ、悪い。でもさ。小島だけじゃなくて、書くのを楽しみにしている人も、もらうのを楽しみにしている親も、たくさんいると思うんだよね。そういう人の楽しみをうばうことはできないんじゃない？」

⑧たしかにそうだ。祐志郎の言っていることは、まちがえてない。でも。

美咲はまっすぐ祐志郎を見た。

「でも、それって、たくさんの人が楽しみにしているから、ひとりくらいがまんしろ、ってことでしょ。つまりは、おおぜいのためにだれかが犠牲になる、ってことだよね？　だれかが犠牲になってるのを知ってて、それを見て見ぬふりしろ、ってこと？　それっておかしくない？」

「そうは言ってないだろ」

祐志郎がふくれた声を出しているけれど、美咲はかまわずたたみかけた。

「言ってるのと同じだよ。わたしは見て見ぬふりなんてしたくない。リーダーが犠牲になるのはかまわないよ。それがリーダーの仕事だから。でも、ほかのだれかが犠牲になるなんて……」

「じゃあ、ひとりのために、みんなが犠牲になるのは、いいのかよ？」

「そうじゃないけど。でも、だれかが犠牲にならなきゃいけないなんて、おかしいよ」

美咲の声のトーンが少し落ちた。そのまま、みんな、だまりこむ。

「でも、学校って、そういうところでしょ？」

いんだよ」

祐志郎はそう言って、さらに続けた。

「あのさ、本間。その、渡辺？　そいつがほんとうに虐待されてるかどうかは、わからないんだろ？　もしかしたら本間の親父さんの思いすごしかもしれないんだし。だから、事実がわかるまでは、むだなこと考えないで、どんどん作業進めるべきだよ。だろ？」

「だよね。時間はかぎられてるんだからね。さ、ぼくたちはスライドの最終確認しちゃおう」

小島が空をさそって、ふたりでパソコンに移動していく。

哲太が天をあおいだ。美咲もさそわれるように上を向いた。

小さな蜘蛛が一匹、天井をはっている。白くて広い天井を、まっすぐに進んでいく。

「本間くん。渡和に会いに行こう」

自然に声が出ていた。

わたしはきっと、和也のことを、なにも知らない。

美咲は立ちあがると、カバンに手をかけた。

（栗沢まり『あの子のことは、なにも知らない』による）

注　＊前田——前田香織。学年主任の先生。

＊みどり——田代みどり。美咲のクラスメイト。

問1　——（a）「まっとうな」、（b）「くだけた」について、それぞれの意味として最適なものを次のうちから一つ選び、記号で答えなさい。

（a）「まっとうな」

ア、きまじめな　　イ、まともな　　ウ、あたりさわりのない

エ、かたくなな　　オ、りこうな

（b）「くだけた」
ア、分かりやすい　イ、荒っぽい　ウ、無神経な
エ、丁寧な　オ、気軽な

問2 ——①「目を背けていままでどおり我が道を進んだほうが、確実にらくだ。失うものもない」とあるが、「目を背けていままでどおり我が道を進」むとは、卒業祝賀会をどのようにすることか。本文中の言葉を用いて三十五字以内で答えなさい。

問3 ——②「言い方きついよ」とあるが、空にはどのように聞こえたというのか。最適なものを次のうちから一つ選び、記号で答えなさい。
ア、和也の状況を心配する哲太の気持ちを、遠回しに否定している。
イ、哲太が和也の問題を他人任せにしようとしていると指摘している。
ウ、大切な準備の時間に、哲太が難しい話を始めたのを暗にとがめている。
エ、自分の真意をうまく説明することができない哲太を問いつめている。
オ、口にするのもはばかられる内容を説明するように哲太にせまっている。

問4 ——③「パソコン室から音が消えている」とあるが、なぜか。最適なものを次のうちから一つ選び、記号で答えなさい。
ア、哲太の言うことを信じて、和也がいま直面している状況に全員が同情して悲しんでいるから。
イ、哲太の言うことは、理想論に過ぎず、今さら祝賀会を中止す

問10 ——⑨「わたしは、いままで、ちゃんと見えていたんだろうか。ちゃんとまわりに目を向けていただろうか」とあるが、美咲はどのようなことを心配しているのか。美咲が自分自身をどのような立場ととらえているかを含めて、四十字以内で答えなさい。

問11 空らん【 ⑩ 】に入る語を、本文中の二字で答えなさい。

問12 次は、本文を読んだ東海生たちの会話である。この中で、本文の読み取りとして**適切でないものを二つ選び**、記号で答えなさい。
A、卒業祝賀会で親に手紙を送るのかどうか議論しているけれど、なんだか難しい問題で、頭が痛くなってきたよ。どうしたらいいのか、なやましいね。でも、卒業後は進路もばらばらになる仲間たちが、最後に企画する祝賀会なんだから、和也も納得した上で参加できる会にするべきだよ。
B、この作品は誰の視点から語られているのか、最後の方になるまではっきりしなかったから、少し読みにくかったかな。でも美咲が強く思った内容は「わたしは」とはっきり語られていて、視点の人物はやっぱり美咲だと分かったよ。
C、僕はずっと哲太に感情移入してしまったよ。言葉でたくみに表現するのではなくて、何というか、表情に思いが表れてくるような感じがした。美咲もそんな哲太の表情や態度をよく見ている。
D、ただ、哲太は最後には、皆の意見を大切にしつつ、先生の助言も尊重して、どうすればよいかの提案をしっかりとしていて立派だと思う。すぐに否定されることにはなったけれど。
E、途中で「学校って、だれかの犠牲でなりたってるんだよ」というセリフがあったけれど、最近耳にするスクールカーストと

算数 （60分）

テスト２の１

受験番号	1	0				

※100点満点
（配点非公表）

①名古屋 東海中学校（２０２３年度）

＜注意＞
①答えは解答らんに書くこと。
②解答らん以外の余白や，解答用紙の裏面を計算用紙として使ってよい。
③円周率は 3.14 とする。
④用紙は切り取らないこと。

1

次の □ に当てはまる数を求めなさい。

（１）$\left\{48\times\left(1.125-\frac{10}{9}\right)-0.125\div\frac{7}{8}\right\}\div\frac{1}{6}=$ □

（２）P 公園と Q 公園を結ぶ一本道があります。A 君は P 公園を出発して Q 公園まで走り，P 公園までもどってきます。B 君は Q 公園を出発して P 公園まで走り，Q 公園までもどってきます。A 君が出発してから 24 分後に B 君が出発したところ，行きも帰りも同じ場所ですれちがいました。A 君と B 君の走る速さの比は 5：7 です。2 回目に 2 人がすれちがったのは A 君が出発してから □ 分後です。

（３）図の四角形 ABCD と四角形 FECD は長方形です。BF の

3

T 君と U 君は，池の周りを P 地点から同時に出発して，反対の方向に 1 周走りました。出発して 4 分 46 秒後に 2 人は出会い，T 君は出発して 10 分 24 秒後に P 地点にもどりました。翌日，2 人は同じように P 地点を出発したところ，T 君は途中（とちゅう）でくつひもがほどけたため，立ち止まって直しました。再び走り始めたあと U 君と出会いました。出会ったのは，P 地点を出発して 4 分 57 秒後で，出会った地点は，前日出会った地点から $\frac{143}{3}$ m 離（はな）れていました。T 君と U 君の走る速さは，それぞれ一定です。

（１）池の周りは 1 周何 m ですか。

（２）T 君は何秒間立ち止まっていましたか。

（１）（求め方）

テスト２の２ 受験番号 1 0

❷名古屋 東海中学校（２０２３年度）

5

図の容器（瓶）は，上の部分と下の部分と真ん中の部分でできていて，容器の高さは24cmです。上の部分は底面の半径が1cm，高さが10cmの円柱で，下の部分は底面の半径が3cm，高さが10cmの円柱です。はじめに，上の部分のあるところまで水が入っています。そこから62.8cm³の水を取り除き，ふたをして上下をひっくり返すと，水面の高さは，はじめの水面の高さと同じになりました。さらにひっくり返して上下を元にもどすと，水面の高さは 12cm でした。そこから272.7cm³の水を取り除き，ふたをして上下をひっくり返すと，水面の高さは 12cm になりました。

（１）はじめの水面の高さは何 cm ですか。

（２）この容器の体積は何 cm³ ですか。

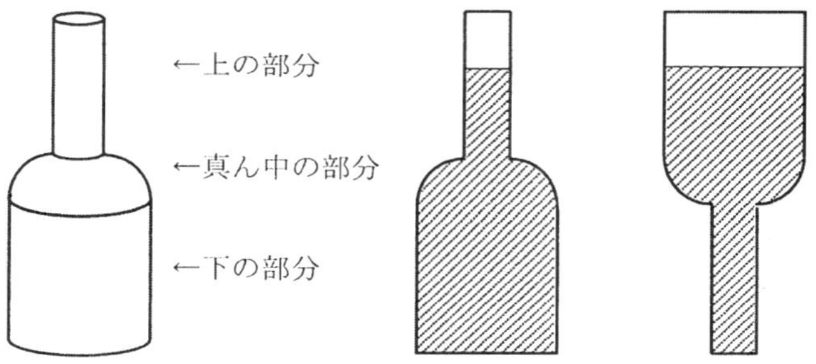

（１） cm	（２） cm³

7

図の三角形 ABC は直角二等辺三角形で，AE と AF は同じ長さです。

（１）四角形 AEDF の面積を求めなさい。

（２）三角形 EBD の面積を求めなさい。

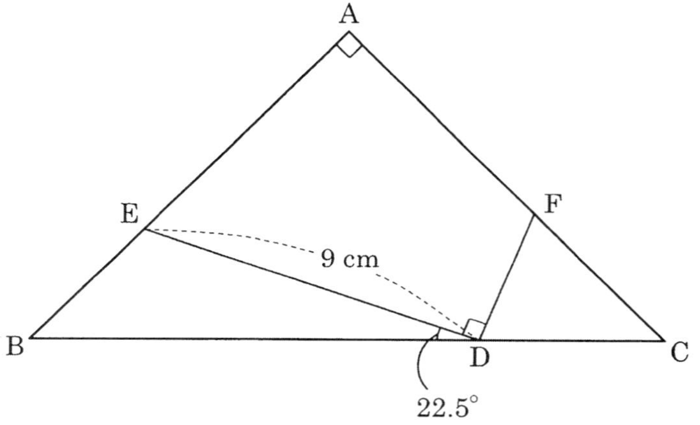

（１） cm²	（２） cm²

8

社会　（50分）

名古屋　東海中学校（２０２３年度）

1　日本周辺で獲れる２種類の魚の特徴について説明した次の文章を読み、各問いに答えなさい。

サケ：川で生まれ、海に下って成長し、再び生まれた川にもどって産卵します。海に出るために川を下るのも、産卵のために川を上るのも、①昔に比べると難しくなっています。日本では、流氷が海岸に届く〔　１　〕海で獲れますが、近年は②ノルウェーやチリからの③輸入も多いです。川に稚魚を放流して自然の中で成長した魚を獲る〔　２　〕漁業も行われています。

クロマグロ：日本近海で獲れ、えさとなる魚を追いかけて泳ぎ回る回遊魚です。産卵場所は時期によって異なり、④南西諸島から台湾の東の沖合にかけての海域と、⑤鳥取・島根近海など日本海南西部とされています。漁獲量が激減し、⑥資源管理の必要性が叫ばれています。

表１

	さけ類	まぐろ類
1位	北海道	【　２　】県
2位	【　１　】県	宮城県
3位	岩手県	高知県
4位	宮城県	宮崎県
5位	新潟県	東京都

統計年次は2019年。
『データでみる県勢』により作成。

問１．上の文章中の〔　１　〕と〔　２　〕にあてはまる語句をそれぞれ答えなさい。

問２．さけ類・まぐろ類の漁獲量を示した表１中の【　１　】と【　２　】にあてはまる県名をそれぞれ答えなさい。

問３．サケが産卵のためにさかのぼる川を、次のア～エの中から選びなさい。
　ア．四万十川　　イ．筑後川　　ウ．天竜川　　エ．最上川

問４．下線部①のようになった大きな要因をかんたんに答えなさい。

問５．下線部②に関連して、「カ：ノルウェーの首都（およそ東経10度）」、「キ：チリの首都（およそ西経70度）」、および「ク：東京」を比べたとき、2023年１月１日を早く迎えた順にカ～クを並べなさい。

表２　（単位：千トン）

	サ	シ	ス
1980年	1,023	1,689	10,425
2019年	715	4,210	3,783

『日本国勢図会』により作成。

問６．下線部③について、表２中のサ～スは、日本における魚介類の国内生産量、輸出量、輸入量のいずれかを示しています。輸入量にあてはまるものを、表２中のサ～スの中から選びなさい。

問７．下線部④で最も西にある島の名前を答えなさい。

問８．下線部⑤にある図の諸島の名前を答えなさい（漢字でもひらがなでもよい）。また、図の諸島にあてはまるものを、次のタ～トの中から２つ選びなさい。
　タ．鳥取県に属する。　　チ．東経135度より西にある。　　ツ．沖縄島より面積が小さい。
　テ．江戸時代の東回り航路の中継地である。　　ト．地方裁判所がある。

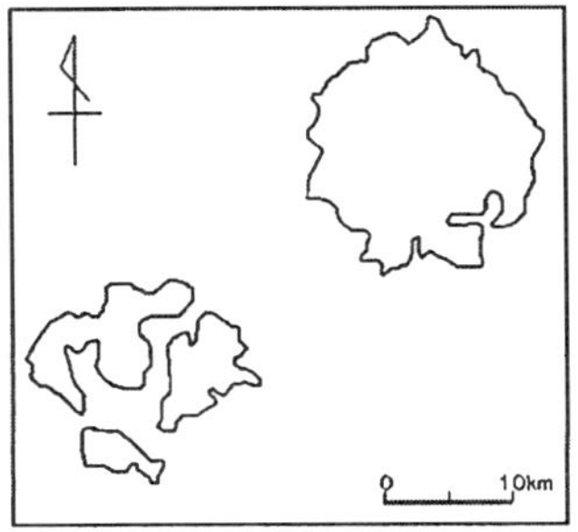

図

問９．下線部⑥について、次のＡとＢの問いに答えなさい。
　Ａ．クロマグロの保護のために、漁獲量を制限したり沿岸海域を分けて漁獲量の上限を定めたりしていますが、2022年からどのようなクロマグロの漁獲が禁止となりましたか。
　Ｂ．クロマグロの場合、複数の国で資源管理を行う必要があります。その理由を説明した下の文中の【　あ　】と【　い　】に入る語句や文をそれぞれ答えなさい。ただし、【　い　】にはクロマグロの生態に関係する説明が入ります。

テスト３の２　　　　名古屋　東海中学校（２０２３年度）

3　右の図を見て、各問いに答えなさい。

問1．図中の矢印①について、「米作りのはじまり」と「指導する人の登場」の関連を説明しなさい。

問2．図中の②について、生活の安定化とはどんな様子のことをあらわしていますか、かんたんに説明しなさい。

問3．図中の③にあてはまる内容を答えなさい。

問4．図中の下線部④について、この想像の根拠の1つとなる鉄剣が出土した埼玉県の古墳を答えなさい。

問5．図中の⑤にあてはまる言葉を答えなさい。

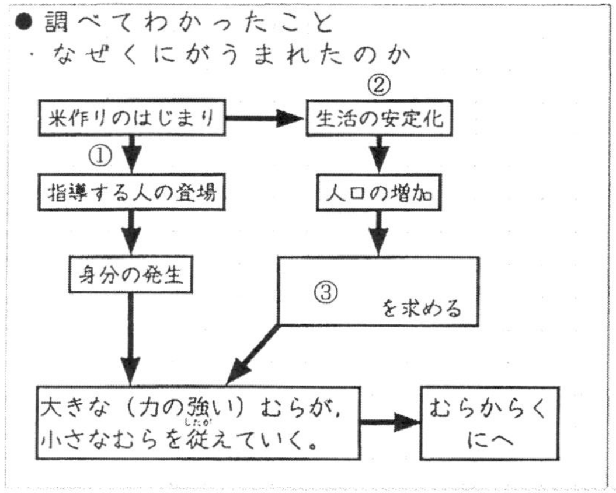

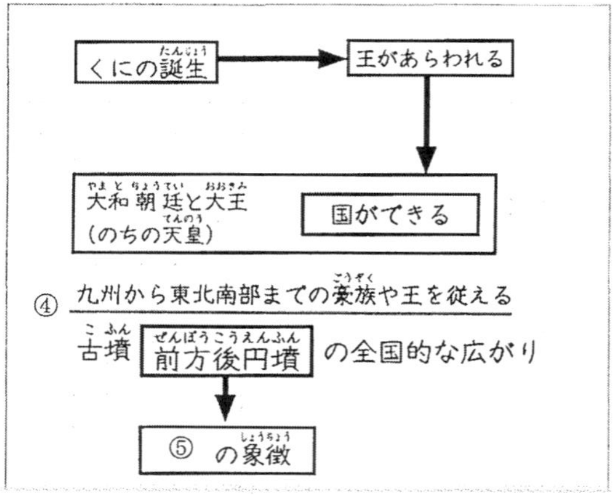

4　下の表は、大化の改新の始まりから江戸幕府が開かれた翌年までの期間を、ひと月を80年のカレンダーにまとめたものです。各問いに答えなさい。

一月(645年～724年) 天皇は、中国からの留学生らとともに、天皇中心の国づくりをすすめる。	二月(725年～804年) 天皇は大仏を建設して、仏教の力で社会を安定させようとした。	三月(805年～884年) 貴族が政治を進める時代になる。	四月(885年～964年) かな文字の使用が始まったと考えられる。	五月(965年～1044年) 貴族は寝殿造の住居に住んでいた。	六月(1045年～1124年) 東北地方で二つの合戦が起こる。
七月(1125年～1204年) ［　X　］が武士として初めて太政大臣となる。	八月(1205年～1284年) 西日本に幕府の影響が強まった。	九月(1285年～1364年) 幕府が倒される。	十月(1365年～1444年) 新しい幕府のしくみが整えられる。	十一月(1445年～1524年) 戦国大名が勢力を争うようになる。	十二月(1525年～1604年) ヨーロッパ人が新しい文化や品物を日本にもたらす。

問1．一月に関して、この時期の中国の王朝名を答えなさい。

問2．二月に関して、上の文の出来事の前後に、社会が混乱していたため天皇が数年間でたびたびおこなったことは何か答えなさい。

問3．四月に関して、これにより、のちの多くの文学作品においてどのようなことができるようになったのか、かんたんに答えなさい。

問4．七月の［　X　］の人物を答えなさい。

問5．八月のこの状況のきっかけとなった出来事を答えなさい。

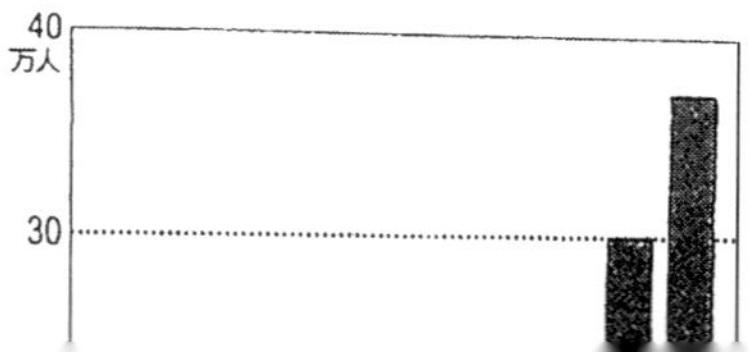

6　次のX～Zの文章（一部内容を要約・改変）は、今年（2023年）からそれぞれ50年前・100年前・150年前に起こった出来事に関わるものです。各問いに答えなさい。

X（50年前）

買いだめをするな、といわれても、ずさんな行政を見せられては素直には従いかねる。正直者が損をする世の中はaかつての戦争でみんなこりごりしているのだ。（『朝日新聞』昭和48年11月13日朝刊より）

Y（100年前）

大正十二年b○月○日、午前十一時五十八分。突如(とつじょ)、帝都東京を載(の)せた関東地方が大地の底から激動(げきどう)し始めた。…そして帝都は遂(つい)に四方から起った大火災によって黒煙(こくえん)に閉されてしまった。

（金子文子『何が私をこうさせたか』より）

Z（150年前）

人である以上、心身をつくして国にむくいなければならない。西洋の人々はこれをc血税といっている。その生き血で国につくすというものである。

（『法令全書』より）

横浜の銀次が、用あって備前国*に行くと、何やら多くの人々でさわぎになっていた。わけを聞いてみると、今年の春以降、「政府は外国人にだまされていて、日本人を絶えさせようと、18～20歳の男の血を抜いて体を弱くしたり、15歳以上の女を外国にやってしまおうとしたりしている」というd流言**が広まっている。

（『東京日日新聞』明治6年7月2日より）

*備前国（びぜんのくに）：現在の岡山県付近

**流言（るげん）：根拠のないうわさ

図版A

問１．下線部aについて、「かつての戦争」中のようすについて説明した文としてあやまっているものを、次のア～エの中から選びなさい。

ア．金属が不足したため、寺院の鐘(かね)などが回収された。

イ．新聞が発行されなくなり、人々は正しい情報を知ることができなかった。

ウ．日本はゴムなどの資源を求めて東南アジアを占領し、現地の人々を強制労働させた。

エ．朝鮮半島の人々は、日本語の使用や神社の参拝を強要された。

問２．Xの年に最も近いときに起きた出来事を、次のア～エの中から選びなさい。

ア．朝鮮戦争がはじまった。　　イ．上野動物園に初めてパンダがおくられた。

ウ．政府から「所得倍増計画」が発表された。　　エ．日本国憲法が施行(しこう)された。

問３．下線部bにあてはまる日付を答えなさい。

問４．下線部cについて、「血税」とは明治時代に新たに課(か)せられた国民の負担を表しています。何のことか答えなさい。

問５．下線部dについて、うわさが広まった原因として近代的な教育が普及(ふきゅう)していなかったことなどがあげられます。下の教育の歴史を説明した文章中の（あ）と（い）にあてはまる語句を答えなさい。

江戸時代には、百姓や町人の子どもたちに「読み・書き・そろばん」などを教える（あ）が広がりました。明治時代になると、政府は1872

テスト４の１

理科 (50分)

名古屋　東海中学校（２０２３年度）

1 次の会話文を読んで、下の問いに答えなさい。

太郎くん「やっぱり中トロはおいしいね」

お母さん「太郎は小さい時からお寿司が好きね。あら、わさびの入ったお寿司も食べられるようになったのね」

太郎くん「うん！前は少し苦手だったけど、最近はおいしく感じられるようになってきたよ」

お父さん「歳を重ねると味覚が変わってくるからね。ところで、お寿司にわさびを入れるのには、いくつか理由があるんだ。例えば、ネタの味を引き締めるとか、ネタとシャリを離れにくくする効果もあるね。それから、大事なこととして、あることを防ぐ効果があるんだけど、わかるかな？」

太郎くん「ええと、[A]を防ぐことかな」

お父さん「その通り！わさびの中の化学物質によって雑菌が増えるのをおさえてくれているんだ。雑菌が増えるのをおさえることで、生臭さも減るしね」

お母さん「最近はわさびが苦手な人のために、お寿司とは別で用意されているところも多いけど、元々は切り離せないものだったのね」

お父さん「でもこの先、今のようなお寿司が食べられなくなるのでは、と心配されているんだよ。たとえば、ガソリンなどの化石燃料を燃焼させると、[気体 B]が発生するよね。これが水に溶けると何性になるかな？」

太郎くん「（　C　）性だね！」

お父さん「正解！海水に[気体 B]が溶けて（C）性に近づいていくことで、もともと住んでいた生物が住めなくなるおそれがあるんだよ。それに、たくさんの[気体 B]が大気中に存在すると、別の問題も引き起こすよね」

太郎くん「地球の（　D　）化だ！」

お父さん「その通り。（D）化が進むことでも、陸上・水中の区別なく、従来の生態系が維持できなくなる可能性がある。さらに言えば、（D）化の影響で、海水中に含まれる[気体 E]の量も少しずつ減っていくのでは、と言われているんだ」

太郎くん「[気体 E]が少なくなったら、x水中の生物が呼吸をすることができなくなるよ」

お父さん「そうだね。人間が自分勝手な活動を続けた結果、多くの犠牲をともなって自分たちに跳ね返ってきているんだね。だからこそ今までの生活を見直す時期にきているんだよ」

太郎くん「これまで当たり前と思ってきた生活も、ずっとあるとは限らないんだね。まずは、身近なところから自分たちでできることを考えてみようかな」

2 右の図は、ホウセンカの葉のうら側を次の<方法>によって観察したものです。下の問いに答えなさい。

<方法>

① 採取した直後の葉の表面に、透明(とうめい)なマニキュアを薄(うす)くぬる。

② マニキュアが乾(かわ)いたら、その上からセロハンテープを貼(は)り付ける。

③ セロハンテープごと、乾いたマニキュアをていねいにはがし取る。

④ スライドガラスに、③のセロハンテープを貼る。

⑤ 顕微鏡(けんびきょう)で観察する。

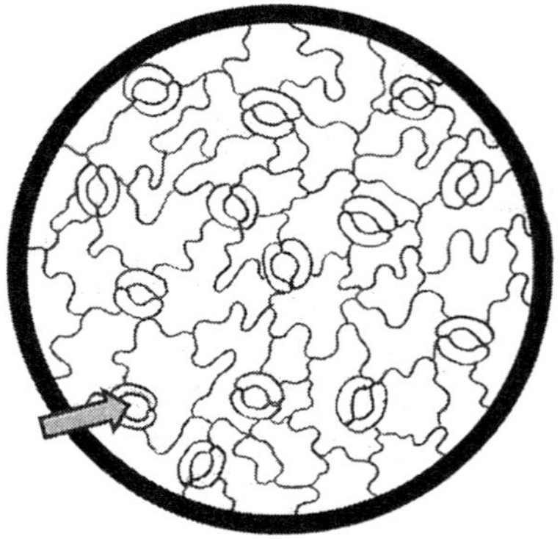

※ マニキュア：爪(つめ)を美しく見せたり保護したりするために、爪の表面にぬる液剤(えきざい)。

（１）この葉を採取したときは、どのような条件だったと考えられますか。次のア～エから最も適切なものをひとつ選び、記号で答えなさい。

ア．晴れた日の昼間　　イ．晴れた日の夜間　　ウ．雨の日の昼間　　エ．雨の日の夜間

（２）観察した結果、右の図の矢印で示したようなたくさんの小さな穴が見えました。この穴は何といいますか。

（３）また、この穴から植物体内の水が出ていくことを何といいますか。

（４）葉の表皮をはがして同じ顕微鏡で観察したところ、緑色のつぶが見られました。この緑色のつぶは何ですか。

（５）（４）で見られた緑色のつぶは、上の<方法>で観察した時には見られませんでした。その理由を答えなさい。

（６）上の図の顕微鏡の視野の直径は0.3㎜でした。葉にある小さな穴の数は1mm^2当たり、およそいくつになりますか。

下のア～カから最も近い数を選び、記号で答えなさい。

ア．５０　　イ．１００　　ウ．１５０　　エ．２００　　オ．３００　　カ．５００

（７）スイレンやハスの葉には、（２）で答えた穴が葉の表側にしか見られませんでした。その理由を答えなさい。

3 下の地図は、東名阪自動車道路 蟹江(かにえ)インターチェンジ（ＩＣ）周辺の地図です。近年この地図の▨で示した場所にサギが巣を

4　右の表は、食塩とホウ酸について、水の温度と100gの水に溶かすことができる最大の量との関係を表したものです。次の問いに答えなさい。

100gの水に溶ける量

水の温度	20℃	40℃	60℃	80℃
食塩	35.8g	36.3g	37.1g	38.0g
ホウ酸	4.9g	8.9g	14.9g	23.6g

（１）20℃で300gの水にホウ酸を10g溶かしてホウ酸水溶液（すいようえき）を作りました。この水溶液には、ホウ酸をあと何g溶かすことができますか。

（２）60℃で300gの水に食塩を溶けるだけ溶かしました。この水溶液の濃（こ）さは何%ですか。割り切れない場合は小数点以下第二位を四捨五入して、第一位まで答えなさい。

（３）80℃で250gの水に食塩74.2gとホウ酸47.2gを溶かし、80℃のまま水を蒸発させたところ、溶けきれなくなった固体が出てきました。ただし、同じ水に溶かした食塩とホウ酸の溶ける量は、互いに影響を与えないものとして、以下の問いに答えなさい。

①　このとき、先に出てきたのは食塩とホウ酸のどちらですか。

②　それは水が何g蒸発したときですか。

（４）（３）で固体が出てきたあと、水の温度を20℃まで下げると、さらに溶けきれなくなった固体が出てきました。出てきた固体は全体で何gになりますか。ただし、（３）で固体が出はじめたら、それ以後は水は蒸発しなかったものとします。

5　右の写真は、佐久（さく）島（愛知県）の海岸で撮影（さつえい）した崖（がけ）の様子です。ここでは、砂岩とでい岩がくり返して重なる地層が見られました。次の問いに答えなさい。

（１）砂岩を倍率１０倍のそう眼実体顕微鏡で観察しました。どのように見えますか。解答らんの円内に書きなさい。

（２）砂岩とでい岩がくり返してたい積したことから、この場所の環境（かんきょう）はどのように変化していたと考えられますか。

（３）写真のAの地層は大きく曲がっています。どうしてこのようなかたちになったと考えられますか。その理由を簡潔に説明しなさい。

6　次の図１から図６について、下の問いに答えなさい。

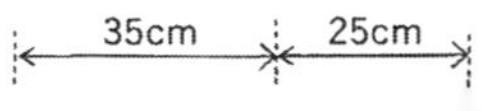

7　次のA～Eの５つの水溶液について、下の問いに答えなさい。

Aうすい水酸化ナトリウム水溶液	Bうすい塩酸	C砂糖水	D石灰水	Eアンモニア水

（１）以下の①～④のような結果になる水溶液を、A～Eからすべて選び、記号で答えなさい。ただし、当てはまるものがない場合は、解答らんに「なし」と書きなさい。

① 水を蒸発させると、固体が残る。

② 赤色リトマス紙につけても、色が変化しない。

③ アルミニウムのかけらを入れると、あわを出しながらアルミニウムが溶ける。

④ ストローを使って息をふきこむと、白くにごる。

（２）うすい水酸化ナトリウム水溶液にムラサキキャベツ液を加えると、何色になりますか。

（３）うすい塩酸にBTB液を加えると、何色になりますか。

8　図１のように、天井（てんじょう）に取り付けたばねばかりAに磁石をつるしました。磁石の下には電磁石が置いてあり、その周囲を透明な筒（つつ）でおおいました。筒は、磁石をできるだけ垂直にするためのもので、磁石を固定するものではありません。磁石と電磁石との間の距離（きょり）をLとします。また、電磁石には、自由に電圧を変えることのできる電源装置がつないであります。

次の【実験１】を行った結果は、右のグラフのようになりました。

> **【実験１】**
> **50回巻きの電磁石を取り付け、電源装置の電圧を0Vから10Vまでゆっくりと変化させました。**
> **この間、距離Lが変わらないように、常に電磁石の位置を調整しました。**

次の条件で【実験２】から【実験６】を行った結果のグラフを、下の①～⑩からそれぞれ選び、番号で答えなさい。ただし、同じものを何回選んでも良いものとします。

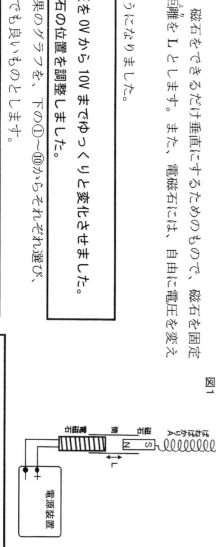

図1

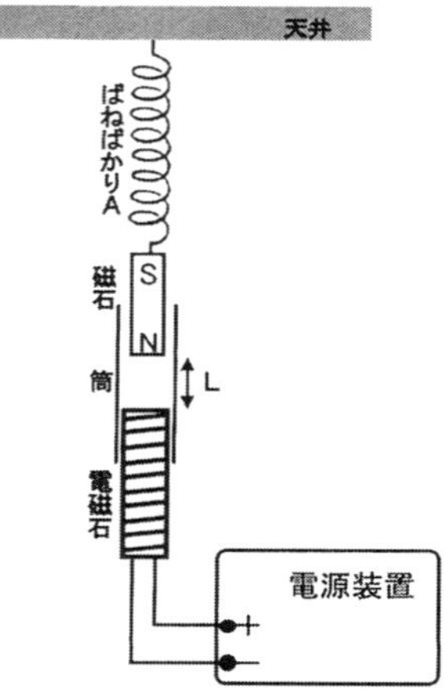

	【実験１】から変えた条件（これ以外の条件は【実験１】とまったく同じにする。）
【実験２】	電磁石を100回巻きのものに取りかえた

【実験１】の結果

テスト１の６

受験番号	１	０				

名古屋　東海中学校（２０２３年度）

※100点満点
（配点非公表）

国語　解答らん

（字数制限のある問題は、特に指示がない限り、文字以外の記号もすべて字数に入れること。）

一

①	②
③	④
⑤	⑥

二

問1	問2	問3	問4	問5	問6	問7	問8	問9
25	25			20	40	40		A　B　C

テスト3の4

受験番号	1	0				

名古屋　東海中学校（２０２３年度）

※100点満点
（配点非公表）

社会

1

問1	〔1〕	海	
	〔2〕	漁業	
問2	【1】	県	
	【2】	県	
問3			
問4			
問5	早　→　→　遅		
問6			
問7		島	
問8		諸島	
問9	A		
	B	【あ】	
		【い】	

2

問1					
問2					
問3					
問4					
問5					
問6					
問7	①	市			
	②	新幹線			
	③	駅			
	④				
	⑤	a		b	
	⑥	【あ】		【い】	

テスト４の５

受験番号	１	０				

名古屋 東海中学校（２０２３年度）

※100点満点
（配点非公表）

理科

解答らん

1

(1)	(2)		
(3)B	E	(4)C　　性	D　　化
(6)①			
② 家庭で			
食品を買う時			

(5)

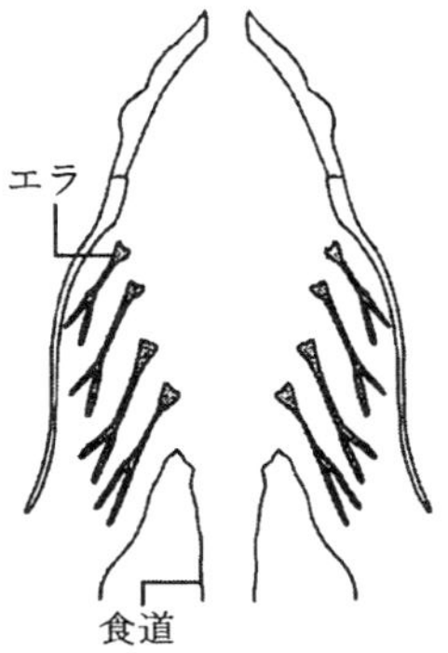

2

(1)	(2)	(3)	(4)
(5)			
(6)	(7)		

3

(1)

【メモ用紙】

この用紙は、下書きに利用してください。回収はしません。

(3)	
(4)	

4

(1) g	(2) %	(3)①	② g	(4) g

5

(1)
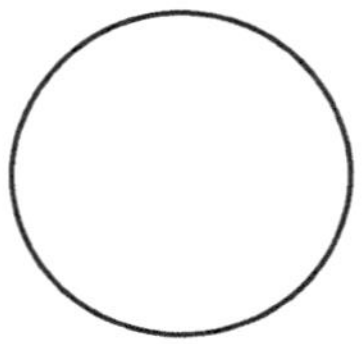

(2)	
(3)	

6

(1) g	(2) cm	(3) g

(4)
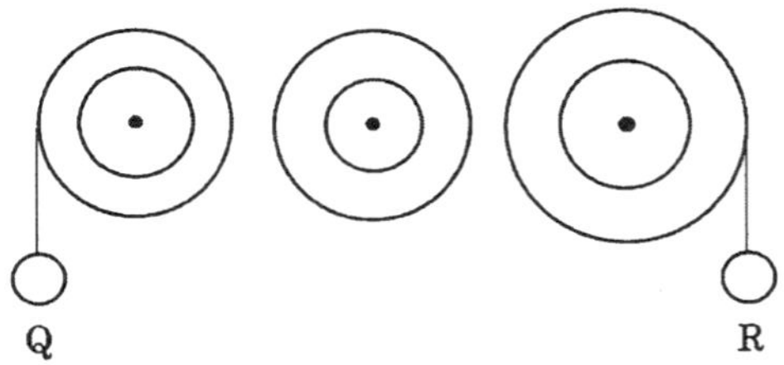

7

(1)①	②	③	④	(2) 色	(3) 色

8

【実験２】	【実験３】	【実験４】	【実験５】	【実験６】

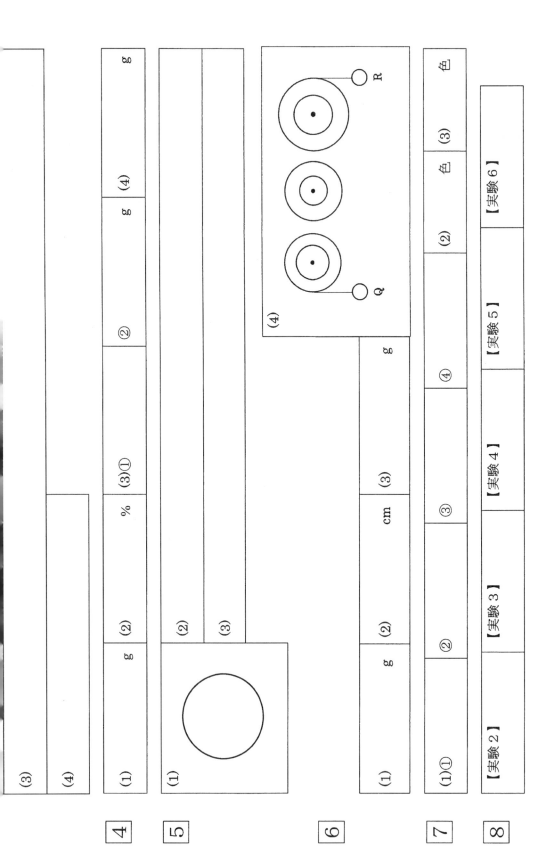

問2	
問3	
問4	古墳
問5	

問3	
問4	
問5	
問6	
問7	
問8	

問3	
問4	
問5	

6

問1		
問2		
問3	月 日	
問4		
問5	(あ)	
	(い)	
問6		

7

問1	宣言
問2	
問3	古 → → → 新
問4	
問5	
問6	
問7	

三

問1 a

問1 b

問2

35

問3

問4

問5

問6

問7

問8

10

問9

20 こと。

問10

40

問11

問12

問13

80

【実験４】	電磁石の導線を＋極と－極を入れかえて、電源装置につないだ。
【実験５】	図２のように、ばねばかりＡとまったく同じばねばかりＢを取り付けた。
【実験６】	図３のように、ばねばかりＡとまったく同じばねばかりＢを取り付けた。 （２つのばねばかりと磁石をつないでいる部分の重さは実験結果に影響しないものとする。）

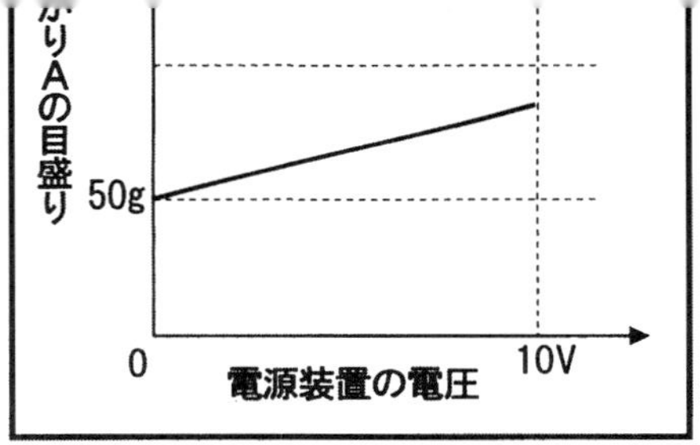

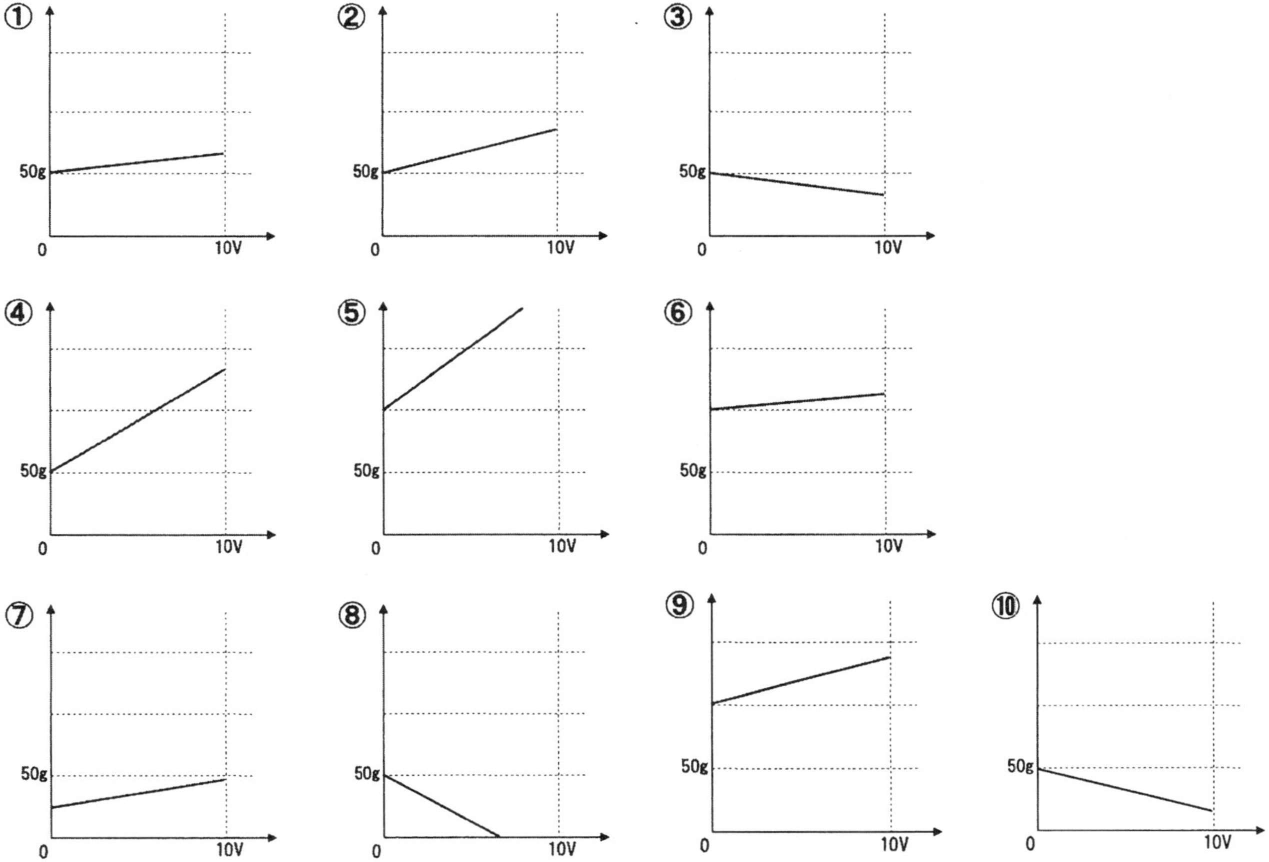

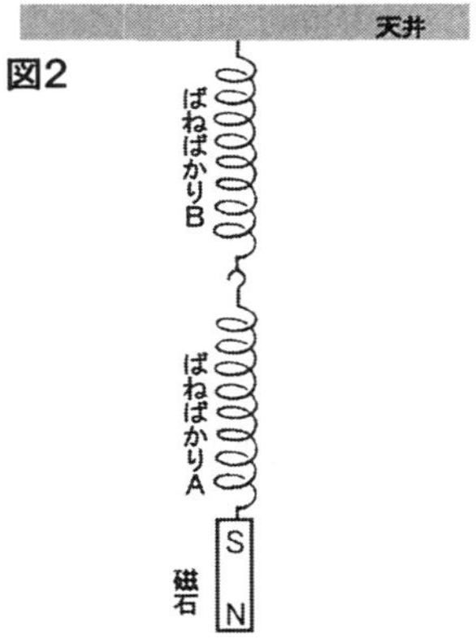

図2

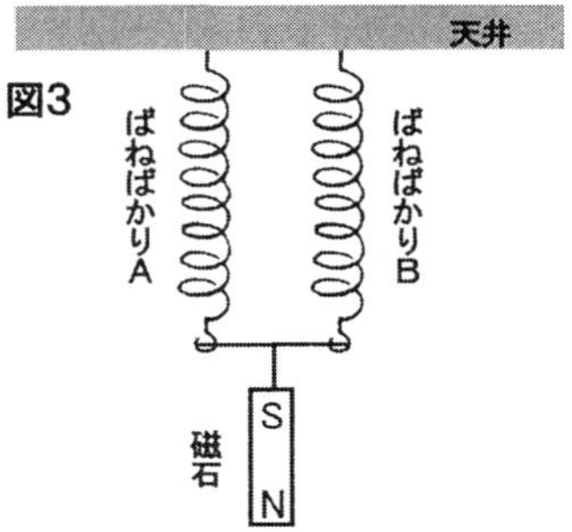

図3

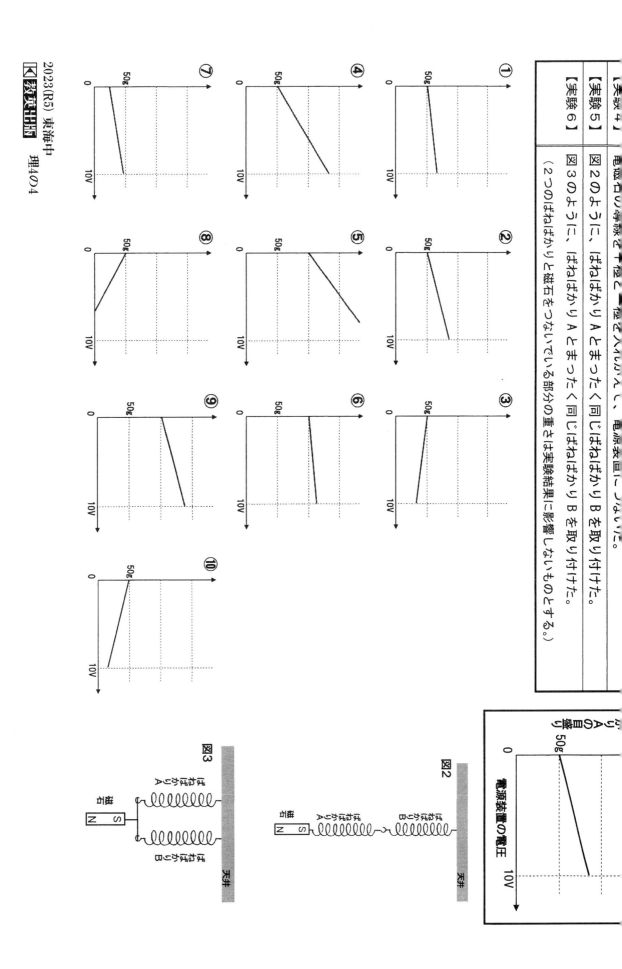

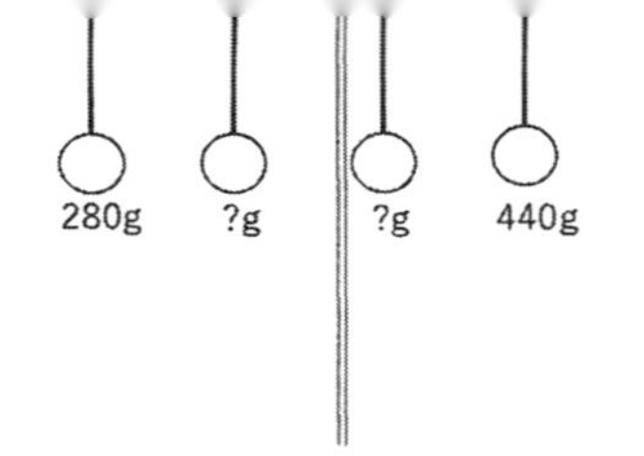

図１

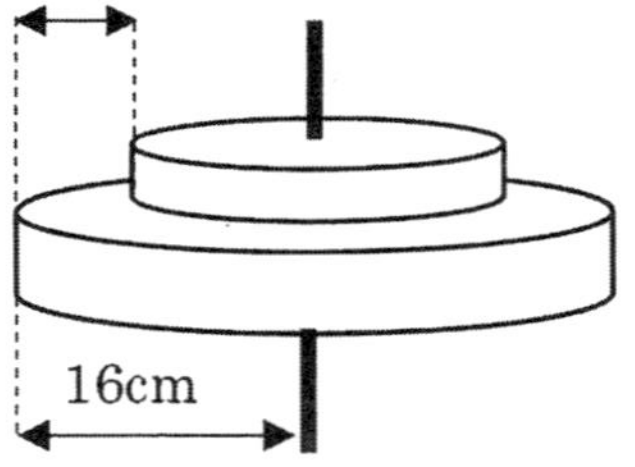

図２

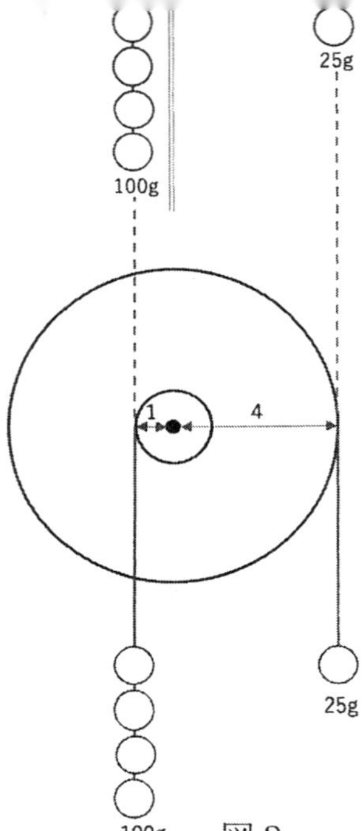

図３

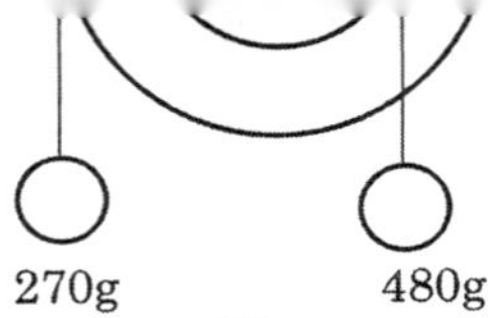

図４

図５

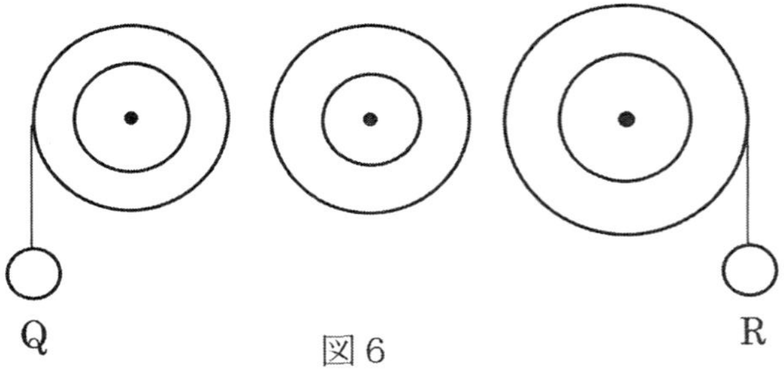

図６

（１）図１のように、A・B・C・Dが等間隔（とうかんかく）になるように棒におもりをつるしたところ、棒が水平になってつり合いました。この時、BとCにつるしたおもりは同じ重さでした。その重さは何gですか。

（２）図２のように半径の異なる円盤（ばん）を互いに動かないように接着したものを輪軸（りんじく）と言います。輪軸を用いると、図３のようにてんびんと同じはたらきにより、重さの異なるおもりをつり合わせることができます。図２の輪軸に図４のようにおもりをつるしたところ、輪軸は回転せずにつり合いました。この時、Lの長さは何cmですか。

（３）図５のように、となり合う２つの輪軸をベルトでつなぐと、ベルトでつながれた２つの円盤の間で、力を同じ大きさで伝えることができます。図５で２つの輪軸がどちらも回転せず、つり合っていたとすると、おもりPの重さは何gですか。

（４）図６のように３つの輪軸を並べ、となり合う輪軸をベルトでつなぎます。おもりQとおもりRをつり合わせる時、おもりRの重さが最小になるようなベルトのつなぎ方を解答らんの図に示しなさい。

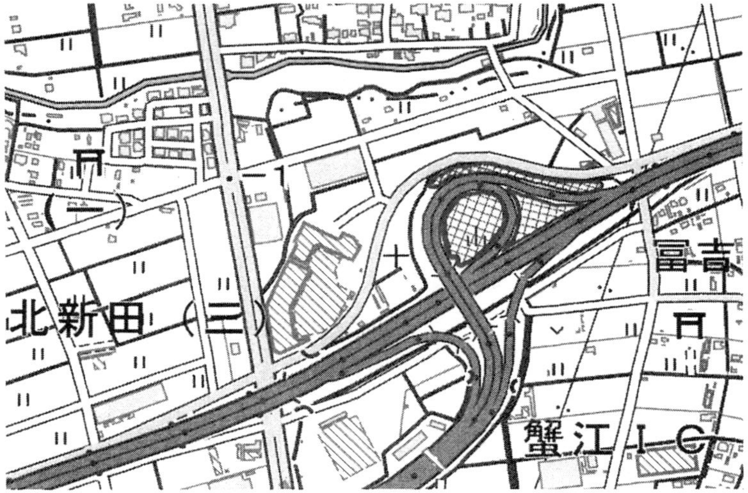

図は国土地理院地図より作成

図１

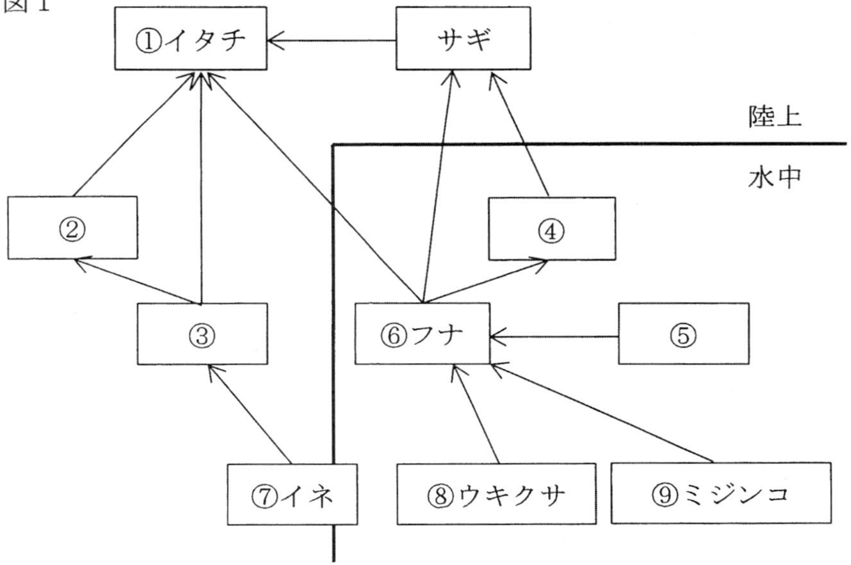

（１）サギが集まることで、周辺の住民にとってどのような被害(ひがい)が出ていると考えられますか。衝突事故以外で答えなさい。

（２）図１の②～⑤にあてはまる生物として最も適当なものを、次のア～オからそれぞれひとつ選び、記号で答えなさい。

ア．ネズミ　　イ．ザリガニ　　ウ．ヘビ　　エ．タカ　　オ．イトミミズ

（３）サギにとって、高速道路のインターチェンジ周辺に巣を作ることは、どのような利点がありますか。

（４）現在対策として、作りかけの巣をこわしたり、木々を伐採(ばっさい)するなどしています。これらの対策が進み、サギの生息数が減少することで、数が大きく減少すると考えられる生物を、図１中の①～⑨から全て選び、番号で答えなさい。

（１）Aには、飲食物によって引き起こされる、腹痛、下痢、はき気などを表す言葉が入ります。Aに入る適切な言葉を答えなさい。

（２）寿司を作り、食べる際に用いる代表的な調味料には、わさび以外にも雑菌が増えるのをおさえる効果のあるものがあります。２つ答えなさい。

（３）気体 B・気体 Eはそれぞれ何ですか。

（４）(C)・(D) に当てはまる言葉を答えなさい。

（５）下線部Xに関して、マグロなどの魚類がエラで水中の気体 Eを取り入れるとき、水はどのように流れていますか。解答らんの模式図に水の流れ方を矢印で書きこみなさい。

（６）下線部Ｙに関して、「まだ食べられるのに、捨てられてしまう食品の問題」が話題になっています。

① この問題を何と言いますか。

② この問題を解決するために、家庭でできること、食品を買う時にできることの例をそれぞれ１つずつ答えなさい。

問6．図版Aは史料Zの年から10年ほど経ったころの様子です。明治政府がこのような舞踏会をさかんに開いた理由として、外交面においてどのような目標があったためか答えなさい。

7　次の文章を読んで、各問いに答えなさい。

右の資料Aは、1945年にアメリカ・イギリス・中国の名で日本に対して発表された共同宣言である。日本政府は1945年8月14日に資料Aの宣言を受け入れてａ降伏することを決め、8月15日に昭和天皇が日本の降伏をラジオで国民に伝えた。その後、アメリカを中心とする連合国軍による占領統治の中で、ｂ農地改革やｃ労働者の権利の保障（ほしょう）などの民主的な改革が行われた。そして、1946年11月3日にｄ日本国憲法が公布された。日本国憲法は平和主義の原則を持ち、そのもとで日本は「核兵器を持たない、つくらない、［　ア　］」という非核三原則をかかげている。また、日本国憲法では国の権力を分担する三つの機関がたがいにおさえあうｅ三権分立のしくみが定められている。

資料A（部分要約）
八、　日本国の領土は本州・北海道・九州・四国と諸小島に限る。
九、　日本国の軍隊は完全に武装解除（ぶそうかいじょ）されたのち、各自の家庭に帰り、平和的な生活を営めるようにする。
十三、　われわれ（連合国）は日本政府に対し無条件降伏の宣言を要求する。日本がこれ以外の選択をするなら徹底（てってい）して撃滅（げきめつ）する。

問1．資料Aの宣言名を答えなさい。
問2．上の文章中の［　ア　］にあてはまる言葉を答えなさい。
問3．下線部ａの前に起きたできごとア～エを起きた順に並べなさい。
ア．長崎に原爆が投下された。　イ．広島に原爆が投下された。　ウ．ソ連が日本に宣戦した。　エ．Aの宣言が発表された。
問4．下線部ｂの結果について、次の説明の［　X　］にあてはまる文を答えなさい。
大部分の農民が［　X　］ようになった。
問5．下線部ｃのための政策について、次の文の［　Y　］にあてはまる言葉を答えなさい。
労働者が［　Y　］を中心にして団結する権利を保障する法律がつくられた。
問6．下線部ｄと違い、大日本帝国憲法では以下のような制限がありました。次の文の［　Z　］にあてはまる言葉を答えなさい。
大日本帝国憲法では、国民の人権は［　Z　］で定められた範囲内で認められていた。
問7．下線部ｅについて、国会が裁判所に対して行うことは何ですか、答えなさい。

イ．この時期に開かれた石庭で有名な龍安寺は、鎌倉を代表する寺である。
ウ．能は、足利義満の保護を受けた観阿弥(かんあみ)、世阿弥(ぜあみ)の父子によって大成された。
エ．茶を飲む習慣が広まり、千利休が茶道を大成した。

問７．十一月の時期に、ヨーロッパから大西洋を西に向かい、西インド諸島に到達した人物を答えなさい。

問８．十二月の時期に関係する右のグラフは、貿易港などを中心に増加がみられた人々の数を示しています。どんな人の数か答えなさい。

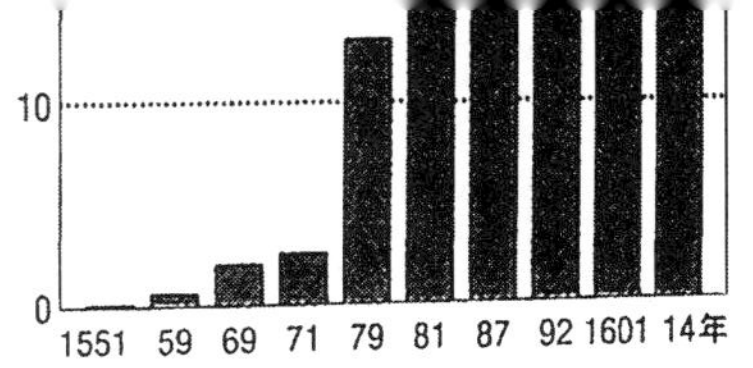

（人数は推定）

5 江戸幕府による大名の支配について、下の写真と資料を見て、各問いに答えなさい。

資料（部分要約）
一、学問や武芸を身につけ常にこれにはげむこと。
一、城を修理する場合には必ず幕府に届け出ること。
一、幕府の許可を得ずに結婚してはならない。

1635 年追加
一、大名は、領地と江戸に交代で住み、毎年４月に江戸に参勤すること。
一、大きな船をつくってはならない。

問１．江戸幕府は各地の大名たちに、徳川氏の城の建設や修理、幕府の土木工事の協力を命じました。上の写真で確認できる 18 世紀の土木工事は、何藩が請(う)け負った土木工事だったか答えなさい。

問２．資料は何と呼ばれるきまりですか、答えなさい。

問３．資料のきまりが出されたころの、江戸幕府の大名支配について、あやまっているものを次のア～エの中から選びなさい。
ア．江戸幕府は全国の約４分の１の米を産出する土地を領地とし、他の大名を圧倒する力を持っていた。
イ．大名同士の同盟(どうめい)や、大名が強力な軍事力を持つことを取りしまり、幕府に反乱を起こす力をつけさせなかった。
ウ．親藩(しんぱん)や譜代(ふだい)大名は、資料のきまりで取りしまることはせず、外様大名の監視(かんし)の役目を担当させた。
エ．資料のきまりにそむいた大名には、領地を取り上げたり、他の領地に移すなどきびしい処罰(しょばつ)を与えた。

問４．1635 年に項目の追加をした将軍は誰か答えなさい。

問５．1635 年の追加に関して、大名の妻子が江戸に住むことになったのはなぜですか、かんたんに答えなさい。

2　右の絵（※文字の書いてある部分を隠してあります）は、山本作兵衛さん（1892年～1984年）が描いた作品で、戦前から戦後にかけて筑豊地方で地下資源Aを掘る様子を描いたものです。各問いに答えなさい。

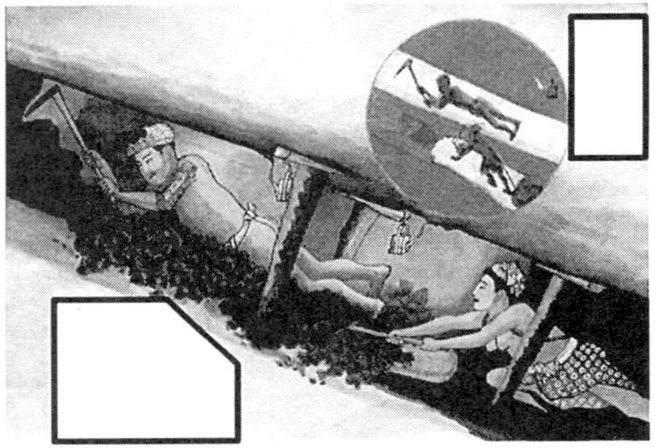

問1．掘られている地下資源Aを答えなさい。

問2．筑豊地方はおもに何県にありますか。次のア～エの中から選びなさい。

ア．福岡県　イ．佐賀県　ウ．長崎県　エ．熊本県

問3．地下資源Aの産地の多くが、現在、過疎地域になっているのはなぜですか。かんたんに答えなさい。

問4．地下資源Aを利用して動く鉄道は、1872年に横浜とどの駅で営業を開始しましたか。次のア～エの中から選びなさい。

ア．渋谷　イ．新橋　ウ．上野　エ．新宿

問5．問4の鉄道で開業当時使われた車両はどの国から輸入されたものですか。次の あ～え の中から選びなさい。

あ．イギリス　い．ロシア　う．ドイツ　え．アメリカ合衆国

問6．地下資源Aは現在発電で多く使われていますが、同様の発電で使われるＬＮＧとは何のことですか。

問7．地下資源Aを利用して製品を作る官営工場が1901年に開業しました。次の①～⑥の問いに答えなさい。

①．この工場があった場所を、現在の都市名で答えなさい。

②．①の都市を通る新幹線の路線名を答えなさい。

③．②の路線の終点の駅のうち、西の駅名を答えなさい。

④．この工場で作る製品には、地下資源Aおよび石灰石の他に、どんな地下資源が必要かを答えなさい。

⑤．④で解答した地下資源について、「a：1901年当時」と「b：現在（2020年）」における日本の最大の輸入相手国を、次の あ～お の中からそれぞれ選びなさい。

あ．オーストラリア　い．アメリカ合衆国　う．ロシア　え．ブラジル　お．中国

⑥．次のX～Zは、この工場と同じ製品を作る工場のある都市です。【あ】と【い】の都市名を、次のア～エの中からそれぞれ選びなさい。

X：【あ】市（北海道）　Y：君津市（千葉県）　Z：【い】市（広島県）

【あ】の選択肢　ア．旭川　イ．帯広　ウ．釜石　エ．室蘭

【い】の選択肢　ア．今治　イ．岩国　ウ．倉敷　エ．福山

1 から 9 の数字が 1 つずつ書かれた 9 枚のカードを，A，B，C の 3 人に 3 枚ずつ配ってゲームをしました。

（1）1 回目のゲームでは，配られた 3 枚のカードの数字の和をその人の得点とします。A のカードは 2，3，5，7 のカードのうちの 3 枚で，B の得点は A の得点より 1 大きく，C のカードの数字はすべて偶数（ぐうすう）でした。3 人の中で B の得点がいちばん大きかったとき，3 人のカードの数字をそれぞれ小さい順に答えなさい。

（2）2 回目のゲームでは，9 枚のカードのうちの 1 枚のカードをマイナスカードとします。このカードが配られた人だけは，残りの 2 枚のカードの数字の和から，マイナスカードの数字を引いた数を得点とします。ただし，残りの 2 枚のカードの数字の和よりマイナスカードの数字が大きいときは，得点を 0 とします。他の 2 人は，1 回目のゲームと同じように得点を計算します。A の得点が 5, B の得点が 11, C の得点が 13 だったとき，マイナスカードの数字を答えなさい。

（3）3 回目のゲームでは，2 回目のゲームで配られた自分のカードから，数字が見えないようにして各自 1 枚を選び，そのカードを同時に A は B に，B は C に，C は A にわたします。2 回目のゲームと同じように得点を計算したところ，C の得点はカードを交換（こうかん）する前より 5 減り，3 人の得点の合計は，カードを交換する前の 3 人の得点の合計とはちがう数になりました。3 人が選んだカードの数字をそれぞれ答えなさい。ただし，2 回目と 3 回目のゲームで，マイナスカードの数字は同じです。

（1）A □□□　B □□□　C □□□

（2）マイナスカードの数字は □

（3）A □　B □　C □

通りです。

ペアを線で結んであります

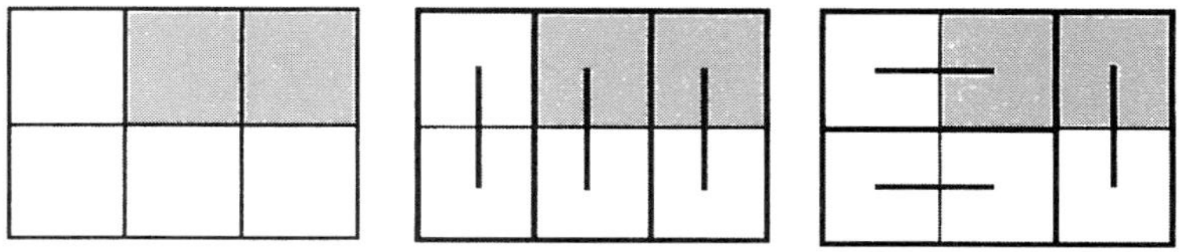

図 1　　A　　B

（1）タイルの並びが図 2 のとき，ペアによる分け方は何通りありますか。

（2）タイルの並びが図 3 のとき，ペアによる分け方は何通りありますか。

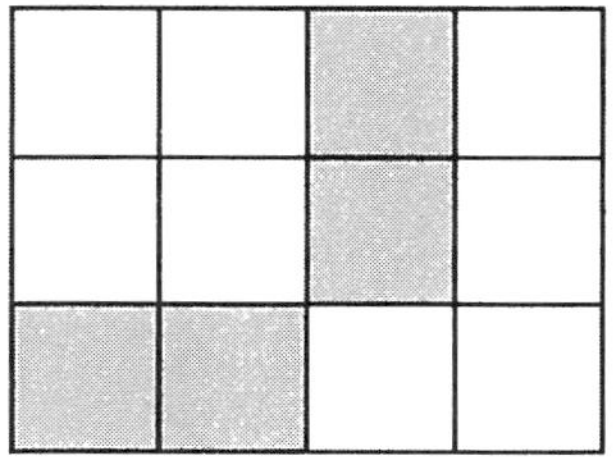

図 2

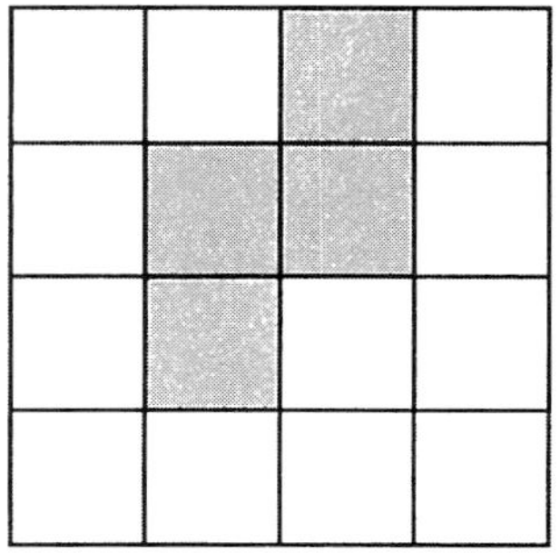

図 3

（1）　　通り

（2）　　通り

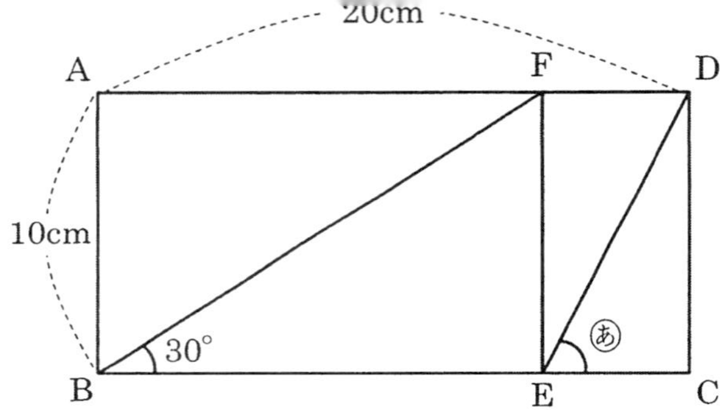

2

合同な直角三角形 ABC と直角三角形 DEB が，図のように重なっています。AE の長さは 2cm で，EB の長さは 4cm です。

（1）三角形 BCD の面積を求めなさい。

（2）DF と BC の長さの比を求めなさい。

（3）AF と FG の長さの比を求めなさい。

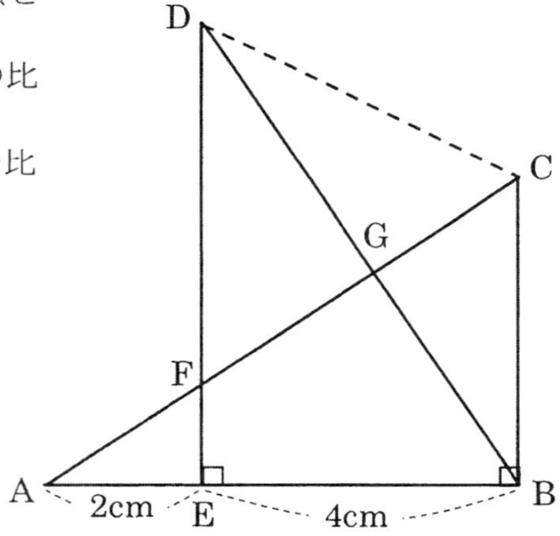

（1）	（2） DF : BC
cm²	:
	（3） AF : FG
	:

（1）（答え）	（2）
m	秒

4

1 辺が 24cm の正方形の紙 ABCD を，点 A と辺 BC の真ん中の点 E を通る直線を折り目として折ったとき，点 B が移動した点を F とします。さらに，点 D が点 F に重なるように AG を折り目として折りました。

（1）角Ⓐの大きさを求めなさい。

（2）EG の長さを求めなさい。

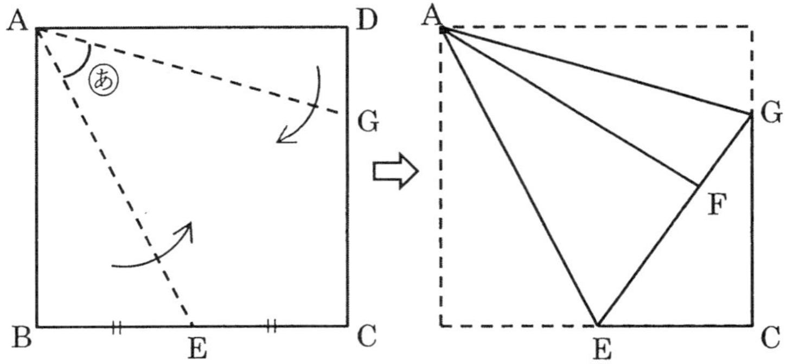

（1）	（2）
度	cm

がみな真剣に考え始めたから。

エ、哲太の言うことはもっともで、それぞれ自分の意見があるが、だれも反論できなくなっているから。

オ、哲太の言うことには納得しつつも、準備作業を始めたいということをだれも切り出せないでいるから。

問5 ――④「聞いていた」とあるが、このときの様子を説明した次の文の空らんを漢字三字で補いなさい。

◎秋山美咲が【　　】のうちに声を発していたということ。

問6 本文中の空らん【 ⑤ 】に入る、人間の体の一部を表す語を答えなさい。

問7 本文中の空らん【 ⑥ 】に入るものを次のうちから一つ選び、記号で答えなさい。

ア、先頭　イ、火ぶた　ウ、たんか　エ、口火　オ、スタート

問8 ――⑦「そういうの、すごくいやなんだけど。かわいそうとか言うなよな」とあるが、小島はどういうつもりで言ったのか。十字以内で簡潔に答えなさい。

問9 ――⑧「たしかにそうだ。祐志郎の言っていることは、まちがえてない。でも」とあるが、美咲はここでどのようなことを疑問に思っているのか。「～こと。」に続くように本文中から二十字以内でぬき出して答えなさい。

F、それにしてもたくさんの登場人物の声が、作品の中で響きあっていたね。一つ一つのセリフに、それぞれの個性がにじみ出ていた気がする。中には自分勝手にものごとを進めようとする子や、どうでもいい思い付きを口にしてわざと話の展開をさまたげる子もいたね。

G、それから、自分のこれまでの労力がむだになることを嫌(いや)がる子もいたよ。自分たちは祝賀会へ向けてどうすべきなのか、はっきりとした結論は出ていないけれど、みなでよく考えて活発に話し合っていたのが印象的だった。最後に美咲が上を見たとき、「白くて広い天井を、まっすぐに進んでいく」とある描写(びょうしゃ)は、これから行動を起こそうとしている美咲の決意にぴったりだね。

問13 ＝＝「もしかしたら、『正解』なんて、ないのかもしれない」とあるが、一見どちらも「正しい」と思えるけれど、選ぶことが難しい二つのことがらを、八十字以内で分かりやすく説明しなさい。ただし、次の条件を満たすようにすること。

（１）それぞれがどうして「正しい」といえるのかをあわせて書くこと。

（２）**二**・**三**の本文中に挙げられているもの以外で、あなたが経験したり見聞きしたりしたことについて書くこと。

「でも」「でも」

美咲と哲太の声がかぶる。一瞬だけゆずりあったあとで、美咲が【　⑥　】を切る。

「勝手に決めないでよ。なにかいい方法があるかもしれないでしょ」

「たとえば？」

「たとえば……」

なにも言えない。けれど、あとをつなぐように、哲太がしゃべりだした。

「あ、あの。ええと。たとえばさ。ええと、たとえば、いまは渡さない、っていうのは？　何年かしてから渡す、とか」

「それって、タイムカプセルに入れる、みたいな感じ？」

小島の問いに、哲太は「そう、そう。そんな感じ」と、勢いづいた。でも、間髪をいれず、空が聞く。

「え？　でも、あたしたちが書いたのは、親宛ての手紙だよ。タイムカプセルって、ふつう、未来の自分宛てに書くんじゃん。何十年も経ってから、それ、おかんに渡すの？　え、それ、ハズくない？」

すぐさま小島も続く。

「はずかしいっていうかさぁ。あのさ、本間。悪いけど、十年後に親がいない、ってこともあるかもしれないだろ。やっぱ伝えたいことは、伝えたいそのときに伝えたほうがいいと思うんだけどな。ぼくはさ。ほら、父さんがいないじゃない？」

あくまでも軽い小島の告白に、空の声が裏返る。

「え。そうなの？　え、小島っち。そうだったっけ？」

「小さいときに、病気でね。けどさ。ぼくは今回の感謝の手紙で、母

沈黙を破ったのは茉莉花だった。

「秋山さんは知らないかもしれないけど、学校って、だれかの犠牲でなりたってるんだよ」

小さな、けれど、やけに実感のこもった声だ。

「え。でも、それは」

「秋山さんにはわからないよ。わたしみたいなおとなしくてめだたない地味な生徒は、いつもなにかをがまんしているんだ。先生は、明るくて元気な子や、素直でまじめな子が好きでしょ。そういう子の意見を尊重して、めだたない組の意見は、はじめから聞いてくれないんだから」

茉莉花の口調からは、怒りよりもあきらめが感じられた。そして、そのことが、言葉の重みと同時に美咲の心を刺してくる。

⑨わたしは、いままで、ちゃんとまわりに目を向けていただろうか。ちゃんと見えていたんだろうか。

美咲の耳の外を、哲太の声が流れていく。

「あ、あのさ。遠藤さんの言うのは、おれもわかるよ。だから。あのさ。いっそ、自由にする、っていうのはどうかな？　渡すのも渡さないのも、自由。自由なら、犠牲とか、そういうこと考えなくてもいいんだし」

「本間。それは、だめだよ。それじゃあ、セレモニーにならない。それに、もらえなかった親は立場ないんじゃないか？」

祐志郎が速攻で却下している。その横で、空がククと笑いだした。

「もらえるかもらえないか、きっと、すんごいドキドキするんだろうね。もらえなかったら、【　⑩　】の価値のない親だった、ってことじ

完全にムッとした声だ

「あ、あの。それは……。……。ごめん。具体的には、なにも」

哲太は、またうつむいてしまった。

だれも声を発しない。空ですら、むずかしい顔をして腕を組んでいる。

「ねえ。みんなは？　みんなはどう思う？」

④聞いていた。聞きたかった。

みんなはなにを感じ、どう考えたのか。

最初に発言したのは、小島だった。

小島の不安げな声がパソコン室に響く。

「スライドは、ほとんど完成してるからさ。いまさら、『それ、使わない』って言われると。なんか、萎えるよ。渡和くんは気の毒だと思うけど、いまさら中止なんてことは……」

「そうだよ。中止なんてありえないよ」

空が小島に加勢する。

「だって、あたしたち、ものすごくがんばったもんね。力作だよ。あたし映画が好きで、自分でもいろいろ作ってみたくてさぁ。スライドショーとか作ってみたら、少しは経験積めるかな、って思って立候補したんだよね。小島っちのおかげでやっぱ楽しかったし、編集のしかたとか勉強になったし。ぜったい、作ったやつはみんなに見てもらいたいよ。それに、＊みどりからも『ものすごく楽しみにしてるから、楽しいの作ってね』って言われてるんだ。期待を裏切るわけにはいかないからさ。特にみどりのは。わかるよね？　美咲」

美咲は、だまってうなずいた。

哲太の声が聞こえてくる。

「でも、みんなは小さいころから幸せそうなのに、自分には写真も、いい思い出もなくてさ。そんなの見せつけられたら、かわいそう、っ

え　それに」と空が言い……だれも答えない

もしかしたら、『正解』なんて、ないのかもしれない。

『正解』を探すより、いまの気持ちは。

「わたしは実行委員長として、祝賀会は成功させたい。でも、渡和のことを聞いたいまとなっては、いままでどおりでいい、とは言いきれないんだ」

哲太の顔が上がった。期待をこめた大きな目で、美咲を見てくる。

「わたしさ。いま思ったんだけど。昨日、渡和が怒りだしたのは、わたしが『親への感謝の手紙を書いて』って言ったからかもしれないよね。もし、渡和が本間くんの言うような状況だったとしたら。もしそんな親なら、感謝の手紙なんて、わたしなら書けないよ。書きたくないと思う」

「まあね。うん。あたしだったら、『ぜったい書きたくない』って言いはるかな」

空も【　⑤　】をひそめてそう言った。

「でもさあ。もう下書き、終わってるんだよ。みんなも、出したんでしょ？」

小島がみんなを見まわして、祐志郎がそれに答えた。

「金曜日の今日の時点で出してないのは、一組は三人。二組はその渡辺ってやつだけだろ。それ以外は全員出してるんだから、いまさら中止なんて言ったら、書いたやつらにぶっ殺されるぞ」

言葉とは裏腹に、（b）くだけた口調だ。

「その三人も、和也と同じなのかな？」

哲太のつぶやきに、祐志郎が大げさに肩をすくめた。

「三人とも？　それは、さすがに、ないだろ？　虐待されている生徒が七十一人中四人って、多すぎだろ。ありえないこと考えてないで、スライドも感謝の手紙もこのままってことで進むよ」

注　＊俯瞰――高いところから広く見わたすこと。
＊客体――主体の外にあって、独立して存在するもの。
＊凌駕――他のものを追いぬいて、その上に出ること。
＊サステイナビリティ――持続可能性。筆者は、「将来世代にまもり、つくり、つなげていきたいことを考え行動していくこと」と定義している。

問１　――①『環境』という言葉が前提とする人間と自然の関係性」とあるが、これはどのような関係性か。「人間」と「環境」という語を用いて二十五字以内で答えなさい。

問２　――②「全ての人が医師になれるわけではないので」とあるが、ここでの「医師」は、何に対してどのようなことをする人のたとえか。二十五字以内で答えなさい。

問３　――③「手洗いやうがいなどの予防策に努めます」とあるが、環境問題において個人でできる「予防策」の具体例を、ここより前の本文中から一語ずつで**すべて**ぬき出して答えなさい。

問４　空らん【　④　】～【　⑥　】に入る最適な語の組み合わせを次のうちから一つ選び、記号で答えなさい。

ア、④ただし　⑤ところで　⑥だから
イ、④そして　⑤しかし　⑥さらに
ウ、④つまり　⑤そもそも　⑥しかも
エ、④さて　⑤ならば　⑥すなわち
オ、④また　⑤たとえば　⑥まして

問５　――⑦『主語の留守状態』とあるが、どういうことか。二十

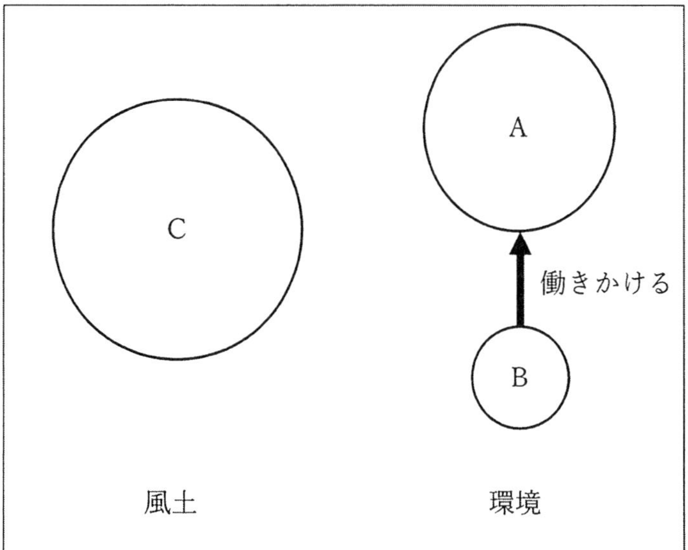

図６　環境と人間の関係性

三、次の文章を読んで、後の問いに答えなさい。

秋山美咲は、谷岡中学校（谷中）三年の学年委員長であり、卒業祝賀会（卒祝）の実行委員長も兼ねている。卒祝には親も参加し、例年全校生徒の現在と幼い頃の写真をスライドショーで上映し、各人が書

し、処方箋を出す医師のように、私（＝人間）は第三者的に環境と向き合うことになります。こうしたものの見方は、状況を＊俯瞰して適切な対処を考えるということにおいては有効ですが、こと環境については、人間も環境のなかにいる存在ですから、このとらえ方は実際の状況とのズレがあります。

さらに留意すべきことは、②全ての人が医師になれるわけではないので、世の中の大多数の人々は処置を見守るという選択をします。その間、自分も流行り病にかからないように、③手洗いやうがいなどの予防策に努めます。予防策に努めるのですが、意外と徹底するわけでもなかったりします。なぜなら、万が一に病にかかってしまっても医師が治してくれるだろうと高を括っているからです。病には治療法があるだろうと信じているのです。こうして徐々に、専門知識が必要な事柄については専門家に一任するようになり、やがて状況に対して自分で考えることを止めてしまいます。環境問題に関しても、専門家が処方してくれた技術や制度に従うことによって、地球生態系の許容範囲内で暮らしていける仕組みが社会に導入されるようになる日を安静にしながら待つ、ということが賢い選択のように思えてきます。

このように環境問題について人間と環境を切り分け、高度な分業化でそれぞれの分野の専門家に任せることで解決策を模索しているのが、今日の環境問題の構造のようです。【 ④ 】、本書で何度も出てきているSDGsについても同じ構造が生まれつつあるのではないでしょうか。【 ⑤ 】、二〇三〇年までの全人類の開発目標として一七目標が示されているわけですが、これを全て言える人はどのくらいいるでしょうか。【 ⑥ 】その背後に一六九のターゲットがあると聞けば、もうこれは専門家に任せるのが最良の策のように思えてきます。

このように、対象を外部に切り出して、それぞれの分野の専門家に対応策を提案してもらうという構造がつくられていくことで起きるのは、⑦「主語の留守状態」であり、やがて「環境」には「私」がいなくなります。

その上で、⑨風土は「私たち」という主語で用いられるという特徴があると考えています。なぜならあるひとつの風土は、その風土が形成される地域に暮らす・関わりのある人々の間で共有され、語られるものだからです。風土は個人が認知できますが、個人が単独で形成することはできません。風土は常にある地域に暮らす・関わりのある人たち（＝私たち）を主語として語られます。例えば、「この町では～」、「この地域では～」、「うちらは～」というような表現がこれにあたります。

このように、風土は「私たち」という主語を伴って、人間と自然とのあいだのひとまとまりの関係性を表しています。このことは同時に、個々の土地ごとに異なる風土があることを意味します。つまり、地域Aに暮らす私たちにとっての風土と、地域Bに暮らすあなたたち（地域Aのそれとは別の私たち）にとっての風土は異なるということです。異なる風土を語るいくつもの「私たち」があることを認めることで、多元的な世界観を受け入れることができます。「環境―人間」というような、二項対立的な世界観における客観的対象としての「環境」では、全地球・全種的に共有しているひとつの環境があるということが前提になっていますが、複数の異なる「私たち」をはじめから内化している風土は多元的な世界を前提にしているのです。

風土では自然と人間が不可分なひとまとまりの関係としてありますから、この風土の視点において＊サステイナビリティを考え行動する（＝「何をまもり、つくり、つなげていきたいのか」を考え行動する）ことが、ひいては自然をつくることになり、そうしてまた、⑩つくった自然に人間がつくられる関係へ展開していくことと同義になります。このことを従来の「環境のサステイナビリティ」に対し、「風土のサステイナビリティ」と呼びたいと思います。

（工藤尚悟『私たちのサステイナビリティ　まもり、つくり、次世代につなげる』岩波ジュニア新書による）

※教英出版　編集部　注
編集の都合上、国語のメモ用紙は理科の解答用紙の裏にあります。

テスト１の１

一、次の――部のカタカナを漢字に直しなさい。⑤⑥は送りがなをふくめて書きなさい。

①キリツ正しい生活。　②セッソウのない態度。
③一万キロをソウハする。　④チームソンボウの危機。
⑤ケワシイ表情。　⑥果実が赤くウレル。

二、次の文章を読んで、後の問いに答えなさい。

私たちは、①どのようにして＊アイデンティティを表現するのか。何もないところから表現することはできない。材料が必要である。アイデンティティ表現に利用することができる材料は、無限にある。なぜならば、意味を表すものならば、何でも利用できるからだ。

悲しいかな人間は、「アイデンティティ」のような抽象（ちゅうしょう）的イメージを直接伝えあうことができない。音や形、色や味、手触り（てざわ）など、五感で認識できるものを通して表現しなければならない。だから、音や形を持ったものに意味を結び付けて、お互（たが）いに音や形を交換（こうかん）することで意味を伝えようとするのだ。

記号論という分野では、このように音や形、色が意味と結び付いているものは、すべて「記号」とみなす。ことばも記号のひとつになる。トイレの入り口にある絵は〈女子トイレ〉や〈男子トイレ〉という意味を示す記号であり、学校の制服も〈【　②　】〉という意味を示す記号だ。人間が意味を表現するために利用するものを「記号」としてとらえる視点は、広告や雑誌のように視覚イメージ

な約束事なので、「今日から私は自分のことをパピポと呼ぶ」と決めても、相手が【　⑥　】コミュニケーションが成りたたない。

しかし社会には、限られた数のことばしか用意されていない。限られた数のことばで表現できるアイデンティティは、限られる。たとえば、日本語で主に使われている自称詞（じしょう）（自分を指すのに使われることば）には、「わたし、わたくし、あたし、ぼく、おれ」などがある。そのうち、女子に⑦適当だと考えられているのは、「わたし、わたくし、あたし」までだ。

しかし、自分を「わたし、わたくし、あたし」と呼ぶことに抵抗（ていこう）がある女子がいることも確かだ。同じように、⑧男子に適当だと考えられている「ぼく、おれ」にも、抵抗感を持つ人がいる。つまり、「わたし、わたくし、あたし、ぼく、おれ」という限られた自称詞と結び付いているアイデンティティでは、自分が表現したい「自分」にピッタリこないのだ。

その結果、私たちは、アイデンティティと結び付いた限られた数のことばをさまざまに組み合わせたり、別の所から借りてきたりしながら、⑨創造的にアイデンティティを表現するという形をとる。右に挙げた自称詞の例で言えば、最近の女子小中学生は、関西方言から借りてきた「うち」を使い始めている。自称詞は使わずに、名前を使う人もいる。

（中略）

このように、アイデンティティは、さまざまな制限の中で、さまざまな方法で表現されるので、いつ表現されたアイデンティティも、その人のすべてを表しているのではない。私たちのアイデンティテ

ア、自分が他の人とまぎれず、ただ一人指示されること。
イ、少年と青年の二パターンに男性が順位付けされること。
ウ、時代や社会が決めた男性像を押し付けられること。
エ、子どもっぽさや幼さが自然とかもし出されること。
オ、自分に自信を持ちすぎていると勘違いされること。

問９ ――⑨「創造的にアイデンティティを表現する」とあるが、これはどういうことか。最適なものを次のうちから一つ選び、記号で答えなさい。

ア、意味の幅がそれほど広くない言葉でも、それらをより多く重ね合わせることによって、より一層くわしい表現をしようとするということ。
イ、自分が表現したい内容を表す言葉が見つからなくても、自分でどうにか作り出し、誰も使ったことがない表現をするということ。
ウ、自分の母国語だけでなく、さまざまな外来語なども積極的に参照し、その時々の気分に合う言葉を使い分けて表現するということ。
エ、すでにある言葉を上手く工夫して使い、自分が表現したい自分のイメージと、言葉で表現できるイメージとを一致させるということ。
オ、自分が生まれ育った故郷で用いられる慣れ親しんだ言葉よりも、新たに居住した地域の慣れない言葉を優先させて表現するということ。

三、次の文章を読んで、後の問いに答えなさい。

長谷川（僕）は辻調理師専門学校（通称・辻調）の鮨科に通う生徒で、城島先生に指導を受けていた。同じ鮨科のママドゥは＊ソマリア出身の黒人で、長谷川の友人である。鮨科の生徒たちは夏休みの研修を終えて活気づく一方、ママドゥだけ元気のない様子で、長谷川は心配になっていた。ある日、城島先生と深刻そうに話し込むママドゥに事情を聞くと、研修先の鮨屋の客から黒人の握った鮨を食べたくないと言われたことを明かす。以下はそれに続く文章である。

夕方の＊阿倍野は、昼間の蒸し暑さがまだ残っていて、晩御飯の買い物で行き来する人々が、むっとした空気を忙しくかき混ぜていた。その中で僕はママドゥが言った言葉を受け止めきれず、ただ突っ立っていることしかできなかった。脇の下からは嫌な汗が滲んできた。

「ほら、長谷川はさ、自分のことみたいにショック受けるだろ？　心配させたくなかったんだ。気にしないでよ、ボクは大丈夫だから！」

ママドゥはふいにクリーニング屋に向かって走り出した。颯爽と走るその影が僕の方まで長く伸びている。相変わらず綺麗な＊ストライドだった。けれどそれがカラ元気を一層際立たせているようで、①僕はかえってつらかった。

クリーニング屋の扉を開けると、

「あ、長谷川君にママドゥ、ちょうどええとこに来てくれたわ！

ードや＊アース線と格闘している僕たちの耳には、いろんな声が入ってきた。

「またいらっしゃいね！」

「あら、風邪でも引いたん？　飴ちゃんあるから持って帰り！」

「まーたえらく汚したなー。まあうちなら大丈夫やけどな、こんなん余裕やわ」

ここに来る辻調生は僕たちみたいな常連が多く、窪田さんはお客さんとあれこれ話をしては洗濯物を受け渡すという作業を、手際よく繰り返していた。

ずっとこうやって生徒を見守ってきたんだな。

手を動かしながら、僕は窪田さんの元気のいい声に耳を傾けていた。と、突然、こんな言葉が飛び込んできた。

「おばちゃん、あの鮨科にいる黒人って、ここにも来るんですか？　あいつ、まじで鮨職人になれると思ってんのかな？」

「はあ？」

「だって、あいつが握った鮨、おばちゃん食べられますか？」

「いや、食べられるけど？」

むっとした声で切り返すのが聞こえる。どうやら生徒はふたりいるらしい。

「カウンターで黒人が鮨を握って目の前のお客さんに出すとか、ちょっと考えられないと思いませんか？」

僕は思わず目の前のママドゥの顔を見た。何も聞こえない様子で黙々と作業をしている。でも、聞こえていないはずがない。

「なんや、それ？」

「伝統を大事にする人たちから絶対叩かれるじゃん。そうなった時

「答えてみいゆうてるやろ！　ソマリア生まれのママドゥが鮨握るのんと、日本生まれのあんたらがピザ焼くのんと、何が違うんや！」

窪田さんは僕とママドゥがいる部屋の方に進んできた。そして、

「ママドゥ、大丈夫なら出ておいで」

と声をかけた。思わず横を見ると、ママドゥはまるで感情を抜き取られたような顔をしていた。が、こくりと頷いて店の方に出ていった。

例のふたりは大きく目を見開き、ママドゥの姿を見つめていた。

「たまたま手伝ってもろてたんや。本人に聞かれてるなんて思ってもなかったやろ」

パニックに陥ったふたりの視線がママドゥの周りを泳いだ。

「あんたら、なんか言うべきことあるんちゃうか？」

⑦顔向けできないのか言葉はなかった。

「あんたら、ほんまにアホなこと言うたんやで」

そう言われても、もう弁解のしようがない。

「あんたら……ほんまに……間違えたことをしたんやで」

窪田さんの声が途切れ途切れになってきた。

「――すいません」

と、ひとりが消え入りそうな声で言った。けれど、

「何や、その言い方は？　ちゃんとこの子に聞こえるように言いや！　なんでこんなに頑張ってんのに、つらい目にあわせなあかんの？　私は絶対に許さへんからな！」

ついに泣きながらそう叫んだ。ここまでの展開になるとは思ってもみなかった。彼らがキレて逆上するかもしれないと思うと、怖くて僕の膝はガクガク震えだした。

なんて。あの、今日はありがとうございました。お陰で気が楽になりました。確かにボクがやっていることは、イタリア料理と向き合う彼らと一緒ですね。だからボクももっと頑張って、絶対いい鮨職人になります！」

ママドゥはきっぱりとそう言い切った。

「そうかそうか、いつでも応援してるで」

「もう負けません。なんだか吹っ切れました」

「ママドゥ、いつか偉くなったら、うちのクリーニング屋も紹介してや。本書くことになったら、うちのこと書いてもええんやで」

そう言って楽しそうに笑う窪田さんは、最高にチャーミングだった。

「なんか……ママドゥ、ごめんね」

「なんで長谷川が謝るの？」

「だって……」

クリーニング屋からの帰り道、ふたりの会話はここで途切れた。

⑨うなだれている僕を残し、ママドゥは全てを振り切ったかのように全力で走り出す。

（土田康彦『辻調鮨科』による）

注

＊ソマリア――アフリカ大陸の東端の国。

＊阿倍野――大阪市南部の地名。

＊ストライド――中・長距離走などで、広めの歩幅で走る走法。ここではその姿勢。

＊窪田さん――辻調近辺でクリーニング屋を営む女性。

＊廃品回収――不用になった大きな品をゴミとして処分すること。

＊アース線――電流が漏れてしまった場合、その電流を地面に流すための線。

＊対峙――面と向かって立ち向かうこと。

問1 ――（a）「すかさず」、（b）「バツが悪そうに」について、それぞれの意味として最適なものを次のうちから一つ選び、記号で答えなさい。

（a）「すかさず」

ア、大喜びで　イ、考えもなく　ウ、ぬかりなく

エ、元気よく　オ、間をあけず

（b）「バツが悪そうに」

ア、落ち込んだ様子で　イ、心苦しそうに　ウ、悩ましそうに

エ、恐ろしそうに　オ、驚いた様子で

問2 ――①「僕はかえってつらかった」とあるが、その理由として最適なものを一つ選び、記号で答えなさい。

ア、客からひどいことを言われたママドゥを「僕」は心配していたが、むしろママドゥは「僕」に同情し励まそうとしてくれていたから。

イ、客のママドゥに対する発言にショックを受けた「僕」を気づかい、自力で立ち直ったママドゥの姿は頼もしいが、一方で痛々しく感じられるから。

ウ、ママドゥの明るく振る舞う姿が、「僕」にとっては客の発言に思い悩むママドゥの複雑な胸中をいっそう表しているように見えるから。

エ、客に言われたことを気にしていないようなママドゥの言動に、この問題の解決をもうあきらめているような態度がうかがわれるから。

オ、ママドゥは客の発言に胸を痛めてはいるものの、その悲しみを原動力にして何か行動しようとしていることが伝わ

問7 ――⑥「自分らゆーてること、おかしない？」とあるが、辻調生たちの発言の「おかし」い点を分かりやすく三十字以内で説明しなさい。

問8 ――⑦「顔向けできないのか言葉はなかった」とあるが、このときの辻調生たちの説明として最適なものを一つ選び、記号で答えなさい。

ア、ママドゥへの陰口を本人に聞かれていたという予想外のことにうろたえ、何とか取りつくろおうとあわてている。

イ、聞かれたくなかった本心をママドゥの前で見せてしまったことに気づき、どうにでもなれと開き直っている。

ウ、窪田さんに話した内容をママドゥに謝らなければと思っているが、弁解しようもなくあきらめている。

エ、ママドゥが鮨職人になろうとしているのを疑問に思っていたことを本人に聞かれ、きまりが悪くなっている。

オ、窪田さんを激怒させてしまった場面をママドゥに見られていたことに恥じ入り、縮み上がっている。

問9 ――⑧「ひとりで彼らと対峙する窪田さんの姿」とあるが、その姿から「僕」は何を感じ取ったか。本文中から十五字以内でぬき出して答えなさい。

問10 ――⑨「うなだれている僕を残し、ママドゥは全てを振り切ったかのように全力で走り出す」とあるが、このときの「僕」とママドゥの心情を対比させる形で六十字以内で説明しなさい。

算数　（60分）

受験番号	1	0				

①名古屋 東海中学校（２０２２年度）

※100点満点
（配点非公表）

＜注意＞
①答えは解答らんに書くこと。
②解答らん以外の余白や，解答用紙の裏面を計算用紙として使ってよい。
③円周率は 3.14 とする。
④用紙は切り取らないこと。

1
次の □ に当てはまる数を求めなさい。

（１）$\frac{7}{25} \div \left\{\frac{44}{15} - \frac{7}{4} \times \left(\frac{5}{14} + 0.9\right)\right\} - \frac{29}{220} =$ □

（２）2022 に，ある整数をかけると，6 けたの数
□□□674 となる。

（３）A 中学校は，B 中学校と比べて，女子の人数は 10％多く，

3
兄と弟が正月にお年玉をもらいました。兄弟のお年玉の合計金額のうちの兄のお年玉の金額の割合が大きかったので，おじさんは兄に 10000 円，弟に 20000 円のお年玉をあげて，合計金額のうちの兄のお年玉の金額の割合を $\frac{1}{8}$ だけ減らす予定でしたが，お年玉ぶくろを兄弟まちがえてわたしたため，合計金額のうちの兄のお年玉の金額の割合は $\frac{1}{56}$ だけ増えてしまいました。
（１）おじさんにお年玉をもらう前の兄弟のお年玉の合計金額を求めなさい。
（２）おじさんにお年玉をもらう前に，兄と弟はそれぞれいくらお年玉をもらっていましたか。

（１）　　円

（２）（求め方）

受験番号	1	0				

❷名古屋 東海中学校（２０２２年度）

5

同じ量の水を入れた，同じ直方体の水そうを 2 つ用意し，それぞれの水そうに，図 1 のような直方体ⓐと直方体ⓘを入れ，真横から見ると図 2，図 3 となるように固定しました。

図 2 で，辺 BF 上の水面がくる点を Q，図 3 で，辺 IJ 上の水面がくる点を R とすると，QF は 9 cm，図 2 と図 3 の水面の高さの比は 24：23 になりました。

（1）IR の長さを求めなさい。

（2）水そうの底面積を求めなさい。

図 1

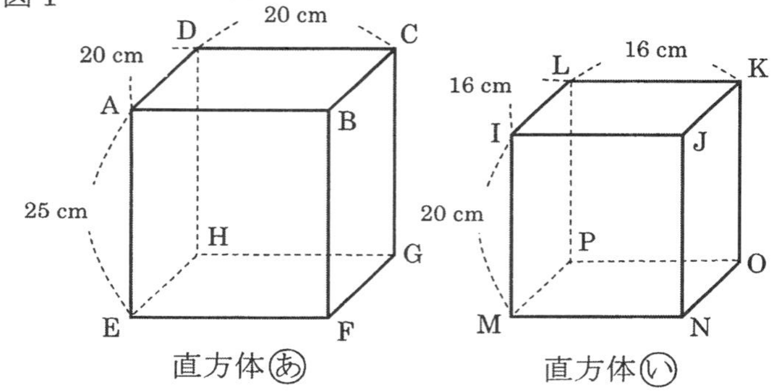

図 2

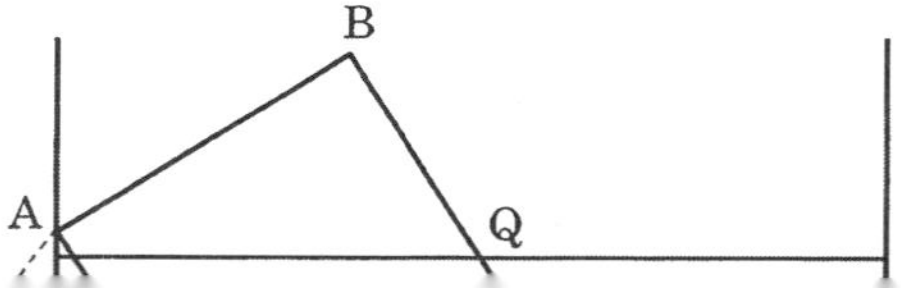

7

あるお店には 70 円から 273 円までのすべての値段の商品があります。そのお店のセルフレジは，現金で支払（しはら）うと，硬貨（こうか）の枚数が最も少なくなるようにおつりが出ます。T さんは，273 円持ってお店に行き，計算するのがめんどうなので，273 円全額をセルフレジに入れます。

（1）T さんが商品 A を 1 つ買うと，ほかのどの商品を買うよりもおつりの硬貨の枚数が多くなります。商品 A はいくらですか。また，そのときのおつりの硬貨の枚数はそれぞれ何枚になりますか。

（2）T さんが商品 B を 1 つ買うと，おつりの硬貨の枚数は 10 枚になりますが，2 つ買えば，おつりの硬貨の枚数は 2 枚になります。商品 B はいくらですか。

	100 円	50 円	10 円	5 円	1 円
（1）　円	枚	枚	枚	枚	枚
（2）　円					

8

1 から 1000 までの異なる整数の数字が書かれた 1000 個のボ

社会 （50分）

名古屋　東海中学校（２０２２年度）

1　次の文章を読んで、問いに答えなさい。

近年、日本では多くの自然災害が発生し全国各地で被害がでている。例えば、2019年６月には【A】前線による豪雨で鹿児島県に、８月～10月には【B】通過にともなう①豪雨で九州北部や東日本を中心に被害がでた。記憶に新しいところでは、2021年７月の【A】前線にともなう豪雨により、静岡県熱海市伊豆山では【C】が発生した。また、2021年８月には小笠原諸島付近の②海底火山が噴火した。噴火によって発生した【D】が遠く離れた沖縄や奄美諸島に流れつき被害がでた。

内閣府は、2021年12月に【E】海溝と千島・カムチャツカ海溝で起きる③二つの巨大地震に関して被害想定を発表し、最悪のケースで、④【E】海溝地震の場合は約19万9000人が死亡し、建物約22万棟が全壊・焼失し、経済的被害額は約31兆3000億円に上るとした。毎年、発生する自然災害に対する知識や備えはますます重要となっている。

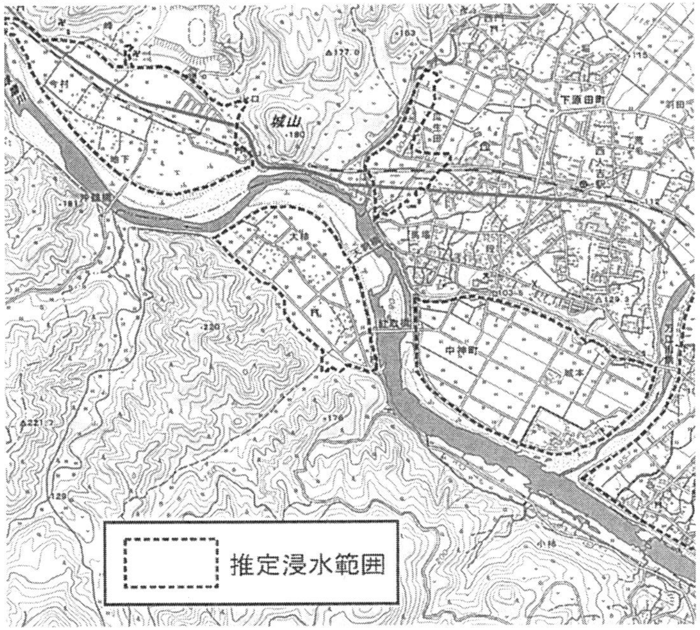

←図１
国土地理院資料、地理院地図により作成。

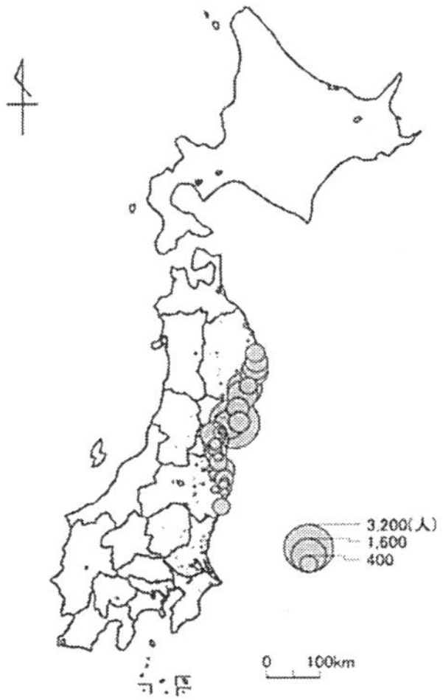

←図２
『平成24年版消防白書』により作成。

写真

問１．文章中の【A】～【E】にあてはまる語句を答えなさい。

問２．下線部①に関して、熊本県人吉盆地では、豪雨による被害が盆地内を流れる球磨川本流沿いの低地で広くみられた。その中でもとくに上の図１の範囲で大きな被害がでたが、その理由を地形に注目してかんたんに説明しなさい。なお、図１中で、球磨川は東から西へむかって流れています。

3　世界や日本の人口について、問いに答えなさい。

問1．人口が最も少ない州を次のア～カの中から選びなさい。
ア．アジア　イ．ヨーロッパ　ウ．アフリカ
エ．北アメリカ　オ．南アメリカ　カ．オセアニア

問2．表1は秋田県、沖縄県、神奈川県、広島県の人口に関する数値をまとめたものである。表1中の　い　の県は「出生数－死亡数」がマイナスなのに人口が増加している。その理由をかんたんに説明しなさい。

問3．2019年の出生率は「2019年の出生数÷2019年の人口」で求められる。表1中の　あ～え　のうち出生率が最も高い県を選びなさい。

問4．表2は、表1中の4つの県にある都市を人口別にまとめ、その個数を表している。「100万人以上」の3都市のうち，県庁所在地ではない都市を答えなさい。

問5．沖縄県と広島県にあてはまるものを、表1中の　あ～え　と表2中の　か～け　からそれぞれ選びなさい。

問6．人口の高齢化が進むニュータウンなどの地域について、次の文中の〔　〕に入る語句を答えなさい。

> 75歳以上で〔　　〕した高齢者は移動手段がバスしかなく、近くにスーパーマーケットがないと買い物に行くのが不便になった。

表1

	人口（千人）	出生数（千人）	死亡数（千人）	年平均人口増加率
あ	1,453	14.9	12.5	0.39%
い	9,198	63.0	84.0	0.24%
う	2,804	20.0	31.2	-0.46%
え	966	4.7	15.8	-1.48%

統計年次は，人口，出生数，死亡数が2019年，年平均人口増加率が2018年10月～2019年9月の年平均。
『県勢』により作成。

表2

	100万人以上	50万人～100万人	20万人～50万人	10万人～20万人
か	—	—	1	—
き	—	—	1	3
く	1	—	2	3
け	2	1	6	6

統計年次は2020年1月1日。—は当てはまる都市なし。
『県勢』により作成。

4　日本の古くから続く企業に関する右の表について、問いに答えなさい。

問1．Aの企業の現在の仕事内容である下線部aをおこなう習慣（しゅうかん）が生まれた時代を次のア～エの中から選びなさい。
ア．平安時代　イ．鎌倉時代　ウ．室町時代　エ．江戸時代

問2．B・C・Dの企業が創業（そうぎょう）されたころには、多くの人々が定期的に日本国内を移動しています。その目的は何か答えなさい。

問3．Eの企業が創業されたころの役所では、下線部bの「紙」以外に何に文字を記（しる）していたか答えなさい。

問4．Fの企業が創業されたころ、日本各地で武士が活躍しはじめていました。その後、日本の歴史において武士が政治の中心になりますが、その期間とし

企業	都道府県	創業年	現在の仕事の内容
A	京都府	587	a 生け花・茶道を教える
B	山梨県	705	旅館・ホテル
C	兵庫県	717	旅館・ホテル
D	石川県	718	旅館・ホテル
E	京都府	771	b 紙関係製品製造業
F	山梨県	1024	宗教用具小売業
G	茨城県	1141	c 清酒製造業

6　右の年表とそれに関する文章を読み、問いに答えなさい。

おもな感染症の流行

	感染症	死者数
8 世紀ごろ	天然痘	日本で 100 万人
14 世紀	ペスト	世界で 5000 万人
19 世紀～	コレラ	世界で数百万人
20 世紀	結核	日本で 600 万人以上
1918 年～	スペインかぜ	世界で 5000 万人
1981 年～	HIV 感染症	世界で 3500 万人
2019 年～	新型コロナウィルス感染症	世界で 540 万人 ＊

朝日新聞 2022 年 1 月 1 日より作成　　＊2021 年 12 月 28 日現在

感染症の流行は、その時々の人類の歴史を変える転機となってきました。

日本での 8 世紀前後における a 天然痘の流行では、当時の権力者たちも犠牲となり、政治にも大きな影響がありました。天然痘は日本でたびたび流行し、長きにわたり人々を苦しめました。

14 世紀、ペストの流行したヨーロッパでは人口の 3 分の 1 が亡くなったとも言われています。これは、荘園を中心とした当時の社会のしくみを変化させることにつながったと考えられています。

19 世紀のコレラの世界的な流行は、日本にもおよびました。b 1858 年にはじまった流行では、江戸だけで 3 万人もの人が亡くなったとされ、人々が政治に対し不満や反発を強める理由のひとつとなりました。

日本に西洋の医学的知識や技術が導入された 19 世紀末以後でも、結核の流行が見られました。c 近代的な工場で働く労働者たちにも感染者が多く、産業革命がこの流行の背景にあると考えられます。20 世紀になっても、人類はたびたび感染症の流行を経験しています。d スペインかぜ感染症の大流行は、当時の世界的な大事件の中でおこりました。感染拡大の情報が公開されなかったことや、人々が国際的に移動したことに関係が深いという見方がされています。1980 年代後半からの約 20 年間で急拡大した HIV 感染症では、感染者への偏見や差別が見られ、治療法の研究とともに、差別や偏見の解消が世界的な課題になりました。

こうした様々な感染症の克服のため、多くの研究者や医療関係者が、治療や予防に力を注いできました。結果、予防法や治療法が確立され、死亡率が低下したものも増え、さらに、天然痘のように WHO（世界保健機関）が根絶を宣言するものが見られるようになりました。

21 世紀となった現在、なお、私たちは新型コロナウィルス感染症とのたたかいの最中にあります。この 2 年の間に私たちの生活も、大きな変化を求められました。このできごともまた、人類の歴史を変える一つの転機となることはまちがいないでしょう。

問１．文章中の下線部 a に関連して、天然痘の流行について、次の①・②に答えなさい。

① 6 世紀の終わりごろにも天然痘は流行し、仏教導入の賛成反対などに影響したとされています。当時、有力であった蘇我氏は、渡来人と結びついて力を得ていたと言われます。なぜ渡来人との結びつきが一族の力につながるのか、答えなさい。

② 聖武天皇が、天然痘の流行やその他の諸問題の解決のために国ごとにつくらせた施設を答えなさい。

問２．文章中の下線部 b について、1858 年に幕府が結んだ条約も、人々の生活を苦しめ、不満や反発につながりました。この条約を結んだ後、人々の生活が苦しくなったのはなぜか、答えなさい。

問３．文章中の下線部 c について、近代的な産業の発達と、労働者たちの結核の流行の関係は、疲労、栄養失調の他、何が考えられるか、当時の労働者の職場のようすから答えなさい。

問４．文章中の下線部 d について、次の①・②に答えなさい。

① 「スペインかぜ」とは、スペインから感染拡大の情報が伝えられたためについた呼び名です。現在では一般的に何と呼ばれる感染症か答えなさい。

理科 (50分)

テスト４の１　　名古屋　東海中学校（２０２２年度）

1　次の会話文を読んで、以下の問いに答えなさい。

お父さん「ただいま。夕食を買ってきたよ。最近はテイクアウトできるものの種類が多くて迷ってしまうね」

お母さん「太郎は手を洗った？」

太郎くん「もちろんだよ！じゃあ、机の上に並べていくね。あれ？このストロー、紙でできているよ」

お母さん「最近はカフェでもプラスチックのストローをやめて紙のストローを出すお店が増えてきたわね」

お父さん「これはね、プラスチックごみを減らす取り組みの１つなんだ。これまでプラスチックは、安価で加工がしやすくて、さらに丈夫（じょうぶ）だから、たくさんの製品に使われてきたんだ。でも、自然界で分解されないという特徴から、半永久的に残り続けしまうという問題が起きてしまった。丈夫ではあるけれど、いずれはとても小さなかけらになってしまう」

太郎くん「あ！それ聞いたことある！[X]だね」

お父さん「よく知っているね。その通り。[X]はずっと世界中の海を漂（ただよ）い続けることになるんだ。ただこれが、海にすむ生き物の体に取りこまれてしまうことが起きている。魚の場合だと、[Y]につまって、ちっ息死する原因になることもあるんだよ」

太郎くん「そんなことになったら、海の[Z]が乱れてしまうよ」

お母さん「私の好きなシーフードが食べられなくなったり、値段が上がったりしたら困るわ」

お父さん「困るのはそれだけじゃないんだ。プラスチックの表面には、実は無数の細かなデコボコがあるんだ。ここに、有害な化学物質が吸着されることもわかってきた。それに、プラスチックを作る過程でもたくさんの薬品が使われているね」

太郎くん「それは、<u>もしかして人間の健康にも影響（えいきょう）が出る</u>ってこと？」

お父さん「まだ、証明された訳ではないよ。でも、その可能性はあるってところかな」

太郎くん「今まで当たり前に使っていたものが、やがてどうなっていくのかも考えて使わないといけないね」

（１）Xに当てはまる言葉を答えなさい。

（２）Yには魚のもつ呼吸器が入ります。Yに当てはまる言葉を答えなさい。

（３）Zには、「生物と生物を取り巻く環境（かんきょう）全体をつながりとしてとらえたもの」を表す言葉が入ります。漢字３字で答えなさい。

（４）下線部に関し、なぜ人間の健康に影響が出るおそれが生じるのですか。「食物連鎖（れんさ）」

1　貧困をなくそう
2　飢餓（きが）をゼロに
3　すべての人に健康と福祉（ふくし）を
4　質の高い教育をみんなに
5　ジェンダー平等を実現しよう
6　安全な水とトイレを世界中に
7　エネルギーをみんなに　そしてクリーンに
8　はたらきがいも経済成長も

3　命を保つため、臓器は互(たが)いに関わり合いながらはたらいています。以下の図は臓器の関わり合いをまとめたものです。①～⑯は臓器同士をつなぐ管を表し、矢印の向きは内部を通過するもののゆくえを表しています。また、矢印の色は管の種類を表しています。以下の問いに答えなさい。

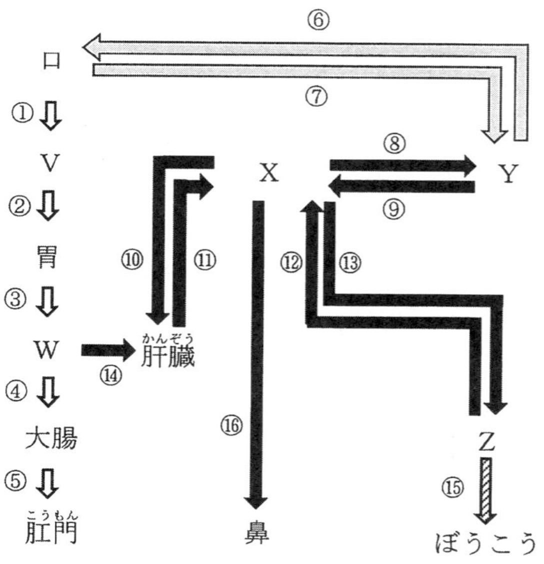

（１）図の ➡ の表す管は何ですか。

（２）消化液を出す臓器を図から全て選び、書きなさい。ただし、図中のＶ～Ｚを用いる場合は臓器名に直して答えなさい。（Ｗについて考える必要はありません。）

（３）⑥～⑮のうち、以下の（a）、（b）に関わりのあるものを全て選び、番号で答えなさい。ただし、当てはまるものがない場合は、解答らんに「×」を書きなさい。

（a）こし取られた液体が通過する。

（b）養分が最も多い。

（４）幹男君は、花粉症(しょう)による鼻づまりがひどくなってきたため、鼻に作用する薬Ａを１錠(じょう)、朝の６時に服用しました。この薬Ａは、効果を保つため12時間おきに１錠ずつ飲む必要があります。右のグラフは、血液中に存在する薬Ａの成分量がどのように変化するかをまとめたものです。

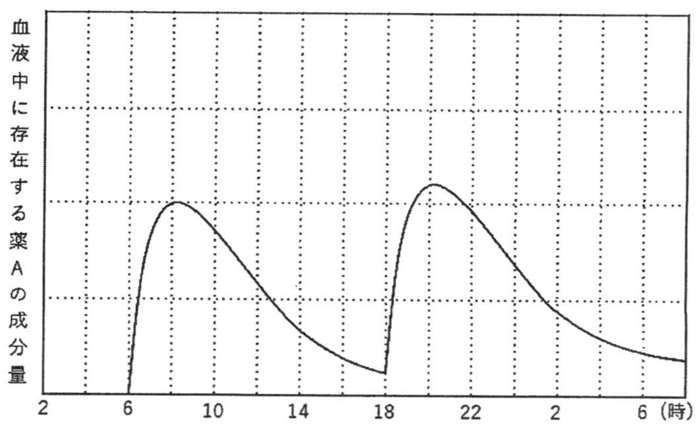

（ｉ）薬Ａの成分が鼻にとどく（図中の⑯）までに必ず通過する管を①～⑮から全て選び、通過する順に左から並べなさい。

（ii）グラフを見ると血液中の薬Ａの成分は少しずつ減っていくことがわかります。使われなかった成分の減少に関わる臓器を図から全て選び、書きなさい。ただし、図中のＶ～Ｚを用いる場合は臓器名に直して答えなさい。

5　2021 年 11 月 19 日、日本では月の 98%がかくれる「ほぼ皆既(かいき)月食と呼べるほどの部分月食」が観測され話題となりました。月食とは月が地球のかげに入ることで起きる現象です。下の図１は地球と月の位置関係を、図２はこの日の午後７時ごろに見られた月の様子を表した図です。以下の問いに答えなさい。

※月全体がかくれる場合を「皆既月食」、一部がかくれる場合を「部分月食」と呼びます。

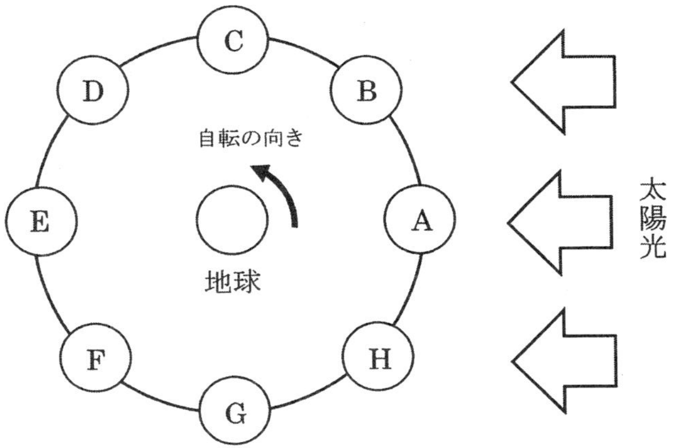

図１

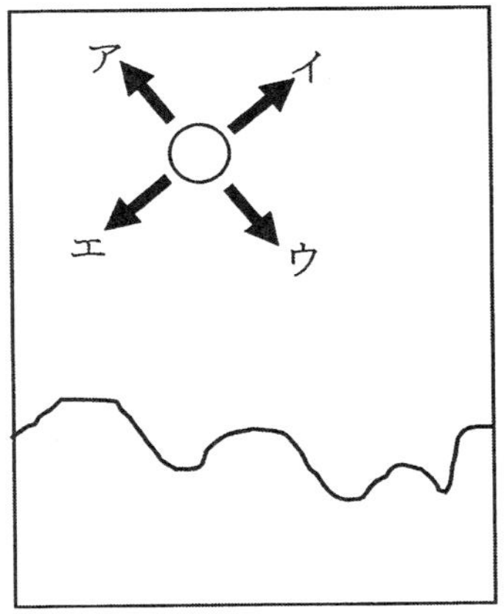

図２

（１）図１において、月食が見られるときの月の位置はどこになりますか。A～Hから１つ選び、記号で答えなさい。

（２）図２の月はこの後どのように動きますか。適切な向きを表す矢印をア～エから１つ選び、記号で答えなさい。

（３）月食が観測されてから１０日が経ちました。このときに見られる月の形をかきなさい。ただし、かげの部分は黒くぬりつぶすこと。また、このとき月が見られる時刻と方角の組み合わせとして正しいものを、ア～カから１つ選び記号で答えなさい。

ア　午前０時ごろ　東の空　　イ　午前０時ごろ　西の空　　ウ　午前４時ごろ　東の空
エ　午前４時ごろ　西の空　　オ　午後８時ごろ　東の空　　カ　午後８時ごろ　西の空

8　下の回路のように、同じ種類の豆電球、電池、スイッチａ～ｆをつなぎました。スイッチを表のように組み合わせたとき、以下の（１）～（６）の条件を満たすものを、ア～オの中から全て選び、記号で答えなさい。

（１）豆電球が１つだけ点灯し、あとの２つは点かない。
（２）豆電球が２つだけ点灯し、あとの１つは点かない。
（３）豆電球が３つ全て点灯する。
（４）豆電球がもっとも明るく点灯する。
　　（点灯するのは１つだけでもよい）
（５）豆電球がもっとも暗く点灯する。
　　（一番暗いものがふくまれていれば、いくつ点灯してもよい）
（６）豆電球は点灯せず、ショートする。

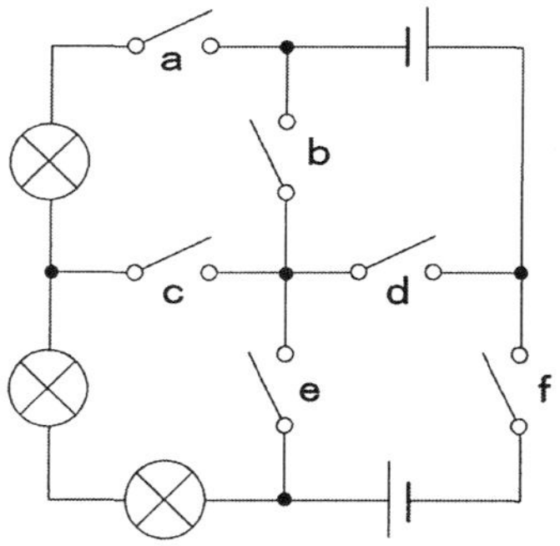

	a	b	c	d	e	f
ア	○	×	×	○	○	×
イ	×	○	×	×	○	○
ウ	×	×	○	○	×	○
エ	○	×	○	○	×	×
オ	○	×	×	×	×	○

○・・・閉じる　×・・・開く

9　太さが一様ではない、長さが 40cm の棒があります。図１のように、棒の右端にバネばかりをつけて持ち上げると、バネばかりは 150g を示しました。また、図２のように、左端にバネばかりをつけて持ち上げると 250g を示しました。次の問いに答えなさい。
（１）図３のように、ある位置に糸をつないで棒をつるすと、棒が水平になりました。糸の位置は、右端から何 cm のところですか。
（２）図４のように、左端に 80g のおもりをつるして、棒が水平になるように糸の位置を移動させました。糸の位置は右端から何 cm のところですか。
（３）図５のように、棒の中央にバネばかりをつけて、左端には 80g のおもりを、右端には重さの分からないおもりをつるしたところ

テスト1の6　名古屋　東海中学校（２０２２年度）

※100点満点
（配点非公表）

受験番号　１０

解答らん

（字数制限のある問題は、特に指示がない限り、文字以外の記号もすべて字数に入れること。）

一

①	②
③	④
⑤	⑥

二

問1　ことによって表現する。

問2

問3　（20）

問4

問5

問6

問7　（5）

問8

問9

問10　（80）

テスト３の４

受験番号	1	0				

名古屋　東海中学校（２０２２年度）

※100点満点
（配点非公表）

1

問1	A		B	
	C		D	
	E			
問2				
問3				
問4				
問5				
問6	現象			

2

1

問1	ア	
	イ	
	ウ	
問2		
問3		

2

問1	A	県	B	県	
	C	県	D	県	
問2					
問3					
問4	I		II		

3

問1	
問2	

4

問1	
問2	

5

問1	①	
	②	町

テスト４の５

受験番号	１	０				

名古屋 東海中学校（２０２２年度）

※100点満点
（配点非公表）

解答らん

1

(1)	(2)	(3)
(4)		
(5)		
(6)	(7) ・	
(8)社会課題	科学技術	目標番号 ・

2

(1)	(2)
(3)	

【メモ用紙】　この用紙は、下書きに利用してください。回収はしません。

(3)(a)	(b)	(4)(i) → ⑯
(ii)		

4

(1)	(2)	(3)	(4)	(5)

5

(1)	(2)	(3)

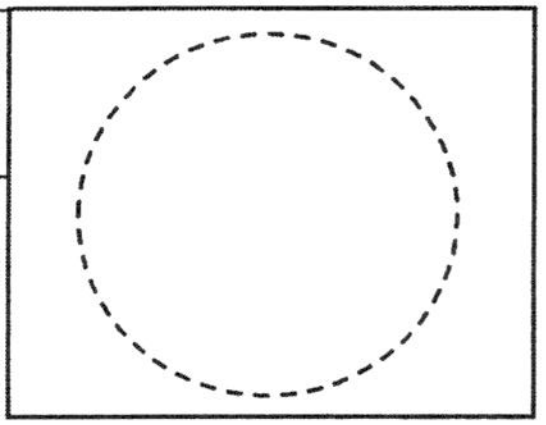

6

(1)A 色	C 色	D 色		
(2)A	E	(3)C	D	E

7

(1)	(2)
(3)	

8

(1)	(2)	(3)	(4)	(5)	(6)

9

(1) cm	(2) cm	(3) g	(4) g

問4	市				
問5	沖縄県	表1		表2	
	広島県	表1		表2	
問6					

問5		
問6		
問7	あ	
	い	
問8		

問2	①	
	②	

6

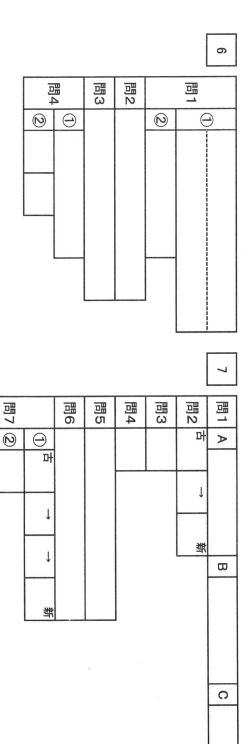

問1	①		
	②		
問2			
問3			
問4	①		
	②		

7

問1	A		B		C	
問2	古	→	新			
問3						
問4						
問5						
問6						
問7	①	古	→	→	新	
	②					
	③	古	→	新		

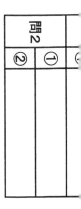

三

問1	問2	問3	問4	問5	問6	問7	問8	問9	問10
a / b		40			A / 20 / B	30		15	60

図1

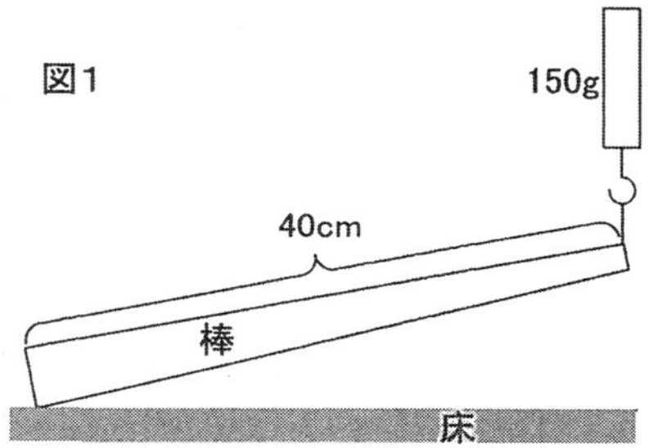

図2

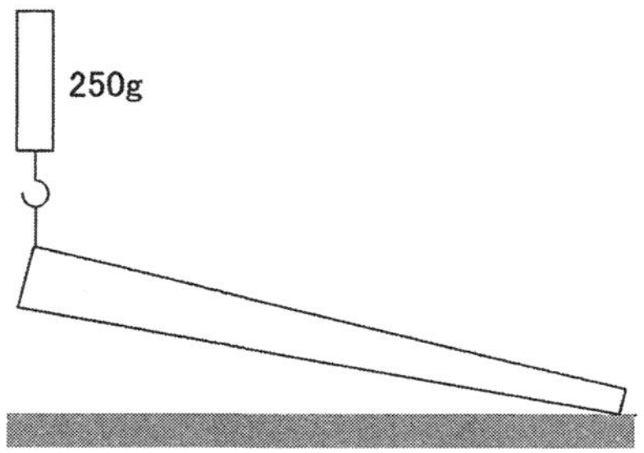

図3

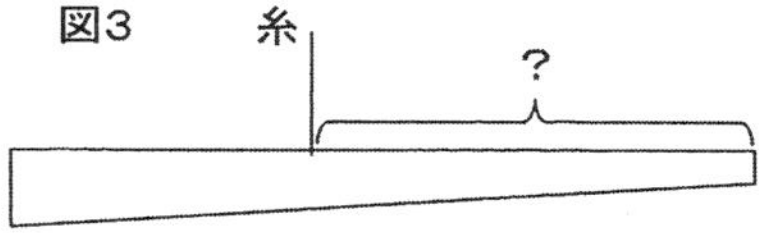

図4

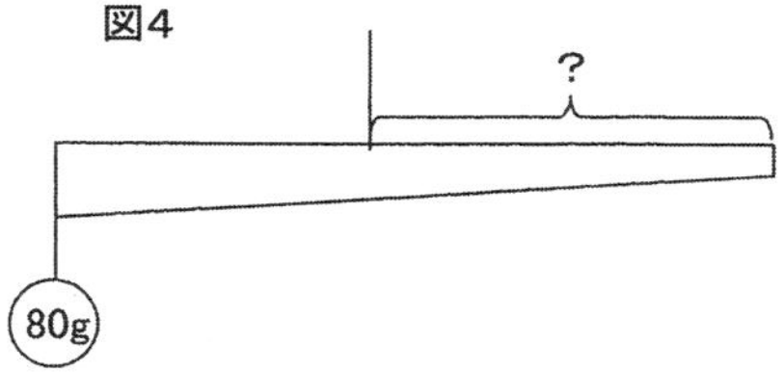

図5

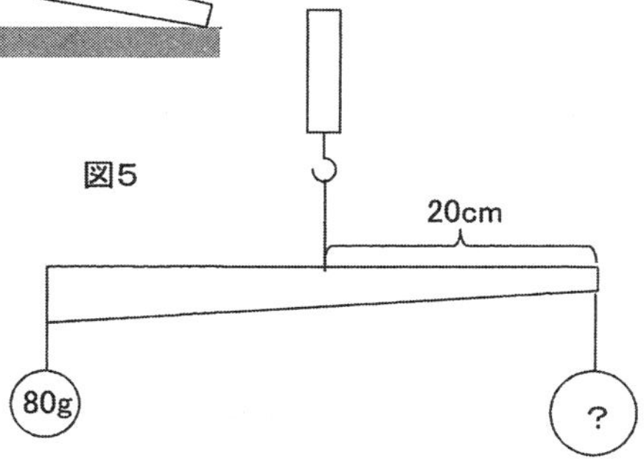

6 5つのビーカーA～Eに、ある濃度の塩酸と水酸化ナトリウム水溶液を表のように混ぜました。混ぜた後でそれぞれのビーカーにアルミニウムを加えると、Cのみ気体が発生しませんでした。以下の問いに答えなさい。

	A	B	C	D	E
塩酸の体積（cm^3）	0	5	10	15	20
水酸化ナトリウム水溶液の体積（cm^3）	20	15	10	5	0

（1）アルミニウムを加える前のビーカーA、C、DにＢＴＢ液を加えると、何色になりますか。

（2）ビーカーAとEにアルミニウムを加えたときに発生した気体の名前を答えなさい。

（3）アルミニウムを加えた後のビーカーC、D、Eの水溶液を蒸発皿にとって加熱し、水を蒸発させました。蒸発皿の状態を次のア～ウから選び、記号で答えなさい。

ア　何も残らなかった　　イ　１種類の固体が残った　　ウ　２種類の固体が混ざったものが残った

7 割りばしを短く切って試験管に入れました。そして図のように、ロの部分にガラス管をさしたゴム栓をしたあと、①ガスバーナーで加熱しました。しばらくするとガラス管の先から②煙が出てきました。煙が出なくなるまで十分に加熱した後、③試験管に残ったものを取り出して火をつけたところ、燃えました。以下の問いに答えなさい。

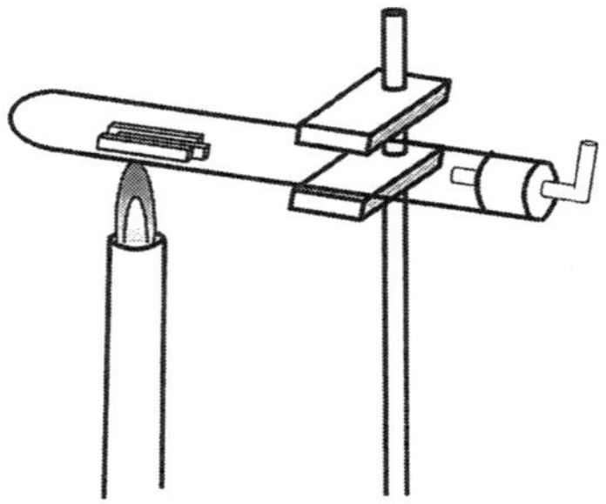

（1）下線部①について、強く加熱しても割りばしは燃えませんでした。それはなぜですか。

（2）下線部②で出てきた煙に火のついたマッチを近づけるとどうなりますか。次のア～ウから正しいものを１つ選び、記号で答えなさい。

ア　マッチが激しく燃える。

イ　出てきた煙が炎を上げて燃える。

ウ　マッチの火が消える。

（3）下線部③で、試験管に残ったものの燃え方は、新しい割りばしに直接火をつけて燃やした場合と異なります。燃え方のちがいがわかるように答えなさい。

4　次の（1）～（5）のア・イ・ウのうち、内容が正しい文章を全て選び、それぞれ記号で答えなさい。ただし、内容に正しいものがない場合は、解答らんに「×」を書きなさい。

（1）ア：空全体の半分以上が雲でおおわれているときの天気は「くもり」である。

イ：すじ雲とも呼ばれる巻雲は、あま雲とも呼ばれる乱層雲よりも高いところにできる。

ウ：巻雲から雨が降ることはない。

（2）ア：こと座のベガは、夏の夜に空高く白くかがやいており、七夕伝説の「ひこ星」とされる。

イ：さそり座のアンタレスは、夏の夜に南の空に赤くかがやいており、夏の大三角をつくる星の1つである。

ウ：おおいぬ座のシリウスは、冬の夜に南の空に白くかがやいており、冬の大三角をつくる星の1つである。

（3）ア：元日の夜に満月が見られた年には、年内にあと12回の満月の日がある。

イ：月と太陽が同時に見えているとき、月の太陽に近い側が明るく見えている。

ウ：月と太陽が同時に見えているとき、月と太陽が近いほど月の欠け方は少ない。

（4）ア：地層をつくっている土の粒（つぶ）は、大きい順に「れき」「砂」「どろ」に分類され、米粒ほどの大きさの粒は「れき」にふくまれる。

イ：火山のはたらきによりできた地層にふくまれる土の粒は、流れる水のはたらきによりできた地層にふくまれる土の粒に比べて、角ばっているものが多い。

ウ：ヒマラヤ山脈のような、標高の高いところでほり出される化石は、火山灰がつもってできた地層から見つかる。

（5）ア：山地を流れる川に比べて、平野を流れる川のほうが、川幅（はば）が広く、流れも速い。

イ：山地を流れる川の岸の石に比べて、平野を流れる川の岸の石のほうが、丸く大きいものが多い。

ウ：川の流れが曲がっている場所では、内側に比べて外側のほうが流れは速く、深さは深い。

ありますか。本文中にあるもの以外で１つ例を挙げなさい。

（６）右は、国連が、地球を保護しながら、あらゆる貧困を解消し、すべての人が平和と豊かさを得ることのできる社会を目指し設定した、17の目標を示したものです。この目標を何と言いますか。略称（りゃくしょう）で答えなさい。

（７）右の目標のうちＸの問題が深く関わるものを２つ選び、番号で答えなさい。

（８）社会課題の中には、右の目標が複数にまたがって関わるものが少なくありません。そのような社会課題には何がありますか。具体例と、それを解消するために有効であると考えられる科学技術を挙げ、関わる目標のうち主たるものを２つ選び、番号で答えなさい。

例・・・社会課題：地球温暖化の解消　／　科学技術：燃料電池　／　目標番号：７・１３

11　住み続けられるまちづくりを
12　つくる責任　つかう責任
13　気候変動に具体的な対策を
14　海の豊かさを守ろう
15　陸の豊かさも守ろう
16　平和と公正をすべての人に
17　パートナーシップで目標を達成しよう

２　インゲンマメの種子を使って、発芽の条件を調べる実験を行います。以下の問いに答えなさい。

〈実験１〉水と発芽

変える条件			同じにする条件	結果
水	A	与える	水以外 （空気、温度、明るさなど）	発芽した。
	B	与えない		発芽しなかった。

〈実験２〉空気と発芽

変える条件			
空気	C	与える	
	D	与えない	

（１）１つの条件について調べるときに、他の条件を変えてはいけないのはなぜですか。簡単に説明しなさい。

（２）〈実験２〉として、インゲンマメの発芽に空気が必要かどうかを調べようと思います。あなたはどのように実験を行いますか。図をかいて示しなさい。ただし、使う道具には名前を記し、必要に応じて説明文を補足して書き入れなさい。

（３）〈実験２〉で、インゲンマメの代わりにイネを用いたところ、結果にちがいが見られました。どのようなちがいが見られますか。

ウ．ヨーロッパに軍隊を送って、イギリス軍と戦った。　　エ．ハワイに軍隊を送って、アメリカ軍と戦った。
オ．輸出を大きくのばし、景気の良い状態になった。

7　次の文章を読んで、問いに答えなさい。

a 日本国憲法には「基本的人権の尊重」「国民主権」「平和主義」の三つの原則がある。
憲法に定められた国民の b「基本的人権」には、信教の自由、健康で（　A　）的な生活を営む権利、裁判を受ける権利などがある。「国民主権」は、国の政治のあり方を最終的に決める権限が国民にあるという考え方である。国民主権にもとづく制度として、c 選挙や d 国民審査、国民投票などがある。天皇は日本の国や国民のまとまりの象徴とされ、憲法に定められている仕事を（　B　）の助言と承認にもとづいておこなう。「平和主義」においては、第9条で「①日本国民は、正義と秩序を基調とする国際平和を誠実に希求し、国権の発動たる（　C　）と、武力による威嚇又は武力の行使は、国際紛争を解決する手段としては、永久にこれを放棄する。②前項の目的を達するため、陸海空軍その他の戦力は、これを保持しない。国の交戦権は、これを認めない。」と定めている。

問1．文章中の（　A　）～（　C　）にあてはまる語句を答えなさい。
問2．下線部 a にかかわる次のできごとを起きた順番にならべなさい。
　ア．男女共学が法律で定められた。　　イ．日本国憲法が公布された。　　ウ．女性がはじめて選挙に参加した。
問3．下線部 b について、基本的人権の説明として、もっとも正しいものを次のア～ウの中から選びなさい。
　ア．国民がその社会的な地位に応じて国から与えられた権利　　イ．国民が国から等しく与えられて持っている権利
　ウ．国民が生まれながらに等しく持っている権利
問4．下線部 c について、昨年（2021年）の国政選挙はどのようなものがおこなわれたか、次のア～ウの中から選びなさい。
　ア．衆議院議員選挙がおこなわれた。　イ．参議院議員選挙がおこなわれた。　ウ．衆議院議員選挙と参議院議員選挙が両方おこなわれた。
問5．下線部 d について、国民審査はだれに対しておこなわれるか、その役職を答えなさい。
問6．憲法に定められている国民の義務のうち、国会のはたらきの一つである予算の決定と最も関係の深いものを答えなさい。
問7．戦後日本の外交や安全保障の政策と関係の深い次のア～エのできごとについて、下の①～③の問いに答えなさい。
　ア．日本が48カ国とサンフランシスコ平和条約を結ぶ。　　イ．日本が国際連合に加盟する。
　ウ．朝鮮戦争がおこる。　　エ．沖縄が返還される。
　① 上のア～エを年代の古い順にならべなさい。
　② 警察予備隊がつくられた年のできごとを上のア～エから選びなさい。
　③ サンフランシスコ平和条約を結ばなかった国を次の　あ～え　の中から3つ選び、日本と国交を正常化（回復）した順にならべなさい。
　　あ．大韓民国　　い．イギリス　　う．中華人民共和国　　え．ソ連

紀はじめに編さん・成立したとみられる地理の書物の『播磨国（　　）』に記述がある。（　　）にあてはまる語句を答えなさい。

問６．Ｈの企業が創業された前年に起きた乱に勝利した平清盛が、武士としてはじめてついた朝廷における最高の役職名を答えなさい。

問７．Ｉの企業が創業された翌年に起きたできごとに関する、次の文の［　あ　］・［　い　］にあてはまる語句を２つ答えなさい。

「源頼朝は、家来になった武士の中から国ごとに［　あ　］、各荘園などに［　い　］をおく権限を朝廷から得た。」

問８．Ｉの企業のある宮城県は当時何という国の一部でしたか、その国名を答えなさい。

5　次の図をみて、問いに答えなさい。

図Ⅰ

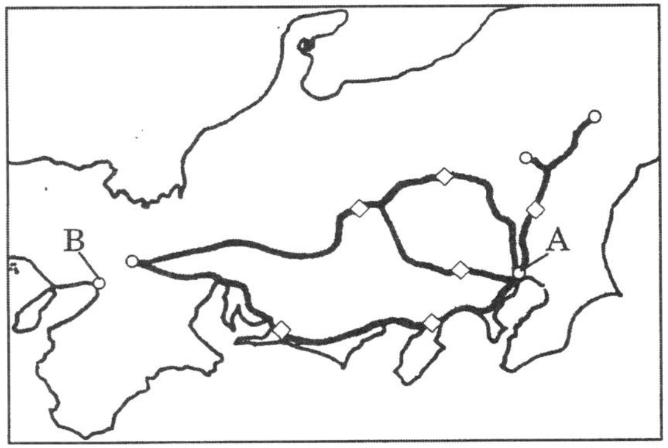

図Ⅱ

図Ⅲ

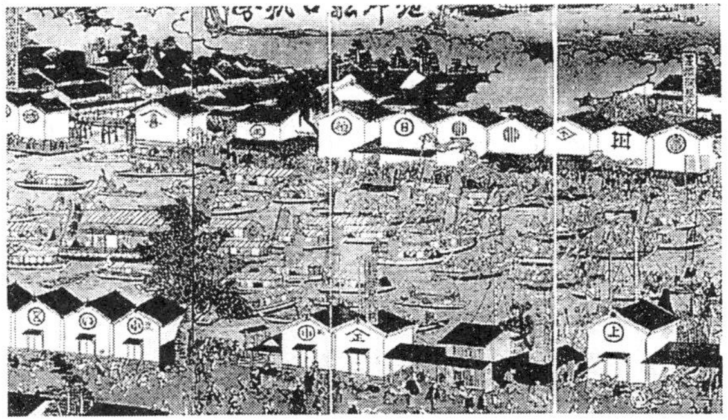

問１．図Ⅰ中の太線で示されているのは、江戸幕府が整備した街道です。

① この街道に記されている記号 ◇ は、何を示しているか答えなさい。

② この街道には、旅する人々が泊まったり休憩したりするための町がいくつも発達しました。このような町を何というか答えなさい。

③ この街道などを通って、図Ⅱのような人々が荷物や手紙をリレーをして運びました。この人たちを何と呼ぶか答えなさい。

④ この街道は、大名らが定期的に都市Ａと領地を行き来するために利用されました。この定期的な行き来のことを何というか答えなさい。

問２．図Ⅲは図Ⅰ中の都市Ｂの港の様子をえがいたものです。

① 図Ⅲにえがかれているような蔵をかまえ、各地の特産品などを買い集め、都市Ａや各地に売りさばいたり、輸送などを行ったりした商人たちは何と呼ばれていたか答えなさい。

② 都市Ｂは、全国でもとくに商業が発達したので、多くの大名が自分の領地から年貢米や特産品を運びこみ、商人に買い取らせるなどして売りさばきました。各地の大名がつくった倉庫と取引所をかねたところを何というか答えなさい。

ア．北アメリカプレート　イ．ユーラシアプレート　ウ．太平洋プレート　エ．フィリピン海プレート

問５．下線部④に関して、2011年の東日本大震災では東日本の広い範囲で震度５以上の地域がみられた。この地震で亡くなった人は、上の図２のように一部の地域に集中した。その理由をかんたんに説明しなさい。

問６．下線部④に関して、問５の地震では関東地方で亡くなった人は少なかったが、上の写真のような被害がみられた。千葉県浦安市を撮影した上の写真を参考に、このような被害をおこした現象を何というか答え、こうした現象は浦安市のどのような場所で多くみられたかも答えなさい。

2　日本の産業について次の文章や表をみて、問いに答えなさい。

1　カイコを育てて【ア】をとることを養蚕といい、【ア】からつくられる【イ】は高級せんいの【ウ】織物になります。【イ】は、明治から昭和初期にかけて、日本の輸出額の多くを占めていました。1900年頃からは中国を抜いて世界一の【イ】輸出国になりました。

問１．文章中の【ア】～【ウ】にあてはまる語句を答えなさい。

問２．養蚕に関係する Y の地図記号は何をあらわすものか、答えなさい。

問３．養蚕が行われていた「白川郷・五箇山の合掌造り集落」がある県を次のア～キの中から２つ選びなさい。

ア．新潟県　イ．富山県　ウ．石川県　エ．福井県　オ．長野県　カ．山梨県　キ．岐阜県

2　次の表は様々な分野の日本の都道府県別順位を示しています。この表をみて問いに答えなさい。

	面積	人口	人口密度	農業産出額	第３次産業人口割合
1位	北海道	東京都	東京都	北海道	東京都
2位	（A）県	神奈川県	大阪府	（C）県	沖縄県
3位	福島県	大阪府	神奈川県	茨城県	神奈川県
4位	長野県	愛知県	（B）県	（D）県	（D）県
5位	新潟県	（B）県	愛知県	宮崎県	福岡県

統計年次は、面積、人口が2020年、人口密度、農業産出額が2019年、第３次産業人口割合が2015年。
『地理データファイル』、『日本国勢図会』により作成。

写真
「中国国際放送局」

問１．上の表中の（A）～（D）にあてはまる県名を答えなさい。

問２．世界の自動車メーカーにとって［X］技術と脱炭素技術の開発は重要な課題である。右上の写真は中国の企業が2030年までに国内100都市で運用する予定の［X］電気自動車タクシーである。［X］にあてはまる語句を答えなさい。

問３．世界的に不足している半導体に使われるおもな素材を何と言いますか。カタカナで答えなさい。

問４．日本と日本周辺の国（地域）との境界について、次のⅠとⅡにあてはまるものをそれぞれ記号で選びなさい。

Ⅰ：大韓民国に最も近い島　カ．壱岐　キ．隠岐諸島　ク．対馬　ケ．五島列島
Ⅱ：台湾に最も近い島　サ．沖ノ鳥島　シ．南鳥島　ス．石垣島　セ．与那国島

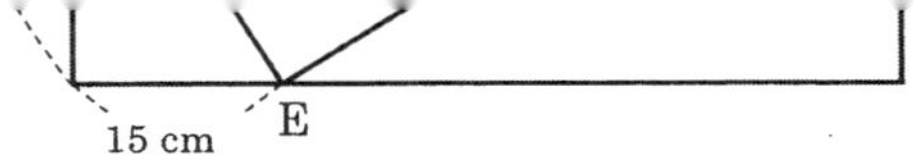

図 3

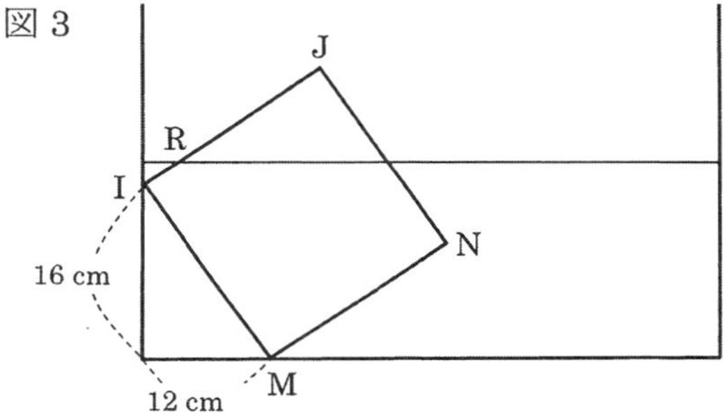

（1）　　　　cm	（2）　　　　cm²

6

図の三角形 ABC は角 C が直角の直角三角形で，AC，CD，DE，EC，EF，FG，GB はすべて同じ長さです。また，HE と BC は直角に交わります。

三角形 FBE の面積と三角形 FEH の面積の差が 5cm² のとき，四角形 HECA の面積と三角形 FEH の面積の差を求めなさい。

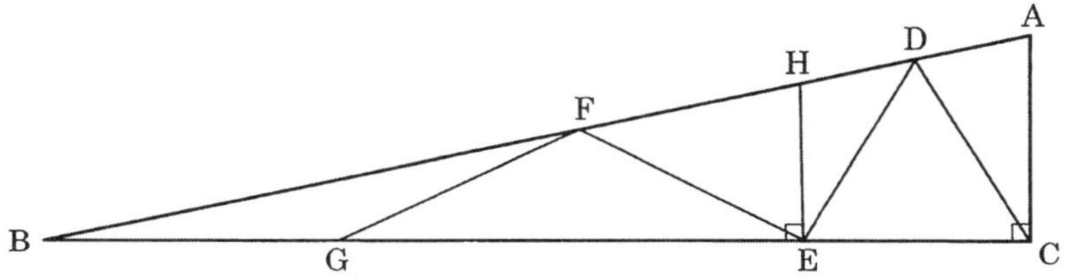

cm²

に入れます。

（規則）
・まず，ボールの数字が 2 で割り切れるボールをすべて②の箱に入れます。
・次に，残ったボールのうち，ボールの数字が 3 で割り切れるボールをすべて③の箱に入れます。
・その後も，同じように⑤の箱，⑦の箱，⑪の箱の順にボールを入れます。
・残ったボールを その他 の箱に入れます。

例えば，1 から 20 までのボールを規則にしたがって箱に入れると，②の箱には 2，4，6，8，10，12，14，16，18，20，③の箱には 3，9，15，⑤の箱には 5，⑦の箱には 7，⑪の箱には 11，その他 の箱には 1，13，17，19 のボールが入ります。また，169 の約数は 1，13，169 なので，169 のボールは その他 の箱に入ります。

（1）⑤の箱に入っているボールは何個ですか。

（2）約数が 2 個の整数について考えます。例えば，1 から 100 までには次の 25 個があります。

2	3	5	7	11	13	17	19	23	29
31	37	41	43	47	53	59	61	67	71
73	79	83	89	97					

その他 の箱に入っているボールは 207 個でした。

1 から 1000 までの整数の中で約数が 2 個の整数は何個ありますか。

（1）　　　　個	（2）　　　　個

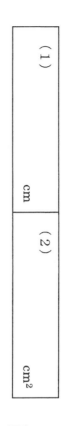

2

図のように，縦 20cm，横 10cm の長方形を 2 つ組み合わせた図形を，直線 ℓ のまわりに 1 回転させてできる立体について，次の問いに答えなさい。

（1）体積を求めなさい。

（2）表面積が $5463.6cm^2$ のとき，㋐の長さを求めなさい。

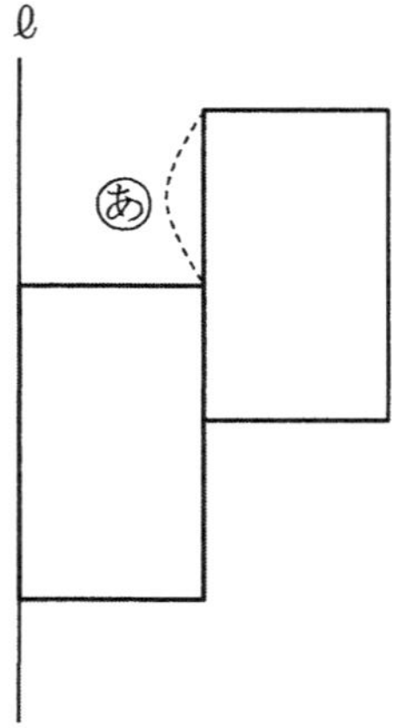

（1）	（2）
cm^3	cm

（答え） 兄	弟
円	円

4

図の四角形 ABCF は長方形で，三角形 FCD は直角三角形です。EF，EC，ED はすべて同じ長さで，AB は 7cm，AG と CD はどちらも 6cm，GF は 3cm です。

（1）IJ の長さを求めなさい。

（2）三角形 GBH の面積を求めなさい。

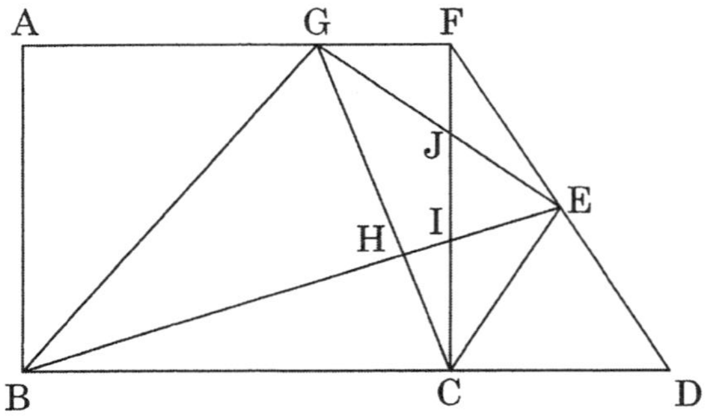

（1）	（2）
cm	cm^2

ゥの心情を四十字以内で説明しなさい。

問4　――③「ハッとして思わず立ち上がり、ドアに身を隠(かく)しながら店内の様子を窺(うかが)った」とあるが、このときの長谷川の説明として最適なものを一つ選び、記号で答えなさい。

ア、いわれのないママドゥへの悪口に怒りを覚えて辻調生に対抗(たいこう)しようとしたが、窪田さんの言葉に驚き、出鼻をくじかれてしまった。

イ、ママドゥの悲しみを自分のことのように感じていたためママドゥをかばおうとしたが、窪田さんの怒りの大きさに拍子(ひょうし)抜けしてしまった。

ウ、ママドゥへの言葉に大きな怒りを感じ反論しようとしたが、窪田さんが「僕」の言おうとしたことを言ってくれたので安心し、後を任せようと思った。

エ、ママドゥにひどいことを言った辻調生に反撃(はんげき)しようと頭の中で色々考えたものの、いざとなると言葉が出てこず、なりゆきを見守ろうと思った。

オ、つらいことを言われたのに何も言わないママドゥの情けない姿に失望してしまい、「僕」が感じた激しい怒りが急速に冷めてしまった。

問5　【　④　】に入る語を漢字一字で答えなさい。

問6　――⑤「心の汚れ」とあるが、これについて説明した次の文の空らんを補いなさい。ただし、【A】はこの辻調生たちの発言を二十字以内でまとめ、【B】は漢字二字で答えなさい。

【　A　】と考えるような、【　B　】的なものの見方。

その太い声は恐ろしいほどの迫力で、自分に落ち度があるわけでもないのに僕の膝はガクガク震えだした。気が付くと、隣でママドゥも【　④　】を呑んでこの様子を見ていた。

さすがにまずいと思ったのか、ふたりは（ｂ）バツが悪そうに前に進んだ。

「今日クリーニングに出すのは、この白衣だけか？」

ふたりは黙って頷いた。

そして次の瞬間、全く想像していなかったことが起こった。

店の扉を開けた窪田さんは、思いっきりふたりの白衣を外に放り投げた。

夕方の光の中、二枚の白い服が宙を舞い、ひらひらとアスファルトの地面に落ちていく。

「うちはクリーニング屋やからな、どんな汚れでも大概は落とせるで。ただな、⑤心の汚れだけはどうしても落とされへんわ。駅の反対側に行ったら、ほかにもクリーニング屋があるから、そっち行きや！　そんでな、もう二度と、うちにはこんといてんか！」

抑えようのない腹立たしさが荒い声になって弾け、窪田さんは今まで見た誰よりも怖い表情をしていた。不意を突かれて声も出せないふたりのお客の目の前に歩みよって、こう言った。

「あんたら、イタリア料理科の生徒やな」

黙って頷いた。完全に怯えている。

「⑥自分らゆーてること、おかしない？　あんた、なに人？」

「に、日本人ですけど……」

ひとりが、やっとの思いで答えた。

「せやな。自分は日本人でイタリア料理を勉強してるんやろ。なんアスファルトに張り付いた白衣を拾い上げ、その場を立ち去ろうとした時、ひとりがママドゥの方を振り向いて言った。

「ごめんな」

そのひと言を残してふたりは消えた。

たまたま遭遇した衝撃的なハプニングだった。ママドゥを守り、戦い、涙するそのあいだ、窪田さんの瞳にはずっと母親の深い愛情のようなものが満ちていた。それは僕が知らない類の愛だった。

その愛に気付いた瞬間、ハッとした。

困ったことがあったらなんでも言ってね、僕はママドゥにいつもそう言ってきた。けれどそれは口先だけだった。本当にママドゥの力になりたいんなら、窪田さんじゃなくて自分が戦ってもいい場面だった。なのに僕は、戦うどころか相手が逆上することを怖がっていた。⑧ひとりで彼らと＊対峙する窪田さんの姿を、その背中に隠れるようにして見ていただけの自分。そして膝を震わせていただけの自分。そんな自分に心の底からうんざりした。

しばらくの間お客さんは途切れ、窪田さんは僕たちに言った。

「あの子らな、あれで結構反省してると思うよ。ごめんなって言うた子、目がうるうるしてたもん」

そう言う窪田さんの目こそ涙で濡れていた。そして、実は城島先生がママドゥのことを本当に心配して、ここに何度も相談に来ていたことを教えてくれた。

「あの人、自分がここに相談にきてることは内緒にして、そんで私にママドゥを励ましてほしいって言うんやけど、なんも知らへんはずの私がそんなことしたら、どう考えても不自然やん、すぐバレるやろ。ほんま、城島先生は不器用なんやから」

たと書いてある。

「明日、＊廃品回収の日やから古い乾燥機出そう思てるんやけど、重たいし高いとこにあるし。ふたりで下ろして、表の看板のとこまで運んでもらわれへんかな」

「もちろん！　いいですよ」

ママドゥが（a）すかさず返事をした。

「ありがとう！　ほんま助かるわ。もちろんタダやないで、お手伝い賃は次のクリーニング代っちゅうことで！」

そう言うと、窪田さんは早速僕たちをカウンターの裏の部屋に連れていった。

そこはちょっとした作業場になっていて、スチーム特有の匂いの中にアイロン台や見たこともない大きさの業務用洗濯機が置いてあった。その一角に乾燥機が三段重ねになっていたが、下ろしてほしいと言っているのは一番上の古びたやつらしい。確かに窪田さんひとりでは絶対無理だ。

「それでな、乾燥機の裏の配線外してから下ろしてほしいねん。壁との隙間が狭いんやけど、できる？　悪いなあ、ほんま。感電せんといてよ」

「ボクの身長が役に立つなら喜んで！　それに、ボク腕が長いから、隙間の作業も余裕です」

窪田さんからドライバーを受け取ったママドゥは、床にしゃがみこんで乾燥機の後ろに頭を突っ込み、早速作業に取りかかった。仕事が早いママドゥにつられ、僕も慌てて配線が入り乱れる乾燥機と壁の薄暗い隙間を、ママドゥの反対側から覗き込んだ。

作業をしていると、窪田さんとお客さんのやりとりや順番を待っている人たちの会話が、薄い壁を通してよく聞こえてくる。やはり辻調の生徒が多いようで、汗をかきながらこんがらがった電気のコ

けようとした。が、またドライバーを落としそうになる。

薄暗くおまけに逆光だけれど、ママドゥの手が震えているのがはっきり見えた。それでも②一生懸命ドライバーの先をネジの頭に合わせようとするけれど、上手くいかない。ママドゥの喉から、クッと声がもれた。

「辻校長も攻めすぎだよな。鮨科にはイタリア人までいるんだぜ。しかも女！　なんだかなー。お前、黒人が目の前で握った鮨、食べられる？」

「いやー、正直ボクはちょっとキツいかな。だって鮨っていえば日本人が握るもんだし、黒人が握るの抵抗あるかも。本当に美味しいの？　ってなっちゃう」

――黒人の握った鮨なんて、俺は食わねぇからな！

さっき聞いた言葉が甦ってきた。その瞬間、今まで感じたことがないほどの猛烈な怒りが、突如として湧いてきた。体中の血がお腹の底から頭のてっぺんに向かって一気に逆流し、喉で無理やりせき止められて激しく脈打つ塊になった。その塊が僕を突き動かし、お前ら！　表に出ろ！　そう大声で叫ぶ。そのはずだった。が、なぜかその前に、僕の耳に同じ台詞が聞こえてきた。

「あんたら、ちょっと表に出るか？」

それは壁の向こうから聞こえてくる、怒りに震える窪田さんの声だった。

③ハッとして思わず立ち上がり、ドアに身を隠しながら店内の様子を窺った。

突然のことに、お客のふたりは固まっている。店の扉に手をかけて窪田さんが言葉を続ける。背中が小刻みに震えているのがカウンター越しに見えた。

「だから、こっち来いってゆーてるやろ」

問4　――④「話している内容以外のさまざまな情報」とあるが、これが伝わった場合の例として**適切でないもの**を次のうちから一つ選び、記号で答えなさい。

ア、言葉の選び方によって、話し手の誠実さが感じられた。
イ、語尾（ごび）の強弱によって、話し手の真剣（しんけん）さが感じられた。
ウ、話題の選択（せんたく）によって、話し手の趣味（しゅみ）や好みが分かった。
エ、話の展開のスピードによって、話し手の焦（あせ）りが分かった。
オ、話の組み立て方によって、話し手の話術の程度が分かった。

問5　――⑤「すでにあることばを使わざるを得ない」とあるが、アイデンティティを表現する場合、そのために生じている具体的な問題を最もよく表現している一文を本文中からさがし、最初の五字を答えなさい。

問6　本文中の空らん【　⑥　】に入るものを、次のうちから一つ選び、記号で答えなさい。

ア、「パピポ」という音声を聞かなければ
イ、「パピポ」とはっきり発言しなければ
ウ、「パピポ」を生き物の一種だと思わなければ
エ、「パピポ」に親しみを持ってくれなければ
オ、「パピポ」ということばの意味を知らなければ

問7　――⑦「適当だと考えられている」とあるが、それについて説明した次の文の空らんを、本文中の五字前後の言葉で補いなさい。

その人がその言葉を使うことは、【　　　　】と照らし合わせて適当だと考えられている。

問8　――⑧「男子に適当だと考えられている『ぼく、おれ』にも、

問10　＝「制限があるから創造が生まれる」とあるが、「制限」が加えられたことによってよい結果が生まれた具体例を、本文中に挙げられているもの以外に考え、八十字以内で分かりやすく説明しなさい。ただし、「制限」がどのように「結果」と結び付いたのかを明確にすること。「よい結果」は、形のないものでもよい。

いれば、アイデンティティを表現するための材料になる。「セーラー服」を、その人が〈女子高生〉であることを示すために利用できるのは、すでに「セーラー服」という服装と〈女子高生〉のアイデンティティが結び付いているからである。この意味では、服装や髪型も「ことば」と類似した働きをしている。

③そのなかでも「ことば」は、もっとも＊体系化され、だれもが利用することのできる材料である。まさに人間が、音声や文字という具体物を通して意味を表現する「言語」を発達させてきたゆえんである。

通常、「ことば」は、何かの内容を人に伝えるために使われると考えられている。もちろん、情報を伝えることは「ことば」の重要な働きのひとつだ。それに加えて、「ことば」には、アイデンティティを表現する材料としての働きもある。

私たちが人とコミュニケーションをするときには、同じ内容を伝えていても、言葉づかいを使い分ける。それは、④話している内容以外のさまざまな情報を「ことば」を使い分けることによって伝えているからである。

その中には、自分をどのような人物として造形するのか、相手をどのような人物として扱っているのか、あるいは、会話の中に登場している人をどのような人物として言及しているのかなどの情報も含まれている。会話に関わるさまざまな人物を「ことば」を使い分けることによって造形しているのである。これが、「ことばはアイデンティティ表現の材料だ」という意味だ。

（中略）

しかし、私たちのコミュニケーションは、⑤すでにあることばを使わざるを得ないという意味では、制限されている。

自分が言っていることを相手に理解してもらうためには、社会にすでに共有されている「ことば」を使うしかない。ことばは社会的生まれると言えるほどだ。今あるアイデンティティ表現の制限に変化を引き起こすのは、このような「アイデンティティの創造」である。

（中村桃子『「自分らしさ」と日本語』ちくまプリマー新書による）

注　＊アイデンティティ——自分らしさ。自分が自分であること。
　　＊体系——すじみちをつけてまとめられた知識・理論の全体。

問1　——①「どのようにしてアイデンティティを表現するのか」とあるが、抽象的なイメージであるアイデンティティをどうすることによって表現するのか。二つ目の形式段落の言葉を用いて、「ことによって表現する。」に続くように、三十字以内で答えなさい。

問2　本文中の空らん【　②　】に入るものを、次のうちから一つ選び、記号で答えなさい。

ア、その学校の生徒
イ、その学校の特長
ウ、その学校の価値
エ、その人の信用
オ、その人の個性
カ、その人の関心

問3　——③「そのなか」とあるが、「その」の指示する内容を、ここより前の本文中から二十字以内でぬき出して答えなさい。

国語 （60分）

名古屋　東海中学校（２０２１年度）

※教英出版　編集部　注
編集の都合上、国語のメモ用紙は理科の解答用紙の裏にあります。

テスト1の1

一、次の――部のカタカナを漢字に直しなさい。⑤⑥は送りがなをふくめて書きなさい。

①内容をジュクチしている。　②送られてきたショカンに目を通す。
③病気はショウコウ状態だ。　④飛行機をソウジュウする。
⑤大会を前にしてフルイたつ。　⑥罪をサバク。

二、次の文章を読んで、後の問いに答えなさい。

街はマスク、マスク、マスク。わたしも①外出時にかならずマスクをつけるようになって半年になった。それでもなかなかマスクに慣れない。夏には、口が蒸れ、汗の臭いか口臭かわからない嫌な臭いもこもり、マスクがなんとも鬱陶しくなった。

②不快感は蒸れだけによるものではない。人の表情を微細に読むということがなくなった。というか、そういうまなざしが人に拒まれるようになった。それこそ人に無視されているような気にさえなる。だから逆に、マスクを外しておたがいの顔をまじまじ見つめあうときはとても懐かしい感じがする。

が、じつは、怖いという思いがそれ以上にある。街中を歩いていて、つい不埒なことを考えてしまうのだ。たとえば…。

もっと警戒が厳重になって、あのマスクが顔の下半分だけでなく顔全体をすっぽり覆うようになったらどうなるか？　今は他人がマスクをして

と味覚と触覚の器官。そこを美しく飾り立てることによって世界をもっとみずみずしく迎え入れようとするのは、＊コスメティックの大事な務めの一つだ。

であれば、やがてマスクの装着が必要でなくなっても、かわりに顔の下半分を白く塗ったり、口紅を耳もとにまで拡げる、⑧そんなメイクも流行るかもしれない…。

あまりに長くマスクをつけているうち、ついそんな妄想までするようになった。

（令和二年九月十二日　中日新聞　鷲田清一の文章による）

注　＊シュール――シュールレアリズム。超現実的。
＊コスメティック――化粧品。

問1　――①「外出時にかならずマスクをつける」とあるが、その一般的な目的を述べた部分を本文中から十五字前後でぬき出して答えなさい。

問2　――②「不快感は蒸れだけによるものではない」とあるが、「不快感」について、「蒸れ」以外の原因を三十字以内でまとめなさい。

問3　――③「それすら読めなくなったら」とあるが、「それ」を「読」むとは、何をどのようにすることか。二十字以内で分かりやすく説明しなさい。

問4　――④「同じ理屈」とあるが、そこにはどのような「理屈」があるのか。「ウイルス」という言葉を用いて、「という理屈。」に続くよ

遥に促され、「僕」は、しぶしぶ語り始める。

中学校に入って間もない、六月のことだった。

国営放送局が主催する、全国中等学校朗読コンクール。その西東京大会のステージに、僕は立っていた。小宮透としてではなく、高島みのるという名前の子役の少年としてだ。

スポットライトを浴び、カメラの前で演技をするのは、楽しかった。自分とは違ういろいろな人を演じる。現実の世界ではけっしてできない体験もできるし、それぞれの違った人生を生きることができる。

演技が上手くいったときの高揚感や達成感は、①やみつきになった。演技をして褒められるのは、何度繰り返しても嬉しかった。

学校、スタジオ、練習場、ロケ地。ほとんど休みなく、移動し続ける。もともと引っ込み思案であまり人前で話すことができず、体力がなかったのを見かねて、両親が僕を芸能事務所の子役養成所に入れた。体力的には厳しかったけれど、②それも苦にならなかった。

小学校三年生から六年生まで、全日本小学生朗読コンクール四連覇。あの日も僕は子役の日常の一つとして、当然のようにステージに向かっていた。小学五年生のときは僅差での優勝だったけれど、六年生になってからは安定して読めるようになっていた。だから、中学生になっても、コンクールでは勝てるものだと思っていた。

このコンクールは、大会が指定した課題図書と、自分で選んだ自由図書とを演じる。自由図書の制限時間は、一人二十分。

朗読のときの発声や発音、姿勢、登場人物の演じわけといった部分を競う技術点と、作品の解釈や演技としての広がりを審査する芸術点との合計で競われる。フィギュアスケートの採点方法を参考にして作られたのだそうだ。

「です」「ます」調の談話体で語る語り手は、【　B　】。

だから淡々と感情を押し殺して、なんとか二十分の中に収まるように朗読をした。

制限時間ちょうど。観客席からの拍手も大きい。だから自信はあった。

それなのに……結果は、散々なものだった。

技術点、芸術点とも、それまで出場してきたコンクールで見たこともないような低い数字が並んでいた。全国大会の出場はおろか、西東京大会の決勝でも最下位という結果だった。

審査結果発表の後、僕は何も考えることができなかった。

ただ呆然と、会場となったホールのロビーにあった椅子に座り込んだまま、審査員からの講評を読むことさえもできなかった。

……④そして僕は、地獄に堕ちた。

朗読コンクール敗退のニュースが流れた直後から、ネット上で僕を誹謗中傷するコメントが溢れるようになった。

いい気味だ。下手くそな朗読。つまらない演技。実力もないクセに。ちょっと表に出ていたからって、今までいい気になりやがって。消えろ。死ね。死ね。死ね。死ね。死ね。

＊ＳＮＳで僕を非難するコメントが届き続け、通知が止まらない。脅迫じみた手紙は、事務所はもちろん、どこから情報が漏れたのか自宅にまで何通も届くようになった。

テレビも、舞台も、子役の仕事は来なくなった。

学校に行くと、急に誰も話しかけてこなくなった。それまで仲が良いつもりだったクラスメートも、僕を遠ざけた。

ほどなく、学校で靴や持ち物がなくなるようになった。机の上には花が飾られていたり、「死ね」の文字がチョークで書かれていたりした。トイレに呼び出されて服を脱がされ、全裸のまま持ち逃げされた。トイレの中で、けっして誰にも言えないような、恥ずかしいことをさせられたこともある。

不条理な痛苦。

それが何の説明もなく立て続けに齎された。

僕は何か、悪いことをしたのだろうか。

演じることが好きで、本を読むことが好きで。好きなことをしていると、それだけで罰せられるのだろうか。どうして僕は、地獄に堕ちなければならなかったのだろう。

⑤何度も謝った。ごめんなさい、ごめんなさい、赦して下さい。どれだけ号泣したかわからない。どんなに叫んだか覚えていない。いっそ殺してほしいと、声に出した。

……けれども、どんなに声をあげても、誰も助けてはくれなかった。人間の感情というものは、苦しみが長く続くと、すべてが遮断されるものらしい。

冬を迎える頃、僕の感情は失われていた。

学校にいるあいだは、ただじっと耐えるように黙っていた。呼び出されても、殴られても、反応をしないことを覚えた。そして、声を失った。

⑥それが、正解だったのかもしれない。

十二月になると、担任の教師がようやく、僕の身の回りに起こっていることに気が付いた。そのことが表に出ると、どこからか嗅ぎ付けた週刊誌が、子役・高島みのるに起きたイジメ事件として小さな記事で報道した。

その結果、一年生が終わる頃にようやく、苦痛を与えられることはなくなった。それと引き替えに、誰とも話さず、学校に行っては授業を受け、そのままそっと教室の後ろから帰るだけの、淡々とした毎日が待っていた。

ようやく何人かのクラスメートが話しかけてくれるようになったのは、

「……ごめん」

僕は、意味のない謝罪の言葉を、漏らすように口にした。それでも、その一言で、すうっと体から力が抜けていった。もうすっかり泣き疲れてしまって、自分から声を出す気力もなくなっていたのかもしれない。

呆然とする僕に、遥は言った。

「やっと会えた。⑨本当の透くんに。……でも、透くんに会ってみて、思ったとおりだったな。高島みのるとしてのあなたよりも、今の透くんのほうがずっといいよ」

そう言って遥は僕の頬を両手で包んで、囁いた。

「大丈夫。いつか絶対、⑩透くんの聲はまたみんなに届くよ。私が保証する。それまでずっと、そばにいるから」

それからあとのことは、ぼんやりとしか覚えていない。ただ、遥と話しているうちに、心の中に溜まっていた澱のようなものが、少しずつ溶け出していく気がした。

何度も泣いているうちに、今まで奥のほうに押さえつけていたものが、解き放たれていく気がした。

それらは、悲しみとも苦しみとも違う、何か別の感情だった。

『赤い蝋燭と人魚』はたしかに最後は不幸だったかもしれないけれど、それでも、人魚はおじいさんとおばあさんと過ごした時間が幸せだったことだけは、絶対に忘れなかったんだよ。だから、高島みのるとして透くんが【　　Ｃ　　】と思うんだ」

その言葉だけが妙にはっきりと、僕の脳裏に残っている。

（大橋崇行『遥かに届くきみの聲』による）

注　＊香具師――お祭りなどで見世物を行う商売人。

つらさから解放されることができたということ。

イ、「僕」が声を失ったことで朗読について不満を言われる心配もなくなり、いじめの解消につながったということ。

ウ、「僕」がじっと耐えていたからこそ、見るに見かねて先生も助けてくれたのだから、我慢したかいがあったということ。

エ、周囲の人たちからの攻撃に反応しないようにしたために、「僕」はそれ以上嫌なことをされずに済んだということ。

オ、「僕」が何をされても黙っていたので、クラスメートが声をかけてくれたのだから、結果的によかったということ。

問9 ——⑧「世界に絶望し」とあるが、「僕」が「世界に絶望し」たのはなぜか。それについて説明した次の文の空らんを補いなさい。ただし、本文中から五字程度でぬき出して答えなさい。

自分が【　　　　　　】を受けたから。

問10 ——⑨「本当の透くん」とはどのような「透」か。最適なものを次のうちから一つ選び、記号で答えなさい。

ア、過去にどのようなひどい仕打ちを受けて、今日の自分に至ったのかを、友人に打ち明けることができた「透」。

イ、過去の嫌な思い出に負けず、高校に入学したのを機に新しい生き方に挑戦してみようと考えている「透」。

ウ、暗い過去から逃げ出して、それはもう済んだことだと割り切ろうとし、新しい生活を送る「透」。

エ、子役時代の失敗を友人に隠したりせず、むしろそれを前向きに乗りこえるために助言をもらおうとする「透」。

オ、自分の信念を隠したこれまでのような態度はとらず、心の中に抱え込んだ悩みも語ることができる「透」。

続けてくれたからだと思うよ。合いの手をさかんに入れて、少しでも多く話を引き出そうとする態度だったよね。だからこそ、自分の思いを一気に打ち明けることができたのさ。」

ウ、「遥の方も、透が自分に心を開いていろいろと話してくれたことが、うれしかったんだろうね。それだから、透が語り終えた後、透に共感しつつ、自分の思い出も打ち明けようとしたんだよ。」

エ、「透にとっても、遥に自分の過去を受け止めてもらったことは、大切な出来事だったはず。だからこそ、一通り話して遥からコメントをもらった後のことも、しっかりと透の心に刻まれているんだよ。」

オ、「でも、透は過去のことを話すうちに、泣き出してしまっているよ。思い出したくない過去であることに、変わりはなかったんじゃないかな。あまりにつらすぎて、うちひしがれてしまっているよ。」

カ、「大変な出来事だから思い出したくなかったんだろうね。過去のことを遥に話しながら、透は何度も何度も泣いて、泣き疲れてしまったようだけれども、むしろ最後の場面では、気持ちが楽になったんじゃないかな。」

算数 (60分)

テスト２の１

受験番号	1	0				

①名古屋 東海中学校（２０２１年度）

※100点満点
(配点非公表)

＜注意＞
①答えは解答らんに書くこと。
②解答らん以外の余白や，解答用紙の裏面を計算用紙として使ってよい。
③円周率は 3.14 とする。
④用紙は切り取らないこと。

1

次の □ に当てはまる数を求めなさい。

（１） $\frac{11}{5}-\left\{2-\left(\frac{7}{15}+0.6\right)\times 0.125\right\}\div\frac{35}{12}=$ □

（２）Ａさん，Ｂさん，Ｃさんの３人でじゃんけんをします。勝敗が決まった回は，勝った人に５点，あいこになった回は，全員に４点があたえられます。じゃんけんを１回して，３人の得点の合計が最も大きくなるときと最も小さくなるときの差は □ 点です。

じゃんけんを５回して，ＡさんとＢさんがともに 18 点のとき，Ｃさんの得点は，

□　□　□

3

家と駅を結ぶ一本道があります。弟は，10 時ちょうどに家から駅に向かって歩き始めました。兄は，10 時 6 分に家から駅に自転車で向かい，10 時 10 分に弟を追いこしました。その後，兄は，10 時 8 分に駅から家に向かって歩き出した姉と 10 時 14 分に出会い，10 時 18 分に駅に着きました。３人の速さは一定として，次の問いに答えなさい。

（１）兄の自転車の速さと弟の歩く速さの比を求めなさい。

（２）姉は兄と出会ってから何分何秒後に弟と出会いますか。

（１）　兄 ： 弟
　　　　　：

（２）（求め方）

テスト2の2

受験番号	1	0				

❷名古屋 東海中学校（２０２１年度）

5

ある整数が，その整数の各位の数の和で割り切れるとき，その整数を「T数」と呼ぶことにします。例えば，12は1と2の和の3で割り切れるのでT数です。6も6で割り切れるのでT数，10も1と0の和の1で割り切れるのでT数です。しかし，105は1と0と5の和の6で割り切れないのでT数ではありません。次の問いに答えなさい。

（1）1以上99以下で各位の数の和が12となるT数をすべて求めなさい。

（2）1以上200以下の9の倍数のうち，T数でない整数をすべて求めなさい。

（1）
（2）

7

Aさんは1人ですると6時間かかる量の仕事を毎日しています。1分あたりにできる仕事の量は，2人で同時にすると，1人でするときの2.5倍，3人で同時にすると，1人でするときの7倍になります。

月曜日と火曜日には，BさんとCさんが手伝ってくれます。月曜日にBさんが手伝う時間，月曜日にCさんが手伝う時間，火曜日にBさんが手伝う時間，火曜日にCさんが手伝う時間はすべて同じです。また，Aさんぬきで仕事をすることはありません。

（1）火曜日に3人が同時に仕事をする時間が月曜日より1分短かったとします。その場合，仕事を終えるのにかかる時間は，火曜日の方が月曜日より何分長くなりますか。また，Aさんが1人で仕事をする時間は，火曜日の方が月曜日より何分長くなりますか。

（2）火曜日に仕事を終えるのにかかる時間は，月曜日より30分長く，月曜日にAさんが1人で仕事をする時間と火曜日にAさんが1人で仕事をする時間の比が3：4，月曜日に3人が同時に仕事をする時間と火曜日に3人が同時に仕事をする時間の比が5：3のとき，月曜日に仕事を終えるのにかかる時間を求めなさい。

（1）	終えるのにかかる時間　　分長くなる，	Aさん1人の時間　　分長くなる

社会　（50分）

テスト３の１　　名古屋　東海中学校（２０２１年度）

A

B

C

D

E

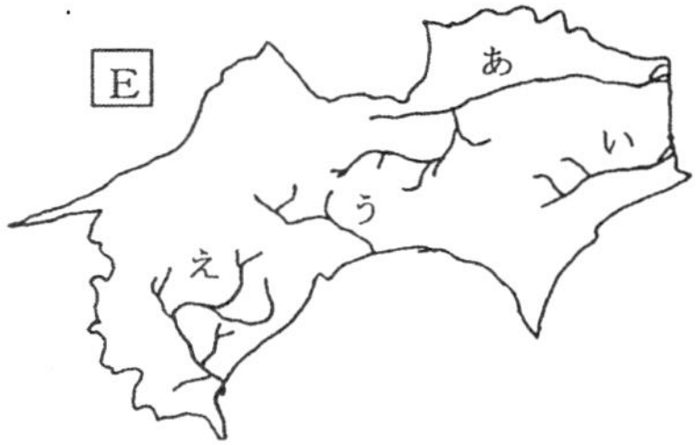

1　右のA～Eの図や写真を見て、問いに答えなさい。

問１．右の図A・Bの橋が結ぶ本州と四国の県を、それぞれ下の≪県名≫から記号で選びなさい。

問２．次に示した「県花」にあてはまる県名を、それぞれ下の≪県名≫から記号で選びなさい。

①もも　②もみじ　③オリーブ　④なつみかん

問３．右の写真Cの道路標識（ひょうしき）が見られるのはどのような自然環境（かんきょう）の地域ですか、かんたんに答えなさい。

問４．右の写真Dについて、

①　この川は、四国にあり本流に大きなダムがなく清流（せいりゅう）として知られています。この川の名前を答えなさい。

②　この川の流域を図Eの あ～え から記号で選びなさい。

③　この川には、このような手すりのない橋が多くかけられていますが、その理由を答えなさい。

≪県名≫
ア．山口県　イ．広島県　ウ．岡山県　エ．兵庫県
オ．香川県　カ．愛媛県　キ．徳島県　ク．高知県

2　下の地図中のA～Cの地域について、問いに答えなさい。

問１．右の文は地図中のA地域についてまとめたものです。下の資料を見て文中①～④の下線部の中でまちがっているものをひとつ記号で選びなさい。

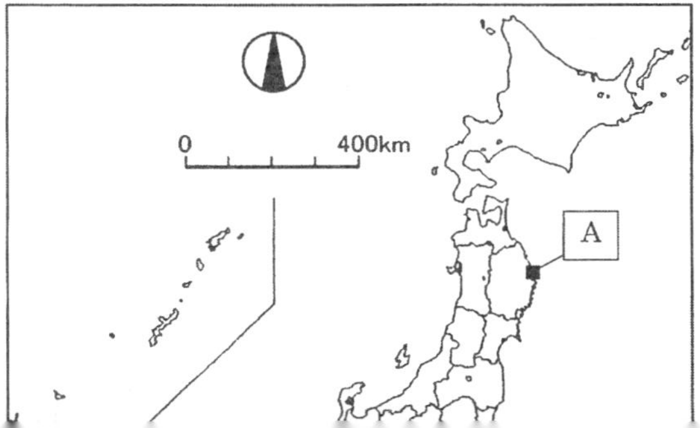

①岩手県の三陸海岸にあるA地域は、②山地が海にせまっている。津波から町を守るために③漁港と町の中心との間に防潮堤（ぼうちょうてい）がつくられた。このため、④現在まで町の大部分は津波の被害（ひがい）を受けなかった。

4　次の１～５の文章を読んで、問いに答えなさい。

1　中大兄皇子は中臣鎌足らとともに豪族の蘇我氏を倒し、新しい国づくりを始めた。

2　九州の御家人であった竹崎季長は、（　ア　）湾などに攻めてきた外国の軍との戦いに参加した。戦いの後、鎌倉幕府の役人に手柄をうったえに行き、みとめられて恩賞をもらった。

3　平清盛は対立する武士団を（　イ　）の乱で破りその後、太政大臣になった。その一族の多くは平清盛の権力のもとで、政治の重要な役について栄えた。

4　将軍を補佐する（　ウ　）という役職についた北条氏が、鎌倉幕府の政治を動かす力を持つようになった。その後、朝廷が幕府をたおす命令を全国に出したが、御家人が団結して朝廷の軍を破った。

5　倭のくにぐにの間で争いがおこったが、くにぐにの王たちが相談して、一人の女性を王とした。それが邪馬台国の卑弥呼である。そして、30ほどのくにが卑弥呼に従って、争いがおさまった。

問1．（　ア　）～（　ウ　）にあてはまる語句を答えなさい。

問2．１～５のできごとを、年代の古い順にならべなさい。

問3．１の下線部について、中大兄皇子らは蘇我氏を倒してどのような国づくりをめざしましたか。

問4．２の下線部について、この時代に御家人たちに与えられたもっとも重要な恩賞は何か答えなさい。

問5．５の下線部について、卑弥呼は政治の決定を何にもとづいておこないましたか。

5　右の長崎港の絵について、問いに答えなさい。

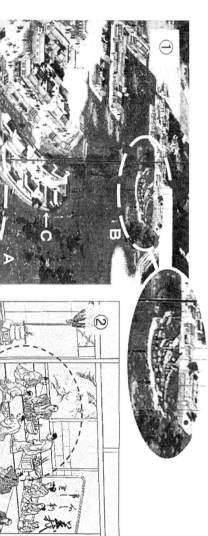

問1．絵①のＡとＢの船はいずれも外国船です。Ｂの船はどこの国のものか答えなさい。

問2．Ａ・Ｂの国が幕府に貿易を認められた理由をかんたんに答えなさい。

問3．最初に絵①のＣを幕府との貿易の場にしたのはどこの国か答えなさい。

問4．江戸時代の長崎では毎年の正月に絵②のようなことをおこなっていました。その目的を説明しなさい。

①

②

７　下の表をみて、問いに答えなさい。

表

藩が廃止され、県が置かれる

↕ あ

ノルマントン号事件がおきる

↕ い

日露戦争がはじまる

↕ う

男子普通選挙制度の成立

↕ え

日中戦争がはじまる

問１．下の A～D は表中の あ～え のいずれかの時期にあてはまります。A～D の中にある(１)～（６）に適する語句、人名、地名、国名などを答えなさい。

A	B	C	D
日本が（１：国名）に対する支配を強め、（１）を併合（へいごう）した。また、（２：国名）との同盟にもとづいて、日本も戦争に参加し、戦勝国の一国となった。戦争中は工業が活発化し輸出も伸びたため、好景気（こうけいき）となった。	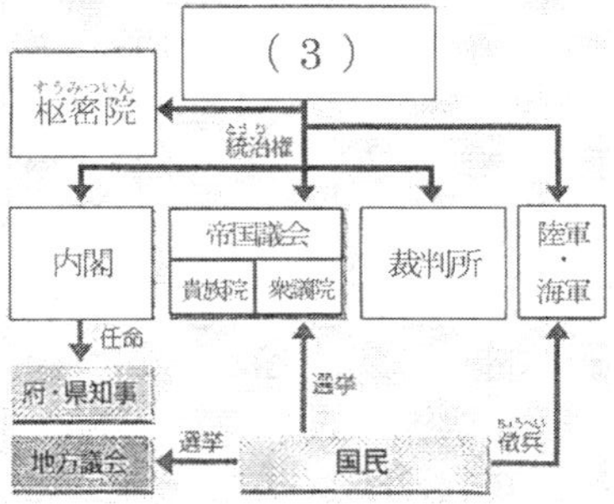 （３）の権限や国のしくみなどを定めた憲法が発布（はっぷ）された。	（４：国名）で始まった不景気が世界中におよび、日本も深刻（しんこく）な影響（えいきょう）を受けた。（５）を経済面や軍事面で重要と考える日本の陸軍は（５）で軍事行動を起こし、この地を占領した。	政府の改革に不満を持つ士族（しぞく）たちが西郷隆盛を指導者として反乱を起こしたが失敗した。以後、土佐（とさ）出身の（６）を中心に、言論で政府や国民に政治改革を訴える動きが強まった。

問２．下の絵または写真の工場は、上の表の期間に始まったものです。それぞれ何をつくる工場か、下のア～ケから選び、記号で答えなさい。

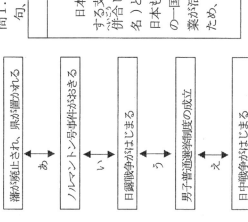

①福岡県につくられた工場（1901 年）	②群馬県につくられた工場（1872 年）	③大阪府につくられた工場（1882 年）

理科 （50分）

テスト４の１

名古屋　東海中学校（２０２１年度）

1　以下の会話文を読んで、下の（１）～（７）の問いに答えなさい。

お母さん「ずいぶんと野菜を切る手つきも様になったわね」

太郎くん「えへへ。毎日お父さんと作っているからね。それに、A料理って理科の実験みたいで面白いから」

お父さん「料理は科学の応用とも言えるし、料理から新たな発見が生まれたこともたくさんあるんだよ。それにね、調理をすることはB人間にとって食材を食べやすくすることでもあるんだ」

太郎くん「そうなの？」

お父さん「太郎は、お米やお肉を生のまま食べるかい？」

太郎くん「あっ、どちらも加熱しないと食べられないや」

お母さん「太郎！このアスパラガス、ラップに包んで電子レンジで温めて」

太郎くん「はーい。そういえばお父さん、どうしてレンジで温めるときにラップで包むの？」

お父さん「それはね、食材の中に入っている（　ア　）を逃(にが)さないためだよ。（ア）を逃さないことで、効率的に食材を温めることができるんだ」

お母さん「次はボウルで戻(もど)したシイタケを、キッチンペーパーでよくふいて」

太郎くん「はーい。カリカリだった干しシイタケがこんなに柔(やわ)らかくなるなんて不思議だね」

お父さん「そうだね。C乾燥(かんそう)させることで長期保存が可能になるだけじゃなくて、うま味が増すんだよ。このうま味は、戻(もど)し汁(じる)にも含(ふく)まれているから、その汁は捨てないでお味噌(みそ)汁に使おうか」

太郎くん「捨てるんじゃなくて、再利用できるなんてすごいね！」

お父さん「再利用といえば、D使わなくなった植物性の食用油を使って作られる燃料があるんだけど、知っているかな？」

太郎くん「（　イ　）だね」

お父さん「その通り。この地域を走っているコミュニティバスも、廃油(はいゆ)から作られた（イ）で走っているんだよ」

太郎くん「面白いね！台所の科学は、環境(かんきょう)を科学することにつながるんだね！」

お母さん「さあ、さっき温めたアスパラガスを、お肉で巻いて揚(あ)げましょう。シイタケもフライにするわよ！」

太郎くん「はーい！早く食べたいなぁ！」

3　ある日、日本のある場所で、ある星座の動きを観察しました。右図は 20 時ちょうどに、その星座の様子をスケッチしたものです。次の問いに答えなさい。

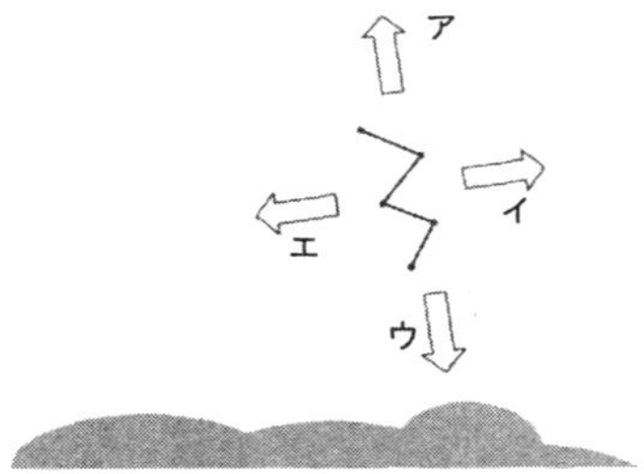

（１）この星座がある方角を、次のア～エから選び、記号で答えなさい。

　ア．北西　　イ．南東　　ウ．南西　　エ．北東

（２）このあと、この星座が動いていく向きを、図のア～エから選び、記号で答えなさい。

（３）１ヶ月後、この星座がほぼ同じ位置に観測できるのは、およそ何時ごろですか。

4　図１のようなガスコンロになべをのせて湯をわかし、そうめんをゆでました。なべを上から見たところ、湯の中でそうめんが動いている様子が、図２のように見えました。このとき、なべの中の湯はどのように動いているか、解答らんの図(図３)に矢印で書きこみなさい。

図１

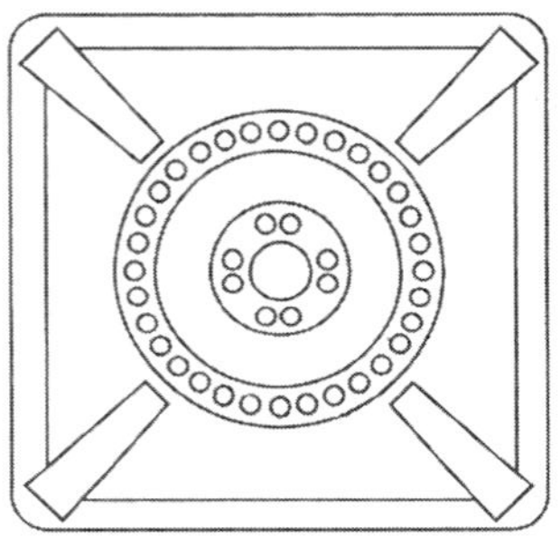

図２

図３

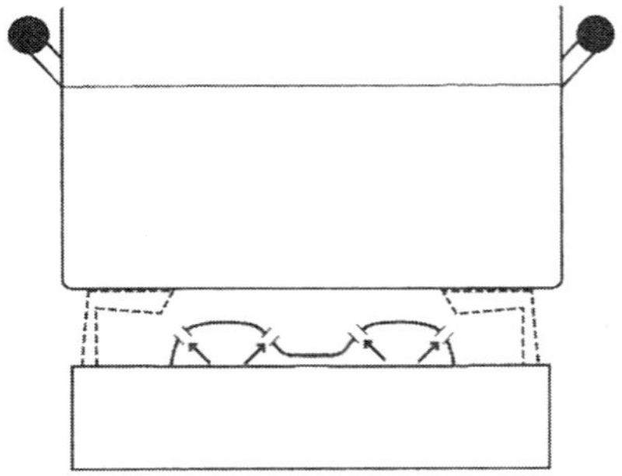

5　幹男くんは家族でバーベキューをしました。なかなか火力が上がらないので、バーベキューコンロの両側面にある通気口を開けたところ勢いよく燃え始めました。幹男くんは、この時の空気がどのように動いているのかを知りたくなったので、そばにあった蚊取り線香を使って調べてみることにしました。

7　同じ電池３個を用意して下の図の①～⑦のように配線し、アとイの部分にモーターをつなぐことにします。次の問いに①～⑦の番号で答えなさい。答えは１つとは限りません、すべて答えなさい。①～⑦に当てはまるものが無い場合は×を書きなさい。

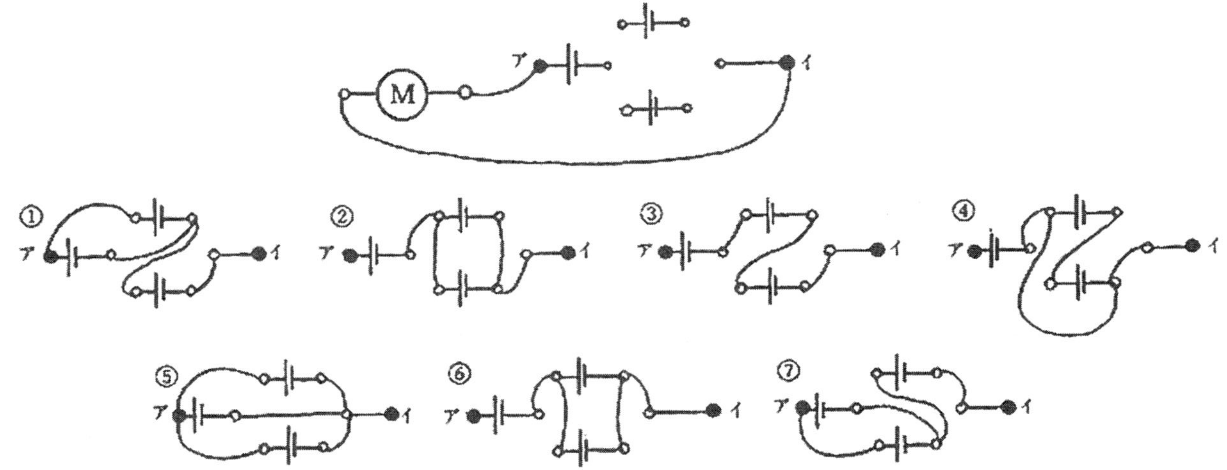

（１）電池が熱くなり危険なため、やってはいけない配線はどれですか。

（２）モーターが最も長く回っているのはどれですか。

（３）モーターの回転が最も速いのはどれですか。

（４）モーターの回転の速さが同じだと思われるのはどれですか。２組以上ある場合は、解答例のように答えなさい。

解答例：(①と②と③)、(④と⑤)

8　長さ１ｍのＡ～Ｄの４本の棒があります。Ａは重さの無視できる軽いもので、Ｂ、Ｃ、Ｄは材質が異なる太さの一様な棒です。粘着(ねんちゃく)テープとひもを用い、図１、図２のように、Ａを使ってＢ、Ｃ、Ｄの重さを比べました。図１ではＡの両端(りょうはし)にＢとＣをつるしたところ、Ｂから60 cmのところで水平につり合いました。次に図２のようにＡの両端にＣとＤをつるしたところ、Ｃから62.5 cmのところで水平につり合いました。次の問いに答えなさい。ただし、粘着テープやひもの重さは無視できるものとし、割り切れない場合は小数点以下を四捨五入して答えなさい。

テスト１の５

受験番号	1	0				

名古屋　東海中学校（２０２１年度）

※100点満点
（配点非公表）

解答らん

（字数制限のある問題は、特に指示がない限り、文字以外の記号もすべて字数に入れること。）

一

①	②
③	④
⑤	⑥

二

問1	
問2	
問3	20
問4	20 という理屈。
問5	
問6	
問7	20 ため。
問8	

テスト３の４

受験番号	1	0				

名古屋　東海中学校（２０２１年度）

※100点満点
（配点非公表）

1

問1	本州	四国
A		
B		

問2		
	①	
	②	
	③	
	④	

問3		
問4	①	川
	②	
	③	

2

問1	
問2	
問3	
問4	
問5	

3

問1		
	①	
	②	
	③	

問2			
①	【A】	発電	
	【B】	発電	
②	［あ］	県	
	［い］	県	
③			

テスト4の4

受験番号	1	0				

名古屋 東海中学校（２０２１年度）

※100点満点
（配点非公表）

解答らん

1

(1)ア	イ	(2)	(3)
(4)ウ　　エ	(5)		
(6)			
(7)①X	Y	②	

2

(1)

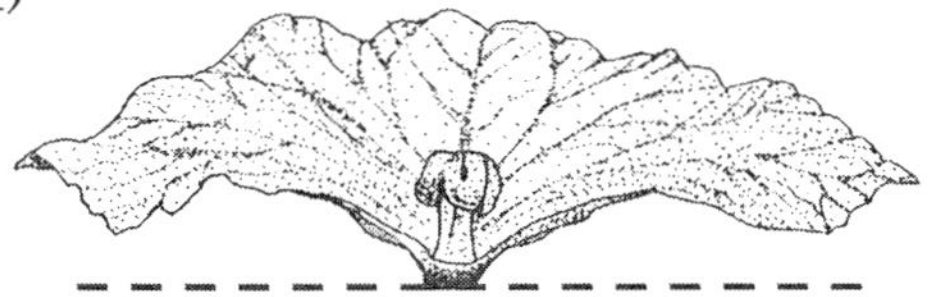

(2)	
(3)	

3

(1)	(2)	(3)　　時ごろ

【メモ用紙】

この用紙は、下書きに利用してください。回収はしません。

メモ用紙1の1

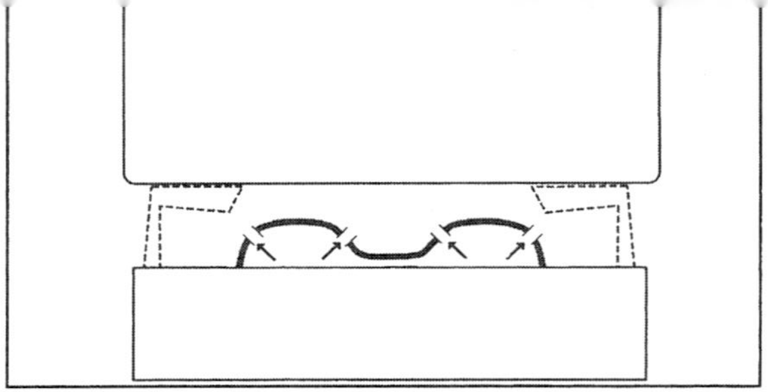

5

(あ)	(い)	(う)	
(え)	(お)	(か)	(き)

6

ア	イ	ウ	エ	オ	カ

7

(1)	(2)	(3)	(4)

8

(1) cm	(2)	① ② ③ cm	(3)① ② cm	(4) cm	
		① ② ③ cm			
		① ② ③ cm			
		① ② ③ cm			

(2)の解答らんは必要な数だけ使いなさい。

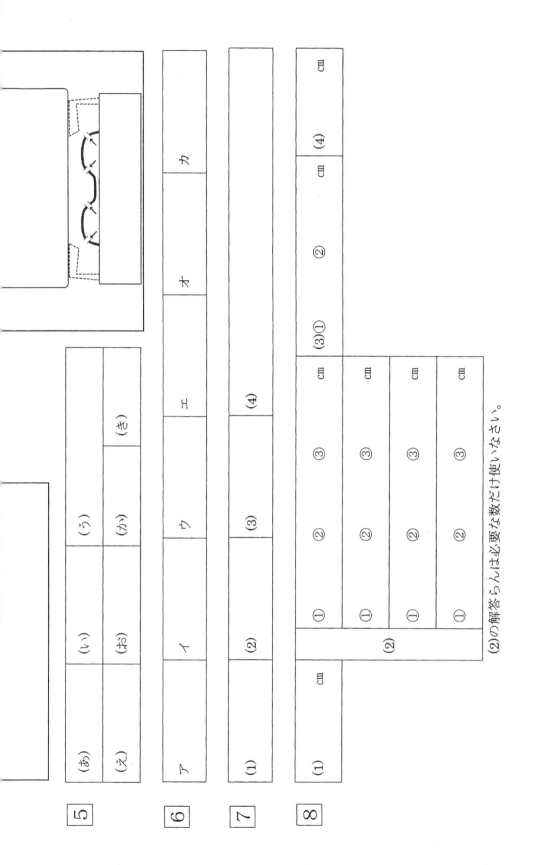

問1	(イ)	
	(ウ)	

古 → → → → 新

問2					
問3					
問4					
問5					

問2	
問3	
問4	
問5	

問1	②	
問2	①	
	②	
問3		
問4		

7

問1	1	
	2	
	3	
	4	
	5	
	6	

問2	①		②		③	

8

古 → → → 新

問1				

問2	(ア)	
問3	(イ)	
問4		

問5	
問6	
問7	市
問8	

問9

1

2 それによって

三

問1 ① ⑦

問2

問3

問4

問5

問6

問7

問8

問9

問10

問11

問12

問13

（２）図４のようにAの真ん中で水平につり合うようにしました。Aの両端にそれぞれ１本ずつ棒をつるし、残りの棒は両端以外の、真ん中より右のどこかにつるしました。どの棒をどの位置につるせば水平につり合いますか。①左端につるす棒の種類、②間につるす棒の種類、③間につるす棒は左端から何cmか、①〜③を答えなさい。答えが何通りかある場合はすべて答えなさい。

（３）B、C、Dの棒を３本とも同じ重さにするために、１本は１ｍのままで、残りの２本は切って短くします。棒の重さは長さに比例するものとします。最も短くなったのはどの棒ですか。また、それは何cmになりますか。①棒の種類、②棒の長さ、①②を答えなさい。

（４）図５のように（３）で切り取った部分（同じ重さにするために取りのぞいたほう）を、切り取らなかった１ｍの棒の両端につるします。左端には長いほう、右端には短いほうをつるした場合、左端から何cmのところで棒は水平につり合いますか。

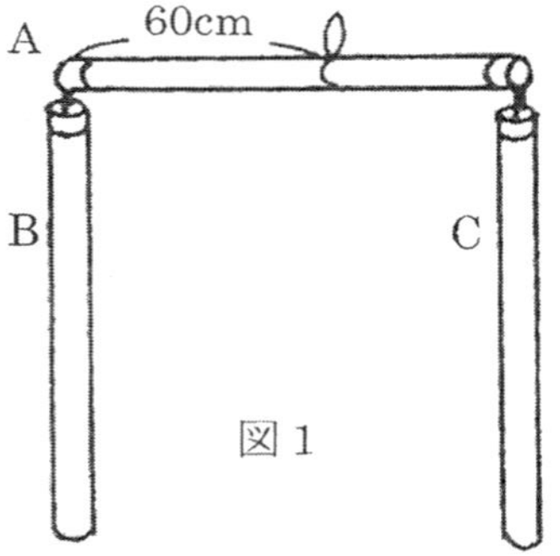

図１

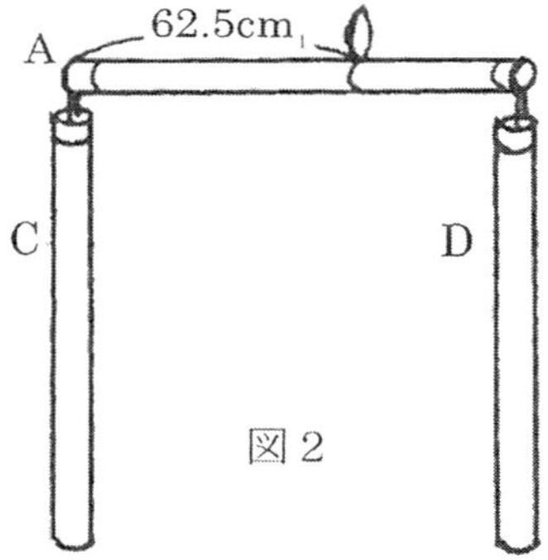

図２

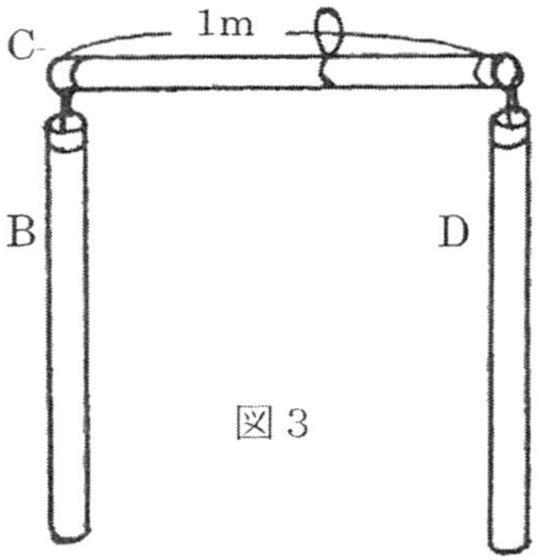

図３

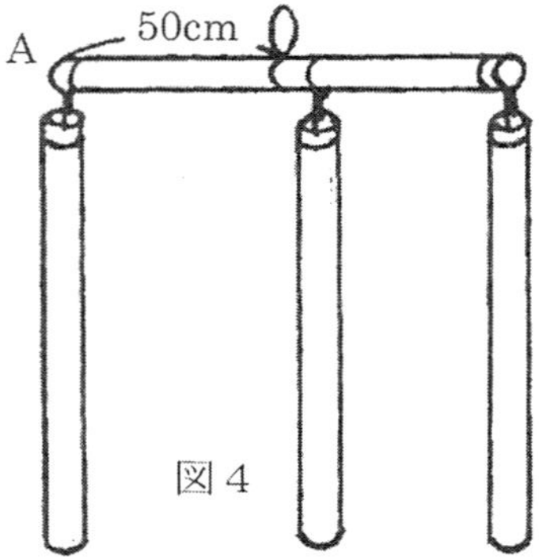

図４

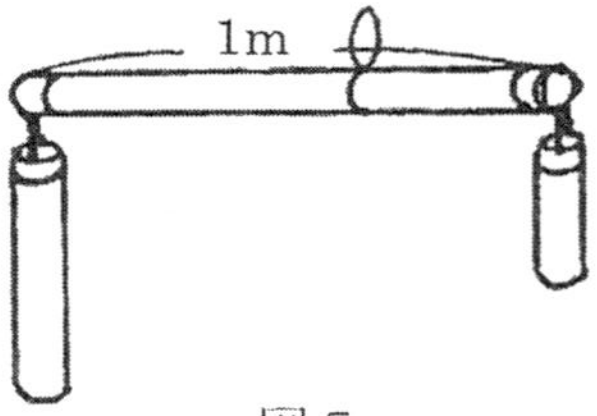

図５

ついては、最も強い場合はAを、強い場合はBを、弱い場合はCを、蚊取り線香の煙の動きについては、煙が[illegible]に入っていった場合は○を、入っていかなかった場合は×を、それぞれ解答らんの表に記入しなさい。

①両方の通気口を閉めて、鉄板を半分取り除く。鉄板を取り除いた側にある（ア）の位置に蚊取り線香を持ってくる。

②両方の通気口を開けて、バーベキューコンロの上にすきまがないように鉄板を乗せる。通気口の近くに蚊取り線香を持ってくる。

③両方の通気口を開けて、鉄板を半分取り除く。通気口の近くと鉄板を取り除いた側にある（ア）の位置に蚊取り線香を持ってくる。

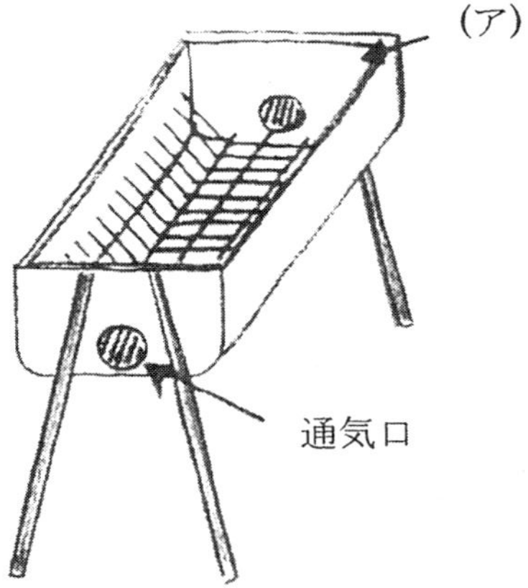

<table>
<tr><td></td><td>①</td><td>②</td><td colspan="2">③</td></tr>
<tr><td>火の勢い</td><td>（あ）</td><td>（い）</td><td colspan="2">（う）</td></tr>
<tr><td>蚊取り線香の煙</td><td>（え）</td><td>（お）</td><td>通気口の近く
（か）</td><td>（ア）の位置
（き）</td></tr>
</table>

6 ア～カの６つのビーカーには、それぞれ塩酸、水酸化ナトリウム水よう液、食塩水、石灰水、アンモニア水、炭酸水のどれかが入っています。どのビーカーにどの水よう液が入っているかはわかりません。次の実験１～５の結果から、ア～カのビーカーにはどの水よう液が入っているか答えなさい。

実験１．アとイとウとエの４つの水よう液を赤色リトマス紙につけたところ、１つだけ青くなりました。

実験２．イとウとエとオの４つの水よう液を少量スライドグラスにとり、アルコールランプで加熱したところ、１つだけ何も残りませんでした。

実験３．ウとエとオの３つの水よう液に鉄を入れたところ、１つだけあわが出て鉄がとけました。

実験４．エとオとカの３つの水よう液にアルミニウムを入れたところ、１つだけあわが出てアルミニウムがとけました。

実験５．アとイの水よう液を混ぜたところ、水よう液が白くにごりました。

（２）下線部Aに関して、家庭用調理器具のうち体積を計るために用いるものを１つあげなさい。

（３）下線部Bに関して、歯などで食べ物が細かくされたり、だ液などで吸収されやすい「養分」に変えられることを何といいますか。

（４）小腸で吸収された「養分」は、「（　ウ　）によって（　エ　）に運ばれて一時たくわえられる」ことになります。（ウ）と（エ）に当てはまる言葉を答えなさい。

（５）小腸の内側はひだ状になっています。これはなぜか、簡単に説明しなさい。

（６）下線部Cに関して、食材を乾燥させると、なぜ長期保存が可能になるのですか。簡単に説明しなさい。

（７）下線部Dに関する次の文章を読み、①②の問いに答えなさい。

燃料を燃焼させると、必ず（　X　）が排出（はいしゅつ）されます。しかし、油の原料となる$_{E}$植物が成長する過程では、（X）が吸収されています。そのため、実質的には（X）の排出量は差し引きして考えることができます。このようにして、Xの排出量と吸収量がプラスマイナスゼロの状態になることを（　Y　）といいます。

①X、Yに当てはまる言葉を答えなさい。　　②下線部Eの現象名を答えなさい。

2　右の図A、Bはいずれもヘチマの花を描（か）いたもので、一方は「めばな」、もう一方は「おばな」です。次の問いに答えなさい。

（１）図Bの点線から下の部分はどのようになっていますか。特徴（とくちょう）がわかるように描きなさい。

A　B

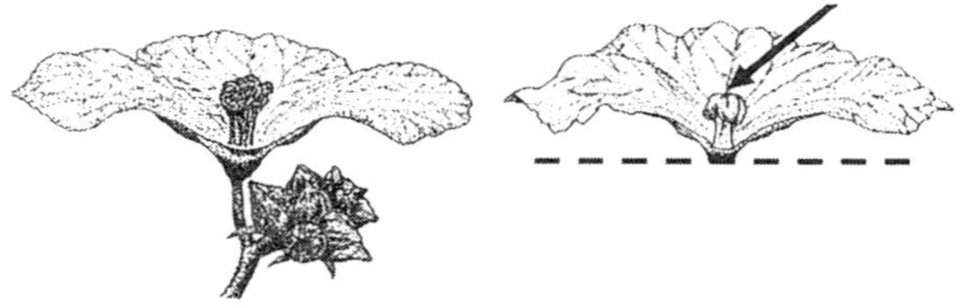

（２）図Bの矢印の部分をさわると、しめっていました。しめっている理由を簡単に説明しなさい。

（３）どのようなときに実ができるのかを調べるために、条件を変えて実験しました。以下のア～エで、実ができる可能性のないものをすべて選び、記号で答えなさい。

ア．咲（さ）きそうなめばなのつぼみに袋（ふくろ）をかぶせ、口をひもでしばらず、めばながしぼんだら袋を取り外した。

イ．咲きそうなめばなのつぼみに袋をかぶせ、口をひもでしばり、めばなが咲いたら袋を取り外した。

ウ．咲きそうなめばなのつぼみに袋をかぶせ、口をひもでしばり、めばながしぼんだら袋を取り外した。

エ．咲いているめばなに袋をかぶせ、口をひもでしばり、めばながしぼんだら袋を取り外した。

8 右のグラフは、14 世紀から現代にかけての日本の人口の移り変わりを示したものです。右のグラフを参考に問いに答えなさい。

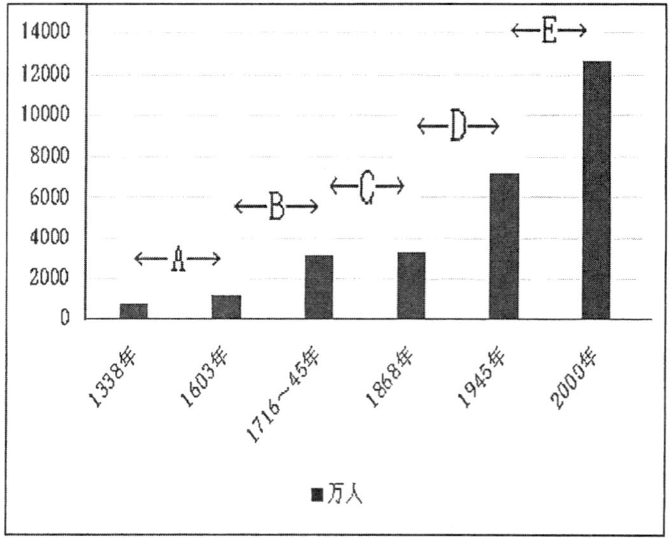

国土交通省　国土審議会「国土の長期展望」を参考に作成

＊1716～45 年の人口は、この時期の平均を示しています。

問1．Aの時期は戦乱が多く起きました。あ～えの戦乱を、起きた順にならべなさい。

あ．関ケ原の戦い　い．長篠の戦い　う．応仁の乱　え．桶狭間の戦い

問2．Bの時期、農民は重い年貢に苦しんでいましたが、人口は増えています。その理由を述べた下の文の（　ア　）にあてはまる語句を答えなさい。

［用水路の工事や新田開発がすすめられたり、技術が進歩して、いろいろな（　ア　）のくふうがされたりして、食料を増やすことができたから。］

問3．BとCは同じ時代であるが、Cの時期は人口があまり増えていない。その理由を述べた下の文の（　イ　）にあてはまる語句を答えなさい。

［自然災害などをきっかけとした、大きな（　イ　）が度重なり、人口はあまり増えていない。］

問4．Cの時期の終わりごろの百姓と武士の身分ごとの人口の割合として、もっとも適するものをア～エから選び、記号で答えなさい。

ア．百姓：60%以上　武士：20%以上　　イ．百姓：60%以下　武士：20%以下

ウ．百姓：80%以下　武士：10%以上　　エ．百姓：80%以上　武士：10%以下

問5．Dの時期には、医療や衛生状態などが良くなり平均寿命がのびました。これらの発展に貢献した人物とその特徴の組合せとして、正しいものをア～エから一つ選び、記号で答えなさい。

ア．北里柴三郎　特徴：破傷風の研究　　イ．志賀潔　特徴：黄熱病の研究

ウ．野口英世　特徴：赤痢菌の発見　　エ．新渡戸稲造　特徴：へびの毒の研究

問6．上のグラフのDとEの間にある 1945 年の 8 月 6 日に広島へ原子爆弾が投下されました。この時に日本が戦っていた国をア～オからすべて選び、記号で答えなさい。

ア．アメリカ　イ．イギリス　ウ．中国　エ．ソビエト連邦　オ．ドイツ

問7．Eの時期の 1970 年代に日本でオリンピックがおこなわれた都市はどこか答えなさい。

問8．Eの時期に世界の医療の発展に貢献した国際連合の専門機関をアルファベットで答えなさい。

6 次の①・②の絵について、問いに答えなさい。

①

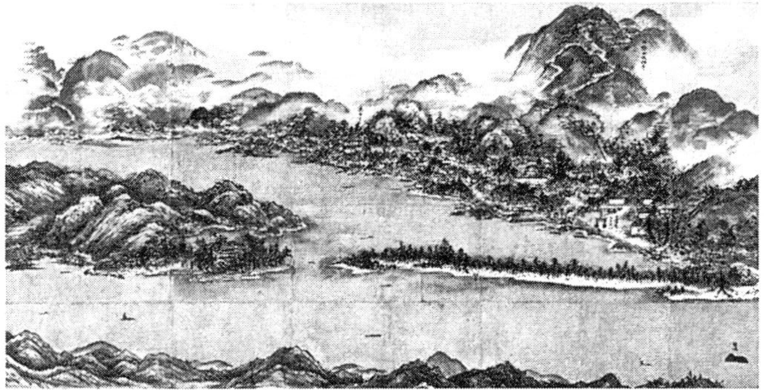

②

問1．①・②の絵がえがかれたころの社会のようすを、それぞれ下のア～エから選び、記号で答えなさい。

ア．東国で武士の政権が成立したが、朝廷も京都を中心に西国の支配を続けていた。

イ．貴族中心の政治が続いていたが、武士も力を強めて、京都の朝廷とも交流を持つようになってきた。

ウ．このころ、京都を中心とする大きな戦乱が長引き、日本各地の支配者が争うようになった。

エ．このころ、平和が続いて社会が安定し、京都・大阪・江戸はにぎわっていた。

問2．①・②のような絵はいっぱんに何とよばれますか、それぞれ答えなさい。

問3．①の絵の作者は当時の中国に留学しました。そのころの中国の王朝を下のア～オから選び、記号で答えなさい。

ア．唐　イ．宋　ウ．元　エ．明　オ．清

問4．②の絵は光源氏(ひかるげんじ)を主人公とする、世界的にも有名な物語を題材にしています。その物語の作者はどのような人か、下のア～エから選び、記号で答えなさい。

ア．天皇の娘　イ．朝廷の料理人　ウ．天皇のきさきの教育係　エ．朝廷につとめる医者

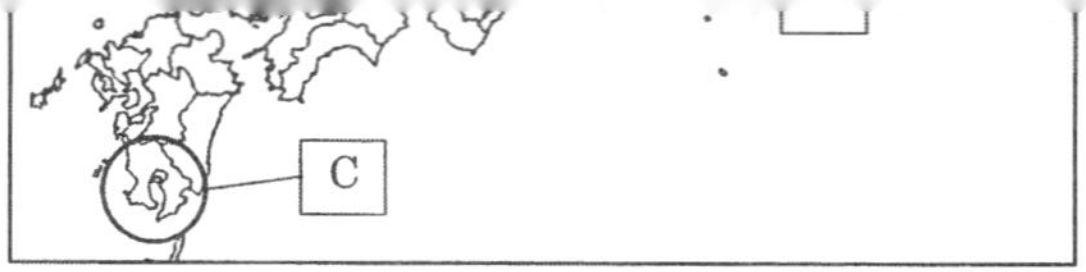

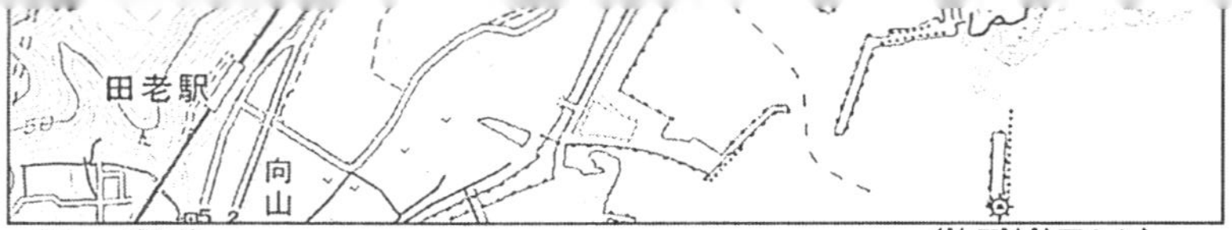

注）一部加筆。　（地理院地図より）

・過去の津波の高さ
1896年　15.0m
1933年　10.0m
2011年　17.3m

問2．資料のXで示した地図記号（ ）は、何を伝えるものですか。
問3．地図中のB地域では短時間で大雨が降ると、建物や道路などが水びたしになることがあります。B地域では堤防の整備は進んでいるため、河川のはんらんではない理由で水害が起こっています。その理由をかんたんに答えなさい。
問4．上の地図中のC地域について述べた次の文章で、まちがっているものを下のア～エから一つ選びなさい。

ア．火山や温泉を目的に観光客が訪れる。　イ．水はけのよい土地で、稲作がさかんである。
ウ．ぶた・牛・にわとりが多く飼育されている。　エ．火山灰におおわれた土地が広く分布している。

問5．防災に使用する目的で、被害の予想される範囲や避難場所・避難経路などの位置を表示した地図を何というか答えなさい。

3　日本のエネルギーと電力に関する問いに答えなさい。

問1．右の図は、1960年から2017年における日本の一次エネルギー（自然界に存在するままのエネルギー）のうち化石エネルギー（石油・石炭・天然ガス）と石油の供給の割合をしめしています。

① 1960年は石油の供給割合が約34%で、一次エネルギーの中で二番目でした。供給割合が最も高かったエネルギーを下の中から記号で選びなさい。
② 1985年～2010年の間、化石エネルギーの割合が85%を下回っています。この期間、化石エネルギー以外のエネルギーで最も供給割合が高かったものを下の中から選びなさい。
③ 2011年以降、石油の次に供給割合が高いエネルギーを下の中から二つ選びなさい。

ア．原子力　イ．水力　ウ．石炭　エ．太陽光　オ．地熱　カ．天然ガス　キ．風力

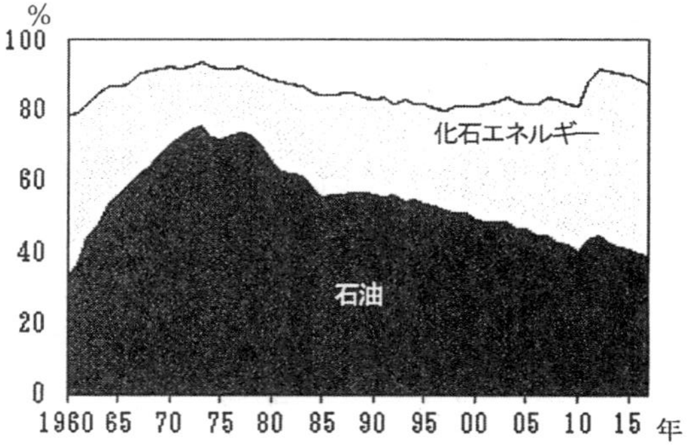

図　『数字でみる日本の100年』により作成。

問2．下のメモは日本の発電についてまとめたものです。あとの問いに答えなさい。

【A発電】	【B発電】	【地熱発電】	【発電電力量】
最も多いのが富山県で、岐阜県、長野県、新潟県も多い。山地の多い都道府県で多いのが特徴。	最も多いのは〔 あ 〕県で、2番目が神奈川県。山梨県、奈良県では発電されず、他の内陸の県でも発電量が少ないのが特徴。	最も多いのは八丁原発電所が有名な〔 い 〕県。他にも秋田県や岩手県、鹿児島県で発電。2018年度まではa東京都でも発電。	最も多いのは〔 あ 〕県で、神奈川県、愛知県と続く。

（2019年度　『県勢』により作成）

① AとBの発電をそれぞれ答えなさい。
② 〔 あ 〕と〔 い 〕の県名をそれぞれ答えなさい。
③ 下線部aについて、東京都ではどこでおこなわれていましたか、その地域を答えなさい。

1 辺が 1cm の立方体を「ブロック」と呼びます。いくつかのブロックをすき間なく組み合わせて 1 つの立体を作ります。次の問いに答えなさい。

（1）ブロックが 12 個あります。すべてのブロックを使って作ることのできる直方体の表面積を大きい順にすべて書きなさい。答えの単位（cm^2）は省略してもよい。

（2）ブロックがいくつかあります。すべてのブロックを使って作ることのできる直方体のうち，表面積が 1 番大きい直方体と表面積が 2 番目に大きい直方体の表面積の差は 752cm^2 です。また，これらのブロックを使って表面積が 1 番大きい立方体を作ると，立方体の 1 辺は 8cm になり，ブロックはいくつか余ります。ブロックはいくつありますか。

（1）
（2）　　　個

8

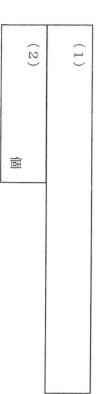

図の四角形 ABCD はひし形で面積は 36cm^2 です。CE と ED の長さの比が 1:2 のとき，四角形 AFEG の面積を求めなさい。

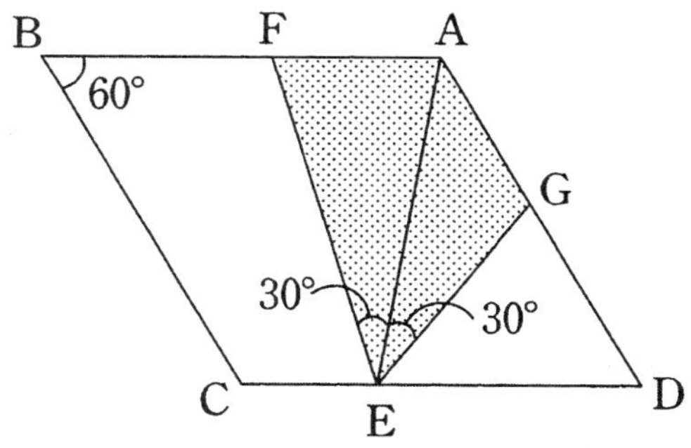

cm^2

えられます。

(答え)	
分	秒後

2

正方形を図のように折ったとき，次の問いに答えなさい。

（1）角ⓐが 115° のとき，角ⓘの大きさを求めなさい。

（2）AB＝3cm，BC＝4cm，CA＝5cm のとき，DE の長さを求めなさい。

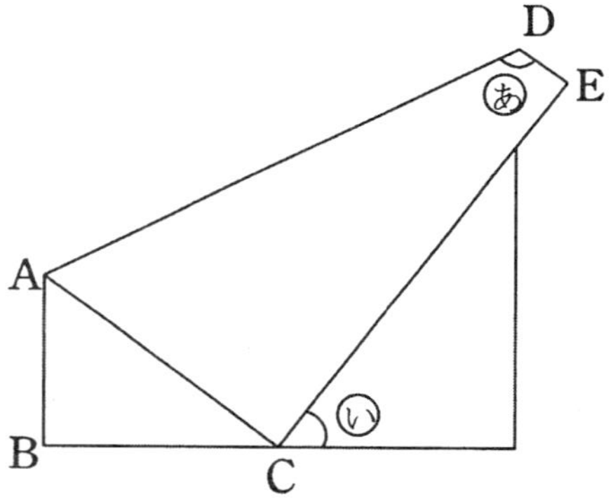

（1）	（2）
度	cm

4

下の図で，角ⓐと角ⓘと角ⓤの大きさは等しく，CD＝3cm，DF＝4cm，FC＝5cm です。

（1）BE の長さを求めなさい。

（2）AG の長さを求めなさい。

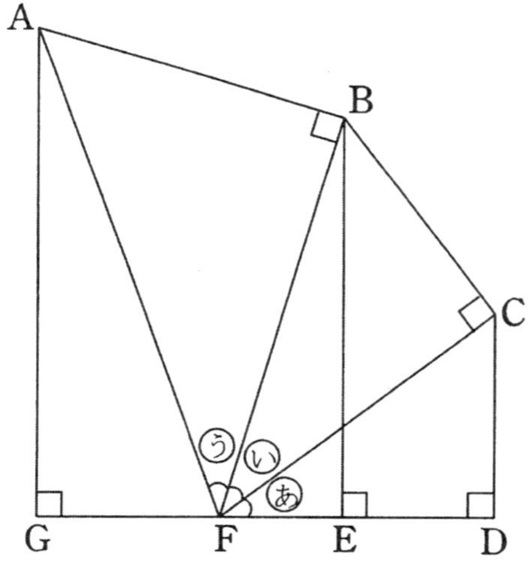

（1）	（2）
cm	cm

問５　本文中の空らん【　Ｂ　】に入るものを、次のうちから一つ選び、記号で答えなさい。

ア、読者への気配りにあふれている。

イ、作中人物から距離ができる。

ウ、読者の理解の一歩先を行く。

エ、作中人物をていねいに描く。

オ、作中人物に深く感情移入する。

問６　――④「そして僕は、地獄に堕ちた」とあるが、このときの「僕」の説明として最適なものを、次のうちから一つ選び、記号で答えなさい。

ア、拍手を自信に変えて意気込んでいたが、小さなミスをきっかけに最下位となった結果が、信じられないままでいる。

イ、手ごたえとは裏腹にさんざんな結果に終わり、これまでの活躍も非難され、いわれのない苦しい日々を送っている。

ウ、子役の仕事が来なくなったことで、これまでの栄光どころではなく、生き抜くためだけに必死で毎日をやりすごしている。

エ、自分に自信がないことが発覚してしまい、手の平を返したように皆から責め立てられ、やりきれない生活に甘んじている。

オ、コンクールの敗退をきっかけに、これまで信じていた友人たちからも実力のなさをなじられ、打ちひしがれている。

問７　――⑤「何度も謝った」とあるが、なぜか。五十字以内で説明しなさい。

問８　――⑥「それが、正解だったのかもしれない」とあるが、これはどう、うことか。最適なものを次のうちから一つ選び、記号で答えな

問11　――⑩「透くんの聲はまたみんなに届く」とはどのようなことか。最適なものを次のうちから一つ選び、記号で答えなさい。

ア、透が朗読したお話の内容を、皆が喜んで受け入れてくれるようになるということ。

イ、透が自由に発声して、多くの人が聞き取れるような朗読をするようになるということ。

ウ、透が、もう一度大勢の前で人々を感動させるような朗読ができるようになるということ。

エ、透が朗読を通じて本当に伝えたかったことが、今度も皆に理解されるようになるということ。

オ、透が心の奥底に抱え込んでいた本当の思いが、再び周囲の人に伝わるようになるということ。

問12　本文中の空らん【　Ｃ　】に入るものを、次の中から一つ選びなさい。

ア、活躍していたことは、記録に残されている

イ、大変な思いをしたことは、よい経験になっている

ウ、皆に冷たくされたことは、あなたがよく知っている

エ、うぬぼれていたことは、悪いことではない

オ、がんばっていたことは、誰も否定できない

問13　次に挙げるのは、本文を読んだ東海中学生の会話である。内容の読み取りとして適切なものを**二つ選び**、記号で答えなさい。

ア、「いじめを受けていたとき、気持ちの面でも大きなダメージがあったから、透は生きていくことを諦めてしまいそうになったんだろうね。想像するだけでも気の毒で、悲しいよ。人には言い

うにしながら、ぽつりぽつりと声が出せるようになった。そして三年生の二学期になってようやく、日常生活には支障がないくらいまで回復した。

一方で、僕の心の中に感情が戻ってきてしまったために、言葉にできないそれらが、外に出すこともできないままどんどん＊澱のように積み重なっていった。それに、大勢の前に出ると声が出なくなることは、少しも治らなかった。

だから僕は、逃げてきた。

実家から逃げ出して、誰も僕を知っている人がいないところ。

高島みのるという存在を、もう誰もが忘れてしまったところ。

一人の人間として生きていくことが赦されるところ。

それでも、ベッドの上で体を丸めると、ふいにあの衝動が襲ってくる。

自分自身を、壊してしまいたくなる。

けれどもそれは、胸を掻き毟りたくなるような、激烈なものではない。

そういう感情を通り過ぎて、心が落ち着き始めた、その先にあるもの。

（中略）

遥が部屋に入ってきたのは、ちょうどその瞬間だったのだ。

……気が付くと、僕はすべてを話していた。

子役時代のこと。コンクールでの惨敗。中学校での毎日。そこで、何が起きていたか。僕が自分の心と体に、何をされてきたか。

どれだけ⑧世界に絶望し、感情を殺し、何もない空虚な状態で生きてきたか。

そのすべてを、僕は遥に話してしまった。

遥は僕を抱きしめたまま、何度も頷いてその話を聞いていた。

そして最後に言った。

「なんだ……そんなことか。そんなことくらいで、私が透ちゃんのことを嫌いになんてなるわけないじゃない」

＊澱――液体の底にしずんだかす。

問1 ――①「やみつきになった」の「やみつきになる」、⑦「逆撫でしないように」の「逆撫でする」について、それぞれの意味として最適なものを、次の各群のうちからそれぞれ一つずつ選び、記号で答えなさい。

①「やみつきになる」

ア、とりつかれたように努力する。

イ、楽しくなって、後もどりできなくなる。

ウ、がんばりすぎて、見さかいがつかなくなる。

エ、物事に熱中して、やめられなくなる。

オ、そればかり考えて、必要以上にこだわる。

⑦「逆撫でする」

ア、相手の怒りがさらに増すようなことをする。

イ、相手の意思を気にとめないようにする。

ウ、相手の注意を引き付ける行いをする。

エ、相手の期待に反した態度をとる。

オ、相手の気にさわるような言動をとる。

問2 ――②「それも苦にならなかった」とあるが、なぜか。その理由を二つ、それぞれ二十字程度で答えなさい。

問3 ――③「僕はそう考えた」とあるが、「僕」の「考え」の背景には、どのような思いがあるか。それを表した連続する二文を本文中からさがし、最初の五字を答えなさい。

問4 本文中の空らん【　Ａ　】に入る、人間の体の一部を表す漢字一字を答えなさい。

問8　――⑧「そんなメイク」とあるが、その説明として最適なものを、次のうちから一つ選び、記号で答えなさい。

ア、引き続きマスクをつけているように見える化粧や、マスクをはいだら異様な姿が現れたと思わせるような化粧。

イ、マスクをつけなくてもよくなった喜びの純粋さを白い色で表したり、喜ぶ口元を口紅で誇張して表すような化粧。

ウ、これまでマスクのために無表情であったことや、その後、表情が大げさになったことを大きく描いた口で示すような化粧。

エ、マスクをつけていた静かな時期を懐かしんだり、おしゃべりが過ぎるようになったことを批判するような化粧。

オ、長くマスクをつけていたために日焼けしなかったことや、口を大きく描いてやっと出せるようになったことを表現する化粧。

問9　══「マスクもまたその演出用具のあたりまえの一つになっても不思議でない」とあるが、（1）「演出用具」の具体例を本文中に挙げられているもの以外に考え、その効果と合わせて五十字以内で分かりやすく説明しなさい。また、（2）人がそのような効果を期待して「演出用具」を用いるのはなぜか。「それによって」という書き出しで、五十字以内で分かりやすく説明しなさい。

三、次の文章を読んで、後の問いに答えなさい。

かつて世間で天才子役と絶賛された「僕」（小宮透）は、その過去を隠して高校生活を送っている。しかし、同級生の沢本遥は、偶然にも子役時代の「僕」が朗読に励んでいたことを知っていた。遥は自分の所属する朗読部へ入るよう勧めるが、「僕」は拒み続けていた。そんな中、仮入部として朗読の練

課題図書は、工藤直子『てつがくのライオン』だった。これは、僕の得意な傾向の作品。

問題は、自由図書。僕が選んだ本……それが、小川未明『赤い蝋燭と人魚』だった。

――今のみのる君には難しいんじゃないかな。制限時間の二十分に収めるのも、ちょっと厳しいと思う。

演技指導の先生からはそう言われたけれど、難しいからこそやる価値がある。この作品を演じきって、上位大会出場と、小学生のときに続く全国大会制覇を確実なものにしたい。③僕はそう考えた。

一人の人魚が、海辺の町にある神社で子どもを産み落とした。

あまりに海が寂しいので子どもが可哀想だと考えた彼女は、人間が優しい心を持っており、町が楽しいところだと聞いていたので、子どもを人間に託そうと思った。

その人魚を拾ったのは、子どもがいない蝋燭屋の老夫婦。赤ん坊の人魚は美しい娘へと成長する。彼女が絵を描いた蝋燭は、それを持って漁に出ると海が荒れても無事に帰ってこられるとのことで、店はとても繁盛する。

そこに【　Ａ　】をつけたのが、一人の＊香具師だった。その男は老夫婦の目をお金に眩ませて、人魚の娘を手に入れる。やがて、人魚が残した真紅の蝋燭を実の母親の人魚が買っていった直後、海は大荒れに荒れて町を飲み込んでしまう。

『赤い蝋燭と人魚』は、そんな物語だ。

作中人物の台詞は、全体的にとても少ない。それに、この作品は語りが少し特殊だ。

それでも声や語り口、服装や身のこなしで、その人がだれか、すぐにわかるかもしれない。が、もしもっと規制が厳しくなって、衛生のために指定されたまったく同じ衣服を装着しなければならなくなったらと、そこまで考えると、これはもう、＊シュールというか、ＳＦの世界にでもいるような気分になる。

マスクはウイルスからたがいの身を護るためにある。そういう名目で仕方なしに装着している。コロナウイルスの場合、身体の開口部、とくに口や眼といった粘液質の部分が危ないとされる。眼は手でさわらないように、口はマスクで覆って、と言われる。コロナ禍以前からもう一方の（下半身の）開口部を手でさわってはいけないと言われ、パンツをはかされてきたのと④同じ理屈だ。

マスク。元はといえば「仮面」を意味する。顔を隠すのみならず、それを偽る装具でもある。マスカレードといえば仮面舞踏会のことだ。しかし、「彼は穏やかなマスクをしている」と言うように、人の容貌もまたマスクである（日本語の「おもて」もお面と同時に素顔を意味する）。仮面も容貌もマスクと言うことから一つ、見えてくるのは、⑤人がほんとうの心根を隠して顔をつくろうとき、顔それじたいが仮面になっているということだ。とすれば、マスクをつけることも容貌の演出の一つだということになる。そう、⑥顔がマスクだったら、マスクをつけることは顔を二乗することにほかならない。

じっさい、男性なら毎朝、鏡の前で髭を剃る。反対に髭で顔を覆いもする。女性なら、眼を隈取り、まつげにマスカラ（マスクと語源は同じ）をつけ、眉を整え、イヤリングをつけ、口紅やマニキュアを塗る。コロナ禍がこれからもずっと続けば、マスクもまたその演出用具のあたりまえの一つになっても不思議でない。

⑦化粧は顔を隠すためにあるのではない。眼、耳、口、指先と、化粧をほどこす部位はどれも人が世界を微細に感受する部位である。視覚と聴覚

最適なものを次のうちから一つ選び、記号で答えなさい。

ア、人は、本当の思いを他人に知られたくないとき、あえて仮面のような派手な表情で注意をそらすこと。

イ、人が本心を読み取られないようにするときには、表情が仮面のようにぎこちなく固まったようになること。

ウ、人は、本当の思いを隠すとき、あたかも仮面をかぶるように自分の表情を変えられること。

エ、人が本心を隠すときには、一つの仮面を思い浮かべて、その仮面のような気持ちになろうとすること。

オ、人は、本音に自信が持てないとき、まるで仮面を取りかえるように、急に表情を変えられること。

問6 ――⑥「顔がマスクだったら、マスクをつけることは顔を二乗することにほかならない」とあるが、どういうことか。最適なものを次のうちから一つ選び、記号で答えなさい。ただし、「二乗する」とは、ある数を二度かけ合わせることである。

ア、容貌自体が仮面であるのなら、仮面を語源に持つマスクをつければ二回も隠され、自分で自分がわからなくなるということ。

イ、容貌をマスクといい、さらにマスクを装着するのなら、二種類のマスクで多様な容貌を演出できるということ。

ウ、容貌はマスクという名の素顔であり、さらにマスクを装着すれば、自分らしさが二倍も際立つということ。

エ、容貌も仮面であるというなら、容貌を演出するマスクを装着するのは、二重の演出になるということ。

オ、容貌を化粧で演出した上に個性的なマスクをつければ、二段階の変身が遂げられるということ。

問7 ――⑦「化粧は顔を隠すためにあるのではない」とあるが、化粧の目的はなんだといっているか。「ため。」に続くように、本文中から二十字程度でぬき出して答えなさい。

テスト1の1

国語 (60分)

名古屋　東海中学校（令和2年度）

※教英出版 編集部 注
編集の都合上、国語のメモ用紙は理科の解答用紙の裏にあります。

一、次の――部のカタカナを漢字に直しなさい。①は送りがなをふくめて書きなさい。

①この仕事を彼にマカセル。　②民族のコウボウをかけた戦い。　③トトウを組む。
④会社を裏切るハイシン行為。　⑤トクイな才能を示す。　⑥日本のコクソウ地帯。

二、次の文章を読んで、後の問いに答えなさい。

著作権に関係する弊社の都合により
本文は省略いたします。

教英出版編集部

著作権に関係する弊社の都合により
本文は省略いたします。

教英出版編集部

（東畑開人『居るのはつらいよ―ケアとセラピーについての覚書―』による）

注　＊ウィニコット――イギリスの小児科医。精神科医。
＊ツムツム――スマートフォン向けのゲームアプリ。
＊要塞――主に他からの攻撃を防ぎ、守ることを目的とした軍事施設。

問1　――①「ここがウィニコットのわかりにくいところだ」とあるが、「ここ」が指す内容は何か。三十字以内で答えなさい。

問2　――②「それがわかるのは、彼の遊びが中断するときだ」とあるが、何のために「中断する」のか。三十字以内で答えなさい。

問3　【　A　】～【　C　】に入る語として最適なものを、次のア～カのうち

翌日は仕事が休みで、目が覚めても布団の上でゴロゴロしていると、庭でごそごそ音がする。きっと島田が畑仕事を始めたのだろう。しかしなんだかいつもと様子が違う。普段の島田なら、大声でわざとらしく暑い暑いとわめき、すぐにこの窓から顔を出し、寝ている僕をいやがらせのように無理やり起こして畑仕事を手伝わせるのだ。今日は、妙に静かに作業をしている。具合でも悪いのだろうか。そんなことを考えながらただ横になっているだけなのに、汗が滝のように噴き出してきた。暑さを耐え忍び、このままじっとしているか、それとも思い切って起き上がり、顔を洗って島田の畑を手伝うか。少し迷ったが、起き上がることにした。Tシャツだけ着替え、島田から借りたままになっているサンダルを履いて窓から庭に出た。

「あーっ」と僕は大きく伸びをした。

【　A　】島田が大粒の汗を流しながら、畑仕事をしていた。今日も暑くなりそうだった。物置に置いてある麦藁帽子をかぶり、島田に挨拶をした。

「天気、いいですね」

「うん、そ、そうだね」

いつもは島田の方から明るく挨拶をしてくるのに、②今日はどうもよそよそしい気がする。

「ゴーヤの方、やりますね」

「ああ、うん」

島田の返事が、【　A　】普段より素っ気ない感じがしたが、気にせずハサミを持ってゴーヤを採りにいった。この時期、野菜はぐんぐん大きくなり、それぞれの野菜にとってベストな時に収穫しないと、大きくなりすぎて色も味も悪くなっていく、と先日畑を手伝ったとき、島田に教わった。週末のたびに畑仕事を手伝うようになり、野菜たちに触れていると少しずつ愛着が湧いてきて、食べるときはなおさら美味しく感じるようになった。ゴーヤはイボイボがほどよく盛り

い安心感があった。なぜそう思ったのだろう。島田は沈黙の重さに耐えられないという顔をして、口ごもるようにぼそぼそと言った。

「ごめん、気にしないつもりだったんだけど、どうしても気になっちゃって」

僕は、島田の目を見られないまま、つぶやくように告げた。

「人を騙して、金を取ろうとしました」

「……そ、そう。そうなんだ」

④島田は無駄に大きな声でそう言って、僕に背を向け畑仕事に戻った。しかし、島田の手は全然動いていなかった。聞いてしまったことを悔いているようにも見えた。いたたまれなくなり、僕は採ったゴーヤをその場に置き、何も言わずにとにかくその場を去ろうとアパートの表に回りそのまま敷地の外に出た。背中に感じた島田の視線が痛かった。

翌日、工場での作業にちっとも集中できないでいた。どうして知られてしまったのだろう。島田以外の誰が知っているのだろう。＊南さんも知っているのか。誰がバラしたんだろう。そもそもずっと知られないでいられるとでも思っていたのか。そんなこと、できるわけない。⑤知られたっていいじゃないか。もともと自分ひとりだけで生きていけばいいと思っていたのだから。一体何を期待してしまったんだろう。隠していたと思われるくらいなら、もっと早く島田に言っておけばよかった。初めて島田が僕の部屋にやってきた時に、初めて島田の畑を手伝った時に、⑥初めて島田がうちでご飯を食べた時に、言っておけばよかった。その機会はいくらでもあったはずなのに。そうしたら、島田は初めから僕に近づいてこなかったのではないか。こんなに近い存在にならずに済んだのではないか。親しくならなければ、こんな風に気にする必要などなかったはずだ。

気付いたら、ざっくりと左の人差し指の先が切れており、血が流れ出た。誤って包丁で切ってしまったらしい。痛みはまるで感じなかった。ビニール手袋をつたって手首の方に流れていく血を、呆然と見つめていた。

「何ぼーっとしてるの！」

と中島さんが大声で怒鳴ったので僕ははっとした。中島さんは急いで飛んできて、僕の左手からビニール手袋を剥ぎ取り、切った指の付け根をそれでぎゅっと結んで、僕の手を高く上げた。目を奪われるほど素早い動作だった。

昼休憩は、川が見渡せるいつもの場所で、朝作ってきたおにぎりを食べた。左手の人差し指には白い包帯が巻かれている。

「探したよ」と社長が堤防をむりやりよじ登りやってきて、ペットボトルのお茶を僕に差し出した。

「差し入れ」

「どうも」

僕がお茶を受け取ると、社長は僕の隣に座って言った。

「いつもここで昼飯食ってんだ」社長は目の前に広がる川を見渡した。

「人がこないので」と僕は答えた。

⑦社長は、僕の手からペットボトルを奪い、蓋を開けてまた僕に渡してくれた。

「指、大丈夫だった？」

「全然、大したことないです」

「よかった。中島さんが気に掛ける若者なんて、今まで皆無だったんだ。山田くんは、それだけ貴重な戦力ってことだからさ」

わぁと声が聞こえ、そちらの方を見ると同じ工場の人たちがキャッチボールをしているのが見えた。楽しそうにしている彼らを見たら、時間が止まったようにそう言って社長は立ち上がり、僕の肩を強く叩き、堤防を降りて行ってしまった。しばらくそのまま、川の流れを見ているしかなかった。

仕事帰り、ホームレスの人が川辺で猫を撫でながら何やら話しかけていた。彼は髪の毛を頭の真上で団子のように結んでいて、真っ黒に日焼けしていた。当たり前だけど、ホームレスの人たちにもひとりひとり、それぞれの生活がある。

父が最後にかけた電話は、いのちの電話だった。彼は最期に何を思ったのだろう。何を見たのだろう。彼にも彼なりの生活があったに違いない。そう思ったら⑩居ても立ってもいられなくなり、土手沿いの電話ボックスに寄った。どうしてか、父親の携帯電話を充電していつも持ち歩いていた。公衆電話で、彼が最後にかけた番号に電話をかける。しばらく待ったあと、受話器の向こうから女性の声がした。

「もしもし、いのちの電話です」

先日と同じ、温かみのある声の人だった。そのまま声を出さずに黙っていた。

「どうされました？　……大丈夫ですよ。なんでも相談なさってください」

ゆったりと優しい話し方でそう言われた。僕はためらいながら声を出した。

「あの、そちらはつまり、アレですよね。自殺したい人が最後に電話してくるところですよね」

少し間があった後、女性の声はゆっくり答えた。

「確かに、生きている意味を問われる方は多いです。でも、そればかりではありません」

「たとえば？」

してくれた」とあるが、社長はなぜそうしたのか。その理由を三十字以内で答えなさい。

問10　――⑧「工場の仕事を辞めて」とあるが、「僕」が仕事を辞めることを、社長は何とたとえてひき止めているか。「～こと」に続くように本文中から十字以内でぬき出して答えなさい。

問11　――⑨「僕は、余計に意地悪な気分になった」とあるが、なぜか。その理由として最適なものを、次のア～オのうちから一つ選び、記号で答えなさい。

ア、社長に優しく慰められたことが照れくさかったから。
イ、社長に自分の感じている不安を理解されず、怒ったから。
ウ、社長に自分は軽蔑されていると感じ、つらかったから。
エ、社長に心にもないことを言われていると思い、反発したから。
オ、社長にはっきり答えられたことがかえって不満だったから。

問12　――⑩「居ても立ってもいられなくなり、土手沿いの電話ボックスに寄った」とあるが、「僕」はなぜそうしたのか。理由として最適なものを、次のア～オのうちから一つ選び、記号で答えなさい。

ア、社長や中島さんのように親身になってくれる人がいる自分とは違って、孤独なまま野垂れ死んだ父の最期が気になり、「いのちの電話」に相談することで、父の最期の気持ちが分かるかもしれないと思ったから。
イ、いずれ生きていることの意味についてずっと思い悩むようになるという社長の不可解な言葉が重くのしかかって、余計な疑問を断ち切るために、その意味を「いのちの電話」に聞いてみたくなったから。
ウ、川辺に暮らすホームレスの人が猫をかわいがっている様子を見て、生活の中に小さな幸せがあればつらくても生きている意味を見つけられると考え、父もそうしたように「いのちの電話」に相談したくなったから。

談員の女性から感じられる、相手の気持ちをくんで話そうとする姿勢や、受け止めてくれるような雰囲気に、『僕』は心を動かされたんだと思う。」

カ、「いずれにしても、相談員の女性と話したことで、『僕』が過去におかしてしまった罪は許されたよ。『僕』の父親も、その女性の声を聞くことで癒やされていたんじゃないのかな。」

算数 （60分）

テスト２の１

受験番号	1	0	0			

①名古屋 東海中学校（令和２年度）

※100点満点
（配点非公表）

<注意>

①答えは解答らんに書くこと。

②解答らん以外の余白や，解答用紙の裏面を計算用紙として使ってよい。

③円周率は3.14とする。

④用紙は切り取らないこと。

1

次の □ に当てはまる数を求めなさい。

（１） $\left(\frac{1}{25}+0.56\right)-\frac{3}{5}\div\left(\frac{9}{8}-0.375\right)\div1.4=$ □

（２）４つの数字0，0，2，2を並べかえてできる数は □ 個あります（ただし，数の先頭に0や00がくるときは，それを除いた数を考えます。例えば，0022は22です）。

そのうち，

□ と □ の積と，

3

１両の長さが48mの電車があります。この電車は，１両で走ると，あるトンネルに入り始めてから完全に出るまでに56秒かかります。また，この電車は，３両編成にすると，長さが144mになり，１両で走るときよりも１秒あたりに進む距離（きょり）は2m短くなり，同じトンネルに入り始めてから完全に出るまでに69秒かかります。１両のときの電車の速さと，トンネルの長さを求めなさい。

（求め方）

受験番号	1	0	0			

5

図のような直方体のおもりを水の入った直方体の水そうに入れます。はじめに，㋐の面を底面にして入れると，ちょうど全体が水の中に入り，水の深さはおもりの高さと同じ 10cm になりました。次に㋑の面を底面にして入れると，おもりの $\frac{3}{4}$ が水の中に入り，水の深さは 9cm でした。また，㋒の面を底面にして入れると，水の深さは 8.4cm になりました。

（1）㋒の面の面積を求めなさい。
（2）おもりの体積を求めなさい。
（3）水そうの底面積を求めなさい。

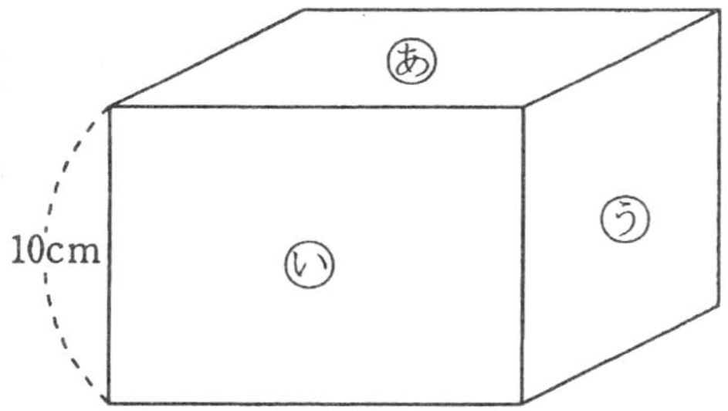

（1） cm²	（2） cm³

7

図のように，3つのランニングコースA, B, Cがあります。Bコースの距離(きょり)は，Aコースの距離の $\frac{7}{3}$ 倍で，Cコースの距離は，Aコースの距離の $\frac{8}{3}$ 倍です。

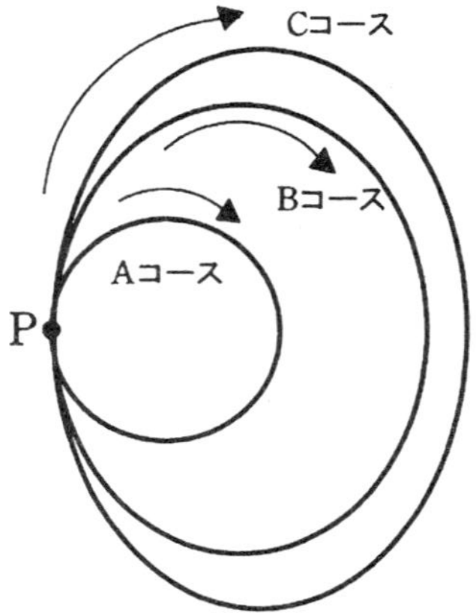

太郎君と次郎君は，同時にP地点を出発して，好きなコースを選びながら走ります。2人はそれぞれ一定の速さで走り，太郎君がAコースを1周走るのにかかる時間は1分で，次郎君の走る速さは太郎君の走る速さの $\frac{2}{3}$ 倍です。

太郎君と次郎君が，はじめて同時にP地点に着いたのは，太郎君が5周目を走り終わったときで，次郎君はA, B, Cのコースをそれぞれ1回ずつ選び，3周目を走り終わったときでした。2度目に同時にP地点に着いたのは，太郎君が7周目を走り終わったときで，次郎君は5周目を走り終わったときでした。3度目に同時にP地点に着いたのは，太郎君が10周目を走り終わったときで，次郎君は9周目を走り終わったときでした。

（1）太郎君は，はじめの5周で，A, B, Cのコースをそれぞれ何回選びましたか。
（2）太郎君と次郎君が，2度目に同時にP地点に着いたのは，2人が走り始めてから何分たったときですか。
（3）太郎君と次郎君がそれぞれ10周目を走り終わったとき，2人の走った距離の比は60：47でした。次郎君が10周目

社会　（50分）

テスト３の１　　　名古屋　東海中学校（令和２年度）

1　小学生のそら君は、松尾芭蕉が『奥の細道』で旅したおおまかなコースを地図にまとめ、コース上にある地域について調べました。下の問いに答えなさい。

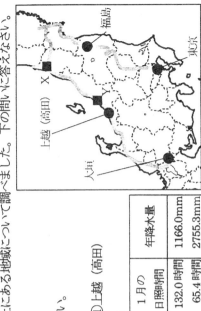

問１．右の地図中のコースで渡らなかった河川をア～オからすべて選びなさい。

　ア．阿賀野川　　イ．神通川　　ウ．四万十川　　エ．天竜川　　オ．利根川

問２．右の地図中のコースで近くに見ることのできる山として、正しいものをア～オから一つ選びなさい。

　ア．石鎚山　　イ．有珠山　　ウ．雲仙岳　　エ．大雪山　　オ．鳥海山

問３．右の表中のＡ～Ｄは、地図中の東京・福島・上越（高田）・大垣の気候データを示しています。①上越（高田）と②大垣にあてはまるものをＡ～Ｄからそれぞれ一つずつ選びなさい。

問４．松尾芭蕉は右の地図中のＸの地点近くを流れる川について、「五月雨を集めて早し　（　あ　）川」と詠み、この川の流れの激しさを表現しました。（　あ　）に入る川の名前を答えなさい。

問５．松尾芭蕉は右の地図中のＹの地点からながめた日本海のようすを「荒海や　（　い　）によこたふ　天河」と詠みました。（　い　）に入る島名を、俳句の字数に合わせて答えなさい。

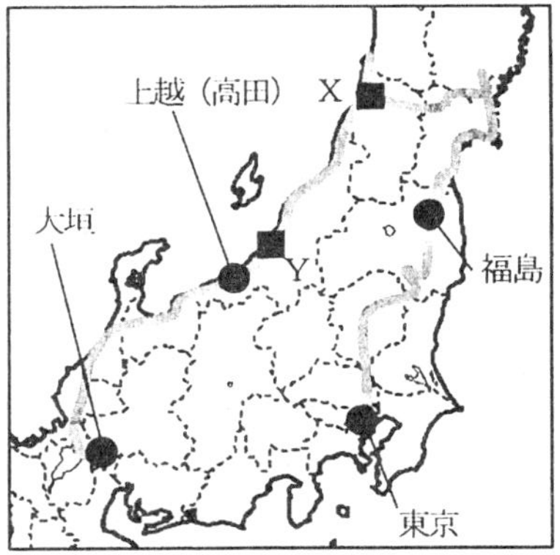

図１

表

	月平均気温		１月の日照時間	年降水量
	最低	最高		
A	1.6℃	25.4℃	132.0 時間	1166.0mm
B	2.4℃	26.3℃	65.4 時間	2755.3mm
C	4.5℃	27.9℃	129.9 時間	1917.5mm
D	5.2℃	26.4℃	184.5 時間	1528.8mm

気象庁ＨＰ（2020年１月）により作成。

2　エネルギーと環境について、右の写真をみて、下の問いに答えなさい。

問１．写真Ａ～Ｃの船はそれぞれ何を運びますか。次のア～ウから一つずつ選びなさい。

　ア．原油　　イ．自動車　　ウ．ＬＮＧ（液化天然ガス）

問２．写真Ｄの船にみられる大型の箱を何といいますか。カタカナで答えなさい。

問３．2019年６月に、日本の会社が運航する写真Ａのような船が攻撃を受けましたが、それはどこの国の近くでしたか。次のア～エから一つ選びなさい。

　ア．イラン　　イ．オーストラリア　　ウ．フィリピン　　エ．マレーシア

問４．2019年12月に開かれた環境問題に関する国際会議で、日本は地球温暖化対策に後ろ向きな国と指摘されました。その理由を説明しなさい。

問５．日本全国における真夏の一日の電気の使われ方で、もっとも使用量の多い時間をア～オから一つ選びなさい。

　ア．午前５時　　イ．午前10時　　ウ．午後３時　　エ．午後８時　　オ．午前０時

A

B

C

D

3　次の会話文は、東海中学校付近の地形図（２万５千分の１）をつかった地理の授業中の様子です。会話文を読んで、下の問いに答えなさい。

先生：今日は、このａ地形図を使って授業を進めていこう。何か気がつくことはあるかな。

テスト３の２

名古屋　東海中学校（令和２年度）

4　次の１から５の文は日本の縄文時代から古墳時代の様子を、年代の古い順に並べたものです。下の問いに答えなさい。

1．動物や魚、木の実などをとり、a 土器を使って調理していた。
2．大陸から伝わった米づくりが九州で始まった。
3．「むら」が大きくなり、b「むら」どうしの争いがおこるようになった。
4．邪馬台国の女王が30ほどの国を従えた。
5．c大王を中心とする大和朝廷が、日本各地の豪族らを従えるようになった。

あ

い

う

え
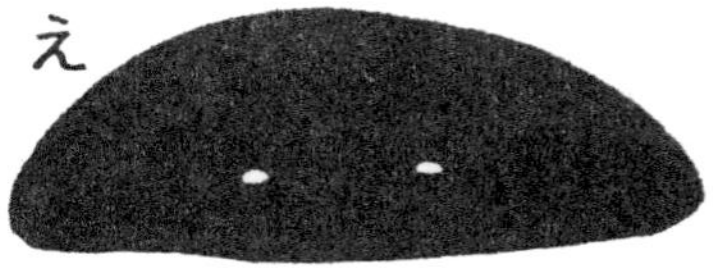

問1．下のアとイの遺跡は、上の１～５のどのころにつくられましたか。
　ア．大仙古墳　　イ．三内丸山遺跡
問2．下線部 a にあてはまる土器は右の写真の「あ・い・う」のどれですか。
問3．下線部 b に備えて「むら」のまわりに何がつくられましたか。
問4．４のころの日本は、中国の歴史書で何とよばれていましたか。
問5．下線部 c は、どの地域にあらわれた豪族たちの中心人物でしたか。下のア～オから選びなさい。
　ア．愛知県　　イ．兵庫県　　ウ．奈良県　　エ．京都府　　オ．滋賀県
問6．右の写真「え」は何をするために使われた道具ですか。具体的に説明しなさい。

5　次のア～エの文章を読んで、下の問いに答えなさい。

ア．a 聖徳太子が亡くなった後、蘇我氏が天皇をしのぐほどの勢力をもちました。b 私は中大兄皇子と協力して蘇我氏を倒し、新しい国づくりをはじめました。藤原氏は私の子孫です。

イ．私は農民らに仏教の教えを説いていましたが、朝廷から人々をまどわす僧だとしてそれを禁止されていました。しかし、c 天皇が始めた大仏づくりに協力することにしました。

ウ．私は遣唐使から「日本の寺や僧の制度を整えるため弟子を派遣してほしい」と頼まれましたが、だれも引きうけようとしなかったため、私自身が行くことにしました。d 航海は何度も失敗しましたが、ようやく日本に着きました。

エ．私は e このころ使われ始めた（　※　）という文字をつかって『源氏物語』を書きました。私はこの物語で登場人物のこまやかな心の動きや貴族のくらしをえがきました。

問1．文中の（　※　）にあてはまる語句を入れなさい。
問2．文章アの「私」はだれですか。人物名を当時の名前で書きなさい。

7　右の絵と、それに関する文章を読んで、下の問いに答えなさい。

この絵にえがかれている都市は、18世紀ころには人口100万人を超える世界有数の都市になりました。また、a「天下の台所」と呼ばれていた（　１　）で、b 力をつけた町人たちによる文化は、17世紀後半ころから、（　１　）や京都で先に栄えました。

この絵は19世紀の中ごろに売られた（　２　）絵です。両国橋付近で花火を見物する人々のにぎわいがえがかれています。（　２　）絵とは、当時の世の中や人々の様子をえがく絵で、その題材は、c 名所風景や、歌舞伎役者、話題に上る美人などさまざまでした。19世紀の前半ごろには、こうした（　２　）絵が盛んに刊行され、d 多くの町人たちが（　２　）絵を買うことができました。

問１．文中の（　１　）・（　２　）にあてはまる都市名・語句を答えなさい。
問２．下線部aについて、（　１　）に城を築き、「天下の台所」と呼ばれるもととなったまちづくりは、おもにだれがおこなったのか、答えなさい。
問３．下線部bについて、17世紀終わりごろから18世紀にかけて、町人のすがたや義理人情を、浄瑠璃などの台本であらわした作者を一人答えなさい。
問４．現代でも大きな花火大会が開かれている、この絵にえがかれた川の名をこたえなさい。
問５．下線部cについて、この絵にえがかれている都市から京都の間の道中の名所の風景を、55枚組でえがき、人気をあつめた（　２　）絵師を答えなさい。
問６．下線部cについて、名所風景の（　２　）絵と、同じように利用される現代の印刷物(出版物)は何か、答えなさい。
問７．下線部dについて、19世紀ころ、多くの町人たちが、（　２　）絵を買えたのは値段が安かったからです。なぜ安くできたのか、答えなさい。

8　次の文章を読んで、下の問いに答えなさい。

絵Ⅰ

明治時代の前半、板垣退助らは一部の政治家や役人だけで行われている政治を正そうと、a（　１　）の開設と憲法の制定を求める運動をおこした。b その運動は、絵Ⅰの事件が終わると急速に各地に広まった。運動の高まりに対し、1881年、政府は10年以内に（　１　）を開くと約束し、板垣は自由党を結成した。またそのころ政府から退いていた（　２　）は立憲改進党を結成して（　１　）の開設に備えた。1889年、政府は（　３　）の憲法を参考に、大日本帝国憲法を制定した。しかし一部の政治家や役人による政治はその後も続くことになった。

大正時代に入ると、憲法の精神に基づいた、より一層の国民の政治参加を求める運動が起こった。具体的にこの運動では、政党政治と（　４　）の実施が強く要求された。1918年になってやっと本格的な政党政治が実現したが、（　４　）については1925年の選挙法の改正によって実施されることになった。

しばらく続いた政党政治は、昭和時代に入り、五・一五事件をきっかけに行われなくなった。そして

理科 (50分)

名古屋　東海中学校（令和2年度）

1　太郎くんは、お母さんとお父さんと水族館に来ました。

太郎くん「水族館に来られてうれしいなぁ！楽しみにしていたから図書館で水族館の本まで借りちゃったよ。」

お父さん「なら、問題。世界で一番水族館の多い国はどこでしょう。」

太郎くん「あっ！それ、ぼくが読んだ本には日本が一番多いって書いてあった！」

お父さん「おっ、よく予習してきたな。正解。日本は、A水族館が作られるためのいろいろな条件が整っているんだよ。」

お母さん「そういえば水族館って、何となくだけど海の近くにあるイメージがあるわね。」

お父さん「最近ではいろいろな技術が発達して海から離(はな)れたところにも増えてきたけど、それでもやっぱり海の近くにあるところが多いね。これはなぜだか分かるかな？」

太郎くん「水族館で生き物を育てるには、大量の水が必要となるからだね。」

お父さん「その通り。でも、だからと言ってそのまま海の水を使うと死んでしまったり、病気になってしまうこともあるよね。そうならないように、あることを行うんだけど、わかるかな？」

太郎くん「ええと、（　X　）すること、かな？」

お父さん「正解。(X) することによって浄化(じょうか)された水を、さらに塩分濃度(のうど)や温度などを調整してそれぞれの生物の住める状態にしているんだよ。だからね、水族館では (X) 装置のことを、『水族館の心臓部』なんて呼んでいたりもするね。」

お母さん「いよいよイルカショーが始まるわ！」

太郎くん「そう言えば、水族館って魚以外にもいろいろな生き物がいるね。イルカは（　ア　）類だし、ペンギンは（　イ　）類だよね。他にもタコやイカ、ヒトデなんかもいるね。」

お父さん「そう。水族館は、いろいろな生物を飼育しているんだ。例えば、イルカと魚は形が似ているけれど、違(ちが)うところもたくさんあるよね。」

太郎くん「B呼吸の仕方でしょ、それから子どものふやし方。ほかにも色々あるね。」

お父さん「C長い年月をかけて、生物はそれぞれいろいろな形や生き方を獲得(かくとく)してきたんだ。水族館は、生物を様々な目で見て、学ぶ場でもあるんだよ。右の表を見てごらん。水族館や動物園には、大きく4つの役割があるとされているんだ。」

太郎くん「ただ、生き物を飼育しているだけじゃなかったんだ！」

表．水族館・動物園の役割

1. 種の保存
2. 教育・環境(かんきょう)教育
3. 調査・研究
4. レクリエーション※

2　以下のような実験を行いました。（１）～（４）の問いに答えなさい。

１．晴れた日の午後、ジャガイモの葉を５０ｇほどつみ、２００㎤の水とともにミキサーに入れ、１分間かき混ぜた。
２．ろうとの上に、コーヒー用のろ紙を乗せ、さらに、その上に水切り用のゴミぶくろを重ねた。そこに、１の液を流し入れた。
３．２で流れ出た液をビーカーにうけ、２００㎤くらいの水を加え、静かにそのまま置いた。
４．翌日、４分の１程度液を残し、上ずみ液を捨てた。さらに、残った上ずみ液をスポイトでていねいに取りのぞいた。
５．ビーカーの底に残った白いものをかわかした。

（１）２の操作で、水切り用のゴミぶくろを用いるのはなぜですか。その目的を答えなさい。
（２）３の操作で、さらに水を加えるのはなぜですか。その目的を答えなさい。
（３）白いものは何かを調べるために用いる薬品を答えなさい。
（４）一日中晴れていたにもかかわらず、翌日の朝にジャガイモの葉をつんで同じ実験を行ったところ、白いものを十分に集めることができませんでした。これはなぜですか。その理由を簡単に説明しなさい。

3　右の図は、ある場所Ａと場所Ｂの間の川底または海底に見られる、石の大きさと水深を記録したものです。これを観察した場所として最も正しいと考えられる場所をア～ウから選び、記号で答えなさい。

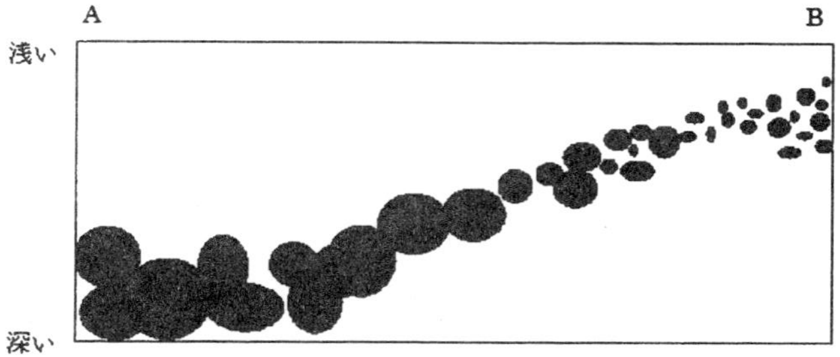

ア

イ
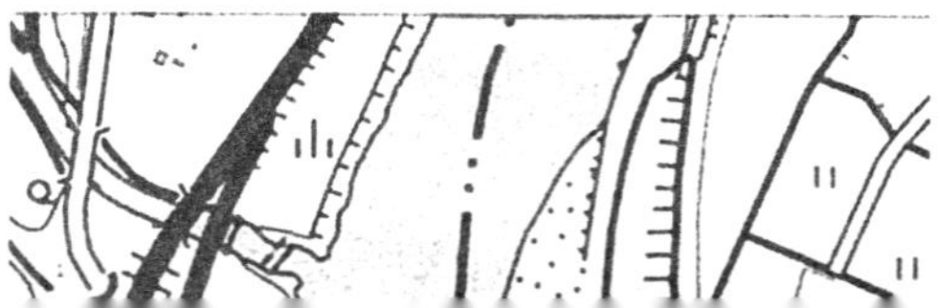

ウ

5　５本の試験管に、「A：アンモニア水」「B：塩酸」「C：食塩水」「D：水酸化ナトリウム水溶液」「E：石灰水」「F：炭酸水」「G：水」のうちのどれかが入っています。同じものが入っている試験管はありません。次の３つの実験の結果をもとに、（１）（２）の問いに答えなさい。

実験１：５本の試験管の中の液体のうち、加熱したときににおいがしたものは１つだけであった。
実験２：５本の試験管の中の液体のうち、赤色リトマス紙の色を変えないものは２つあった。
実験３：５本の試験管のうちの２本の中の液体を混ぜたところ、にごりが生じた組み合わせは１組もなかった。

（１）５本の試験管のうち、中の水を蒸発させると、あとに白い固体が残らないものをすべて選び、中に入っていた液体のA～Gの記号で答えなさい。ただし、あてはまるものがない場合には「なし」と答えなさい。

（２）５本の試験管のうち、中の液体にアルミニウムが溶けるものをすべて選び、中に入っていた液体のA～Gの記号で答えなさい。ただし、あてはまるものがない場合には「なし」と答えなさい。

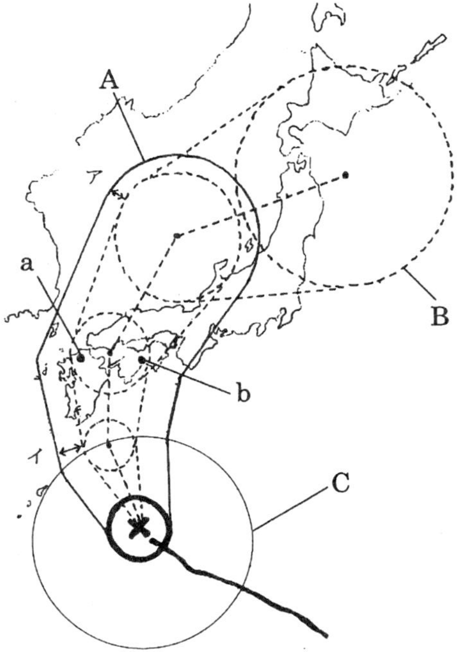

6　右の図は、ある台風の予想進路図です。

（１）台風の大きさの目安とされるのは、A、B、Cのうちどの範囲の広さですか。
（２）Bの円の大きさが、しだいに大きくなるのはなぜですか。その理由を答えなさい。
（３）アの長さが、イの長さに比べて短いのはなぜですか。その理由を答えなさい。
（４）台風が予想された進路の中心を進んだとすると、台風からほぼ同じ距離に位置するaとbでは、より強い風がふくのはどちらの地点だと考えられますか。記号で答えなさい。ただし、どちらも同じ強さの風がふくと考えられる場合には「同じ」と答えなさい。

7　災害時のために、下の図のような手回し発電機と発光ダイオード、コンデンサーを用意しました。手回し発電機のaと発光ダイオードのc、手回し発電機のbと発光ダイオードのdをつなぎ、手回し発電機のハンドルを時計まわりに回したら発光ダイオードは点灯しま

[8] 右の図のように、ア〜クの位置にボールを置き、右側から照明の光を当てます。すると、ボールには光が当たる部分と影（かげ）の部分とができ、Pから見ると、満ち欠けする月のように見えます。次の問いに答えなさい。

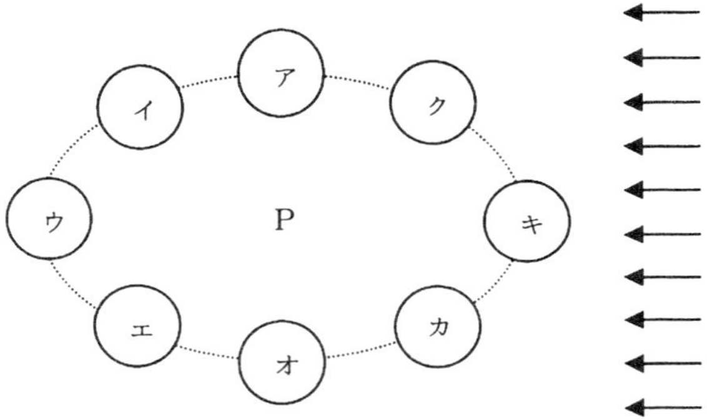

（１）ボールが満月のように見えるのは、ア〜クのどの位置ですか。

（２）ボールが三日月のように見えるのは、ア〜クのどの位置ですか。

（３）月食が起こるときのボールの位置は、ア〜クのうちのどれだと考えられますか。

[9] ある年の３月２０日は満月でした。この日、月の動きを観察するためにビデオカメラで撮影（さつえい）をしました。ビデオカメラには、真東から真西までを同時に撮影できる特別なレンズを取り付けました。次の問いに答えなさい。ただし、真東から真西まではちょうど180度あるものとします。

（１）１７時４８分に満月が真東から上り始めました。撮影を終えた後、120倍速で映像を見たところ、上り始めてから６分１２秒後に満月は真西に沈（しず）み始めました。沈み始めた時刻を求めなさい。ただし、120倍速で映像を見ると、２時間の動画が１分で再生されます。

（２）月は１時間に何度動いていますか。小数第２位を四捨五入して答えなさい。

（３）８日前の３月１２日は、月の左側半分が影になる上弦（じょうげん）の月でした。この上弦の月が真東から上り始めた時刻を求めなさい。ただし、月が動く速さや動く道筋は日によって変わらないものとします。

[10] 太さが一様で長さが150 cmの金属の棒ABがあります。次の問いに答えなさい。

（１）図１のように、棒の両端（はし）A、Bにそれぞれおもりを付けて棒が水平になるようにひもでつるします。Aには棒の重さの３分の１の重さのおもりを、BにはAに付けたおもりの重さの倍のおもりを付けます。Aから何cmのところにひもを付けてつるしたら、棒は水平になりますか。ただし、ひもの重さは考えないものとします。

（２）図２のように、棒ABを端から曲げ、A、Bを棒に接着して、正三角形を作ります。残りの棒をひもでつるして水平にするには、最

テスト1の5

受験番号	1	0	0			

名古屋　東海中学校（令和２年度）

※100点満点
（配点非公表）

解答らん

（字数制限のある問題は、特に指示がない限り、文字以外の記号もすべて字数に入れること。）

一

①	②
③	④
⑤	⑥

二

問1	問2	問3	問4	問5	問6	問7	問8
		A		主観的		E	100
		B		客観的		F	
		C					

テスト３の４

受験番号	1	0	0			

名古屋　東海中学校（令和２年度）

※100点満点
（配点非公表）

1

問1		
問2		
問3	①	
	②	
問4	川	
問5		

2

問1	A	
	B	
	C	
問2		
問3		
問4	理由	
問5		

3

問1			
問2	①		
	②		
問3	①	A	
		B	
		C	
	②	A	
		B	
		C	

4

問1	ア	
	イ	
問2		

5

問1	
問2	

6

問1	1	
	2	
問2		

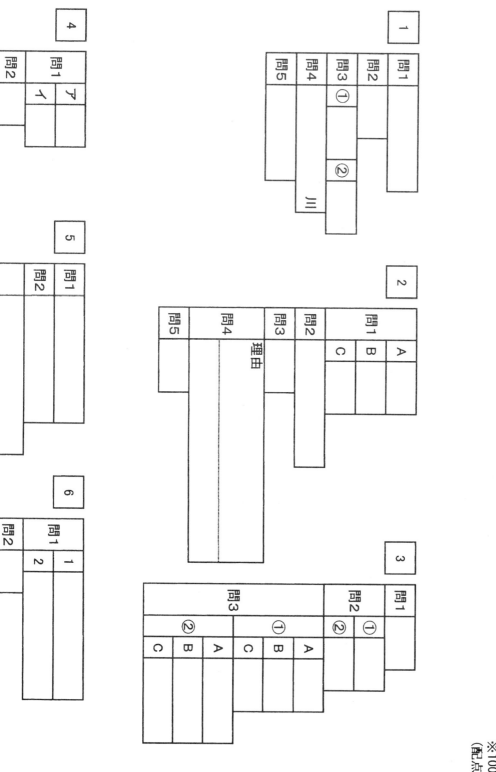

テスト４の５

受験番号	1	0	0			

名古屋 東海中学校（令和２年度）

※100点満点
（配点非公表）

解答らん

1

(1)			
(2)①	②	(3)ア　　類	イ　　類
(4)① Ⅰ	Ⅱ	Ⅲ	
②			
(5)	(6)ア	イ	
(7)			番号

2

(1)	
(2)	(3)
(4)	

【メモ用紙】　この用紙は、下書きに利用してください。回収はしません。

5

(1)	(2)

6

(1)	(2)	
(3)		(4)

7

(1)ア	イ	(2)	(3)①＋　　－	②＋　　－
(4)				
(5)				
(6)				

8

(1)	(2)	(3)

9

(1)　　時　　分	(2)　　度	(3)　　時　　分

10

(1)　　cm	(2)　　cm	(3)　　cm

問5	
問6	

問4	
問5	
問6	海
問7	

問4		
問5	①	
	②	
	③	
問6		

7

問1	1	
	2	
問2		
問3		
問4		川
問5		
問6		
問7		

8

問1	1	
	2	
	3	
	4	
	5	
問2		
問3		
問4		
問5		

9

問1	
問2	
問3	
問4	
問5	

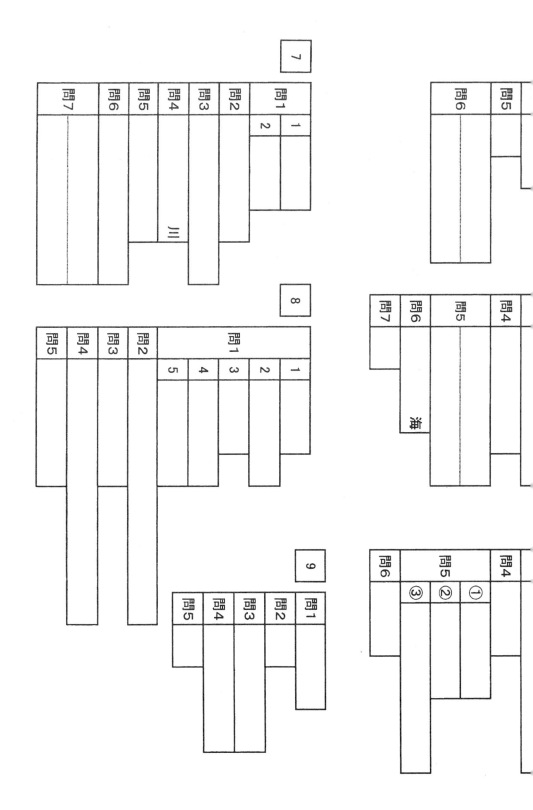

三

問	解答欄
問1	30
問2	
問3	10
問4	30
問5	
問6 1	10
問6 2	10
問7	
問8	30
問9	30
問10	10 こと
問11	
問12	
問13	

(3) 図3のように、棒ABを端から曲げ、A、Bを棒に接着して、正方形を作ります。残りの棒をひもでつるして水平にするには、最初の端Aの位置から何cmのところにひもを付ければよいですか。ただし、正方形の1辺は10 cmと20 cmにします。

図1
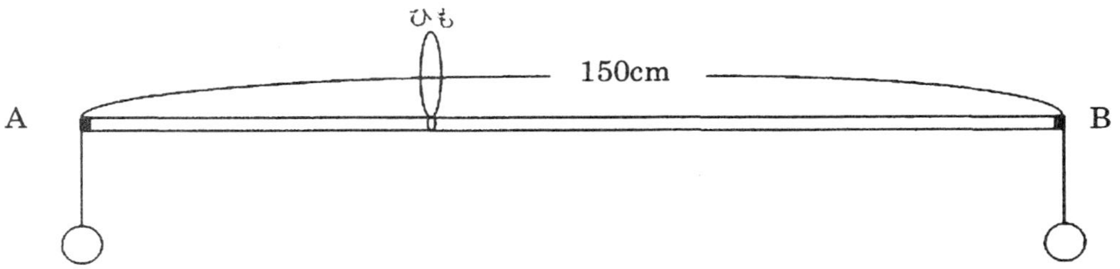

図2
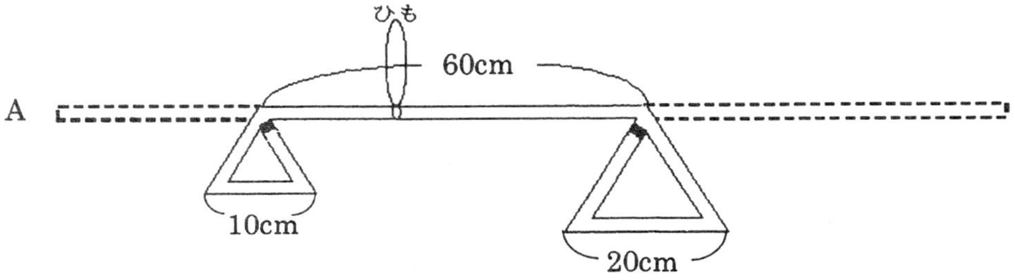

図3
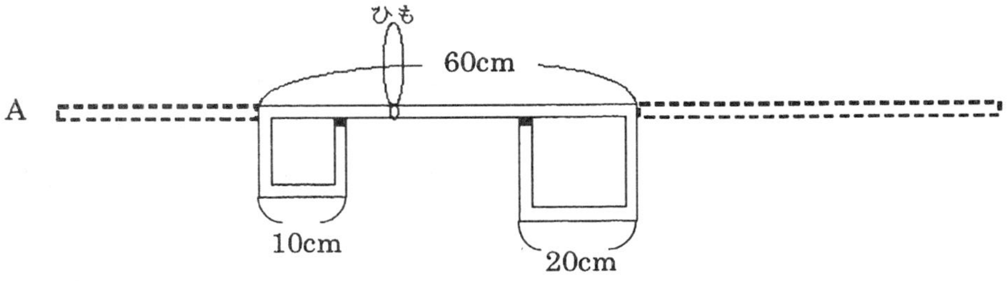

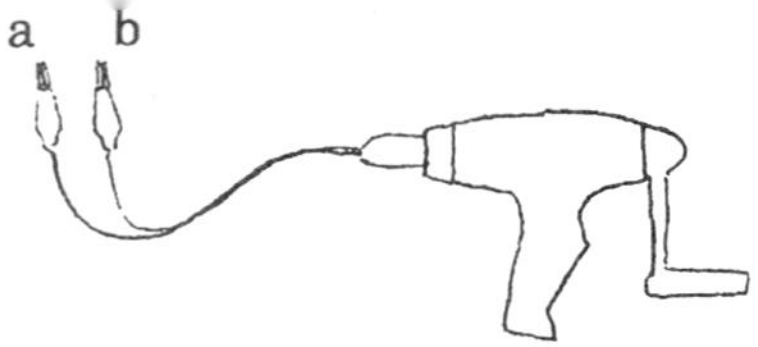

手回し発電機

発光ダイオード

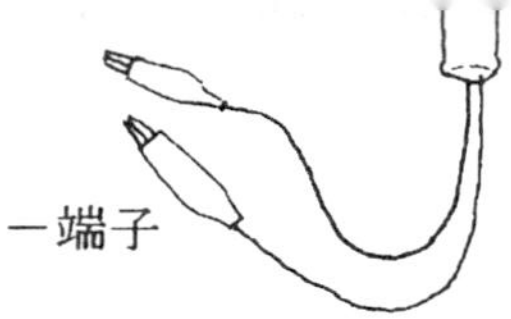

コンデンサー

（1）手回し発電機の中にはモーターが入っていて、ハンドルを回すとモーターの軸（じく）が回るようになっています。そのモーターの内部には、モーターの軸に取り付けられた（　ア　）があり、その周りには（　イ　）があります。ア、イに入る語句を書きなさい。

（2）次のア～オの中から、発光ダイオードと豆電球を比べて、発光ダイオードのことを述べているものをすべて答えなさい。ただし、当てはまるものがない場合は「なし」と答えなさい。

ア．少しの電気で長く点灯させることができる。

イ．手回し発電機で点灯させるには、ハンドルを回している時に、より強い力が必要である。

ウ．長い時間点灯していると、熱を発生しやすい。

エ．乾（かん）電池で点灯させるには２個の電池を直列つなぎで使う。

オ．乾電池や手回し発電機につなぐときに極を逆にしても点灯する。

（3）次の１、２の手順で発光ダイオードを点灯させます。①、②の問いに答えなさい。

手順１　最初に手回し発電機を使ってコンデンサーを充（じゅう）電します。

手順２　その充電されたコンデンサーを使って発光ダイオードを点灯させます。

①　手順１のとき、コンデンサーの＋端子と－端子は手回し発電機のa、bのどちらとつなげばよいですか。記号で答えなさい。

②　手順２のとき、コンデンサーの＋端子と－端子は発光ダイオードのc、dのどちらとつなげばよいですか。記号で答えなさい。

（4）最初に手回し発電機を使ってコンデンサーを充電しました。充電後は、すぐに発電機の線を外す必要があります。その理由を答えなさい。

（5）コンデンサーを使い終わったら、安全のためコンデンサーに残っている電気を完全になくしておきます。具体的にはどのようにしたらよいですか。簡単な方法を説明しなさい。

（6）コンデンサーよりも電気を多くためることができるものに充電池があります。この充電池の開発に役立つ研究をしたことで昨年、吉野彰（よしのあきら）さんはじめ３名の方にノーベル化学賞が授与（じゅよ）されました。この３名が開発に関わった充電池を特に何と呼んでいますか。

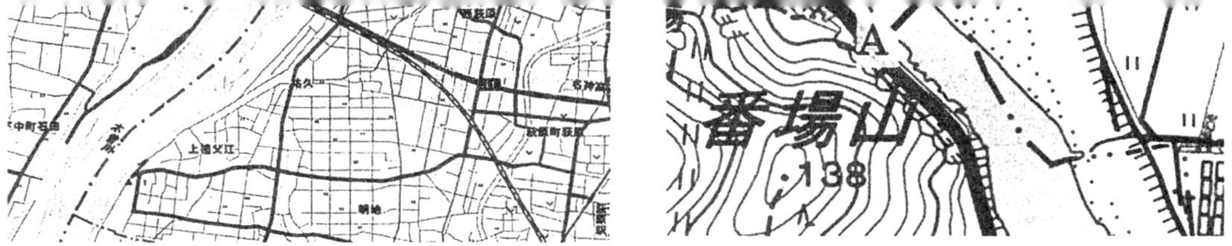

愛知県一宮市冨田付近

岐阜県関市側島付近

三重県木曽岬町付近

ア～ウの地図はすべて地理院地図（電子国土 Web）https://maps.gsi.go.jp/ より（縮尺は一定ではない）

4 次の（1）～（4）について、A、Bの２つの文章が、どちらも正しければ「○」、どちらも間違っていれば「×」、Aだけが正しければ「A」、Bだけが正しければ「B」と答えなさい。

（1）A：閉じこめられた空気に力を加えると体積が小さくなるが、閉じこめられた水に力を加えた場合にも同じ程度体積が小さくなる。

B：閉じこめられた空気に力を加えたとき、空気の体積が小さくなるほど空気が押し返す力が大きくなる。

（2）A：空気を温めると体積が増えるが、その増える割合は水を温めたときに比べて大きい。

B：金属を冷やすと体積が減るが、その減る割合は水を冷やしたときに比べて小さい。

（3）A：右の図アのように水を温めると、温められた水は図の矢印のように移動する。

B：右の図イのように水に氷を浮かべると、冷やされた水は図の矢印のように移動する。

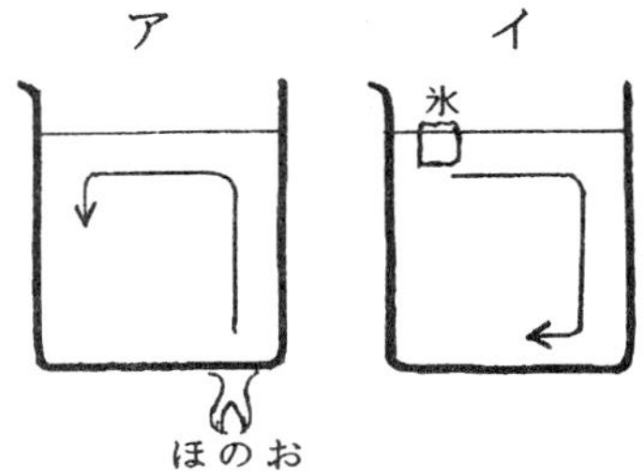

（4）A：ビーカーの中の水をふっとうさせているとき、ビーカーの中の「あわ」やビーカーの上の「ゆげ」はどちらも気体である。

B：「雨」や「露」はどちらも液体であり、「雪」や「霜」はどちらも固体である。

太郎くん「ところでお母さん、何でカッパなんか着ているの？」
お母さん「ここの水族館は、ダイナミックなイルカショーで有名なのよ！客席のどこにいても思いっきり水しぶきが飛んでくるんだから！」
太郎くん「えー、そうなの？！それは予習してなかったよー！」

（1） 下線部Aについて、日本に水族館が多い理由としてどのようなことが考えられますか。周りを海に囲まれている以外で、1つ答えなさい。

（2） ①（X）にはどのような言葉が入りますか。　②人体で血液の（X）を行っている部分の名前を答えなさい。

（3） （ア）（イ）に当てはまる言葉を答えなさい。

（4） 下線部Bに関して、次の問いに答えなさい。

①太郎君は、動物の呼吸の方法をまとめ、Ⅰ～Ⅲの図に表しました。

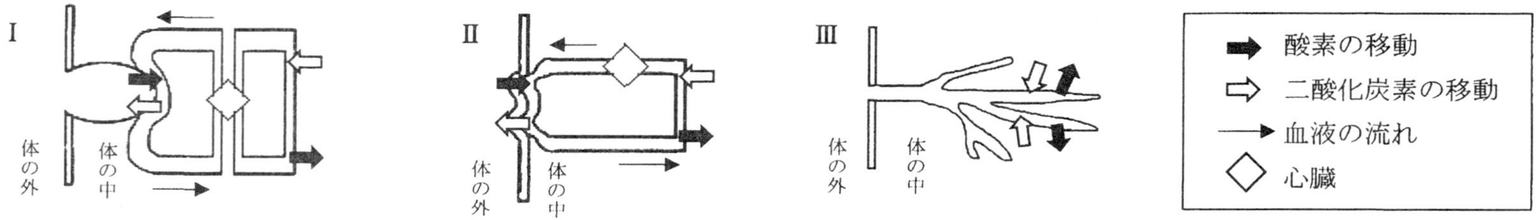

Ⅰ～Ⅲの呼吸方法を行う動物として適切なものを以下のア～オからすべて選び、それぞれ記号で答えなさい。

ア．コイ　　イ．ペンギン　　ウ．サル　　エ．バッタ　　オ．イルカ

②イルカと魚は「呼吸の仕方」「子どものふやし方」以外でどのような点が異なりますか。体のつくりに関する例を1つあげ、イルカと魚での違いを説明しなさい。

（5） 下線部Cにより、幅広（はばひろ）く性質の異なる生物が豊かな個性とつながりをもって存在することを「生物（　Y　）」といいます。Yに当てはまる言葉を答えなさい。

（6） 以下のア、イの水族館の活動は、上の表の「水族館・動物園の役割」のうちのどれに当てはまりますか。最もふさわしいものを表の1～4の番号から1つ選んで答えなさい。

ア．中学生を対象としたイカの解ぼう教室　　イ．用水路で見つかったオオサンショウウオの保護

（7） 本文および（6）の例（れい）（類似（るいじ）のものを含（ふく）む）以外で、水族館・動物園が行っている活動を一つ挙げ、それが上の表の「水族館・動物園の役割」のうちのどれにあたるか、ふさわしいものを1～4の番号で答えなさい。ただし、番号を複数選んでも構いません。

される中、1947年にはｄ日本国憲法が施行された。その後70年あまり国民の政治参加が続き、2015年には選挙法が改正され少し有権者数がふえた。しかし、選挙をめぐっては、投票率の低さや一票の格差などの問題が残っている。

問1．文中の（ 1 ）〜（ 5 ）にはいる語句や人名などを答えなさい。 ＊（ 3 ）は国名です。
問2．下線部ａについて、この時期には、絵Ⅱのような演説会が各地で行われましたが、絵Ⅱのなかの警官は何をしようとしているのか答えなさい。
問3．下線部ｂについて、絵Ⅰの事件が終わるとなぜその運動が広まっていったのか、下の文の【　　】に人名を答えなさい。
・【　　】のような人物が、反乱軍を率いて絵Ⅰの事件を起こしても、政府軍にはかなわなかったので。
問4．下線部ｃについて、この時の選挙法改正で有権者が一気に増えたのは、どのような改正があったからですか。かんたんに答えなさい。
問5．下線部ｄについて、大日本帝国憲法のもとでは義務でしたが、日本国憲法では規定されなくなった国民の義務は何ですか。

9 右のⅠ〜Ⅲの人物に関係する、下の問いに答えなさい。

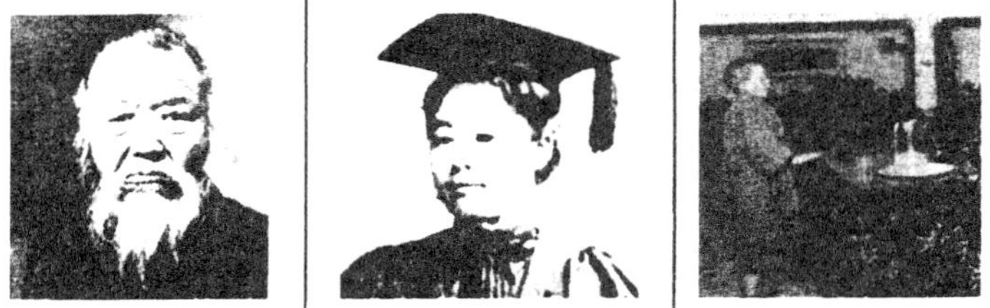
Ⅰ　Ⅱ　Ⅲ

問1．Ⅰは、代議士の田中正造です。この人が解決のために努力した公害事件が発生した鉱山があった都道府県名を答えなさい。
問2．田中正造が活動していた、19世紀末から20世紀はじめにかけての日本の産業について述べた文章としてまちがっているものを1つ選び、記号で答えなさい。
ア．日清戦争の前、大阪で大規模な紡績工場がつくられた。
イ．日清戦争の少し前、生糸や綿糸などの軽工業はさかんであり、輸出も増加していた。
ウ．田中正造が鉱毒事件の解決を天皇に訴えたころに完成した八幡製鉄所は、日清戦争での賠償金の一部を使って建設された。
エ．日露戦争が終わったころから、アメリカ向けの生糸輸出は急速に衰え、日本は不景気になった。
問3．Ⅱの女性は、岩倉使節団に同行してアメリカへ渡り、帰国の後、新しい女子教育をめざし、学校を創設します。この人物の名前を答えなさい。
問4．Ⅲの少年は、社会に根強く残っていた差別をなくす運動をすすめる団体の集会で演説しました。その団体名を何といいますか。
問5．問4の団体の創立は1922年、Ⅲの写真の演説は1924年のことです。その間に起こったできごとを1つ選び、記号で答えなさい。
ア．米騒動がおこった。　イ．関東大震災がおこった。　ウ．第一次世界大戦がはじまった。　エ．日本が韓国を併合した。

問5．下線部cは天皇がおもに、どのような目的でつくり始めましたか。
問6．下線部dに関してウの「私」が日本に向けて航海したのは何海ですか。
問7．下線部eのころのようすとして正しくないものを一つ選び、記号で答えなさい。

あ．清少納言が「枕草子」を書いた。
い．都が平城京から平安京に移された。
う．貴族たちが囲碁やすごろく、あるいは蹴鞠を楽しんでいた。
え．貴族の生活のようすなどをえがいた大和絵という絵画が生まれた。
お．藤原道長が大きな権力をふるっていた。

6　金閣と銀閣についての次の文章を読んで、下の問いに答えなさい。

金閣を京都の北山に建てたのは３代将軍です。金閣の一階は寝殿造で、二階はそれと書院造があわさったつくり、三階は中国式のお堂でした。彼は力をつけてきたａ大名をおさえて、将軍の権威を高めました。また、中国と国交を開き、貿易で莫大な利益をえました。その権力と富の象徴が金閣だったのです。

８代将軍は京都の東山に銀閣を建てました。銀閣の一階は書院造、二階は中国式のお堂です。また銀閣のとなりにある（　１　）も書院造の建物です。銀閣は８代将軍の後継者をめぐっておこった（　２　）が終わった後に完成しました。このころはすでに幕府の力はおとろえていました。

問1．（　１　）・（　２　）にあてはまる語句を入れなさい。
問2．金閣と銀閣が建てられた時期にはどのくらいの年代の差がありましたか。下の「あ～え」から選びなさい。

あ．約50年　　い．約100年　　う．約150年　　え．約200年

問3．金閣も銀閣も以前は国宝に指定されていましたが、現在の金閣は国宝ではありません。現在の金閣が国宝でない理由をかんたんに説明しなさい。
問4．下線部ａの「大名」は鎌倉幕府の地方支配の担当者がより強大になった者たちです。鎌倉時代の彼らの役職名を答えなさい。
問5．文中の「書院造」について、下の問い①～③に答えなさい。

①　書院造と現在の和室の共通点のうち、部屋の仕切りに使うものを１つあげなさい。
②　書院造のうち、水墨画・生け花などをかざるための場所として現在の和室にも引きつがれているものは何ですか。
③　書院造の庭園には枯山水があります。枯山水はおもに何と何を組み合わせて表現したものですか。

問6．この時代に始まった能は、さまざまな芸能が取り入れられたものです。そのうち、農民らが田植えの時などに演じ、楽しんだものは何ですか。

よくみます。みんなどうやって学校に通学してくるのかな。

生徒X：ぼくは地下鉄だよ。

先生：東海中学の生徒は名古屋市外からも通学してくるね。地図をみてみると、いろいろな興味がわいてくるね。c 興味を持ったテーマについて調べて図にまとめると、他にも気づくことがあるよ。

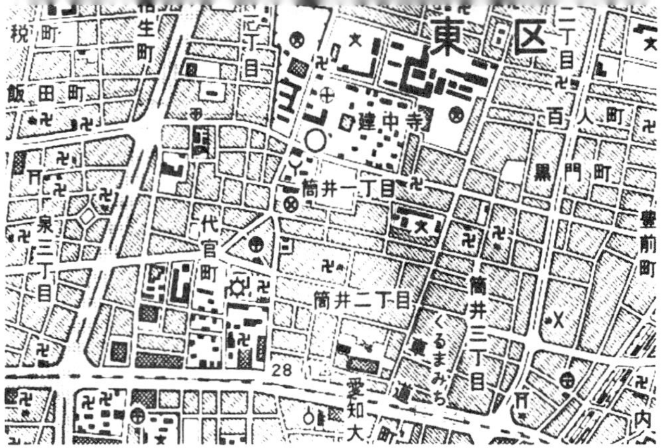

図1

問1．下線部aに関して、地形図の利用を述べた次の文のうち、誤っているものをア～エから一つ選びなさい。

ア．地形図の表現では、道路、鉄道、建物・施設などを表すための記号が決められている。

イ．等高線の間かくがせまいほど、土地の傾(かたむ)きが急で、広いほどゆるやかである。

ウ．山頂や等高線の途中(とちゅう)にある数字は、その場所の標高(ひょうこう)を示している。

エ．地域をより広く観察(かんさつ)するときは、縮尺(しゅくしゃく)の小さい地形図よりも縮尺の大きい地形図を使う必要がある。

問2．下線部bに関して、右の地形図を参考に、①交番と②発電所・変電所の地図記号を書きなさい。

問3．下線部cに関して、

① 下の図2のA～Cのそれぞれに示された5つの道府県は、下のア～エのいずれかの2～6位です。それぞれの図のテーマとして正しいものをア～エから一つずつ選びなさい。

ア．米の産出額　イ．果実の産出額　ウ．輸送用機械器具の出荷額　エ．宿泊・飲食サービス業の生産額

② 下の図2のA～Cの1位の都道府県名をそれぞれ答えなさい。

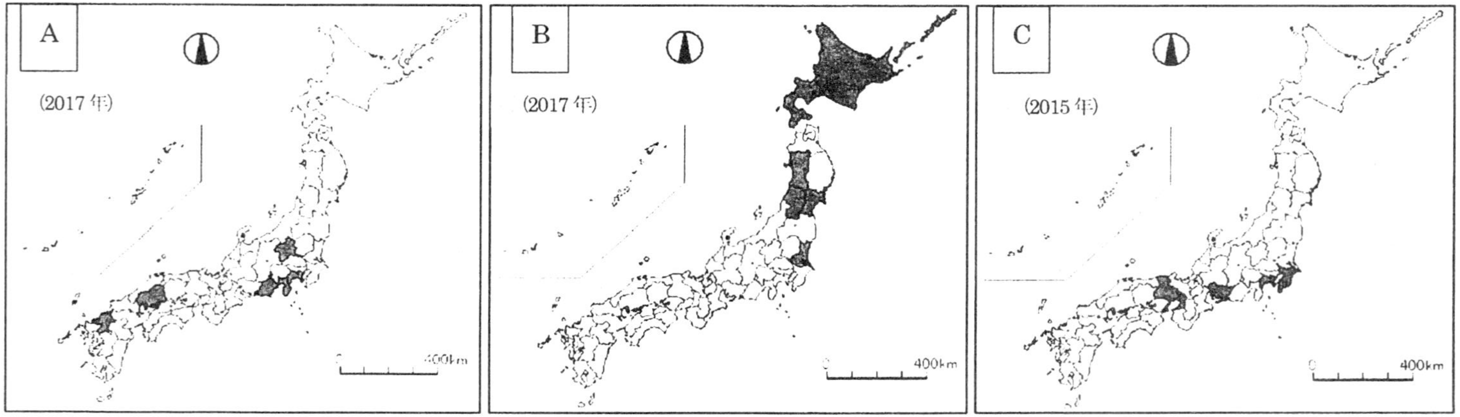

図2

『データでみる県勢』より作成。

(1) A：　　回，B：　　回，C：　　回	
(2)　　分	(3)　　分

6

図1のように，1辺が1cmの立方体を60個組み合わせて，たて4cm，横5cm，高さ3cmの直方体ABCD-EFGHをつくりました。点Aと点Gを直線で結んだものを，対角線AGということにします。

（1）対角線AGは，1辺が1cmの立方体を何個通りますか。

（2）次に，図2のように，直方体の上から2段目，奥（おく）から2列目，左から2列目の合計36個の立方体を黒くぬります。このとき，対角線AGのうち，黒くぬられた立方体を通る部分の長さと，対角線AGの長さの比を求めなさい。

図1

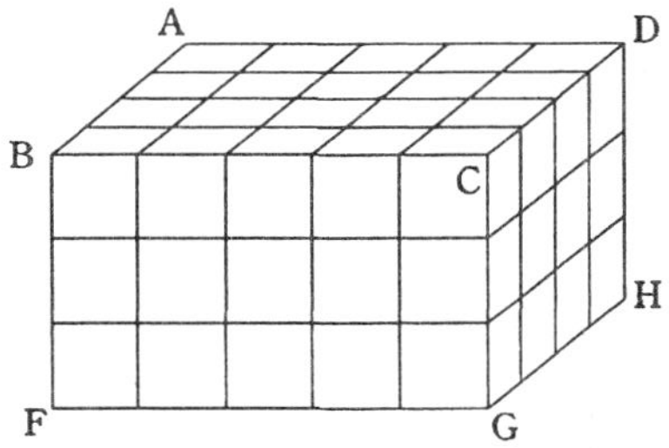

図2

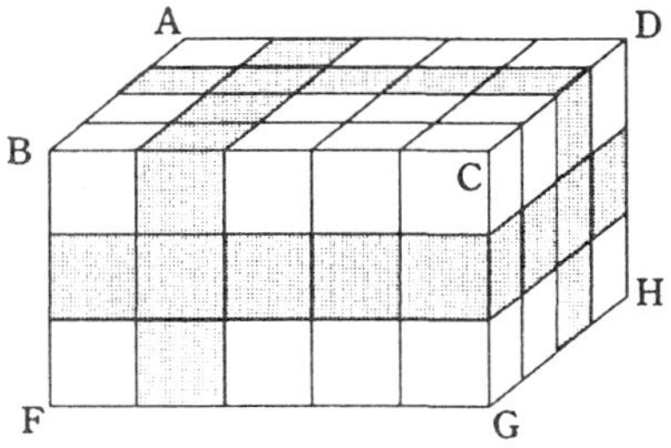

(1)　　個	(2) 黒くぬられた立方体を通る部分 ： 対角線AG ：

どちらも 444400 になります。

（３）ある試験の合格者は受験者全体の 40%です。受験者全体の平均点が 54.6 点で，合格者の平均点と不合格者の平均点の差が 16 点であるとき，合格者の平均点は [　　] 点です。

2

図１の三角形を，点 B，C が点 A に重なるように折ったところ，図２のような五角形になりました。三角形 ABC と，この五角形の面積の比を求めなさい。

図１

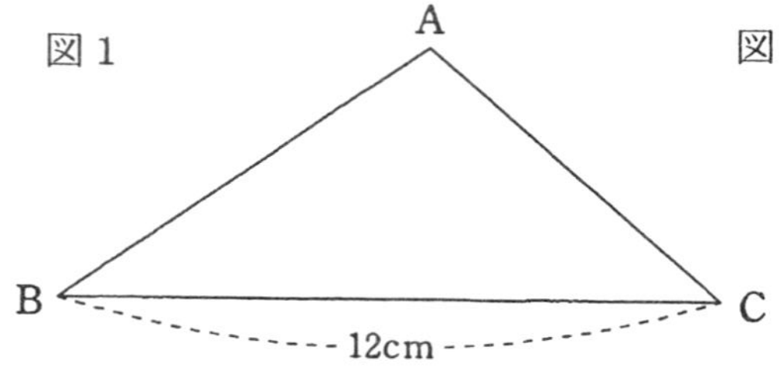

図２

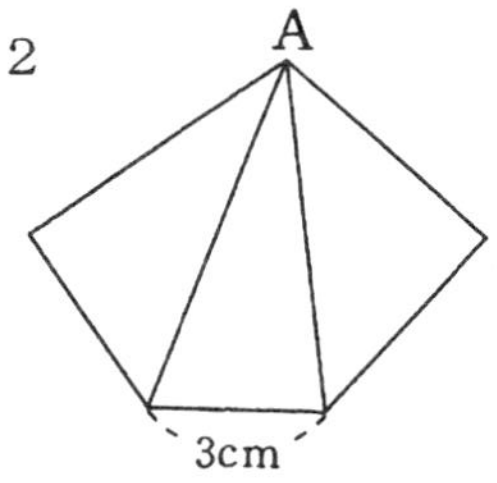

三角形 ABC　：　五角形
：

(答え) 1両のときの速さ	トンネルの長さ
秒速　　　m	m

4

図の四角形 ABCD は台形で，三角形 ABE は直角二等辺三角形です。

（１）三角形 EGH の面積を求めなさい。

（２）三角形 AHD と三角形 GBF の面積の和を求めなさい。

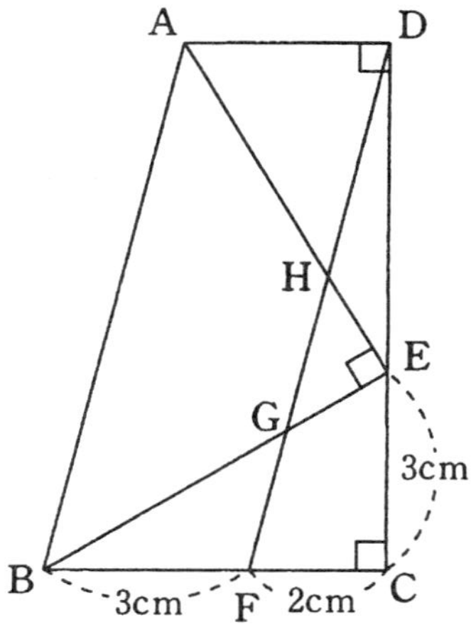

（１）	（２）
cm²	cm²

問1 ――①「二人分の魚を用意してしまったことが無性に恥ずかしくなり」とあるが、「二人分の魚を用意してしまったこと」の何が「無性に恥ずかし」いのか。三十字以内で答えなさい。

問2 【 A 】に共通して入るものを、次のア～オのうちから一つ選び、記号で答えなさい。

ア、やはり　イ、なおさら　ウ、なんだか　エ、多少　オ、なぜか

問3 ――②「今日はどうもよそよそしい気がする」とあるが、普段の島田の性格を最もよく表現している部分を、本文中から十字程度でぬき出して答えなさい。

問4 ――③「ビリビリと背中に電気が走ったように動けなくなった」とあるが、なぜか。その理由を三十字以内で答えなさい。

問5 【 B 】に入る、本文中の一字を答えなさい。

問6 ――④「島田は無駄に大きな声でそう言って、僕に背を向け畑仕事に戻った。しかし、島田の手は全然動いていなかった」とあるが、この時の島田の心情を説明した次の文の空らんを、それぞれ十字前後で補いなさい。

島田は【 1 】が、それもできず、【 2 】心情。

問7 ――⑤「知られたっていいじゃないか。もともと自分ひとりだけで生きていけばいいと思っていたのだから」とあるが、知られる以前には、島田に対してどうしようと考えていたか。また、それはなぜか。それらがわかるひと続きの二文を本文中からぬき出し、はじめの五字を答えなさい。

問8 ――⑥「初めて島田がうちでご飯を食べた時に、言っておけばよかった」

エ、離れて暮らしていた父にも独自の生活があったことに思いが至り、彼の生活と死ぬ前のことを知りたくなり、同じように「いのちの電話」にかけてみれば、そのヒントを得られるかもしれないと思ったから。

オ、ろくでもない父であったが、生きていることに疑問を抱いた今、父が携帯電話に「いのちの電話」の番号を残してくれたのは、悩みがあったらかけろというサインだと受け取り、相談してみようと思ったから。

問13 次は、本文を読んだ東海中学校の生徒六人の会話である。本文の内容の読み取りとして適切なものを、次のア～カのうちから**すべて**選び、記号で答えなさい。

ア、「いのちの電話の相談員の女性は、『僕』が顔を合わせたことすらない相手だからか、『僕』の事情にずかずかと立ち入ってくることなく、丁寧かつあっさりと対応してくれていたね。」

イ、「相談員の女性は、話してて『僕』の気が滅入らないように、はじめの方で、『僕』からの質問に答えるとき、よく考えて言葉を選んでくれていたように感じたよ。」

ウ、「『死んだ後の魂はどこに行くのですか？』って質問して、もしも『天国か地獄じゃないですか？』とか、『どこにも行きません』とかいう安易な答えが返ってきたら、自分は嫌だな。『僕』もそう思ったから、すぐに答えられないような質問を準備していたんだろうね。」

エ、「相談員の女性の言葉は、控えめだけど、相手を説得するような重みがあったね。聞いていた『僕』も、この人の言うことに背中を押されて、

長に質問をした。
「……ろくでもないのって遺伝するんですか？　母親はクズだったし、父親も野垂れ死にだし。ろくでもないのって生まれつきなのかなって」
社長は僕の言葉にじっと耳を傾けていた。社長が何か言ってくれるのを待った。どう励ましてくれるのか、どう慰めてくれるのか、僕は社長を試した。
「しないよ。そんなもの遺伝するわけない」
と社長はきっぱりと言った。⑨僕は、余計に意地悪な気分になった。
「中島さんだって、僕の前科のこと知ったら、きっと今まで通りっていうわけにはいかないでしょ」
社長は、目を細めて言った。
「中島さんは初めから知ってるよ。オレが教えた」
「え？」
僕は驚いて社長を見た。
「あの人は絶対に余計なこと言わないから。オレはここ何十年も、ずっと中島さんに頼ってるの。全面的に信頼してる。あの人がいなかったら会社やっていけないってくらい」
僕は、中島さんが口元をきつく結んで黙々と仕事をする姿を思い浮かべた。
「今、辞めんな」
社長ははっきりと言った。
「仕事、今辞めたら、振り出しに戻るよ。生きていることに意味があるのか、ないのか、わからないまま、この後ずっと、さまようんだ。そういう人間を何人も見てきた。頭使わずに手を使え。手を動かしていれば、余計な疑問は断ち切れる。大丈夫だから」
社長の言葉が体に重くのしかかった。
「社長命令ね」

行くのかとか」
「……死んだ後の魂はどこに行くのですか？」
答えをためらう女性の気配。
「……あの、これは、相談員としてではなく、とても個人的なこととして聞いていただきたいのですが……、私、幼いころ、たまに、宙を泳ぐ金魚が見えたんです。じっと見ていると、しばらくの間空中をフワフワと浮遊して、なんとなく空に向かって泳いでいく、というような……、そんな金魚が見えたんです。ずっとあとになって、あれはきっと魂だったんだって、確信しました。それはもう疑いの余地なく、確信したんです」
電話ボックスの中から、空を眺めた。魂が泳いでいくという空。
女性の声はやわらかく優しくて、ささくれだった僕の気持ちをそのまま受け入れ包み込んでくれるようで心地よかった。僕が今までしてしまった全ての罪は、彼女の声によってのみ許されるのではないかと、思い違いをしてしまいそうになった。いつまでも聞いていたいと思わせる声だった。もし、父親が最後に聞いた電話の声もこの女性だったなら、それだけで、この声に全てを委ね、包まれたいと願い、もう一度この声を聞くために、自殺を思いとどまったんじゃないだろうか。

（荻上直子『川っぺりムコリッタ』による）

注　＊南さん——山田が住むアパートの管理人。

三、次の文章を読んで、後の問いに答えなさい。

刑務所で罪をつぐない出所した「僕」（山田・三十一歳）は、前科（以前に罪をおかして有罪となったこと）のある人も受け入れている、イカの塩辛工場に就職した。その社長は「僕」が住むためのアパートも紹介してくれた。ある日、「僕」は、市役所の福祉課から、父親の死を知らされる。物心つかぬうちに家を出ていった父親のことを、「僕」は受け入れることができなかった。だが、島田をはじめとするアパートの隣人たちから助言され、父親の遺骨や遺品の携帯電話を受け取るのだった。

部屋で夕飯の支度をしていた。ご飯が炊け、いい匂いがしていた。そろそろ島田がくるころだ。今日は魚も二人分用意した。味噌汁の準備もできていた。極上塩辛の壺を冷蔵庫から取り出した。ご飯を二人分よそうのは、さすがに気が引けた。島田を待っていると思われても困る。でも、夕飯をちゃぶ台に並べ、準備がすべて整い、あとは食べるだけと座ったところで、いつものように島田が現れないことが気になった。どうしたんだろう。ためらいはしたが、隣の部屋との境の壁をノックしてみた。

「島田さーん、ご飯、食べちゃいますよー」

隣の壁に向かい声をかけた。反応はなかった。ま、いっか、と手を合わせ、ひとりでご飯を食べ始めた。島田がいない夕食は、なんとも静かだった。①二人分の魚を用意してしまったことが無性に恥ずかしくなり、二匹のうちの一匹を先に上がってきていた。余分なツルをハサミでカットしていくと、すぐに汗でTシャツがびっしょり濡れた。さっきから、島田の視線を感じる。ちらちらと僕を見ている気がしてならない。

僕は手を止め、「なんすか？」と思い切って聞いてみた。島田はぱっと僕から視線を外し、作業を続けながら、笑って言った。

「いや、一生懸命やってるなと思って」

「暑くて部屋で寝てられないし、むしろ体動かしてたほうが気が紛れるかなって」

「そうだね」

島田の笑いが引きつっている気がするのは、気のせいだろうか。明らかにいつもの図々しく豪快で明るい島田とは違う。どうしたんだろう、と気になりながらゴーヤを採っていると、島田はこそこそと近寄ってきて、僕の顔をじっと見据え、意を決した様子で言った。

「あのさっ、山ちゃん、ボク、聞いちゃったんだ」

僕はその瞬間、③ビリビリと背中に電気が走ったように動けなくなった。頭のてっぺんから冷たい汗が流れ落ちるのを感じた。島田は続けた。

「山ちゃん、前科者なんだってね。一体何をしでかしたの？」

僕はうまく息ができず、苦しくて【　Ｂ　】で息をしていた。しばらく答えられずに黙っていた。僕は、島田にはいずれ僕の前科のことを言おうと思っていた。言わないわけにはいかないくらい、身近な存在になっていたから。他からバレるくらいなら、自分から告げようと。そして、島田なら、僕の前科を知ったと

著作権に関係する弊社の都合により
本文は省略いたします。

教英出版編集部

エ、すると　オ、もしくは　カ、すなわち

問4 ――③「この重なりは自己と他者のあいだでだけ起こっているわけではない」とあるが、「この重なり」によって、少年の心の中にどのような感情が生じるのか。本文中から一語でぬき出しなさい。

問5 ――④「主観と客観」とあるが、本文中において少年の遊びは主観的・客観的に、どのようなことと表現されているか。それぞれ簡潔に答えなさい。

問6 【　D　】に入る文として最適なものを、次のア～オのうちから選び、記号で答えなさい。

ア、最初に誰かが勇気を出して話しかけると、他のクラスメイトも集まってくる。

イ、最初に思い切って遊びに誘（さそ）うと、転校してきた子も学校へ行くのが楽しみになる。

ウ、最初は近づきにくいけど、いつの間にかこちらから話しかけていることに気づく。

エ、最初はなんか違和感（いわ）があるのだけど、遊んでいるうちに普通に友達になっている。

オ、最初は遊びの話ばかりでも、慣れてくるとお互（たが）いを高め合うような関係になれる。

問7 ――⑤「【　E　】と【　F　】のような話だ」とあるが、この部分が、よく使われるたとえになるように、空らんにそれぞれ一語を入れなさい。

問8 ＝「『母親』」とあるが、本文でいう心の中の「母親」のおかげで、あなたが何かを成し遂（と）げることのできた体験について、百字以内で説明しなさい。ただし、心の中の「母親」は、母親以外とする。

国語 （60分）　名古屋　東海中学校（平成31年度）

※教英出版 編集部 注
編集の都合上、国語のメモ用紙は理科の解答用紙の裏にあります。

一、次の――部のカタカナを漢字に直しなさい。⑤⑥は送りがなをふくめて書きなさい。

①必死のギョウソウでたたかう。　②チョウホウする道具。　③コウシンに道をゆずる。
④メン々と連なる。　⑤お経をトナエル。　⑥仏前に花をソナエル。

二、次の文章を読んで、後の問いに答えなさい。

沢山のデータを頭に格納することは、それだけ頭脳のメモリィを消費するので、省エネとはいえないかもしれない。しかし、人間の頭脳は本来、画像を記憶できる。誰だって、人の顔を識別できる。言葉で説明できないのに、顔は記憶しているのだ。

僕は、人の顔は一度会ったら忘れない。ピントはしだいにぼけてくるが、長く誰なのかは判別できる（名前は出てこないが）。つい先日も、あの顔は知っている、と思ったのだが、誰なのか思い出せず、しばらく考えていた。そして、三十年前に通った自動車学校の受付の女性だ、と気づいた。三十年経っても、人の顔が識別できる。

この画像の記憶は、言葉や記号よりもずっと＊解像度が高く、多くのメモリィを必要とする。コンピュータのファイルを見れば一目瞭然だが、小説一作と一枚の小さな写真がほぼ同じメモリィ量だったりする。

つまり、人間の頭脳には本来それだけの容量があるということ。それを、①たった一つの言葉に置き換えてしまうというのは、宝の持ち腐れといっても良いだろう。もしかしたら、使わないから、老化が早まるのではないか。その一つの言葉が出てこなくなると、もう話ができなくなってしまうのも、しばしば老人に見られる傾向といえる。

言葉というのは、人類最大の発明品であり、これによって飛躍的な発展があったことは想像に難くない。しかし、言語によって失われたものもある、ということをときどき思い出したい。どんなものにも、メリットとデメリットがある。言葉や記号の登場によって、本来個々の頭脳が記憶したり処理したりしていたデータが共有化されたことが一番のメリットであるけれど、このとき単純化が行わ

火がない生活を想像できるだろうか。どれだけ人類の文明に火が貢献したか考えてもらいたい。でも、火は絶対に安全とはいえない。

どんなものにも、いろいろな面がある。一方向から眺めているだけでは本質を見極めることはできない。また、見極める必要もない。観察できるものを素直に受け止め、清濁を併せ呑んで理解すれば良い。そのためには、ものごとに集中しない、拘らない、思い込まない、信じ込まない、ということが重要であり、いつもあれこれ考えを巡らす分散思考が少し役に立つ。絶対に役に立つとか、すべてこれでいける、というものではない。それでは、「分散」の意味がなくなってしまう。

結論を急がず、頭をリラックスさせる時間を持つことが、まずは分散思考のための⑦畑を耕す作業になる。すぐに芽が出るものではない。そこはじっくりと、そして優しく眺めて待つしかないだろう。

他者に対しても、リラックスして接していれば、小さなことで頭に来ることもないし、また、見えなかった価値にも気づく余裕ができる。

そんな姿勢でいれば、なにか気持ちまでゆったりとしてくるので、べつに優れた発想が出てこなくても、穏やかな毎日が送れるかもしれない。

（森博嗣『集中力はいらない』による）

注　＊解像度――鮮明さの度合い。

問1　――①「たった一つの言葉に置き換えてしまう」とあるが、何を「たった一つの言葉に置き換えてしまう」のか。本文中から五字でぬき出して答えなさい。

問2　――②「出力しても通じないからだ」とあるが、ここで言う「出力する」とはどういうことか。本文中の言葉を使って五十字以内で答えなさい。

悔いはなかった。これまで練習してきた中で、最高の演奏ができたという自覚があったからだ。もちろん残念な気持ちもあったけれど、全力を尽くした達成感がそれを上回っていた。とってもよかったわ、香音ちゃんは本番に強いのね、と南先生もほめてくれた。

取り乱したのは、香音ではなくお母さんだった。

「どうして？」

結果発表の瞬間に、呆然とつぶやいた。

「香音が一番上手だったのに」

娘を励ましたり慰めたりしているわけでもなく、本気でそう信じていたようだった。授賞式が終わっても、どうして、とうわごとのように繰り返すばかりで席から立とうとしない。①香音は困ってしまって、ぼそぼそと言った。

「ごめんね」

「香音が謝ることないだろう」

お父さんが苦笑まじりに口を挟んだ。

「四位だって、十分すごいよ。よくがんばったな」

家への帰り道、お父さんが運転する車の後部座席で、香音はうとうとしていた。

目を閉じてシートにもたれかかっていたから、助手席からは寝ているように見えたのだろう。お母さんがぽつりと言った。

「もっと現役で活躍してるような先生に教わったほうがいいのかも」

目をつぶったまま、香音は息を詰めた。そんなことない、と心の中で言い返す。南先生以外の先生に習うなんて、考えられない。

「南先生、いいと思うけど？　香音も気に入ってるみたいだし」

お父さんが応えた。

「いい先生だとは思うのよ。ただね、コンクールのための指導ってすごく難しいって聞くから。審査のポイントとか傾向とか、いろいろ考えて【　②　】を打たなきゃいけないんだって」

「そこまでがんばらなくてもいいんじゃないの？　別にコンクールがすべてじゃないし」

「のんびりしてる場合じゃないのよ。プロになるんだったら、今のうちからしっ

まおう。

「よかったら、そちらでどうぞ」

店員さんが奥のテーブルをすすめてくれた。香音は椅子に腰かけて、オルゴールをひとつひとつ聴いてみた。底についているぜんまいを回すと音が鳴る。知っている曲もいくつかあったけれど、そうでないもののほうが多かった。聞き覚えのないメロディーは耳にひっかからずに流れ去り、潔く消えていく。

透明な箱の中には、表面に細かいぶつぶつがついた円柱形の部品と、櫛の歯のようなかたちのひらたい部品が、隣りあわせに配置されている。円柱の突起が歯をはじき、音が出るしくみらしい。

ピアノみたいだ。思いあたり、⑤反射的に目をそらした。なめらかに繰り返されていた＊旋律が、少しずつぎこちなく間延びして、ついにとまった。

先週、コンクールが終わってはじめてのレッスンで、南先生は心配そうに言った。

「香音ちゃん、大丈夫？　音に、元気がなくなってる」

香音は絶句した。

「香音ちゃんは本当によくがんばったわ。がんばりすぎて、ちょっと疲れちゃったのかもね。無理しないで、しばらくゆっくりしてみたら？」

⑥いたわるように、先生は続けた。

「誰もが一位になれるわけじゃない。ここはそういう世界だから。でも、一位になるためだけに弾くわけでもないのよ」

あれから一週間、香音はほとんどピアノを弾いていない。

どうしても、ピアノの前に座ろうという気分になれなかった。ピアノを弾きはじめて六年間、こんなことは一度もなかった。

全国大会に進めなかったから、落ちこんでいるわけじゃない。それでやる気を失くしたわけでも、自棄になっているわけでもない。ただ、自分でも気づいてしまったのだ。わたしの音には元気がない。そんな音をひびかせることも、誰かに聴かせることも、耐えられない。

この機会に別の先生に習ってみたらどう、と昨日お母さんに言われた。

黙って首を横に振っただけですませたのは、うまく伝えられる自信がなかった

からだ。考えを言葉で言い表すのは、すごく難しい。音楽を使えれば、と香音はいつももどかしく思う。楽器でうれしい音や悲しい音を鳴らして伝えられたら、わかりやすくて簡単なのに。

　南先生は悪くない、と本当は言い返したかった。入賞できなかったのは先生のせいじゃない。わたしの力が足りなかった。だからこそ、がんばらなきゃいけないのに。がんばって練習して、上手になって、お母さんや先生を喜ばせたいのに。

「気に入ったもの、ありましたか」

　店員さんから声をかけられて、香音はわれに返った。聴き終えたオルゴールが、テーブルの上にばらばらと散乱している。

「すみません、ちょっとまだ」

　香音はひやひやしてうつむいた。気を散らしてばかりで、身を入れて選んでいないのがわかってしまっただろうか。ただで持っていっていいと気前よくすすめてくれたのに、気を悪くしたのかもしれない。

「少々、お待ち下さい」

　無言で香音を見下ろしていた店員さんが、唐突に言った。

　耳もとに手をやって、長めの髪をかきあげる。かたちのいい左右の耳に、透明な器具のようなものがひっかかっていることに、香音ははじめて気づいた。

　彼はてきぱきと器具をはずし、テーブルの上に置いた。ことり、と軽い音がした。素材はプラスチックだろうか。めがねの端っこをぱつんと切り落としたような、ゆるいカーヴのついたつるの先に、耳栓に似たまるい部品がくっついている。

　変わった器具につい見入っている香音を置いて、店員さんは棚のほうへ歩いていった。新たなオルゴールをひとつ手にとって、戻ってくる。

「これはいかがですか」

　自らぜんまいを回してみせる。流れ出したメロディーを聴いて、あっと香音は声を上げてしまった。

「讃美歌？」

名古屋　東海中学校（平成３１年度）

　⑧香音は無言でうなだれた。足もとのくろぐろとした影が、穴みたいに見える。いっそ飛びこんでしまいたい。

「どれだけ心配したと思ってるの？」

　頭の上から降ってきた声は、頼りなく震えていた。

　香音はびっくりして顔を上げた。お母さんは怒っているというよりも、途方に暮れたような顔つきになっていた。

「先生も心配してらしたわよ。今までどこにいたの？」

　香音がレッスンに来ないと電話を受けて、探しにきたらしい。

「ごめんなさい」

「ねえ、香音。ピアノ、弾きたくないの？」

　香音は目をみはり、お母さんを見上げた。

「さっき、電話で先生と少しお話ししたの。ちょっとお休みしてもいいんじゃないかって。先週、香音ともそういう話をしたんだって？」

　⑨お母さんが膝を折って香音と目線を合わせた。

「お願い。正直に教えて。お母さん、怒らないから。香音のやりたいようにやってほしいと思ってる」

　肩からかけたかばんを、香音は手のひらで軽くなでた。底のほうがぽこりとふくれているのは、角ばった紙箱のせいだ。

　店員さんが新しく棚から出してきてくれたオルゴールを聴いて、香音は息をのんだ。バッハでも讃美歌でもない、けれどよく知っている曲が、またもや流れ出したのだった。

「ピアノを習っておられるんですか」

　店員さんは優しい声で言った。

「はい」

　でも、と言い足すなんて、ふだんの香音なら考えられないことだった。見ず知らずのおとなに、個人的な打ち明け話をするなんて。

　このひとになら、わかってもらえるのではないかと思ったのだ。香音の胸の奥

問4 ――④「わたしはただ、香音のためを思って」とあるが、ここまでの本文を読んだ東海中学校の生徒五人の会話である。本文の内容の読み取りとして適切なものを、次のア～オのうちから**すべて**選び、記号で答えなさい。

ア、お母さんは「香音のため」と言っているけれど、自分の娘が一番上手なはずだと、うぬぼれているだけだと思う。その点、お父さんは香音の頑張りを認めていて、これまでの練習の中で最高の演奏だったと喜んでいるね。

イ、でも、お父さんは「四位だって十分すごい」とコンクールでの順位を評価しているよ。それに、香音が今日の結果に落ち込んでいるはずだと決めつけている。香音の気持ちを本当に理解しているとは言い切れないんじゃないかな。

ウ、うーん、香音はお父さんとお母さんの板ばさみになってしまってかわいそうだよね。お父さんの言うように、今回のコンクールも親からのプレッシャーによってうまくいかなくなったんだろうな。自分もそういう経験があるからわかるなあ。

エ、僕はこのお母さんは娘のことを真剣に考える人だと感じたよ。娘がより高いレベルに進むための方法を順序立てて述べているよ。まわりからみれば常識的じゃないと受け取られそうな面もあるけどね。

オ、なるほど。確かにそうかもしれないね。僕も自分の力だけではどうにもならなかったときに、ちょっと強引だったけど、香音のお母さんがしたように励ましやアドバイスをもらって立ち直れたことがあった。必ずしもお母さんが悪いとは言えないね。

問5 ――⑤「反射的に目をそらした」とあるが、なぜか。その理由を簡潔に答えなさい。

問6 ――⑦「耳は悪くないんです」とあるが、この会話文が意味している事がらについて説明した次の文の空らんを補いなさい。ただし、本文中より十五字程度でぬき出して答えなさい。

【　　　　　　　　】**をわかるということ。**

問7 ――⑧「香音は無言でうなだれた」とあるが、なぜか。その理由を三十字以内で答えなさい。

テスト２の１

受験番号	1	0	0			

①名古屋　東海中学校（平成３１年度）

※100点満点
（配点非公表）

算数　（60分）

＜注意＞
①答えは解答らんに書くこと。
②テスト２の１，２の２の裏を計算用紙として使ってよい。
③円周率は 3.14 とする。
④用紙は切り取らないこと。

1

次の □ に当てはまる数を求めなさい。

（１）$\frac{9}{8}\times\left(\frac{14}{3}-2.8\right)-\frac{56}{15}\times1.75\div\frac{14}{3}=$ □

（２）3 で割ると 2 余り，5 で割ると 4 余り，7 で割ると 4 余る 3 けたの整数のうち，最小のものは □ です。

（３）A 中学校では，男子と女子の人数の比は 5：4 で，自転車通学の生徒は全生徒の 15％です。また，自転車通学の男子

3

底面が 1 辺 10cm の正方形で，高さが 40cm の直方体のおもりが 4 つあります。図のように，水の入っている水そうに，おもりを立てて 1 つずつ入れていくと， 4 つ目を入れたときに，水があふれました。そこから，おもりをすべて取り出し，おもりを横にして 3 つ入れると，おもりはすべて水につかり，水そうはちょうどいっぱいになりました。

（１）水そうの高さを求めなさい。

（２）4 つ目のおもりを入れる前の水面の高さは水そうの高さの $\frac{14}{15}$ で，4 つ目を入れたときにあふれた水の量は $450cm^3$ でした。水そうの底面積を求めなさい。

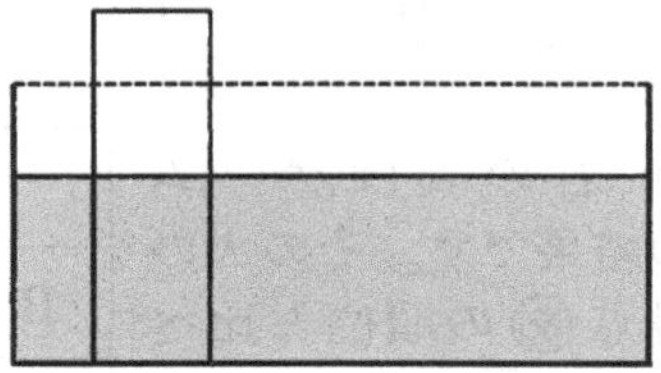

（１）　　　cm

（２）（求め方）

受験番号	1	0	0			

5

A, B, C, D, E, F, G, Hの８人が，下の図の的を使って，的当てゲームをしました。１人が３回ずつ行い，当てた数字の和を得点㋐とし，得点㋐と的に当てた回数の積を得点㋑とします。例えば，１回目がはずれて，２回目に１に当たり，３回目に２に当たったときは，得点㋐は３で，得点㋑は６です。

（１）得点㋐が５になる数字の組み合わせを４つ答えなさい。ただし，的に当たらなかったときは０と表し，数字を並べかえると同じになる組み合わせは同じものとします。

（２）右の表はゲームの結果です。その人の得点㋐の順位と比べて得点㋑の順位が，上がったときは↑，下がったときは↓，変わらないときは→がかいてあります。空らんに得点㋑の数字を入れて，表を完成させなさい。

	得点㋐	得点㋑
B	12（1位）	（　　）→
G	10（2位）	（　　）↓
A	8（3位）	（　　）↑
D	7（4位）	（　　）↓
H	6（5位）	（　　）↓
C	5（6位）	（　　）↑

的

7

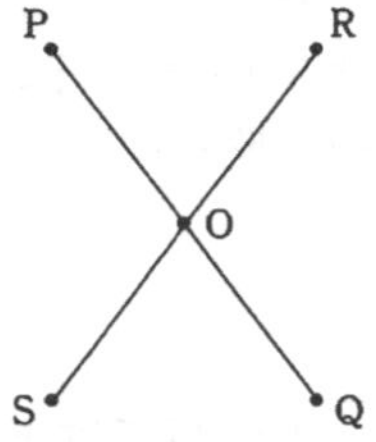

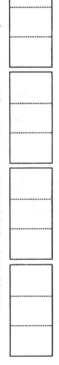

Aさんは白玉を40個，Bさんは黒玉を何個か持っていて，右のようなレーン上を，AさんはPからQに向けて，BさんはRからSに向けて，一定の間隔（かんかく）で玉を転がします。２人が同時に玉を転がしたときは，玉がOでぶつかって，白玉はSに着き，黒玉はQに着きます。同時でないときは，白玉はQに着き，黒玉はSに着きます。

（１）Aさんは４秒に１個ずつ，Bさんは６秒に１個ずつ転がします。２人が同時に転がし始めたところ，最後の玉も同時に転がして終わりました。このとき，Sに着いた白玉と黒玉はそれぞれ何個ですか。

（２）Aさんは４秒に１個ずつ，Bさんは何秒かに１個ずつ転がします。２人が同時に転がし始めたところ，最後の玉も同時に転がして終わりました。Qには白玉36個と黒玉４個が着き，Sには白玉よりも黒玉の方が多く着きました。このとき，Bさんが最初に持っていた黒玉は何個ですか。

（１）白玉	黒玉
個	個

社会 （50分）

名古屋　東海中学校（平成３１年度）

1　日本の自然について、答えなさい。

問１．次の日本の山に関連した説明について、あとの問いに答えなさい。

赤石岳（あかいしだけ）	赤石山脈は、山梨・長野・静岡県にまたがる（あ）国立公園にあり、伊那谷（いなだに）を天竜川が南へ流れる。
浅間山（あさまやま）	県境に位置し、長野県側を信濃川（第３位）、群馬県側を利根川（第１位）が流れる。
大雪山（たいせつざん）	石狩川（第２位）の上流にあり、1902 年（い）盆地の旭川では、－41 度の日本最低気温を記録した。
大山（だいせん）	この山のある（う）県は、山梨県・静岡県に次いでミネラルウォーターの生産量が多い。
【X】	1927 年に最深積雪 1182cm を記録し、冬はこの山付近から名古屋方面に冷たい北西風が吹く。

①（あ）（い）（う）にあてはまる地名や県名を答えなさい。

②表中の【X】にあてはまる山を、次の中から記号で選びなさい。
　ア．御嶽山（おんたけさん）　イ．恵那山（えなさん）　ウ．伊吹山（いぶきやま）　エ．白山（はくさん）

③表中の川の（第１位）～（第３位）は、何の順位を示したものかを答えなさい。

④表中の天竜川が流入する海を、次の中から記号で選びなさい。
　ア．相模湾（さがみわん）　イ．駿河湾（するがわん）　ウ．遠州灘（えんしゅうなだ）　エ．三河湾（みかわわん）

問２．次に示した（A）～（E）について、あとの問いに答えなさい。

◆日本最東端　南（A）島　　◆日本最西端　（B）島
◆日本最南端　沖ノ（A）島　　◆北海道最北端　（C）岬
◆本州最南端　（D）県潮岬（しおのみさき）　　◆九州島最南端　（E）半島佐多岬（さたみさき）

①上の２か所の（A）には同じ漢字が入ります。その漢字を答えなさい。

②（B）にあてはまる島の名を次の中から記号で選びなさい。
　ア．西表（いりおもて）　イ．石垣（いしがき）　ウ．宮古（みやこ）　エ．与那国（よなぐに）

③（C）にあてはまる岬の名を次の中から記号で選びなさい。
　ア．襟裳（えりも）　イ．宗谷（そうや）　ウ．納沙布（のさっぷ）　エ．知床（しれとこ）

④（D）にあてはまる県名を答えなさい。

⑤（E）にあてはまる半島の名を次の中から記号で選びなさい。
　ア．薩摩（さつま）　イ．島原（しまばら）　ウ．国東（くにさき）　エ．大隅（おおすみ）

問３．長崎県や鹿児島県は海岸線の長い県です。どんな理由があるからですか。かんたんに答えなさい。

2　右の図２の①～⑥は、図１中のA～Fのいずれかを拡大したものです。また、図２の■や□は県庁所在地の位置を示しています。あとの問いに答えなさい。

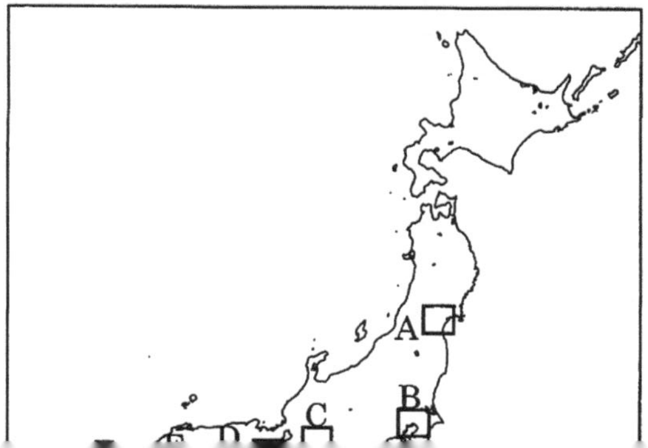

図２

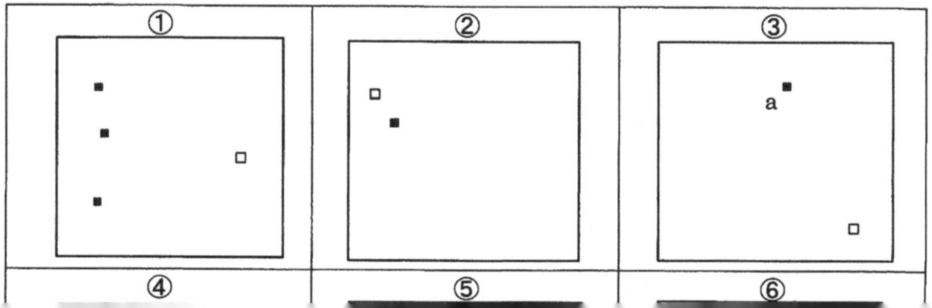

4　次の文章を読んで、あとの問いに答えなさい。

A時代の人々は、動物を捕まえる「狩り」、（　１　）を集める「採集」、魚や貝をとる「漁」を生活の中心としていました。他の命を食べることで生きていた人々は、自然の恵みに感謝し、それらに神がやどり、自分たちに恵みを与えてくれるものとして、いのりをささげました。

B時代には「米作り」がひろまり、人々の生活に農業が加わりました。「神」へのいのりも「豊作をいのること」が中心となりました。「米作り」は天候に大きく影響されるので、天気の神にいのりをささげ、そのおつげを聞くことができる人は「神に近い存在」と考えられて尊敬をあつめました。いっぽうで、たくさんの人手のかかる「米作り」では人々のまとめ役も必要でした。こうして人々を率いるリーダーがあらわれます。やがて、力のある者は、各地で「くに」を率いて「（　２　）」と呼ばれるようになりました。人々の間にも身分の上下や、貧富の差が生まれ、争いも生まれました。

C時代になると、ａ日本に仏教が伝えられます。仏教を取り入れるにあたっては、有力な豪族の間で意見の対立があり、争いが起きました。最終的には（　３　）氏がこの争いに勝ち、日本に仏教が取り入れられました。仏教のはじまりとともに日本古来の信仰がなくなったわけではありませんでした。そして仏教は人々にだんだん知られるようになりました。

D時代、ｂ（　４　）天皇は「仏教の力でこの国を幸せな国にしよう」と様々な取り組みを行い、仏教はさかんになっていきます。しかし、多くの一般の人々は、自分の暮らしている土地に古くから伝わる神などを信仰していて、仏教はまだ身近なものではありませんでした。

E時代初期には仏教を研究する学問がいっそう盛んになりました。ｃ当時、世界の先進国であった（　５　）とよばれた中国の王朝に、多くの留学僧が派遣されました。その中の最澄と空海は、それぞれ（　５　）で仏教を学び、帰国後、朝廷に重く用いられました。またE時代後期には、災害・病・政治の乱れなどの不安から、特に「阿弥陀仏をたよって、死後、苦しみのない極楽浄土に生まれかわる」という教えがひろまりました。

E時代の終わりからF時代にかけて、日本に仏教の宗派がいくつもあらわれます。たとえば、法然の開いた浄土宗や、親鸞の開いた浄土真宗（一向宗）です。彼らは、極楽浄土に生まれかわる方法を、人々に教え広めました。それは、ｄ誰もができるかんたんなやり方だったので、一般の人々にも、仏教による救いがもたらされました。

G時代後半には、日本古来の神々や仏教の仏に加え、キリスト教の神が日本に登場します。はじめ鹿児島を訪れたザビエルは、天皇からキリスト教布教の許可を得ようと京都に向かいますが、目的は果たせませんでした。そのため、山口を支配していた大内義隆を頼り、ヨーロッパからの品を献上し、領内での布教を認められました。ｅこの当時の地方支配者たちはヨーロッパ人の進んだ品や技術を取り入れようとしたため布教を認めたと考えられます。その後、ザビエルは府内（大分県）に移り、その支配者であった大友義鎮は、自らキリスト教の信者となりました。

この頃、仏教徒たちも、自分たちの利益を守るために武器を手にし、地方支配者と対立したりしました。ｆ織田信長は全国を統一するために、自分に従わない仏教勢力を徹底的に弾圧したので、多くの人が命を落としました。

織田信長、豊臣秀吉の天下統一の後、新たに成立した幕府はキリスト教を禁じ、日本の宗教は仏教と神道という状況がH時代を通じて続きました。この時代には、人々は必ずどこかのお寺に属することとされ、地域のお寺は、地方の役所の機能ももつようになり、人々とお寺の結びつきが強まりました。

I時代になって、新しくできた政府は、天皇のもとに国民の心をひとつにまとめようとします。宗教では天皇がおこなってきた神道を重んじ、まずは「神と仏は別の存在である」としました。H時代には禁じられてきたキリスト教も認めるようにもなりますが、政府は、神道を国の基本となる教えとし、国民にはｇ神の子孫である天皇を大切にするように、しむけていきました。それから後、神道と国家との結びつきはどんどん強まり、信仰のかたちは大きく変わることになりました。

問１．（　１　）～（　５　）にあてはまる言葉や名前を答えなさい。

テスト3の3　　　　名古屋　東海中学校（平成３１年度）

6 右の年表について、あとの問いに答えなさい。

できごと
①領事裁判権の廃止に成功
②日清戦争がおこる
③日露戦争が終わる
④韓国併合が行われる。
⑤第１次世界大戦に参戦する
⑥満州事変がおこる
⑦日本が国際連盟を脱退する
⑧日中戦争が始まる

問1．右の年表の①～⑧のできごとは、明治・大正・昭和にまたがっていますが、大正になって初めてのできごとと、昭和になって初めてのできごとを、表中の ①～⑧ で答えなさい。

問2．①の領事裁判権（治外法権）は、日本にとってどのような点で不利でしたか。下の「　　」の部分に文章をつづけて、説明文を完成させなさい。

・外国人が日本国内で罪を犯しても「　　　　　　　　」。

問3．右の絵は②が起こる前の情勢をあらわしたものです。絵の中のA・B・Cがあらわしている国を、当時の名で答えなさい。

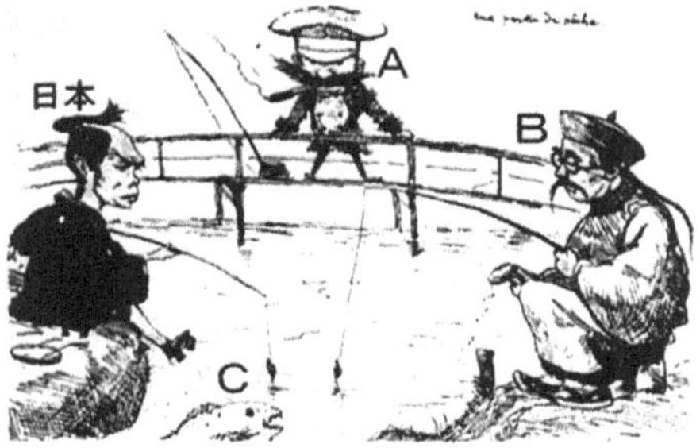

問4．⑤に関して、第１次世界大戦のころの日本の様子について、下の ア～エ の中から、まちがっているものを１つ選び、記号で答えなさい。

ア．戦争中、日本は輸出が増えて、好景気をむかえた。
イ．戦争中に、25歳以上のすべての男子に衆議院議員の選挙権が与えられた。
ウ．戦争の後半になると、米の値段が急に上がりだした。
エ．戦争が終わるころから日本でもさまざまな社会運動がさかんになった。

問5．⑦で日本が国際連盟を脱退したのは、どのようなことが認められなかったからですか、かんたんに説明しなさい。

問6．⑧の日中戦争のきっかけになった、日中両軍が最初にしょうとつした事件は、どこの都市の近くでおこりましたか、下の ア～エ の中から選び、記号で答えなさい。

ア．重慶（チョンチン）　イ．旅順（リュイシュン）　ウ．北京（ペキン）　エ．南京（ナンキン）

7 次の資料Ⅰ～Ⅴに関する問題に答えなさい。

Ⅰ	Ⅱ	Ⅲ	Ⅳ	Ⅴ
ああおとうとよ 君を泣く 君死にたまうことなかれ 末に生まれし君なれば 親のなさけはまさりしも 親は刃をにぎらせて 人を殺せとおしえしや 人を殺して死ねよとて	原始、女性は太陽であった。しかし今、女性は月である。他によって生き、他の光りによって輝く、病人のような青白い顔色の月である。私たちは、隠れてしまった私たちの太	● 日本は、（1）などを放棄する。 ● 日本は、（2）などをアメリカが治めることに同意する。 ● 日本を占領していた連合国の軍隊は、すみやかに引きあげる。ただし、新協定によって、外国の軍隊が日本にとどまることはさまたげない。	昔は身分の区別もなく、全員が兵士になったが、武士の世になると、兵士は武士だけになった。 明治の世をむかえ、平等の世の中になったのだから、上下の区別をなくして同じ国民として、力をつくして国を守らなければならない。全国の20歳になった男子は、いざという	第１条　日本は、永久に続く同じ家系の天皇が治める。 第４条　天皇は、国の元首であり、国や国民を治める権限をもつ。 第11条　天皇は、陸海軍

理科 （50分）

名古屋　東海中学校（平成31年度）

1　太郎くんとお父さんとお母さんは、スーパーマーケットに買い物に出かけました。次の会話文を読んで、下の問いに答えなさい。

お母さん「今夜のメニューは何にしようかしら」
太郎くん「1スプラウトってあるけど…これは何？」
お父さん「スプラウトっていうのは、野菜やマメ、穀類の新芽のことだよ」
お母さん「今夜はカレーにしましょう。2ニンジンとジャガイモと、タマネギと…あとはお肉。お肉のコーナーはこっちね」
太郎くん「なんで、お肉やお魚は必ず冷蔵されているのに、野菜や果物は冷蔵されないでそのまま置いてあるものがあるの？」
お父さん「それは生きているか死んでいるかのちがいだよ。3とれたての野菜や果物はまだ生きている。でも肉や魚は基本的に死んでいるものばっかりだろ。生き物は死ぬと、目に見えない小さな生き物によって分解されていく…これが“くさる”ってことなんだ」
太郎くん「それなら聞いたことがあるよ。冷やすことで、4小さな生き物が活動しにくくなるんだよね！だから、冷蔵されているんだね」
お父さん「でも、死んだあとの生き物を小さな生き物たちが分解するのは、決してマイナスなことばかりじゃないんだ。人にとってプラスにはたらくこともあるんだよ」
太郎くん「［ X ］だね！」
お父さん「その通り。ヨーグルトにお酒、お味噌（みそ）など、スーパーの中にもたくさん［ X ］を利用した食品があるんだよ」
太郎くん「目に見えない小さな生き物が、僕（ぼく）たちの生活を豊かにしているんだね」

（1）下線部１に関して、太郎くんは自分の家でもスプラウトを育ててみようと思い、カイワレダイコンの種を買ってきました。まず、牛乳パックを底から５センチメートルほどで切り、脱脂綿（だっしめん）をしきました。そこに種をまき、種が空気にふれられるように調整して水を注ぎました。光の当たる場所に置き、発芽に適した温度にして観察をしました。しかし、残念なことに、うまく発芽しませんでした。お父さんに相談したところ、「押（お）し入れに入れてごらん」と言われました。太郎くんは言われた通り、同じ部屋の押し入れに入れたところ、カイワレダイコンは発芽しました。もし、押し入れがなかったとしたら、どのようにすれば発芽するでしょうか。

（2）下線部２に関して、ニンジン、ジャガイモ、タマネギは、それぞれ植物の異なる部分を食べています。以下の植物のなかで、Ａニンジンと同じ部分を食べるなかま、Ｂジャガイモと同じ部分を食べるなかま、Ｃタマネギと同じ部分を食べるなかま、Ｄその他の部分を食べるなかまに分類し、それぞれ記号で答えなさい。

ア．トウモロコシ　　イ．カボチャ　　ウ．サツマイモ　　エ．レンコン　　オ．ハクサイ　　カ．タケノコ

3　私たちの生活において、火は欠かすことができませんが、ものが燃えるためには、㋐燃えるものがあること、㋑ある程度の温度であること、㋒（　X　）があること、の３つの要素が必要であるといわれます。この３つの要素のうち、どれか１つでも欠けていると、ものは燃えません。例えば、アルコールランプのアルコールは、燃えやすいのであぶないというイメージがありますが、アルコールがどれだけたくさんあっても、㋑や㋒の条件がどちらかでもそろわなければ、燃えることはありません。このことについて、次の問いに答えなさい。

（１）問題文の（X）に当てはまる言葉を答えなさい。

（２）（X）は、大気中におよそ何％ありますか。

（３）アルコールランプの炎を消すときは、どのようにしますか。簡単に説明しなさい。

（４）（３）の方法でアルコールランプの炎を消すとき、ものが燃えるための要素の㋐～㋒のどれをなくしているといえますか。最も適しているものを㋐～㋒から１つ選び、記号で答えなさい。

（５）アルコールランプの炎は、右図のように、炎心、内炎、外炎に分けられます。このうち、最も温度が高いのは内炎と外炎の境から外炎にかけてです。ものが燃える要素から、内炎と外炎の境から外炎にかけての温度が最も高い理由を答えなさい。

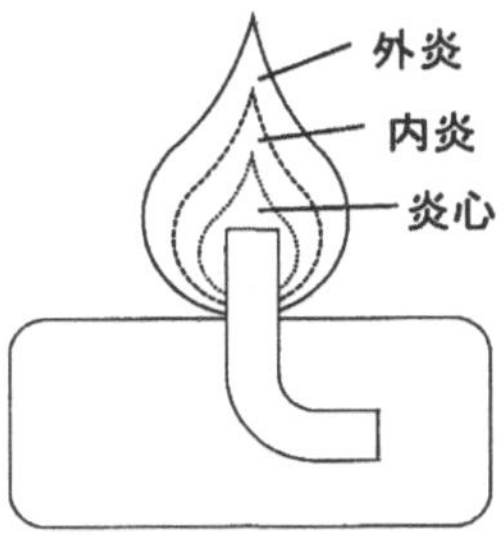

（６）アルコールランプは、ビンの中にアルコールを入れ、芯となるものをさしただけの構造です。

① アルコールランプの芯が燃えつきてしまわないのは、芯が燃えているのではなく、芯の先でアルコールが（　Y　）となり、その状態のアルコールが燃えているからです。（Y）に適する言葉を答えなさい。

② アルコールランプの構造のうち、どこかを火をつける前に変えておくだけで炎は大きくも小さくもなります。では、アルコールランプの炎を大きくするためには、何をどのようにするとよいでしょうか。

（７）キャンプで、薪を使うとき、細い薪と太い薪を適切に積み上げることで早く火をつけることができます。次のア～エのうち，最も適しているものを選び、記号で答えなさい。

ア．細い薪の上に太い薪を積み、新聞紙を使って下側から火をつける。
イ．細い薪の上に太い薪を積み、新聞紙を使って上側から火をつける。
ウ．太い薪の上に細い薪を積み、新聞紙を使って下側から火をつける。
エ．太い薪の上に細い薪を積み、新聞紙を使って上側から火をつける。

（８）だれかが火をつけなくても、自然に山林で山火事が起こることがあります。山火事が起こりやすい条件は、気温が高いこと、乾燥し

6　ア～カの水溶液が、６本の試験管Ａ～Ｆのどれかに入っています。Ａ～Ｆの水溶液が何であるかを調べるために、次の実験１～４を行いました。下の問いに答えなさい。

ア．アンモニア水　　イ．食塩水　　ウ．炭酸水　　エ．塩酸　　オ．石灰水　　カ．水酸化ナトリウム水溶液

実験１　においをかいだところ、ＣとＦは鼻にツンとくるにおいがあった。

実験２　ガラス棒を使って、水溶液をリトマス紙につけたところ、Ｃ、Ｅは青色リトマス紙が赤色に、Ａ、Ｄ、Ｆは赤色リトマス紙が青色に変化した。Ｂは変化しなかった。

実験３　水溶液をスライドガラスに少量とり、ガスバーナーで加熱して水を蒸発させたところ、Ａ、Ｂ、Ｄは白い固体が残ったが、Ｃ、Ｅ、Ｆは何も残らなかった。

実験４　Ａの水溶液を少量とり、Ｂ～Ｆの試験管に加えたところ、Ｅは白くにごったが、Ｂ、Ｃ、Ｄ、Ｆは変化しなかった。

（１）実験結果より、試験管Ａ～Ｆの水溶液に当てはまるものを、ア～カの中から１つずつ選び、記号で答えなさい。

（２）試験管Ｃと試験管Ｄの水溶液のどちらに加えても溶ける金属は何ですか。１つ答えなさい。

7　ふりこの１往復にかかる時間と振れ幅（ふれはば）、ふりこの長さ、おもりの個数との関係を調べる実験を行いました。下の表はこの結果をまとめたものです。下の問いに答えなさい。

実験番号	1番	2番	3番	4番	5番	6番	7番	8番	9番	10番	11番	12番	13番	14番
振れ幅	10度	20度	30度	10度	20度	30度	10度	20度	30度	10度	20度	30度	10度	20度
ふりこの長さ	25cm	50cm	75cm	25cm	50cm	75cm	25cm	50cm	75cm	50cm	75cm	25cm	50cm	75cm
おもりの個数	1個	2個	3個	2個	3個	1個	3個	1個	2個	1個	2個	3個	2個	3個
1往復にかかる時間	1.0秒	1.4秒	1.7秒	1.0秒	1.4秒	1.7秒	1.0秒	1.4秒	1.7秒	1.4秒	1.7秒	1.0秒	1.4秒	1.7秒

実験番号	15番	16番	17番	18番	19番	20番	21番	22番	23番	24番	25番	26番	27番

8　百葉箱について、次の問いに答えなさい。

（１）百葉箱の設置場所について、最も適しているものを１つ選び、記号で答えなさい。

ア．コンクリートで固められた地面の上　　イ．しっかり踏み固められた土の上

ウ．柔らかい土の上　　エ．芝生の生えた土の上

（２）百葉箱の扉のある面はどちらの向きですか、東西南北で答えなさい。またその理由を簡単に説明しなさい。

（３）百葉箱は、扉を含めて壁は一枚の板でできているわけではありません。幅のせまい板をならべ、傾斜をもたせて作られています。一枚の板ではなく、どうしてこのような作りになっていますか、その理由を簡単に説明しなさい。

（４）百葉箱の中には、自記温度計（記録温度計）という気温を自動的に長時間連続して紙に記録する器具が入っていることがあります。この記録用紙が右の図です。次の問いに答えなさい。

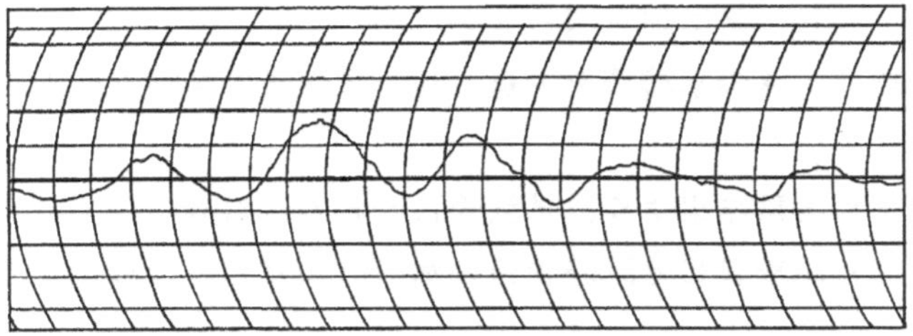

①たて軸と横軸はそれぞれ何を表していますか。

②たて軸は直線ではなく曲線になっています。その理由を簡単に説明しなさい。

9　次の図１のような天びんと、図２のような重さの無視できる同じ形で容積の等しい容器を３つ使って、下の実験をしました。３つの容器にはそれぞれ種類の異なる液体を入れます。Ａの容器にはａの液体を、Ｂの容器にはｂの液体を、Ｃの容器にはｃの液体を入れるものとします。また、天びんには容器を乗せることのできる受け皿が左に２つ、右に３つあります。左側は左端と、左の腕の長さの半分の所に、右側は右端と、右の腕の長さの３等分になる所に受け皿が設置してあります。左右の腕の長さは同じであり、１つの受け皿には、容器は１つしか乗せることができません。受け皿の重さは無視できるものとして、下の問いに答えなさい。

テスト1の5

受験番号 1 0 0

名古屋　東海中学校（平成３１年度）

国語　解答らん

※100点満点
（配点非公表）

（字数制限のある問題は、特に指示がない限り、文字以外の記号もすべて字数に入れること。）

一

①	③	⑤
②	④	⑥

二

問1	問2	問3	問4	問5	問6	問7	問8
	50				40	15	60

テスト３の４

受験番号	1	0	0			

名古屋　東海中学校（平成31年度）

※100点満点
(配点非公表)

社会　解答らん

1

問1	①	あ	
		い	盆地
		う	県
	②		
	③		
	④		
問2	①		
	②		
	③		
	④		県
	⑤		
問3			

2

問1	A	
	B	
	C	
	D	
	E	
	F	
問2	a	市
	b	市
	c	市
問3		

3

問1	あ	
	い	歳
	う	
問2		
問3	①	
	②	
問4	素材	
	理由	
問5	日本	
	設楽町	

4

	1			

5

		古	→	→	→	新
	A					

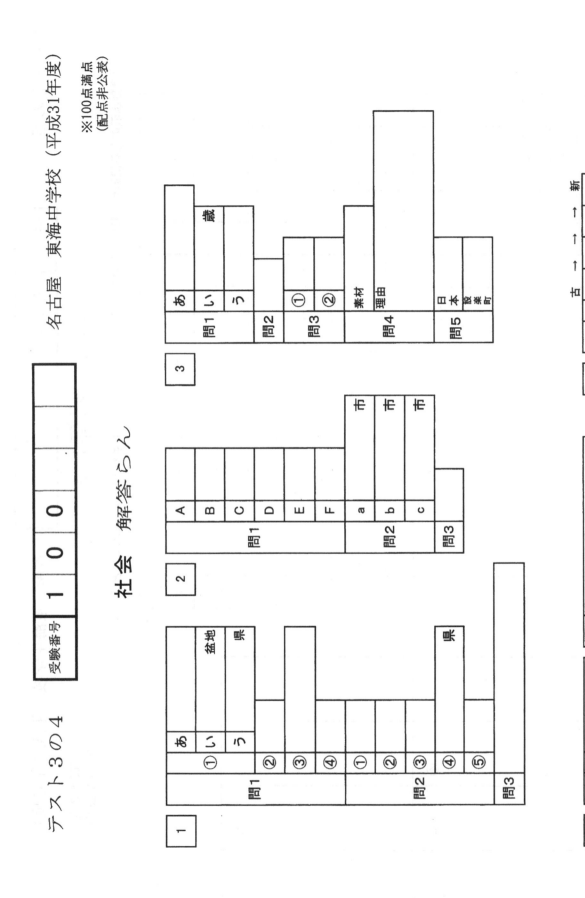

テスト４の５

受験番号	1	0	0			

名古屋　東海中学校（平成31年度）

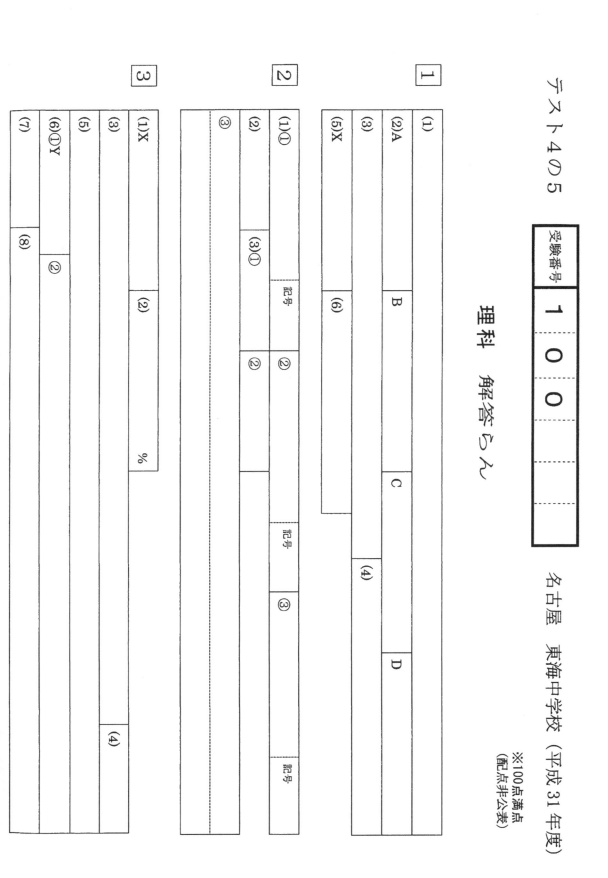

※100点満点
（配点非公表）

理科　解答らん

1

(1)			
(2)A	B	C	D
(3)		(4)	
(5)X	(6)		

2

(1)①	記号	②	記号	③	記号
(2)	(3)①	②			
③					

3

(1)X	(2)　　　%
(3)	(4)
(5)	
(6)①Y	②
(7)	(8)

国語

【メモ用紙】 この用紙は、下書きに利用してください。回収はしません。

4

(1)	(2)	(3)	(4)

5

(1)①	②	(2)	(3)

6

(1)A	B	C	D	E	F	(2)

7

(1)① ②ア イ ウ

(2) 秒

(3)

(4)①Aは

②

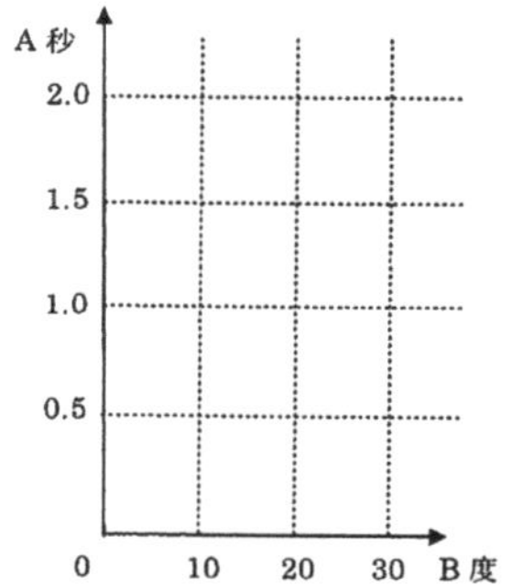

8

(1)	(2)向き	理由

(3) (4)①たて軸 横軸

②

9

(1)A:B:C = : :	(2) A B C	(3) A B C

問1	2	
	3	氏
	4	天皇
	5	
問2		時代
問3		世紀

問5	始まり	
	終わり	
問6		
問7		
問8		
問9		

	B	
問2		
問3		
問4	県	県
問5		
問6		

6

問1	大正	昭和
問2		
問3	A	
	B	
	C	
問4		
問5		
問6		

7

問1		
問2		
問3		
問4		
問5	年	
	都市	

問6	
問7	
問8	条約
問9	制度
問10	

三

問1

問2

問3 ③ ⑥

問4

問5

問6 （15）

問7 （30）

問8 （20）態度。

問9 （15）から。

問10 （45）

問11 言葉とちがい音楽は、（40）から。

図１　　　　　　　　　　　　　　図２

実験１　Ａの容器には８分の１だけ液体ａを入れて①の受け皿に乗せ、Ｂの容器には半分だけ液体ｂを入れて③の受け皿に乗せたところ、天びんはつり合いました。

実験２　Ａの容器には半分だけ液体ａを入れて②の受け皿に乗せ、Ｃの容器には３分の１だけ液体ｃを入れて④の受け皿に乗せたところ、天びんはつり合いました。

（１）容器に液体を満たした状態のとき、Ａ：Ｂ：Ｃの重さの比はどうなりますか。最も簡単な整数比で答えなさい。

（２）容器に液体を入れて３つを同じ重さにするには、それぞれの容器に液体をどれだけ入れたらよいですか。ただし、どれか１つの容器は液体を満たして、これを１とします。それ以外を、容器が満たされた状態を１としたときの分数で表しなさい。

（３）Ａ、Ｂ、Ｃの容器に液体を満たした状態で、それらを３つの受け皿に乗せてつり合わせるには、どの容器をどの受け皿に乗せればよいですか。①～⑤の番号で答えなさい。

ふりこの長さ	25cm	50cm	75cm	25cm	75cm	25cm	50cm	75cm	25cm	50cm	75cm	25cm	50cm
おもりの個数	1個	3個	1個	2個	1個	2個	3個	2個	3個	1個	3個	1個	2個
1往復にかかる時間	1.0秒	1.4秒	1.7秒	1.0秒	1.7秒	1.0秒	1.4秒	1.7秒	1.0秒	1.4秒	1.7秒	1.0秒	1.4秒

（1）1往復にかかる時間を求めるために10往復する時間を3回計り、その平均を四捨五入しました。

① 10往復する時間を計るのはなぜですか。簡単に説明しなさい。

② 10往復する時間が、14.2秒と14.1秒と13.8秒でした。この結果をもとに、1往復する時間の平均を下の式で求めたとき、ア、イ、ウに入る数字はいくつですか。

{ア＋（0.2＋0.1－0.2）÷イ}÷ウ

（2）振れ幅5度、ふりこの長さ75cm、おもりの個数4個の場合の1往復にかかる時間を求めなさい。

（3）右図で、おもりを3個つるします。どのようにつるすのがよいですか。解答らんにあと2つのおもりの絵をかき加えなさい。

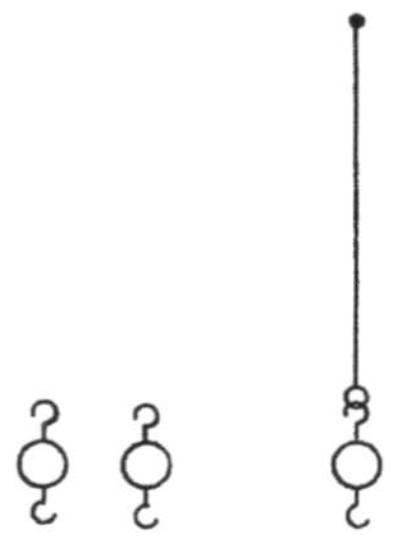

（4）1往復にかかる時間をA、振れ幅をB、ふりこの長さをC、おもりの個数をDと表すものとします。

① この実験から、どのような結論が導き出されますか。A、B、C、Dの記号を使って説明しなさい。ただし、「Aは…」から始まる文章にしなさい。

② AとBの関係の理解を深めるために、実験の結果をふまえてグラフをかくことにしました。どのようなグラフになりますか。実験結果からかき表せるものをすべてかきなさい。

4 次の（1）～（4）に当てはまるものを、それぞれのア～オからすべて選び、記号で答えなさい。ただし、当てはまるものがない場合には「なし」と答えなさい。

（1）アルミニウムを溶(と)かし、ムラサキキャベツ液に加えると黄色くなる。

ア．塩酸　　イ．さとう水　　ウ．食塩水　　エ．水酸化ナトリウム水溶(よう)液　　オ．炭酸水

（2）力点が支点と作用点の間にあり、加えた力が大きくなって伝わる。

ア．糸切りばさみ　　イ．くぎぬき　　ウ．せんぬき　　エ．ピンセット　　オ．ペンチ

（3）お花とめ花のちがいがあり、おもに風によって花粉が運ばれる。

ア．アサガオ　　イ．コスモス　　ウ．トウモロコシ　　エ．ヘチマ　　オ．リンゴ

（4）赤く光る1等星で、冬の真夜中に見ることができる。

ア．アンタレス　　イ．シリウス　　ウ．デネブ　　エ．ベガ　　オ．ベテルギウス

5 川の流れについて、次の問いに答えなさい。

（1）一般的な川の流れる速さについて正しいものを1つずつ選び、記号で答えなさい。

① ア．上流が速い　　イ．中流が速い　　ウ．下流が速い

② ア．曲がった川では曲がりの外側が速い　　イ．曲がった川では曲がりの内側が速い　　ウ．曲がった川では中央部が速い

（2）一般的な川の流れる速さと河原の様子との関係として正しいものをすべて選び、記号で答えなさい。

ア．川の流れが速いと河原には大きな石が多い　　イ．川の流れが速いと河原には砂や泥(どろ)が多い

ウ．川の流れが速いと川岸にがけができやすい　　エ．川の流れが速いと川岸に平野ができやすい

（3）大雨で増水したとき川の様子はどのように変わりますか。正しいものをすべて選び、記号で答えなさい。

ア．流れは速くなる　　イ．流れは遅(おそ)くなる　　ウ．流れの速さはほとんど変わらない

エ．水が澄(す)んでくる　　オ．水がにごってくる　　カ．水のにごりはほとんど変わらない

（4）古くから食品を長持ちさせるため、「冷やす」以外にも様々な方法が用いられてきました。どのような方法がありますか。

（5）［X］に当てはまる言葉を答えなさい。

（6）本文に出てきた例以外で、［X］を用いた食品を１つ答えなさい。

［2］ 生命のつながりについて、次の文を読み、下の問いに答えなさい。

ヒトの子は、母親の（　①　）の中で育ちます。母親の体内では、(①) のかべにある（　②　）から（　③　）を通して養分などを受け取り、いらないものを渡（わた）しています。

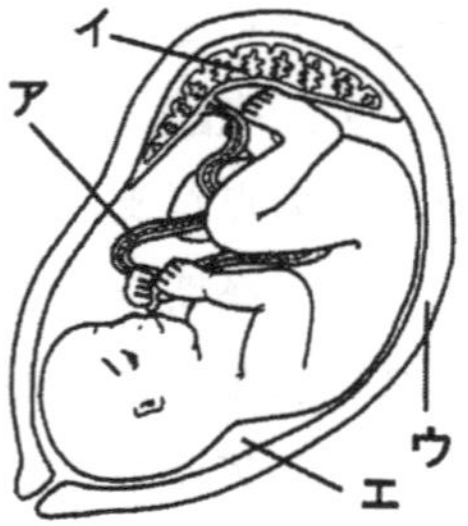

（1）①～③にあてはまる言葉を入れ、それにあう記号を右図のア～エから選び、記号で答えなさい。

（2）一般的に、受精してから何週間でヒトの子はたんじょうしますか。正しいものを１つ選び、記号で答えなさい。

ア．１３週間　　イ．１９週間　　ウ．２７週間　　エ．３８週間　　オ．４４週間

（3）ヒトの卵をメダカの卵と比べました。

① 大きさを比べたときに正しいものを１つ選び、記号で答えなさい。

ア．ヒトの卵の方が小さい。

イ．ヒトの卵の方が小さい場合もあれば，メダカの卵の方が小さい場合もある。

ウ．メダカの卵の方が小さい。

② ①の理由として、最も適しているものを１つ選び、記号で答えなさい。

ア．ヒトにも、メダカにも個体差がある。　　イ．卵が敵に見つかりにくいようになっている。

ウ．卵に含（ふく）まれる栄養の量にちがいがある。　　エ．卵に含まれる水の量にちがいがない。

オ．卵をつくる親の体が小さいほど，卵は小さい。　　カ．卵をつくる親が若いほど，卵は小さい。

③ ②で選んだ理由は，ヒトとメダカの，子の産み方や育て方のちがいによるものが大きいと考えられます。どのようなちがいですか。説明しなさい。

問1．資料Ⅰの詩は、日露戦争に参加した弟の無事をいのってよまれたものです。下の ア～エ の中から日露戦争に関連して書かれた文として正しいものを１つ選び、記号で答えなさい。

ア．日清戦争で得た遼東(リアオトン)半島を、ロシア・イギリス・フランスの圧力により返還した。以後、日本はロシアへの反感を強めていった。

イ．日本軍は多くのぎせい者を出しながらも、東郷平八郎が旅順を攻略し、乃木希典が日本海海戦で勝利をおさめるなどして、ロシアをやぶった。

ウ．日露戦争後にアメリカのなかだちで講和条約が結ばれ、日本は千島列島をゆずり受け、また満州での鉄道の権利を得た。

エ．日本がヨーロッパの大国ロシアをやぶったことにより、欧米諸国による支配に苦しむアジアの国々は勇気づけられた。

問2．資料Ⅰの詩の作者を答えなさい。

問3．資料Ⅱの文章は、女性の地位向上をめざす団体の雑誌にのせられた文章です。これを書いた、団体の創設者を、下のア～エの中から選び、記号で答えなさい。

ア．平塚らいてう　　イ．新島八重　　ウ．市川房枝　　エ．樋口一葉

問4．資料Ⅱの文章がのった雑誌が発行される40年も前に、アメリカへ渡った女子留学生たちがいます。その女子留学生を１人答えなさい。

問5．第２次世界大戦後に占領されていた日本は、資料Ⅲの条約を結び、独立を果たしました。この条約が結ばれた年と、都市名を答えなさい。

問6．資料Ⅲを結ぶための会議に参加したが、条約に反対し、調印しなかった国を下のア～エの中から１つ選び、記号で答えなさい。

ア．中国　　イ．フランス　　ウ．ソ連　　エ．イギリス

問7．資料Ⅲの（1）・（2）には、それぞれいくつかの地名が入ります。（1）・（2）のそれぞれにふくまれる地名の組み合わせとして、正しいものを、下のア～エの中から１つ選び、記号で答えなさい。

ア．（1）竹島　（2）小笠原諸島　　イ．（1）竹島　（2）歯舞群島

ウ．（1）台湾　（2）小笠原諸島　　エ．（1）台湾　（2）歯舞群島

問8．資料Ⅲの下線部について、日本に外国の軍隊がとどまることをとりきめた条約の名を答えなさい。

問9．資料Ⅳは、何という制度を国民に説明したものですか、答えなさい。

問10．資料Ⅴは大日本帝国憲法の一部です。この憲法に関して書かれた文としてまちがっているものを、下のア～エの中から１つ選び、記号で答えなさい。

ア．明治政府は、伊藤博文らをヨーロッパに送ってドイツ流の憲法を調査させ、帰国後、伊藤はこの憲法の規定にしたがって初代総理大臣となった。

イ．自由民権運動を進めた勢力のなかには、独自の憲法草案を作った人物やグループもあり、五日市憲法草案はその代表的なものである。

ウ．この憲法の発布により、日本はアジアではじめて憲法をもとに政治を行う国となった。

エ．法律のはんいの中で、言論、出版、集会、結社の自由など、国民の権利が認められた。

問3．下線部aについて、何世紀のことですか。答えなさい。

問4．下線部bについて、（ 4 ）天皇が行った、このような取り組みの例を1つ答えなさい。

問5．下線部cの、（ 5 ）の王朝は、何世紀にはじまり何世紀にほろんだか、下の ア～カ の中から選び、それぞれの記号を答えなさい。

ア．6世紀　イ．7世紀　ウ．8世紀　エ．10世紀　オ．11世紀　カ．12世紀

問6．下線部dについて、法然や親鸞が教え広めた、極楽浄土に生まれかわるためのかんたんなやり方とはどのようなものですか、答えなさい。

問7．下線部eについて、大内義隆や大友義鎮のような、この当時、実力で地方を支配していた者のことを何というか、答えなさい。

問8．下線部fについて、このように織田信長が弾圧した仏教勢力の中心であった寺の名を答えなさい。

問9．下線部gについて、8世紀にできた、天皇が神の子孫であるということを記した書物は何ですか、答えなさい。

5　次の外交に関する表を見て、あとの問いに答えなさい。

A　鎌倉時代以前	B　室町時代～江戸時代はじめ
ア：中国の大軍が、2度にわたって日本を攻(せ)めたが失敗した。 イ：平清盛(きよもり)は兵庫の港を整備して中国と貿易を進めた。 ウ：小野妹子(おののいもこ)が中国に使者としておくられた。 エ：東大寺正倉院(しょうそういん)がたてられ、天皇の持ち物や外国の宝物が納(おさ)められた。	オ：商人らは貿易許可証(きょかしょう)をもらってルソン(フィリピン)やシャム(タイ)などで貿易をした。 カ：鉄砲が種子島(たねがしま)に伝わった。 キ：3代将軍の時に、日本は中国と国交を開き、貿易を始めた。 ク：キリスト教が伝わった。
C　江戸時代前半	**D　江戸時代後半**
ケ：キリスト教を禁止した。 コ：スペイン船の来航(らいこう)を禁止した。 サ：島原(しまばら)・天草一揆(あまくさいっき)がおきた。 シ：（　　　）船の来航を禁止した。	ス：接近(せっきん)する外国船を、見つけしだい砲撃(ほうげき)して追い返す命令をだした。 セ：ペリーが浦賀(うらが)に来航した。 ソ：日米和親(わしん)条約が結ばれた。 タ：日米修好通商(しゅうこうつうしょう)条約が結ばれた。

問1．Aのア・イ・ウ・エと、Bのオ・カ・キ・クを、それぞれ古い順に並べなさい。（C・Dは年代順になっています。）

問2．Bのオの貿易許可証を何と言いますか。

問3．Bのカの後に、日本でも鉄砲が生産されますが、現在の大阪府にあった代表的な鉄砲生産地はどこですか、答えなさい。

問4．Cのサの島原・天草一揆は現在の何県と何県でおこったものですか、答えなさい。

問5．Cのシの文中の（　　）にあてはまる国名を答えなさい。

問6．Dのソ・タに関する説明について、下の い～に の中から、正しいもの2つ選び、記号で答えなさい。

い．日米和親条約で、函館(はこだて)・横浜・長崎・神戸・新潟(にいがた)の5港が、貿易のために開かれることになった。

ろ．幕府は、朝廷や一部の大名の反対をおさえて、日米修好通商条約をむすんだ。

は．外国との貿易が始まると日本国内の物価が急に上がり、町人たちの生活は苦しくなった。

に．輸入品の綿織物(めんおりもの)にかけられた関税が高かったので、日本でつくられた綿織物の売れ行きが悪くなった。

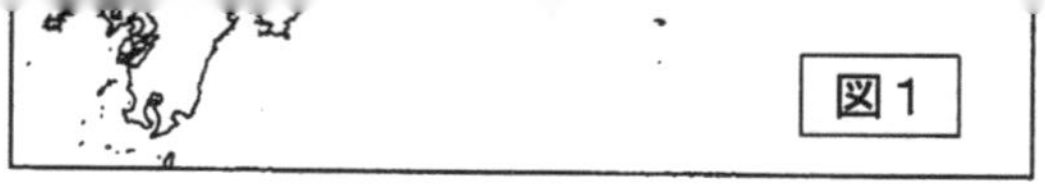

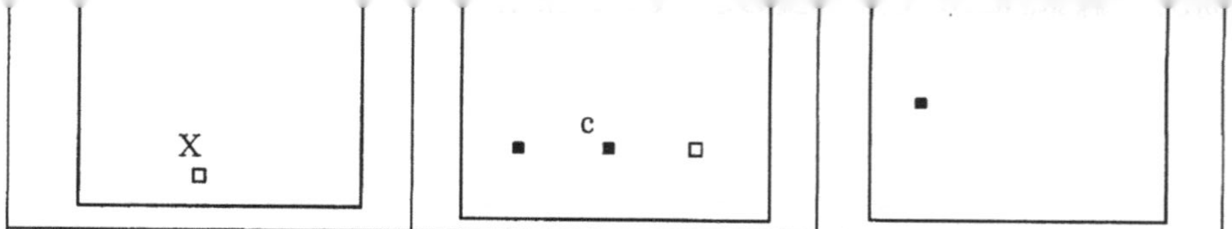

(注) □は都府県庁所在地。■は人口100万人以上の都府県庁所在地。

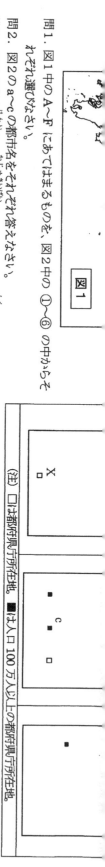

問1．図1中のA～F にあてはまるものを、図2中の ①～⑥ の中からそれぞれ選びなさい。

問2．図2のa～cの都市名をそれぞれ答えなさい。

問3．図2の④の範囲は、果樹栽培がさかんな地域を含んでいます。図2の④に位置するXの都市で最も生産量の多い作物を次のア～エの中から1つ選びなさい。

ア．みかん　　イ．もも　　ウ．さくらんぼ　　エ．いちご

3 次の文は、ある町に住む小学生が「地元新聞」を作るために取材をした時のメモです。あとの問いに答えなさい。

【メモ】飲食店の店長さんへのインタビュー
- コーヒー豆は a ブラジル産を使用。
- b 石油を原料とする（　あ　）製のストローを使うのを止めた。世界でも使用を廃止したり規制したりする動きがある。
- c 代わりの素材を使ったストローはあるのかな？

【メモ】町議会議員へのインタビュー
- 町議会議員に立候補できるのは（　い　）歳以上から。立候補する人が多いので選挙が行われるが、人口が少ない町や村では、選挙が行われていないと聞いた。
- 町の法律にあたる（　う　）の制定について町議会で話し合っている。

表	15歳未満人口割合(%)	議員1人あたりの人口(人)
サ	7.4	425.3
シ	12.4	178026.6
ス	12.8	19025.5
セ	15.6	8001.6

15歳未満人口割合および議員1人あたりの人口の各人口は、日本が2016年、その他が2017年、議員数は2018年12月末現在の数。
『県勢』および各市町村ホームページにより作成。

問1．文中の（　あ　）～（　う　）に入る言葉または数字をそれぞれ答えなさい。

問2．下線部aの国を、上の図の ア～オ の中から選びなさい。ただし、大きさは変えてあります。

問3．下線部bについて、下の問いに答えなさい。

① 日本が石油を最も多く輸入している国(2016年)を、上の図の ア～オ の中から選びなさい。

② 石油化学コンビナートのない県を、下の カ～ケ の中から記号で選びなさい。

カ．新潟県　　キ．三重県　　ク．岡山県　　ケ．大分県

問4．下線部cについて、あなたが考える「代わりの素材」をあげ、なぜそれが（　あ　）製のものよりすぐれているかを答えなさい。

問5．右の表は、日本全体、仙台市、那覇市、愛知県にある設楽町の「15歳未満人口割合」とそれぞれの「議会議員（日本全体は国会議員）1人あたりの人口」を示しています。日本全体と設楽町にあてはまるものを、表の サ～セ からそれぞれ1つずつ選びなさい。

E	3（8位）	9	↑

個

6

生徒数 240 人の B 中学校では，1 つのクラブに入るか，入らないかを選ぶことができました。その人数の割合を円グラフ①に表しました。このときクラブに入らなかったのは 10 人です。ところが，校則が変わり，希望すれば運動クラブの人はさらに文化クラブ 1 つに，文化クラブの人はさらに運動クラブ 1 つに入ることができるようになりました。その結果，人数の割合は円グラフ②のようになりました。ただし，クラブに入っていない人の人数は変わりません。円グラフ①の㋐の角度は，円グラフ②では 25 度小さくなり，円グラフ①の㋑の角度は，円グラフ②では 2.5 度小さくなりました。また，円グラフ②で，運動クラブの人数は，文化クラブの人数より 18 人多くなりました。

（1）校則が変わったあとの文化クラブの人数は何人ですか。

（2）校則が変わったあとで，新たに文化クラブに入った人は何人ですか。

円グラフ①

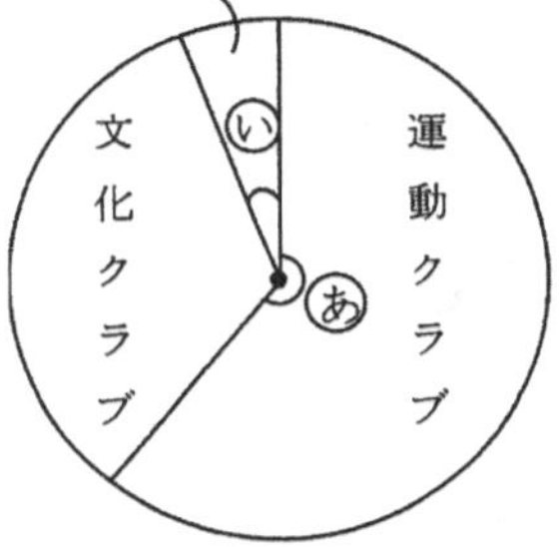

円グラフ②

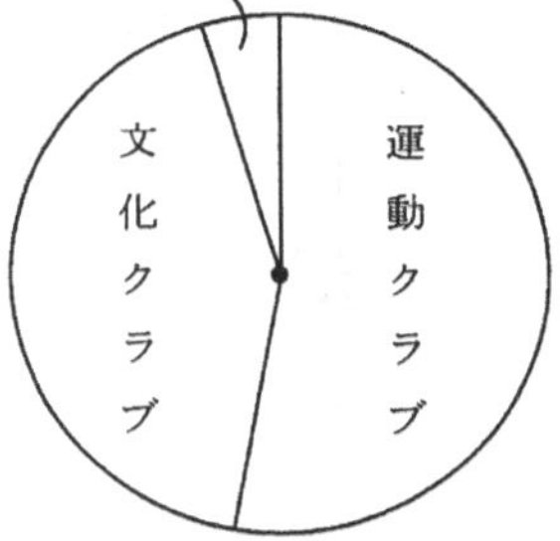

（1） 人	（2） 人

8

図の四角形 ABCD と四角形 ABEF は長方形で，三角形 BCG と三角形 BIH は正三角形です。四角形 ABCD の面積は $100cm^2$ で，三角形 ECI の面積は $1cm^2$ です。

（1）三角形 ABH と三角形 BEI の面積の和を求めなさい。

（2）三角形 BCG と三角形 BIH の面積の差を求めなさい。

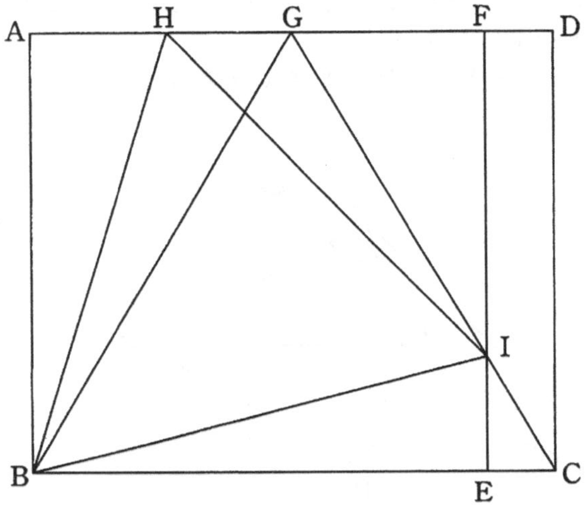

（1） cm^2	（2） cm^2

車通学をしていない女子は ＿＿ 人です。

（答え） cm²

2

図の三角形ABCは辺ABと辺ACの長さが等しい二等辺三角形で，三角形ABCと三角形EBCと三角形ECDは合同です。

（1）ⓐの角度を求めなさい。

（2）ADが5cmのとき，三角形ABCの面積を求めなさい。

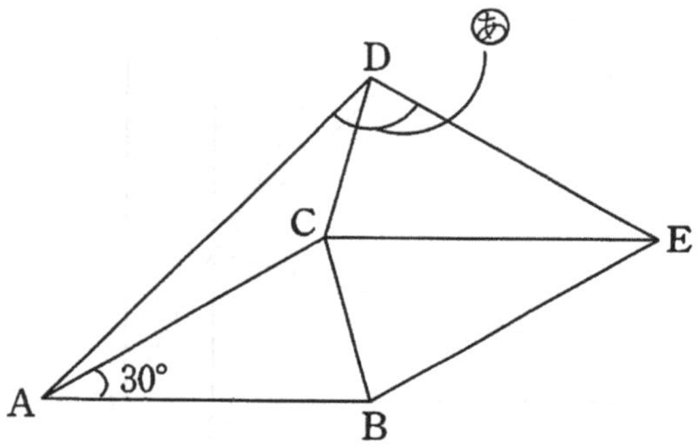

（1） 度	（2） cm²

4

図の角Bは90°で，ADは5cm，AF : FEは4 : 3です。また，三角形ADFと三角形FECの面積はどちらも12 cm²です。

（1）BEの長さを求めなさい。

（2）BDの長さを求めなさい。

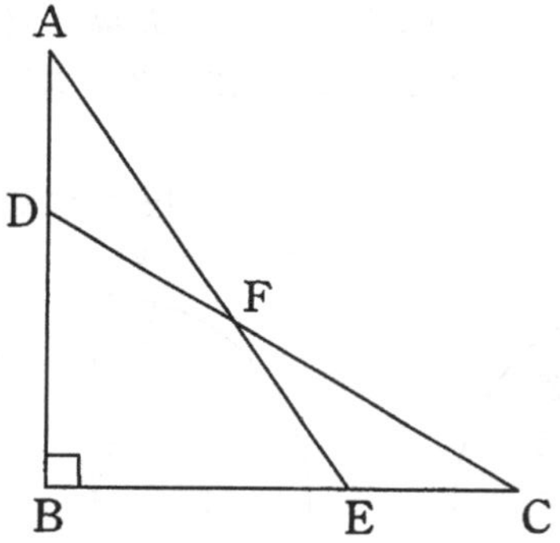

（1） cm	（2） cm

テスト1の4

問1 ――①「香音は困ってしまって」とあるが、なぜか。その理由として最適なものを、次のア～オのうちから一つ選び、記号で答えなさい。

ア、予選敗退に終わった自分をなんとかして励まそうと、母が気遣うことがこそばゆく感じられたから。

イ、実力を出し切った順位に納得しているのに、母が水を差して気分を台無しにしてしまったから。

ウ、本番で十分に力を発揮できず、母の期待に応えられなかった自分がふがいなかったから。

エ、おだやかでない雰囲気を察した父が助け船を出すことで、場を余計にこじらせるだろうと予想したから。

オ、結果に満足していた自分にとって、上位者との力の差を理解していない母の様子が思いもよらなかったから。

問2 空らん【　②　】に入る、人間の体の一部を表す漢字一字を答えなさい。

問3 ――③「たしなめてきた」の「たしなめる」、⑥「いたわるように」の「いたわる」について、それぞれの意味として最適なものを、次の各群のア～オのうちからそれぞれ一つずつ選び、記号で答えなさい。

③「たしなめる」

ア、反省の態度を示すように促すこと。

イ、おたがいが納得するよう約束すること。

ウ、よくない点を軽く注意をすること。

エ、遠回しに今回のみ許可すること。

オ、二度としないよう命令すること。

⑥「いたわる」

ア、優しく大切に扱うこと。

イ、明るく励ますこと。

ウ、痛みを分かち合うこと。

名古屋　東海中学校（平成31年度）

問8 ――⑨「お母さんが膝を折って」とあるが、ここには母のどのような態度が表れているか。「～態度。」に続く形で、二十字以内で答えなさい。

問9 ――⑩「バイエル」について、香音がバイエルを好むのはそれに触れることによって自分がどのようになるからか。「～から。」に続くように本文中から十五字程度でぬき出して答えなさい。

問10 ――⑪「もっとうまくなりたいの」とあるが、ここで香音は母にどのようなことを伝えたいのだと考えられるか。四十五字以内で説明しなさい。

問11 ＝「考えを言葉で言い表すのは、すごく難しい。音楽を使えれば、と香音はいつももどかしく思う」とあるが、香音がこのように思うのはなぜだと考えられるか。「テスト1の1」の「二」の文章にある「言葉」の特徴をもとにして、「音楽」の長所を考え、「言葉とちがい音楽は、～から。」に合う形で、理由を四十字以内で答えなさい。

安らかな日々だった。コンクールのことも、南先生のことも、知らなかった。鍵盤に指を走らせるのが、ただただ楽しかった。幼稚園の先生にも、友達やその親たちにも感嘆され、聖歌隊からは感謝され、礼拝の参列者の間でも評判だった。香音ちゃんのピアノは神様の贈りものだ、と園長先生は感慨深げに言ったものだ。大切にしなさい。その力はみんなを幸せにするからね。

オルゴールがとまるのを待って、香音は口を開いた。

「これ、下さい」

「よかった。実は僕も、⑦耳は悪くないんです」

店員さんは目を細め、香音にうなずきかけた。

「すごくいい音で鳴っている」

いい音ね。

不意に、南先生の声が香音の耳もとでひびいた。ぎゅう、と胸が苦しくなった。

「紙箱があるので、入れますね」

店員さんが腰を上げた。耳の中でこだましている先生の声は気にしないようにして、香音も笑顔をこしらえる。

そこで突然、彼が眉をひそめた。

「ん？」

中腰の姿勢でしげしげと見つめられ、香音はどぎまぎして目をふせた。作り笑いが失敗していただろうか。

「あともうひとつだけ、いいですか」

香音の返事を待たずに、店員さんはせかせかと棚のほうへ歩いていく。

店を出ると、香音は急いで先生の家へ向かった。

途中から、ほとんど駆け足になっていた。門が見えてきたときには汗だくで、息がはずんでいた。そのまま駆け寄ろうとして、つんのめりそうになった。道の先に、香音に負けず劣らず息をきらして走ってくる人影が見えたのだ。

「香音！」

見たこともないようなこわい顔をして駆けてきたお母さんは、立ちすくんでいる香音の前で仁王立ちになった。

ンをすっぽかしてしまったことまで、つっかえつっかえ話した。店員さんはなにも言わずに耳を傾けてくれた。それから、ふたつのオルゴールをテーブルに並べ直した。

「どちらでも好きなほうを、どうぞ」

香音は左右のオルゴールを見比べた。洗いざらい話したせいか、いくらか心は軽くなっていた。

深く息を吐き、耳をすます。

「こっちを下さい」

新しく出してもらったほうを、指さした。店員さんが満足そうに目もとをほころばせ、香音が選んだオルゴールを手にとって、ぜんまいを巻いた。

素朴な⑩バイエルの＊旋律が、香音の耳にしみとおった。

紙箱に入れてもらったオルゴールをかばんにしまうと、香音はお礼もそこそこに店を飛び出した。無性にピアノを弾きたかった。一刻も早く鍵盤にさわりたくてたまらなかった。

お母さんの目をじっと見て、香音は口を開く。

「わたし、ピアノを続けたい」

誰もが一位になれるわけじゃない。先週、南先生は香音にそう言った。ここはそういう世界だから。でも、一位になるためだけに弾くわけでもないのよ。

あのときは、ただ香音を慰めようとしているのだと思った。でもたぶん、そうじゃない。先生は純粋に、事実をありのまま伝えてくれていた。

「⑪もっとうまくなりたいの」

そしてもう一度、いい音を取り戻したい。

先生の言う「そういう世界」に飛びこもうと、香音は自分で決めたのだ。いい音ね、とあの日ほめてもらった瞬間に。

「わかった」

お母さんが香音の頭をひとなでして、腰を伸ばした。

「じゃあ、一緒に先生に謝ろう」

香音はお母さんと並んで、門へと足を踏み出した。

（瀧羽麻子『ありえないほどうるさいオルゴール店』所収「バイエル」による）

注　＊旋律――メロディーのこと。

三、次の文章を読んで、後の問いに答えなさい。

香音は生まれつき音に敏感な少女で、ピアノの才能に恵まれていた。小学校にあがり、元ピアニストの南先生のもとでピアノを習っていたが、この日はレッスンに足が向かなかった。

本文は、香音が南先生と初めて出会った時のことや、先日のコンクールでの出来事を回想している場面から始まり、橋を渡った先にあるオルゴール店の店員からオルゴールを譲ってもらう場面へとつながる。

初日に弾いたのはバイエルという作曲家の曲だと、後から聞いた。

「前のお教室では使わなかった？」

「はい」

「そう。今どき、あんまり流行らないのね。昔はみんなバイエルからはじめたものだけど」

でも、香音はバイエルが好きだ。先生から譲り受けた楽譜を、ときどき家で弾いている。地味だしちょっと単調だけれど、無心に指を動かしているうちに頭が空っぽになって、すっきりする。

運河にかかった小さな橋を渡ったところで、香音は足をとめた。音楽が聞こえる。バイエルではない、もっと複雑で重々しい曲が。

空耳だ。ここのところよくあるので、驚かない。数小節でやむこともあれば、全曲終わるまでとまらないこともある。今日はバッハのシンフォニア第八番が鳴っている。他には、メンデルスゾーンの無言歌集や、スカルラッティのソナタのときもある。二週間前に、コンクールの地区大会で弾いた三曲である。

コンクールの地区大会、小学生の部で、香音は四位になった。全国大会に進めるのは、それぞれの部で上位三名のみだ。要するに、予選敗退である。

順位が発表されたとき、香音はびっくりした。三位以内に入賞できると期待し

かり訓練しておかなきゃ」

お母さんはむっとしたように反論した。

「プロって、香音はまだ九歳だぞ」

「遅すぎるくらいよ。他の子はみんな、小さいときから本格的な英才教育を受けてるのに」

「なあ、こんなこと言いたくないんだけどさ」

お父さんの声が半オクターブほど下がった。はらはらして聞いていた香音は、いっそう身を硬くした。

「最近、ちょっとやりすぎじゃないか？」

「やりすぎって？」

「入れこみすぎっていうか、かりかりしすぎっていうか……」

コンクールの前から、確かにお母さんの様子はおかしかった。

香音が夏休みの宿題をしていたら、そんなことよりピアノの練習をしなさい、と注意される。お手伝いもやらなくていいと断られる。ラジオ体操もプールも、コンクールまで休むようにとすすめられた。去年までは、ひまさえあればピアノにかじりついている香音を、お母さんのほうから③たしなめてきたものだったのに。

「せっかく香音には才能があるんだから、伸ばしてやるのは親の務めでしょ？」

「もちろん、香音がやりたいなら、やらせればいいよ。プロをめざしたいならめざせばいいし、先生を替えたいなら替えてもいい。でも、親ばっかりが先走ってたら、プレッシャーじゃないかな。今日だって、一番がっかりしてるのは本人のはずだよ」

お母さんの返事はなかなか聞こえてこなかった。だいぶ時間が経ってから、ひとりごとのようにささやいた。

「④わたしはただ、香音のためを思って」

結局、店員さんに差し出された段ボール箱を、香音は両手で受けとった。どの

言語の支配は、思考にも及ぶ。人は、言葉で考えるようになった。これは、頭脳の本来の処理能力を充分に活かしていない可能性もある。さらに、IT化され、人間の頭脳の負担は軽減された。③まともに考える人が少なくなった。

考えているといっても、ただ、わからないわからない、という言葉が巡っているだけだったり、悩んでいるといっても、ただ、困った困った、という言葉だけが頭に浮かんでいるにすぎない。どうすれば良いのか、いろいろな可能性を想像し、沢山の選択肢の成功確率を予測するといった思考は行われない。わからない、困った、という言葉に集中しているだけで、自分が置かれた状況を、別の視点から観察することもないし、相手の立場を想像することもない。

人によっては、人間は言葉でしか考えない、言葉を知らなければ考えない、と言いきる人もいる。その人はそうなのかもしれない。僕は、頭で考えることの九割は、言葉ではない。僕がメモをしないのはそのためだ。思いついたことは、すぐに言葉にはならないものがほとんどだからだ。でも、忘れないように、と無理に言葉にすることもたまにある。そんなとき、あとでそのメモされた言葉を見ても、どんな発想だったか思い出せないことがある。言葉にすることで、安心してしまい、人は多くの発想を見逃してしまうのだ。

「リンゴは赤い」という言葉を知ると、子どもはリンゴの絵を描くときに赤いクレヨンを塗るだろう。本当にそんな色なのだろうか。言葉を知らない子どもならば、自分が見たものを素直に描く。リンゴという名だとわからなくても、それを認識しているし、美味しいという言葉を知らなくても、その味を覚えている。実際、④リンゴが赤いと思い込んでいるのは日本人だけである。ヨーロッパでは、リンゴは黄緑が普通で、「リンゴ色」とは明るいグリーンのことだ。

⑤「安全」と宣言されれば安心する。「放射線」と言われるだけで近寄れないほど恐ろしいものだと警戒する。だが、自動車も鉄道も飛行機も、あるいは普通の橋、道路、建築物も絶対に安全なものは存在しない。⑥どんなものにもリスクはある。放射線は、人間が作り出した悪魔の産物ではない。自然界に普通に存在するものであり、どこにでも放射線は降り注いでいるし、みんな毎日浴びている。強い放射線は危険だが、たとえば炎に近づくことはできないのと似ている。近づけばたちまち焼け死んでしまう。人間は太古の時代に火を手に入れた。これも自然界にあったものを、どう使えば比較的安全かを学んだだけのことだ。しかし、

答えなさい。

ア、皆の意見をもとに学芸会の計画を立てる。
イ、大きな地震にそなえて対策を練る。
ウ、目的地に着くための交通手段を探す。
エ、自分の勉強方法を信じて取り組む。
オ、少子高齢化による問題を分析する。

問4 ――④「リンゴが赤いと思い込んでいるのは日本人だけである」とあるが、どういうことか。その説明として最適なものを、次のア～オのうちから一つ選び、記号で答えなさい。

ア、ヨーロッパではリンゴ色が明るいグリーンであることが常識であるのに、日本人だけが誤った認識を持っているのだということ。
イ、日本人は「リンゴは赤い」というイメージを言葉によって刷り込まれた結果、他の可能性について考えが及ばなくなっているのだということ。
ウ、日本人の子どもはリンゴという言葉を知る前にリンゴの味を知り、同時にその赤みをも無意識のうちに記憶するということ。
エ、ヨーロッパに青リンゴのような種類があることを実際に知ってはいても、日本人は赤いリンゴを好む傾向が強いということ。
オ、ヨーロッパでは赤リンゴは知恵の実を象徴するものだが、日本人の多くにそうした知識がないため単に赤い果実と認識されるということ。

問5 ――⑤「『安全』と宣言されれば安心する。『放射線』と言われるだけで近寄れないほど恐ろしいものだと警戒する」とあるが、このとき筆者の主張する思考をさまたげるものは何か。本文中の漢字二字で答えなさい。

問6 ――⑥「どんなものにもリスクはある。放射線は、人間が作り出した悪魔の産物ではない」とあるが、このように、一方ではリスクを伴うものの、一方では我々の生活に役立つものの例を、本文中のもの以外で一つ挙げ、四十字以内で説明しなさい。

問7 ――⑦「畑を耕す作業」とあるが、その結果何が生まれるか。本文中から十五字でぬき出して答えなさい。

問8 ＝＝「どんなものにも、いろいろな面がある」とあるが、これ以降の筆者の主張を六十字以内でまとめなさい。